KB112940

논술교과서

논술수험생의 필독서

저자소개

김민철

배재고를 나와 서울대 철학과를 졸업하고 같은 대학원에서 박사 과정을 수료한 뒤, 한국고등교육재단(KFAS)에서 한학 연수 장학생 및 동양학 연구 장학생 과정을 수료하였다.

경기대와 서울대에서 철학을 강의하였고,

대원외고 · 명덕외고 · 한영외고 · 이화외고 · 안양외고 · 과천외고 · 고양외고 · 문영여고 · 미림여고 · 선정고 · 한서고 · 송곡여고 등에서 논술 특강을 담당하였으며, 글샘논술연구소 연구실장, 로고스 논술구술 아카데미 강사를 지냈다. 현재는 명지대학교에서 강의하고 있으며, 상지학원 논술 대표 강사, 언어논술전문학원 황금가지 논술팀장, 한샘 논술 지도자 양성 과정 강사로도 활동하고 있다.

『윤리의 역사, 도덕의 이론』(철학과현실사), 『유학의 갈림길』(철학과현실사) 등을 번역하였으며, 『글샘논술시리즈』(1~4권)(공저), 『논술구술따라잡기』(공저) 등을 펴냈다.

김 민 철

논술교과서

논술수험생의 필독서

철학과현실사

논술교과서활용하기

대학 입시에서 논술 시험이 자리잡은 지 10여 년이 지났지만, 여전히 논술에 대한 개념 정의 자체가 부재한 상태다. 논술 비중이 날로 커감에 따라 교육 현장에서 교사와 학생 양자 모두에게 속수무책인 상태로 불안감만 가중되고 있다. 이를 틈타 기하급수적으로 성장한 사교육 논술 시장에서 논술은 너무나도 다양한 형태로 왜곡되고 오해되어 왔다.

필자는 수년간 대학에서의 교양 강좌와 일선 고등학교 및 학원에서의 논술 교육을 모두 담당해왔다. 필자가 내린 결론은 논술 교육이란 결국 고등학교 교육과 대학 교육의 간극을 메우는 작업이라는 것이었다. 내신과 수능에서 좋은 점수를 따기 위해 오직 도식화하여 외우는 데에만 전념해온 학생들에게는 스스로 생각하고 따져 묻는 기회가 필요하다. 그 역할을 논술 시험이 담당해야 하는 것이다.

이 책은 철학 연구와 철학 및 논술 강의 경험을 기반으로 논술에 대한 나름의 체계를 제공하려는 노력의 산물이다. 다양한 교육 현장에서 논술을 강의하면서 흥미와 내용을 동시에 갖춘 논술 교재의 필요성이 절실하게 느껴졌다. 논술이 워낙 방대하고 종합적인 시험이니 만큼 흥미로운 주제를 선택하고 쉬우면서도 깊이 있는 설명이 병행되어야만 올바로 된 교재로서의 역할을 할 수 있다.

이 책은 총 20강으로 구성되어 있다. 제1강은 논술에 대한 개념 정립을 위한 입문 과정이다. 제2~7강에서는 단계적으로 완결된 논술문을 구성해나가는 방법을 제시하고 있다. 더불어 매 강의마다 중요한 주제에 대한 [연습 문제]와 [주제 강의]를 겸하여, 단순한 글쓰기 연습에 머물지 않고 심도 있는 인문사회학적 지식을 익힐 수 있도록 하였다. 제8~20강까지는 제7강까지의 공부를 바탕으로 좀더 실전적이고 심도 있는 지식을 익혀나가면서 실전적인 글쓰기 훈련을 할 수 있도록 하였다. 매 강의마다 주제에 대한 상세하고도 알기 쉬운 설명을 덧붙임으로써 누구나 쉽게 혼자서 공부할 수 있도록 하였다.

매 강의에 담긴 [논술 문제]마다 다양하고 단계적인 [질문]을 던져, 질문에 순차적으로 대답하는 것만으로도 한 편의 논술문을 완성할 수 있도록 하였다. 혼자 공부하는 분들의 편의를 위해 말미에는 [예시 답안]을 달아두었다. 하지만 어느 정도 훈련을 한 뒤에는 [질문]이나 [예시 답안]에 의존하지 않고 스스로의 힘으로 한 편의 논술문을 완성해보는 것이 중요하다는 생각에서 질문을 단순화하거나 때로는 답안을 생략하였다. 완성된 글쓰기에 대한 [예시 답안]은 최소화하였다. 잘 읽어보면 [주제 강의]의 요약이 결국 모범 답안이 될 수 있음을 알게 될 것이다.

문제에 사용된 [제시문]으로는 필자가 다양한 자료 가운데 선별한 것들이 절반 가량 되고, 나머지는 주요 대학의 기출 문제를 활용하였다. 서울대학교, 연세대학교, 고려대학교, 서강대학교, 성균관대학교, 이화여자대학교 등에서 출제되었던 문제 가운데 핵심적인 주제를 학습하는 데 표준적이라고 생각되는 문제를 그대로 사용한 것도 있고, 문제를 일부 변형하여 사용한 것도 있다. 학생들이 편견을 가지고 바라보지 않도록 문제에서는 어느 대학에서 몇 년도에 출제된 것인지 밝히지 않았다.

논술 공부의 왕도(王道)는 다양한 독서와 그에 대한 요약 및 비판 훈련이다. 책을 읽는 가운데 저자의 사고 경로를 따라가게 되고, 다양한 지식을 익힐 수 있을 뿐 아니라 글쓰는 방식까지 모방할 수 있기 때문이다. 동일한 주제에 대해 서로 다른 주장을 펼치는 다양한 책을 읽으면서 혼란을 겪고 판단을 내리는 가운데 나름의 가치관과 사고 능력을 정립하게 되는 것이다.

그러나 입시 지옥에서 벗어나지 못하는 학생들에게 그것은 너무나 과도한 요구일 수 있다. 이 책에서는 모범적인 제시문과 문제, 해설을 통해 한 강의를 익힐 때마다 그 주제에 대한 몇 권의 책을 읽는 효과를 내고자 하였다. 동일한 주제에 대해 여러 가지 관점에서 주장을 내세우는 [제시문]들과, 그 제시문들에 대한 [질문] 및 [해설]을 익히는 가운데 그러한 목표에 근접할 수 있으리라 생각한다.

일차적인 학습 과제는 제1강에서 제20강까지 차례로 읽으면서 문제를 풀어보는 것이다. [주제 강의]를 읽기 전에 [제시문]을 먼저 잘 읽고 [질문]에 나름내로 답을 해보면서 문제에 대한 이해가 정확히 이루어졌는지를 검토한다. 그리고 이를 바탕으로 마지막 질문으로 주어지는 완성된 글쓰기 문제를 풀어봄으로써 자신의 생각을 정리하고 실전 논술에 대비한다.

그 다음으로는 [주제 강의]를 두세 차례 반복해서 읽어보는 것이 좋다. [주제 강의]를 읽는 과정에서 [제시문]에 대한 올바른 이해가 이루어졌는지, 문제에 대한 올바른 접근과 해결이 이루어졌는지를 확인할 수 있다. 그리고 나서 [예시 답안]을 확인한 후, 완성된 논술문을 다시 고쳐 써보도록 한다. 이 과정이 무엇보다 중요하다. 스스로의 글에 대해 비판과 반성을 가하고, 다시 써보는 과정에서 지식과 사고력, 논리력이 쑥쑥 자라나감을 느낄 것이다.

중요한 것은 [제시문]을 포함해서 책 전체를 여러 차례 반복하여 읽어보는 것이다. 독서에서는 많은 책을 읽는 것보다 중요한 책을 여러 번 읽는 것이 중요하다. 좋은 책에 담긴 내용을 자신의 것으로 충분히 소화하지 않는다면, 그것을 실제 현실에 적용하는 것은 불가능하기 때문이다. 그리고 이 책이 그러한 좋은 책의 역할을 해줄 수 있으리라 믿는다.

2006년 설 연휴 마지막 날
용인 서재에서 김 민 철

CONTENTS

제 1 강
적을 알아야 이긴다
　　—논술, 이것만은 알고 가자!? **09**

제 2 강
제시문 독해 및 요약연습 1 — 일원론과 이원론 **27**

제 3 강
제시문 독해 및 요약연습 2 **41**
　　—형이상학·목적론·과학의 객관성

제 4 강
비판적 분석 — 인간과 동물 **51**

제 5 강
개요작성 및 본론쓰기 — 이원론과 절대주의 **67**

제 6 강
서론 및 결론쓰기 **87**

제 7 강
퇴고 및 첨삭 — 상대주의에 대한 이해 **99**

제 8 강
문화에 대한 이해 **119**

제 9 강
역사의 이해 **135**

제 10 강
민주주의와 언론자유 **149**

제 11 강

민주주의와 법치주의 **161**

제 12 강

악법도 법인가? **171**

제 13 강

평등과 정의에 대한 이해 **187**

제 14 강

분배정의에 대한 이해 **201**

제 15 강

책임과 처벌—자유의지와 결정론 **213**

제 16 강

윤리에 대한 이해 **225**

제 17 강

생명의료 윤리의 이해 **237**

제 18 강

인간의 본성에 대한 이해 **259**

제 19 강

교육관련 문제—교육의 목적과 교사의 역할 **279**

제 20 강

남북관계와 통일문제에 대한 이해 **291**

부록

예시답안 **307**

01

적을 알아야 이긴다

1 왜 논술인가 ?

2 논술은 무엇인가 ?

3 논술에 대한 몇 가지 중요한 오해

01 적을 알아야 이긴다

 ① 왜 논술인가?

어떤 문제에 대응하기 위해서는 그 문제가 무엇 때문에 생겨났는가를 아는 것이 필수적이다. 예를 들어 여자 친구 혹은 남자 친구와 자신 사이에 다툼이 있었다고 해보자. 그냥 헤어질 생각이라면 모르겠지만, 그 문제를 해결할 생각이라면 '무엇 때문에' 그 문제가 생겨났는지를 알아야 한다. 문제가 생겨난 '이유'를 정확히 알아야 문제를 해결할 수 있는 것이다.

[질문 1] 문제의 '원인'을 알아야 문제를 잘 해결할 수 있는 구체적인 사례를 생각해서 말해보시오.

[질문 2] 문제의 '원인'을 몰라도 문제 해결이 가능한 경우가 있을까? 있다면 구체적으로 어떤 경우가 있을 수 있는지 말해보시오.

여러분이 이 글을 읽고 있는 일차적인 이유는 '논술(論述)'을 잘하기 위해서다. 논술 시험은 대학 입시는 물론이고 입사 시험이나 공무원 시험, 심지어는 고시(考試)에까지 다양하게 등장하거나 적용되기 때문이다. 물론 시험이나 논술문 쓰기와는 무관하게 교양을 기르고자 하는 목적을 가진 사람도 있을 수 있다. 그러나 앞으로 살펴보겠지만, 최소한 논술의 경우에는 논술문 쓰기 혹은 논술 시험이 교양과 무관할 수 없다. 따라서 어떤 목적을 위해 이 글을 읽고 있든, 목적 달성을 위해서는 먼저 '논술'이 행해지는 이유, 다시 말해서 논술의 목적을 잘 알아야만 한다.

교육의 목표는 시대와 사회의 요구에 따라 달라진다. 따라서 서로 다른 시대, 다른 사회에서는 교육의 형태와 목표도 달라질 수밖에 없다. 다음의 여러 가지 문제에 대해 생각해보라.

ⓐ 조선시대 서당에서 양반의 자제들을 교육하는 목표는 무엇이었을까?
ⓑ 조선시대에 양반 자제들에 대한 교육 말고 다른 형태와 내용의 교육이 존재했을까? 존재했다면 어떤 것이 있었을까?
ⓒ 현대의 교육 기관들은 그 성격과 형태 그리고 목적이 조선시대의 교육 기관과 같다고 생각하는가? 다르다면 어떤 것들을 사례로 들 수 있을까?
ⓓ 현대의 학교에서 지향하는 교육 목표가 조선시대의 그것과 같을까? 혹은 현대에 들어와서도 30년 전의 교육 목표가 현재의 그것과 같을까?
ⓔ 사우디 아라비아나 우간다와 같은 곳의 교육 형태와 목표는 우리의 그것과 같을까?

대학 입시만으로 한정해놓고 볼 때, 논술이 도입된 것은 10여 년 전의 일이다. 그러나 그 형식과 내용에서 틀을 갖춘 것은 그리 오래된 일이 아니다. 논술 시험이 도입되고, 그 중요성이 점점 더해 가는 현상은 논술에 대한 시대와 사회의 요구가 생겨나고 커져가는 것을 반영한 것이다. 그렇다면 시대와 사회에 어떤 변화가 논술이라는 시험을 요구하게 되었을까? 다시 한 번 다음의 질문에 대해 생각해보라.

ⓐ 논술 시험이 도입되기 이전과 이후 우리나라의 사회상에서 가장 크게 달라진 점은 무엇이라고 생각하는가? 자신의 생각을 나름대로 말해보시오.
ⓑ 이전과 달라진 사회에서 논술 교육을 필요로 하는 이유는 무엇일까?
ⓒ 논술이 '무엇'이길래 달라진 사회에서 그것을 필요로 하는 것일까?

이런 식으로 분석하는 모습이 지나치게 진지해보일지도 모른다. 흔히들 말하는 것처럼 논술 시험은 주입식 교육의 폐해를 지양하기 위한 수단에 불과할 수도 있다. 그리고 대학측에서는 본고사를 통해 학생을 선발하고 싶지만, 교육부의 금지 조처로 본고사를 치를 수 없는 사정상 그 대안으로 본고사를 논술로 위장해서 학생을 선발하고자 하는 것일 수도 있다. 그러나 논술이 도입되기 이전에는 주입식 교육의 폐해가 없었을까? 과거에도 분명 그러한 문제가 있었을 텐데 왜 논술은 얼마 전에야 도입된 것일까? 이러한 문제에 대해 제대로 고민하고 대답해보지 않고, 논술이 단지 우연적인 계기로 도입된 것이라고 생각하는 것은 학문적이지도 않을 뿐만 아니라 논술 자체에도 커다란 부정적인 영향을 미친다.

"교육은 시대적 요구의 반영이다"

그것이 학문적이지 않은 이유는 다음과 같다. 사회 정책이 우연적인 계기로 도입된다면, 그 사회 정책이란 비효율적인 것일 수밖에 없다. 국가적이고 사회적인 정책을 통해 그 국가 사회의 모든 문제를 해결할 수 없다면, 가장 효율적으로 정책을 실현하는 방법은 그 필요성이 가장 크게 느껴지는 것부터 선착순으로 시행하는 것이다. 예를 들어, 노인 복지 시설을 짓는 문제와 전염병을 예방하는 문제가 있다고 하자. 예산은 한정되어 있어서 둘 중 한 가지를 우선적으로 시행해야 한다. 이 경우 어느 쪽을 시행할 것인가 결정하는 기준은 '어느 쪽이 더 절실하게 필요한가?' 일 것이다. 전염병이 발병할 확률이 거의 없다면 그 쪽에는 최소한의 예산만 투입하고 나머지는 노인 복지 시설에 투입해야 한다. 그러나 조류 독감 같은 전염병이 실제로 발병하고 그것이 인간에게 전염되어 실질적인 해를 끼칠 가능성이 커진다면, 노인 복지 시설을 잠시 보류하고서라도 그 쪽에 많은 예산을 투입해야 할 것이다. 결국 사회 정책은 당시의 사회에서 가장 절실하게 필요한 것이 무엇인가에 대한 대응이라고 생각하는 것이 합리적이다. 이는 논술에 대해서도 또한 예외가 아니다.

그러한 태도가 논술 자체에도 부정적인 영향을 미친다는 점에 대해서는 뒤에서 논술이 무엇인가에 대해 설명할 때 더 자세히 드러나겠지만, 간단히 설명해보면 다음과 같다. 어떤 현상의 원인을 묻는 질문에 대해 시대적이고 사회적인 필요성을 충분히 지적하지 않고, "그냥 우연적으로 생겨났다"고 대답하는 것은 결국 아무런 설명도 하지 않는 것과 같다. 시대적 측면과 사회적 측면 가운데 하나만을 말하는 것으로도 충분하지 않다. 논술에 대해 위에서처럼 "주입식 교육의 폐해를 없애기 위해"라고 대답한다면, 사회적 필요성과 요구라는 측면에 대해서는 대답을 한 것이지만, "그렇다면 그것이 왜 지금에서야 중요해지고 있는가?"라는 시대적 요구에 대해서는 대답을 하지 못한 셈이 되는 것이다. 논술은 상대방에게 자신의 생각을 설득력 있게 전달하는 것인데, 아무런 설명도 없는 주장이 설득력을 가질 것이라고 생각하기는 힘들다.

이제 위에서 제기한 질문에 대해 나름대로 대답을 해보겠다. 논술이 도입되고, 그 중요성이 커져가는 가장 큰 이유는 사회의 민주화 때문이다. 그렇다면 사회의 민주화와 논술은 어떤 관계가 있을까? 여기에는 두 가지 질문이 내포되어 있다. 다시 한 번 여러분 나름대로 대답해보도록 하라.

[질문 1] 사회가 민주화된다는 것은 사회적으로 어떤 성격의 변화를 의미하며, 이 경우 교육의 측면에서 어떤 변화가 요구되는가?

[질문 2] 논술의 어떤 성격이 그러한 요구 조건을 충족시켜줄 수 있는가?

2 논술은 무엇인가?

1) 사회적 요구―'말로 하기'

과거의 권위적인 독재 사회와 민주화된 사회는 어떤 차이점이 있을까? 권위주의적인 사회에서 추구하는 것은, 좋게 말하면 '효율성'이다. 어떤 목표가 정해지면 그 목표를 가장 효율적으로 달성할 수 있는 방법을 찾는다. 하지만 그 목표는 국민들의 의사와 상관없이 일방적으로 정해지며, '왜' 그런 목표가 설정되었는지에 대한 질문 자체가 금지되는 경향이 있다. 이런 사회에서는 주입식 교육이 주를 이룬다. 비판적이고 반성적인 지식인을 길러내기보다는 위에서 정해진 목표를 효율적으로 성취해줄 기계의 부속품 같은 사람이 필요하다. 이는 중세의 인간형과 크게 다르지 않다. 대표적인 사례가 '국민교육헌장'이나 '애국조회'다. 전 국민이 혹은 전교생이 정해진 목표를 복창하고 암기하는 가운데 그 목표가 당연시되는 것이다. 이런 사회에서 '왜?'라고 물으면 어떻게 되는가? 그런 질문은 대체로 무시되기 마련이다. 자꾸 물으면 돌아오는 것은 대체로 '매'다. 사회의 목표에 반항하는 존재로 낙인찍히는 것이다.

사회가 변했다. 민주화가 이루어진 것이다. 민주적인 사회에서는 사회의 목표를 전체 구성원이 결정한다. 어떤 목표가 제시되면, 사회 구성원 누구라도 '왜?'라고 물을 수 있으며, 또 물어야만 한다. 그러한 물음에 대한 대답을 제시하지 않거나 혹은 폭력적인 방식으로 물음 자체를 차단해버린다면 진정한 민주주의 사회라고 할 수 없다. 이유를 묻고, 그에 대해 알아들을 수 있도록 설득력 있게 설명하는 것, 그리고 그러한 과정을 기반으로 사회 운영 방향을 결정하는 것이야말로 민주 사회의 본질이라고 할 수 있다. "말로 합시다!"라는 말을 들어본 적이 있을 것이다. 민주주의 사회는 그야말로 '말로 하는' 사회다.

2) 민주 사회와 논술

논술은 한자로 '論述'이라고 쓴다. 영어로 풀이하면 'logical writing', 즉 '논리적 글쓰기'라고 할 수 있다('essay'라고 부르는 것이 상례이지만, 이해를 돕기 위해 풀어 써보았다). 논술이란 글쓰기의 한 분야로, 논리적인 글쓰기를 가리킨다. 그렇다면 '논리적'이란 무슨 뜻일까? 다음의 사례를 생각해보자.

> 선생님 : 오늘은 주영이가 청소를 해라.
> 학　생 : (불만이 가득한 얼굴로) 네. 알겠습니다.

이 학생은 논리적인가? 이 학생은 자신이 청소를 해야 하는 '이유'를 납득하지 못하고 있다. 그렇기 때문에 얼굴에 불만이 가득한 것이다. 논리적인 학생이라면, 그리고 민주 사회의 시민다운 학생이라면 어떻게 대응해야 했을까? 당연히 "왜요?"라고 물었어야 한다. 다른 사람이 아닌 자신이 청소를 해야 하는 이유를 납득이 될 때까지 물어야 논리적인 사람이라고 할 수 있다.

학생이 '왜?'라고 묻는다면 선생님은 어떤 대답을 해야 논리적이라고 할 수 있을까? 다음의 대답들 가운데 어떤 것이 가장 논리적이라고 생각되는지 골라보도록 하라.

대답 1 : 글쎄, 오늘은 그냥 주영이가 해주었으면 좋겠네.
대답 2 : 주영이가 이 반에서 젤 예쁘게 생겼어. 그래서 주영이가 해주었으면 해.
대답 3 : 주영이 너는 벌써 3일째 숙제도 안 해오고, 게다가 지각까지 하고 있잖아.

"논술은 힘이 아닌 말을 사용하는 민주사회의 특징을 반영한 것이다"

모든 사람들이 너무나 쉽게 세 번째 대답이 가장 논리적이라고 대답할 것이다. 세 번째 대답을 논리적이라고 부르는 이유는 주장에 대한 '적절한 근거'가 제시되었기 때문이다. 어떤 대답이 논리적인지 그렇지 않은지는 주장에 대해 제시되는 '이유', 즉 '근거'의 적절성 여부에 의해 판결된다. 그리고 근거가 적절한지 여부는 그에 대한 반대 근거를 제시해봄으로써 쉽게 확인할 수 있다. 첫 번째의 경우, 학생은 "저는 청소를 못하겠습니다"라고 반대 주장을 제시할 수 있다. 선생님은 당연히 "왜?"라고 물을 것이고, 학생은 선생님과 똑같이 "저도 그냥 안 했으면 좋겠습니다"라고 대답할 수 있다. 선생님이 만약 "그 따위 말이 어디 있어?"라고 화를 내버린다면 선생님은 그야말로 '말로 하자'는 합의를 어기는, 비민주적인 선생님이 된다.

두 번째의 경우, 주영이는 기쁜 마음으로 청소를 할 것이다. 그러나 그 반에 있는 많은 학생들은 선생님의 말에 고개를 끄덕이지 않을 것이다. 만약 패션 잡지 표지 모델을 선발하는데 그런 이유를 제시했다면, 일단은 받아들일 만한 근거에 속한다고 할 수 있다. 그러나 속으로 "그런 이유라면 나여야 마땅한데…"라고 생각하는 학생들이 적지 않을 것이다. 문제가 되는 것은 두 가지다. 선생님은 '청소'라는 영역에 적절하지 않은 이유를 제시했으며, 제시한 이유도 주관적이다. 옆에서 지켜보던 한 학생이 "선생님, 아름다움에 대한 기준이 좀 특이하시네요."라고 이야기할 수도 있다. 어쨌든 선생님의 대답에 학생은 다음과 같이 계속 물을 수 있으며, 또 그래야만 한다. "예쁜 것하고 청소가 무슨 상관인가요? 예쁜 게 죄예요?" 이 질문에 대해서 그럴싸하게 대답하지 못한다면 선생님은 또한 '말로 하기'라는 규칙을 어긴 것이다. 잡지 표지 모델을 선발하는 경우라 해도, 다른 학생이 "왜 꼭 주영이어야 하죠? 저도 예쁘지 않나요?"라고 반론을 제기할 때, 선생님은 똑같지는 않지만 다소 유사한 곤경에 처하게 된다. '주관적인' 이유를 제시했기 때문이다.

세 번째 경우는 설명이 필요 없을 정도로 자명할까? 반드시 그렇지는 않다. 숙제를 안 해오고 지각을 한 것에 대해 인정한다 하더라도, 또 그에 대해 처벌을 받아야 한다는 당위성에 대해서는 인정한다 하더라도, 그것이 '왜 반드시' 청소여야 하는지 반문할 수도 있는 것이다. 차라리 몇 대 맞고 말겠다거나, 숙제를 두 배로 해오겠다거나 하는 등의 제안을 할 수도 있으며, 그도 전혀 불합리한 것은 아니다. 다만 세 번째는 나머지 두 가지에 비해서 좀더 많은 사람들이 고개를 끄덕일 만한, 다시 말해서 설득력 있는 근거인 것이다.

[질문 1] 주영이가 청소를 해야 한다는 데 대해 선생님이 제시한 세 가지보다 더 설득력 있는 이유를 제시할 수 있는가? 있다면 어떤 이유를 제시할 수 있는가? 그 이유에 대해서는 반론이 불가능한가? 가능하다면 어떤 반론이 있을 수 있겠는가?

[질문 2] 부모님이나 선생님, 직장 상사, 선배 등의 주장에 대해 이유나 근거를 묻지 않고 동의했던 경험이 있을 것이다. 어떤 일들이 있었는지 세 가지만 거론해보시오. 그리고 각각의 경우에 대해 어떤 반론이 가능했을지, 그러한 반론에 상대방은 어떻게 대답했을 것인지, 다른 대답은 없을지, 또 그 대답에 자신이 납득하게 되었을지 말해보시오.

목표는 두 가지다. 한편으로는 필요한 일을 어떻게 수행해나갈 것인지, 어떤 사태에 대해 어떤 의견을 갖는 것이 바람직한지에 대해 설득력 있는 근거를 제시할 줄 알아야 한다. 다른 한편으로는 상대방이 제시한 근거에 대해 타당한 반론을 제시할 줄 알아야 한다. 타당한 반론을 제기하지 못한다면 상대방의 주장을 수용하는 것이 '말로 하는' 민주주의 사회의 기본 자세다. 따라서 자신의 주장을 논리적으로 서술하는 훈련인 논술 교육은 민주 시민의 자질을 기르는 핵심적인 교육 과정이다. 구술 면접은 '말로 하는 논술'이라고 생각할 수 있다. 물론 그 역도 성립한다.

❸ 논술에 대한 몇 가지 중요한 오해

1) 논술은 글짓기다―논술은 국어 과목이다

논술이 자신의 생각을 글로 표현하는 쓰기의 한 영역임은 분명하다. 그러나 논술에서는 감정을 자극하는 아름다운 문장이나 독특한 양식 같은 문학성을 요구하지 않는다. 문학적 소양을 보여주는 글이 가산점의 요인이 될 수는 있겠지만, 논술은 어디까지나 상대방에게 자신의 주장을 납득시키기 위한 설득의 기술이다. 따라서 논술에서 가장 중요한 것은 '논증', 즉 타당한 논거를 제시함으로써 자신의 주장을 입증하는 과정이다. 그러므로 논술에서는 문학처럼 독자에게 해석을 맡기는 모호하고 함축적인 표현을 허용하지 않는다. 논술에서는 자신의 주장과 근거를 정확하고 구체적으로 표현하여 오해의 여지없이 객관적으로 의견을 개진하는 데 초점을 둔다. 또한 논술은 그 주제와 범위에서도 시나 소설과 같은 문학 작품처럼 필자의 자유로운 상상을 바탕으로 하지 않는다. 쟁점과 관련된 요구 사항이나 제시문 등 문제에서 제시한 일정한 범위와 조건에 맞춰 해석하고 판단하고 논리적으로 전개하는 지적 영역의 글이다.

2) 논술에는 정답이 없다

논술은 특정한 쟁점에 대해 각자의 입장을 논리적으로 제시하는 글이다. 논술에 제시되는 문제들은 대개의 경우 어떤 한 가지 입장만 옳다고 할 수 없는 논쟁적인 것들이다. 따라서 흔히들 논술에는 정답이 없다고들 말한다. 물론 옳은 말이다. 그러나 주의해야 할 점은 하나의 정해진 답이 없다고 해서 아무 주장이나 다 용인되는 것은 아니라는 사실이다. 논술에 출제되는 문제들은 인간 사회에서 해결해야 할 중요한 문제들이며, 따라서 그에 대해서는 세계적인 석학들을 비롯한 지성인들의 탐구와 고찰이 있어 왔다. 그 과정에서 가능한 몇 가지 대안들이 제시되었으며, 그 속에는 각각 나름의 논리가 있다. 그리고 가장 유력시되는 주장이 있는 경우도 적지 않다. 예를 들면, 환경 문제에 대한 바람직한 견해로는 '지속 가능한 발전'이라는 주장이 가장 설득력을 얻고 있다. 시대와 사회에서 요구하는 답은 언제나 존재하며, 따라서 훌륭한 논술문을 작성할 수 있는 사람, 나아가 훌륭한 민주 시민이 되기 위해서는 인류의 지성사에 대한 공부가 필수적이다. 논술문 작성자는 지성사에서 제시된 대안들 가운데 하나를 택하여, 그 논리를 자신이 소화하고 발전시켜 제시해야 한다. 또한 논술에서는 대체로 논제와 제시문 그리고 요구 사항 등이 제시되므로, 반드시 그에 부합하는 글을 써야 한다. 논술에 정답은 없지만, 복수의 답과 범위의 제한, 필수적으로 충족시켜야 할 조건 등은 분명히 존재한다.

3) 논술에서는 창의성이 가장 중요하다

논술에서 가장 높은 점수가 주어지는 항목 가운데 하나가 창의성이다. 그러나 창의성이 유별난 것이나 독특한 것과 같은 뜻은 아니다. 또한 주의할 점은 충분한 소양이 갖추어지지 않은 사람이 창의성을 발휘하려고 하다가는 어설픈 모방만도 못하게 된다는 사실이다. 미술 학원에 다니는 경우를 생각해보라. 처음부터 창의적인 그림을 그리기 시작하는가? 아그리파 데생에서 시작하여 무수히 많은 작품들을 모방하는 과정에서 자신도 모르게 창의성이 생겨나는 것이다. '모방은 창조의 어머니'라는 말은 언제나 유효하다. 인간이 사회적 동물이고, 축적된 문화에 의해 교육된 문화의 산물이라면 더욱 그러하다.

창의성이 중요하다는 생각에만 집착하게 될 때 생겨나는 폐해는 대표적으로 두 가지다. 첫째, 논제와 제시문의 내용을 무시하고 글을 쓰려 한다. 제시문의 내용을 요약, 정리하는 것은 모방이라고 생각하고, 나름대로의 글을 써야만 한다는 강박 관념에 사로잡히는 경우가 많다. 뒤에서 다시 얘기하겠지만, 그렇게 할 경우 거의 100% 논점 일탈의 오류를 범하게 된다. '논술에 정답이 없다'는 오해와 동일한 맥락이겠지만, 논술에 나오는 문제들은 인류의 석학들이 고민해온 문제들이다. 그 고민의 여정을 따라가보는 것이 중요하다. 그것이 바로 아그리파 그리기에 해당하는 것이다. 인류의 축적된 지혜를 학습하다 보면 창의성은 저절로 배양된다. 제시문에 출제되는 내용은 동서고금의 고전, 즉 지혜의 산물이다. 제시문을 무시해서는 절대 안 된다. 최소한 글 전체 분량의 반 정도는 제시문에 대한 요약으로 채워넣어야 한다.

둘째, 독특한 답안이 높은 점수를 받을 것이라고 생각한다. 독특함은 창의성의 필요 조건일 뿐 충분 조건은 아니다. 창의적인 답안은 독특해보일 수 있지만, 독특한 답안이라고 해서 반드시 창의적인 것은 아니라는 말이다. 한 가지 예를 들어보자. 신사임당은 "가난은 불편할 뿐 부끄럽지는 않은 것이다"라고 말했다. 이렇게 권위 있는 사람의 말에 대한 반응은 크게 두 가지다: ① 권위 있는 사람이 한 말이므로 그냥 받아들인다. 그런데 그것은 창의성에 대한 요구를 크게 충족시켜주지 못한다. 또한 대다수의 사람들은 실제로는 가난을 부끄러워한다. 따라서 글을 쓰면서 너무나 뻔한 거짓말을 하고 있는 것이다. 문제는 그 사실을 읽는 사람도 알고 있다는 것이다. 그러한 뻔한 거짓말에 고개를 끄덕일 사람은 없다. 독자의 설득이라는 논술의 기본적인 목적을 달성할 수 없는 것이다. ② 창의성을 발휘해야 한다는 생각에, 그리고 솔직해야 상대방을 설득할 수 있다는 생각에, "가난은 부끄러운 것입니다"라고 도전적으로 말하면서 그 이유를 논리적으로 설명하지는 못한다. 그러나 창의성이란 논리의 산물이다. 맹목적으로 받아들이지 않고, 의심을 던지고 이유를 따져보는 태도가 창의성의 근원이라는 말이다. 상대방에게 가난이 왜 부끄러운 것인지 설명할 수 없다면 창의적인 답안이라고 할 수 없다.

[질문] '가난은 부끄러운 것인가?'라는 문제에 대해 어떻게 대답해야 창의적인 답안이 될 수 있다고 생각하는가? 결론적으로 위의 두 가지 가운데 하나를 선택해야 함은 분명하다. 문제는 그 이유를 그럴싸하게 설명해야 한다는 것이다. 400자 내외로 창의적인 답안을 작성해보시오.

4) 신문 사설만 많이 읽으면 논술을 잘할 수 있다

사설(社說)이란 어떤 쟁점에 대한 신문사의 입장을 대변하는 글이다. 글의 종류로 보아 논술과 같이 논설문에 속한다. 따라서 신문 사설을 통해 논설문의 형식을 익히고, 논변 방법을 배울 수 있다는 점에서 사설은 논술 공부에 유익한 소재다. 그러나 사설은 고전적인 가치가 없는 시사적인 문제를 다루며, 그렇기 때문에 학문적이고 이론적인 근거를 제시하기보다는 상황 논리에 의존하는 경우가 많다. 예를 들면 "~를 바라는 것이 국민의 여론이다", "현 시점에서 ~하는 것은 너무 시기 상조다" 라는 식이다. 사설을 많이 읽은 학생들은 주로 여론이나 설문 조사 결과 등을 자기 주장의 근거로 제시하는 경우가 많은데, 이는 언제나 학문적이고 이론적인 근거보다 부차적임을 알아야 한다. 또한 사설도 상대방을 설득하려는 목적을 가지고 있지만, 반대편 입장을 무시한 채 자기 신문사의 주장을 일방적으로 강요하는 경우가 많다. 따라서 신문 사설이나 칼럼을 읽을 때는 두 가지에 주의해야 한다. 먼저 특정한 시사적인 사건에 얽매이기보다는 그 이면에서 어떤 학문적이고 철학적인 이론이 문제시되고 있는가를 살펴보아야 한다. 그리고 서로 상반되는 입장을 가진 두 신문사의 글을 비교해서 읽으면서 분석해보아야 한다.

[질문] 최근 자주 인구에 회자되는 논쟁거리 가운데 사형 제도 존폐 문제, 양심적 병역 거부 인정 여부 문제 중 한 가지를 택해서 자신의 입장을 500자 이내로 밝혀보시오. 단, 위에서 말한 것처럼 신문 사설이나 칼럼에 자주 인용되는 근거보다는 학문적이고 이론적인 문제를 찾을 수 없을지 고민해보시오.

4 논술, 이것만은 명심하자!

글쓰기에 대해 부담이 생겨나는 원인은 일차적으로 책을 많이 읽지 않았거나 글을 많이 써보지 않았다는 데 있다. 사실 글을 잘 쓰는 방법은 간단하다. 축구를 잘하려면 어떻게 해야 하는가? "유덕한 행위를 반복함으로써 유덕한 사람이 된다"는 아리스토텔레스의 말을 빌리지 않더라도 답은 간단하다. 축구를 많이 해보면 된다. 글을 잘 쓰는 것도 마찬가지다. 책을 많이 읽고 글을 많이 써보면 된다. 사실 논술에 왕도(王道)는 있다. 초등학교 때부터 고등학교 졸업 때까지 많은 책을 읽고 그 내용을 글로 정리해보는 것이다.

[질문 1] 책을 많이 읽는 것이 논술에 도움이 되는 것은 무슨 까닭일까?

[질문 2] 아무 책이나 무조건 많이 읽으면 논술에 도움이 될까?

[질문 3] 책을 읽는 데에는 좋은 방법이 없나? 그냥 읽으면 도움이 되는가?

체육대학 입시에서 주특기 종목으로 축구를 선택했는데, 축구를 많이 해볼 시간이 없다면 어떻게 해야 할까? 축구 교실에 가서 배우는 것이 좋을 것이다. 축구 교실에 가면 축구 기술의 모범적인 자세와 기술들을 체계적으로 보고 배울 수 있으며, 그에 대한 모방에서 출발하여 많은 연습을 통해 그 기술을 자신의 것으로 만들 수 있다. 기술이 자신의 것이 되면 자신의 신체 조건과 상황에 맞게 새로운 기술을 개발해낼 수 있는 능력도 길러진다. 논술도 마찬가지다. 많은 책을 읽을 시간이 없다면 모범적인 글을 반복적으로 읽고, 그 글 속에 담긴 생각을 모방하는 데에서 시작해서, 그 생각을 충분히 익혀 자신의 것으로 만든 후에, 새로운 생각과 논리를 개발해낼 수 있는 것이다. 논술 시험에 출제되는 제시문은 그 모범적인 글의 전형이다. 따라서 제시문을 반복해서 읽고 이해하는 것이 중요하다.

논술문은 기본적으로 '글'이다. 하지만 앞에서 말했듯이 단순한 국어 작문이 아니다. 여기에서는 논술문을 써나가는 데 처음부터 끝까지 명심해두어야만 하는 내용을 지적하고자 한다. 지금부터 말하려는 내용은 상식적으로 생각해볼 때 너무나 당연하면서도, 글을 쓰는 사람들이 대체로 유념하지 못하는 것이기도 하다. 이 점만 주의해준다면 최소한의 기본적인 요건은 충족시킬 수 있을 것이다.

1) 글은 누구를 위해 쓰는가?

너무나도 기초적인 이 질문에 쉽게 대답하지 못하는 사람들이 많다. 말은 청중을 위해 하고, 글은 독자를 위해 쓴다. 일기조차도 자신을 미래의 독자로 상정하고 쓰는 것이다. 글이 독자를 위한 것이라는 사실에만 유념해도 좋은 글쓰기의 조건을 반은 충족시키는 셈이다. 독자를 위해 글을 쓴다는 말에는 다음과 같은 몇 가지가 필수적으로 포함될 것이기 때문이다.

2) 첫인상이 중요하다

독자가 무조건 자신의 글을 다 읽어줄 것이라는 기대를 버려라. 여러분에게 어떤 글이나 책이 주어지면 무조건 끝까지 다 읽는가? 재미있고 흥미롭거나 감동적이거나 고개가 끄덕여지는 등의 요소가 없다면 조금 읽다가 던져버릴 것이다. 시험 답안이기 때문에 다를 것이라는 생각은 금물이다. 훈련되지 않은 사람들이 쓴 대다수의 논술문은 너무나 획일적이라서, 당락만을 가르는 시험이라면 결과가 몇초 안에 판가름날 수도 있다. 실제로 필자가 대학에서 강의할 때 대다수 학생들의 시험이나 보고서 점수를 판정하는 데 한 편당 일분도 걸리지 않는 경우가 허다했다. 글의 처음과 끝 부분만 읽어보면 어떤 논리를 전개하고 있는지, 다른 글을 베껴쓴 것은 아닌지 쉽게 판별할 수 있기 때문이다.

첫인상은 비단 글에서만 중요한 것이 아니다. 물건을 살 때도 혹은 미팅을 하거나 기업체에서 직원을 뽑기 위해 면접을 하는 경우에도 마찬가지다. 수초 이내의 첫인상에서 많은 부분이 결정되어 버린다. 글의 경우 첫인상에 영향을 주는 중요한 요소는 다음 몇 가지다.

● 글씨에 정성을 들여라

답안지를 받아들었을 때, 처음 접하게 되는 것은 글씨다. 글씨는 얼굴과 같다. 글씨를 잘 쓰는 것은 가산점을 받을 수 있는 요인이다. 채점 기준에 글씨가 들어가지는 않지만, 채점관은 사람이라는 점을 명심하라. 하지만 불행히도 글씨는 타고나는 경우가 많다. 따라서 글씨를 못쓰는 것이 감점 요인이 되지 않는다. 어떤 글씨가 감점 요인이 될까? 글이 독자를 위한 것이라는 점을 염두에 두고 생각해보라. 알아보기 힘든 무성의한 글씨가 감점 요인이다. 글씨에 자신이 없다면 초등학생처럼 상대방이 알아보기 쉽게, 큼직큼직하게 정성들여 쓰라.

● 전체적으로 균형 잡힌 글을 쓰라

글씨 다음으로 보게 되는 것이 글 전체의 균형감이다. 글씨가 얼굴이라면, 균형감은 몸매와 옷차림이라고 할 수 있다. 단락의 구분이 전혀 없다거나, 어느 한 단락이 비대하게 양이 많고 다른 단락들은 그렇지 않다거나 하는 경우는 좋은 점수를 기대하기 힘들다. 균형감 있는 논의를 기대할 수 없기 때문이다. 일전 서울대에서는 통글, 즉 단락 구분이 전혀 안 되어 있는 글에 대해서는 0점 처리할 것임을 밝힌 바 있다. 그 이유가 무엇일지 생각해보라. 전문적으로 글을 써보지 않은 사람이라면 단락의 글자 수를 일정 범위로 한정해놓고 글을 쓰는 것이 좋다. 전체적으로 몇 글자를 요구하는가에 따라 다르겠지만, 한 단락은 250~500자 사이로 하는 것이 적절하다. 한 단락의 글자 수가 지나치게 적으면 근거가 제시되지 않는 선언성 글이 되기 쉽고, 글자 수가 지나치게 많으면 논의의 긴박감이 떨어질 가능성이 높기 때문이다. 글을 쓰기 전에 문제와 제시문을 읽고 나서, 몇 가지 내용으로 논의를 전개할 것인지, 그러기 위해서는 한 단락을 몇 글자 정도로 해야 하는지, 어떤 순서로 논의를 전개할 것인지 구상해보는 과정은 필수적이다. 자세한 내용은 뒤에 나오는 개요 작성 부분에서 설명하기로 하겠다.

● 가급적 연필 사용을 피하고 원고지 사용법을 준수하라

입시든 입사 시험이든 수험생들은 논술문을 작성할 때 연필 사용을 선호한다. 그러나 앞에서 말한 첫 번째 원칙을 상기해보라. 글은 누구를 위해 쓰는가? 그리고 연필로 답안지를 작성하는지 생각해보라. 두 질문에 대한 답이 잘 들어맞는가? 연필로 답안지를 작성하는 이유는 지우개로 쉽게 지우고 다시 쓸 수 있기 때문이다. 그러나 앞의 두 질문에서 알 수 있듯이, 연필을 사용하는 것은 글쓰기의 제 1 원칙을 고려하지 않은 것이다. 연필로 쓴 글씨는 보관 과정에서 번지며, 이는 읽는 이를 짜증나게 할 수 있다. 게다가 원고지 사용법을 숙지하고 있는가 여부도 채점의 한 가지 기준이다. 많은 대학에서는 논술 시험에서 연필 사용을 금하고 있다. 틀린 곳이 있는 것은 문제가 되지 않는다. 찢어진 청바지를 사 입어본 적이 있는가? 잘 찢은 청바지는 온전한 청바지보다 예쁘다. 틀린 곳을 원고지 교정법에 맞게 정성스럽게 고친다면 그와 같은 효과를 낼 수 있다. 한 단락을 몽땅 틀리면 어떻게 하는가? 그런 일은 없어야 한다. 위에서 말한 것처럼 글을 쓰기 전에 개요를 작성한다면 그러한 일은 피할 수 있다.

● 자신도 믿지 않는 식상한 주장이나 결론은 피하라

수험생들이 쓴 글의 결론을 모아보면 도덕 교과서를 편찬해도 될 정도다. 앞에서 언급했던 신사임당의 "가난은 불편할 뿐 부끄러운 것은 아니다"라는 말이나, "직업에는 귀천이 없다", "차이는 인정하지만 차별해서는 안 된다"는 등의 교훈적인 말들을 무비판적으로 받아들여 글의 결론으로 삼는 경우가 많다. 하지만 가슴에 손을 얹고 생각해보라. 여러분은 정말로 그렇게 생각해서 그런 결론을 내린 것인가? 대다수의 사람들은 어떻게 생각할까? 글을 읽는 독자도 여러분이 거짓말을 하고 있음을 알 것이다. 자신도 납득이 안 가는 주장에 대해 상대방이 납득해주기를 바라는 것은 무리다. 거짓말임이 뻔한 글이나 말에 대해 높은 점수를 줄 사람은 없다. 자신이 보기에 너무나 설득력 있어보이는 주장도 다른 사람을 반드시 납득시키리라는 보장은 없는 것이다. 구체적이고도 설득력 있는 주장을 펴도록 노력하라.

[질문] 위의 몇 가지 경구에 대해 자신의 솔직한 생각은 무엇인가? 자신의 그 생각은 근거가 있는 합리적인 것인가? 그에 대해 반대하는 사람은 어떤 근거에서 그렇게 할까? 자신과 반대 의견을 주장하는 측에서는 왜 그런 주장을 하는지 생각해보고, 그에 대응하여 자신의 솔직한 생각을 옹호할 수 있는 근거를 찾아보도록 하라.

3) 논술은 논설문, 그에 맞는 글쓰기를 하라

●언어의 경제성을 지켜라

불필요한 표현을 사용하지 말라. 자신의 논리성과 창의성을 유감없이 과시하기에 시험에서 규정된 1,000~3,000자의 분량은 많은 것이 아니다. 게다가 불필요한 표현은 읽는 이를 짜증나게 할 수 있다. 자신의 글에서 없어도 말이 통하는 부분을 빨간색 펜으로 과감하게 지워보는 연습을 하라. 처음에는 글의 3분의 1 이상이 지워질 것이다. 이러한 연습을 반복적으로 해나가는 가운데 핵심적인 내용만을 써나가는 경제적인 글쓰기 훈련이 가능하다.

●글은 전지적 작가 시점에서 건조하게 쓰라

감상적인 글이나 개인의 경험을 회고하는 내용은 금물이다. '나는 ~에 찬성한다', '나는 ~라고 생각한다', '나는 ~한 일을 본 적이 있다' 따위의 표현을 사용해서는 안 된다. 그런 표현을 사용하지 않더라도 그것이 글쓴이의 생각인지는 누구나 안다. 감정에 호소할 것이 아니라 건조하지만 논리적인 글로 상대방을 설득할 수 있도록 하라.

●강력하고 타당한 근거를 제시하라

논설문이란 주장과 근거의 연속이다. 어떠한 주장을 하는가보다 더 중요한 것은 자신의 주장에 대해 얼마나 강력하고 설득력 있는 근거를 제기하는가 하는 점이다. 강력하고 설득력 있는 주장이란 많은 사람들로 하여금 고개를 끄덕이게 하는 동시에 반론의 여지가 가장 적은 것이다. 따라서 자신이 글을 읽는 입장이라도 고개를 끄덕일지, 자신의 주장과 근거에 대해 어떠한 반론의 여지가 있을지 염두에 두는 것이 중요하다.

●글은 반드시 간결체로 쓰라

글쓰기에 익숙하지 않은 사람이 문장을 길게 쓸 경우 문장에 주어와 술어의 호응이 맞지 않는 등의 비문이 속출하게 된다. 한 문장은 가급적 50자 이상이 되지 않도록 하는 것이 좋다. 논리력이 충분히 갖추어지고, 많은 연습을 통해 글을 쓰는 능력이 향상된 후에는, 길이에 구애받지 않고 문장을 자유자재로 구사할 수 있을 것이다.

4) 제시문 활용은 선택이 아니라 필수다

논술 시험에서 제시문을 주는 데에는 이유가 있다. 수험생들이 제시문의 내용을 정확히 이해하고 있는지 평가하고자 하는 것이다. 수험생들은 보통 제시문을 한두 차례 읽고 자신의 생각에 따라 글쓰기를 한다. 그렇게 글쓰기를 할 경우 대개는 논리적 일관성을 잃고 두서없는 글이 되어버릴 가능성이 크다. 논술 채점에서 가장 커다란 감점 요인 가운데 하나가 '논점 일탈의 오류'다. 제시문을 무시하고 자신의 생각에만 의거해서 글을 쓸 경우 그러한 치명적인 오류를 범할 가능성이 매우 높아진다. 많은 연습을 통해 글쓰기에 완벽하게 숙달되기까지는 반드시 제시문을 요약하는 데에서 출발해야 한다. 요약은 다음의 요령에 따르도록 한다.

① 주어진 제시문들을 모두 포괄할 수 있는 한 단어 혹은 어구를 골라내라. 이것이 그 문제 전체의 화제다.

② 형광펜이나 색깔이 있는 펜을 가지고 각각의 제시문에서 중요해보이는 핵심 어휘 및 어구들을 찾아 표시하라. 제시문의 핵심 어휘와 어구들을 어떠한 순서로 자신의 글에 포함시킬 것인가를 고민하다 보면 자연스럽게 좋은 글이 나올 수밖에 없다.

③ 각 제시문을 간결한 한 문장으로 축약해보라. 그것이 제시문의 주제문에 해당한다. 앞에서 말했듯이 어떤 주장이 타당성을 가지기 위해서는 그를 뒷받침할 수 있는 강력하고도 설득력 있는 근거가 필요하다. 제시문에서 주장에 대해 어떠한 근거가 제시되고 있는가를 찾아 보라. 명시적으로 근거가 제시되어 있지 않다면 숨어 있는 근거가 있지는 않은가 생각해보라.

근거가 명시적으로 드러나 있지 않아서 해석자가 숨어 있는 근거를 찾아야 할 경우에는 '자비의 원칙'을 지켜야 한다. '자비의 원칙'이란 글쓴이가 상상할 수 있는 모든 선택지 가운데 최선의 근거를 염두에 두고 있었다고 가정해야 한다는 것을 말한다. 다른 사람의 의도를 비판할 때는 신중을 기하지 않으면 안 되기 때문이다. 예를 들어, "네가 나를 그러한 눈빛으로 바라보는 것은 나를 해치려는 의도를 가지고 있기 때문이다"라는 주장에 대한 반론은 "나는 그러한 의도를 가지고 있지 않다"는 것만으로도 충분할 수 있다. 첫 번째 주장이 타당하려면 "네가 한 행동으로 미루어 볼 때, 아무리 좋게 생각해주려고 해도 좋은 의도를 가졌다고 보기는 힘들다"는 것이어야 한다. 다시 말해서, 비판의 근거가 경험적으로 혹은 논리적으로 검증 가능한 것이어야 한다. 상대방의 주장을 합리적으로 비판하기 위해서는 반드시 '자비의 원칙'을 지키는 훈련을 해야 한다.

[질문 1] "자비의 원칙"이란 무엇이며, 왜 상대방의 글을 독해하거나 말을 들을 때는 자비의 원칙을 지켜야 하는지 설명해보시오.

[질문 2] 몇 년 전 이재수라는 가수가 서태지를 패러디한 적이 있다. 이 사건을 놓고 양측의 공방이 계속된 적이 있는데, 서태지 측에서는 이재수의 행위가 "경제적인 이익만을 목적으로 패러디를 함으로써 서태지의 위상과 이미지에 심각한 손상을 주었다"고 비판한 바 있다. '자비의 원칙'에 입각해서 이 비판의 정당성 여부를 논해보시오.

5) 문제의 요구 사항을 충족시키고 유의 사항을 반드시 지켜라

논술문의 문제, 즉 논제는 대체로 몇 가지 요구 사항으로 이루어져 있다. 답안을 작성할 때 논제에서 요구하는 내용 가운데 빠뜨린 것은 없는지 주의를 기울여야 한다. 논제에서 세 가지를 요구했는데 그 가운데 두 가지에 대해서만 답하였다면 훌륭한 글이라 할 수 없으며, 감점의 대상이 될 수밖에 없기 때문이다. 또한 논제의 요구 사항을 잘 분석해보면, 글을 몇 단락으로 구성하는 것이 좋은지알 수 있는 경우가 많다. 요구 사항 각각에 한 단락씩 할애한다면 글을 쓰는 사람뿐만 아니라 채점자도 편할 것이기 때문이다. 다음은 실제로 대학 입시에서 출제되었던 논제들이다. 논제에서 요구하고있는 내용은 몇 가지인지, 즉 논술문에 어떠한 내용들이 반드시 포함되어야 할지 말해보라.

사례 1 다음 제시문은 웃음의 유발과 관계된 것이다. 각각의 경우 웃게 되는 이유와 그 의미를 분석하고, 적절한 예를 통해 그와 같은 웃음의 사회적 기능을 논술하시오.

사례 2 제시문 [가]와 [나]에는 우리 사회의 공통적 문화 현상에 대한 상이한 두 가지 견해가 나타나 있다. 이에 대한자신의 견해를 제시문 [다]를 토대로 하여 논술하시오.

사례 3 다음 제시문들을 읽고, 여론에 의한 합리적 의사 결정의 가능성과 한계에 대한 자신의 입장을 논하시오(각 제시문의 주요 논점이나 시사하는 바를 반영할 것).

사례 4 다음 제시문 [가]의 글은 현대 소비 사회의 특성을 묘사하고 있다. 오늘날 제시문 [나]와 [다]의 삶의 방식이제시문 [가]의 소비 사회와 갈등을 빚는 이유와 양상을 서술하고, 그 갈등을 해소할 수 있는 방법을 자신의관점에서 논하시오.

사례 5 제시문 [가]는 최근의 사회 문제에 관한 글이다. 제시문 [나]의 관점에 따라 제시문 [가]에 제시된 사례들의원인을 분석한 후, 제시문 [다]에서 유추할 수 있는 구체적 해결책을 제시하고, 그 한계를 비판하시오.

논제의 요구사항을 충족시키는 것은 시험의 기본 중에 기본임에도 불구하고, 수험생들이 그 기본적인내용에 충실하지 못한 모습을 보이자, 최근 일부 대학에서는 요구 사항을 몇 가지 항목으로 나누어 좀더구체적으로 문제를 출제하기도 한다. 수험 논제의 요구 사항에 대한 충족 여부를 좀더 객관적인 채점의지침으로 삼겠다는 의도다. 다음의 몇 가지 사례를 보라

사례 6 제시문 [가]~[라]를 읽고 다음 지시에 따라 한 편의 완결된 글로 논술문을 작성하시오: 제시문 [가]의 내용을정리하여 논술문의 도입부로 삼고; 제시문 [나]와 [다]의 견해가 어떻게 다른지 설명한 후 자신의 입장을 밝히고; 제시문 [라]의 내용에 대해 제시문 [가]의 주제와 연결시켜 자신의 견해를 논술하시오.

사례 7 사물에 대한 올바른 인식에 어떻게 도달할 수 있는가를 논술하시오(아래의 내용을 반드시 논술문에 포함시킬 것).

(1) 제시문 [1]에 드러나 있는 사물의 인식 방법에 대하여 자신의 견해를 밝히고, 이에 근거하여 제시문 [2]의 내용을 논할 것.

(2) 다음 문장들을 논술에 활용하되, 그 가운데 한 문장을 반드시 직접 인용할 것.

　① 큰 의심을 품지 않는 사람은 큰 깨달음이 없다. 의심나는 것을 쌓아놓고 모호하게 두는 것은 캐묻고 따지는 것만 못하다(홍대용, 『담헌집』).

　② 아는 것을 안다고 하고 모르는 것을 모른다고 하는 것, 이것이 바로 아는 것이다(공자, 『논어』).

　③ 사실인 것은 존재하지 않는다. 존재하는 것은 해석뿐이다(니체, 『권력에의 의지』).

　④ 진리를 발견하는 것보다도 오류를 인식하는 편이 훨씬 쉽다. 오류는 표면에 나타나 있으므로 쉽게 정리할 수 있지만, 진리는 깊은 곳에 숨겨져 있으므로 그것을 탐구하는 일이 누구에게나 가능한 것은 아니다(괴테, 『잠언과 성찰』).

　⑤ 어떠한 사람의 지식도 그 사람의 경험을 초월하는 것은 아니다(로크, 『인간오성론』).

논제의 요구사항을 충족시키는 것만으로 논술문의 기본 조건을 모두 갖추는 것은 아니다. 논술 시험에는 대체로 논제뿐만 다음과 같은 유의 사항이 수반되기 때문이다.

〈유의사항〉　1. 제목을 쓰지 말 것.
　　　　　　2. 글의 길이는 2,401~2,600자가 되도록 할 것.
　　　　　　3. 필기구는 반드시 검은색이나 파란색을 사용할 것(연필 사용시 감점됨).
　　　　　　4. 제시문의 내용을 그대로 옮겨 쓰지 말 것.
　　　　　　5. 제시문 각 단락의 핵심어나 핵심 어구를 포함시킬 것.
　　　　　　6. 제시문 내용에 대한 요약이 글 전체의 1/2이 넘지 않도록 할 것.

제목은 요구하는 경우도 있고 그렇지 않은 경우도 있다. 제목을 쓰지 말라고 했는데 제목을 쓴다면 일단 채점에서 제외되는 것으로 보아야 한다. 부정 행위의 소지가 있기 때문이다. 제목뿐만 아니라 자신의 신원을 드러내는 내용이 글 속에 포함되거나, 답안지에 특정한 부호나 낙서를 한 경우도 마찬가지다.

글의 길이는 반드시 정해진 분량에 맞추어야 한다. 글의 길이가 규정된 분량보다 짧거나 긴 경우에도 감점 혹은 0점 처리된다. 글의 길이가 짧은 것은 그렇다 하더라도, 긴 경우에도 감점이 되는가 궁금해하는 사람이 있을 것이다. 글의 분량을 짧게 제한하는 것은 정해진 분량 안에서 핵심적인 내용들만 서술할 능력이 있는지 시험하고자 하는 목적도 가지고 있다. 토론에서 발표 시간을 제한하는 것과 같은 맥락이라고 생각하면 된다. 제한된 분량보다 글을 길게 쓴다는 것은 자신의 생각을 핵심적이고 일목요연하게 정리할 능력이 없다는 반증일 수 있다.

필기구에 대한 규정은 앞에서 말한 바와 같다.

5번의 경우, 유의 사항에 명시하지 않더라도 논술문을 쓰는 사람이라면 당연히 지켜야 할 항목이다. 그리고 앞에서 언급한 바 있듯이 논술문을 잘 쓰는 기본적인 요령이기도 하다. 제시문의 핵심어나 핵심 어구를 많이 포함시키면 시킬수록 논점 일탈의 오류를 범할 가능성이 적어질 뿐만 아니라, 문제의 핵심적인 내용에 접근해갈 수 있기 때문이다.

4, 6번에 대해서는 오해의 소지가 많다. 그러나 이런 유의사항은 피상적으로 받아들일 것이 아니라, 그 이면에 숨어 있는 의도가 무엇인지를 생각해보아야 한다. '제시문의 내용을 그대로 옮겨 쓰지 말 것'이라는 말은 역으로 생각하면, '제시문의 내용을 바꾸어 쓸 것'이라는 말과 같다. 논제와 제시문의 내용이 중요함을 강조하다 보면, 일부 수험생들의 경우 논제와 제시문의 내용을 뭉텅 잘라다가 자신의 답안에 옮겨적는 경우가 있다. 이런 경우는 커다란 감점의 대상이다. 이 요구사항은 제시문의 내용을 잘 소화해서 자신의 표현으로 바꾸어 쓰라는 말이다. 이는 5번 유의 사항과 깊은 관계를 맺고 있다. 제시문의 문장이나 단락을 그대로 옮겨 쓰지 말고 핵심어와 핵심 어구만 채취해서 제시문의 핵심 내용을 나름대로 재구성해보라는 말이다.

6번은 이렇게 재구성한 내용이 글 전체의 2분의 1을 넘지 않게 하라는 말이다. 이 역시 역으로 읽어야 한다. 제시문의 요약이 최소한 글 전체의 반 정도가 되도록 하라는 의미인 것이다. 수험생들은, 4번이나 6번 같은 항목에 대해, 창의력에 대한 강박 관념과 상승 작용을 일으켜서, 제시문의 내용을 논술문에 이용해서는 안된다는 오해를 하기도 한다. 그러나 명심하라. 좋은 글이란 자신이 참고한 여러 가지 입장을 잘 소개한 뒤, 그에 대한 비판적 분석을 통해 자신의 입장을 밝히는 글이다. 그러므로 자신이 찬성하는 입장이든 아니면 자신과 반대되는 입장이든 간에, 자신이 참고한 입장들을 잘 요약하여 정리해주는 것은 좋은 논술문의 필수 조건이다.

제시문 독해 및 요약연습 1

주제강의 - 일원론과 이원론

앞에서 언급한 것처럼, 논술에서 주어진 제시문을 잘 이해하고, 그 내용을 자신의 글 속에 녹여 내는 것은 선택이 아니라 필수다. 논술이나 면접은 민주 사회에서 원활하게 의사 소통을 해낼 수 있는 시민을 길러내기 위한 것이다. 의사 소통에서 자신의 생각을 잘 표현하는 것도 중요하지만, 그에 못지 않게 중요한 것은 상대방의 의견을 잘 듣고 이해하는 것이다. 몇 년 전에 서울대학교 면접 시험에서 이런 문제가 나온 적이 있다. 여러분이라면 이 문제에 대해 어떻게 대답했을지 생각해보라.

[질문] 토론은 민주 사회의 기본 운영 방식이며, 토론과 대화를 하는 데에서는 자신의 말을 잘하는 것 못지 않게 남의 말을 잘 듣는 것이 중요하다. 남의 말을 잘 듣기 위해서는 어떠한 조건이 필요하다고 생각하는가?

텔레비전의 토론 프로그램을 보다 보면 가장 짜증나는 것이 논의의 주제와 관련 없이 자신이 하고 싶은 말만 하는 경우와, 상대방의 말에는 전혀 귀기울이지 않고 자신의 주장만 내세우는 경우다. 이런 현상은 논술문에서도 흔하게 발생하며, 그 일차적인 원인은 제시문을 무시하는 데 있다. 따라서 논제와 유의 사항을 잘 읽어본 후에는 제시문을 철저히 이해하고 분석하는 과정이 뒤따라야만 한다. 여기에서는 제시문을 이해하고 분석하여 요약하는 연습을 해보기로 한다. 신문 사설을 읽을 때와 마찬가지로 제시문을 이해하기 위해서는 제시문의 구조를 이해하는 것도 중요하지만, 그 이면의 이론적 근거를 이해하는 것도 중요하다. 문제에 하나하나 답해나가면서 제시문을 이해하고, 이면에서 작용하고 있는 이론적 근거는 무엇인지 살펴보는 연습을 해보도록 하자.

연습 문제

다음 제시문을 읽고 물음에 답하시오.

[가] 왜 서양에선 풍경화의 출현이 동양에 비해 그토록 늦어진 것일까? 우리는 남녀노소를 막론하고 흔히 동양화하면 산수화(山水畵:풍경화)를 떠올릴 정도로 동양화에서 풍경화는 주류(主流)를 이루고 있는 데 비해 서양화는 그렇지가 않다. 물론, 그 양식적 측면에서도 양자는 현격히 다르다. 여기에는 자연과 우주를 바라보는 두 문화권의 사상적 시각의 차이가 절대적(絕對的)인 원인이 되고 있다.

[나] 동양은 그 사유 형태의 근원인 불교 사상과 노장 사상(老莊思想) 및 유가 사상(儒家思想)에서 볼 수 있듯이 신비적 직관에 의거한 통합적이고 종합적인 세계의 전체상을 지향하는 경향을 강하게 보이고 있다. 색심불이(色心不二), 천인합일(天人合一), 심물합일(心物合一)을 주장하는 데서 알 수 있듯이 현상과 실체, 정신과 물질의 이분을 근원적으로 허용치 않고 있다. 따라서 동양적 사유 속에서 '나'는 우주 만

물과 하나로서 일체화된 '나'이기 때문에 우주를 말할 땐 항상 그 자체가 인간을 동시에 거론하고 있는 것이기도 하다. 이렇게 우주와 나, 자연과 나는 하나인 것이니, 이 속에서 자아는 주관성이 부정되고 고차적(高次的)인 의미에서 우주의 전체성과 합일된 열려진 통일체가 되는 것이다. 그리하여 동양인은 자연에 대한 깊은 친화감 속에서 자연과 한 몸으로서의 융화감과 일체감을 전통적으로 느끼면서 살아왔음을 본다. 이러한 자연에 대한 친화감을 우리는 동양인의 일상적인 믿음에서도 쉽게 볼 수가 있는 것이다. 따라서 이들이 자연 풍경에 대한 깊은 애착심을 갖고 그것을 즐겨 그려온 것은 너무나도 당연한 일이었다.

[다] 이들에게 자연을 그리는 것이란 단순히 인간의 밖에 상대적으로 대치(對峙)해 있는 자연을 그리는 것이 아니라 인간의 자아와 열려진 통일체로서 하나가 된 자연을 그리는 것이었다. 이처럼 동양에선 오래 전부터 자연을 그리는 것은 인간을 그리는 것이기도 하며, 또한 인간은 자연과의 합일적 관계 속에서 온전히 드러날 수 있는 것이라고 생각했기 때문에 산수화가 주류를 이루며 즐겨 그려졌던 것이다. 이러한 자연과 인간과의 합일 의식은 산수화를 그리는 방식에도 그대로 반영되어, 그리는 사람의 시점(視點)이 자연 풍경과 대립적 관계에 있는 것이 아니라 오히려 풍경 속에 일체가 되어 그 속에서 이리저리 움직여 나아가는 다시점(多視點)을 보이고 있는 것이다.

[라] 이에 비해서 동양과 같은 일원론(一元論)의 사유 형태가 결여(缺如)되어 있던 서양에서는 풍경화가 애초부터 중요시될 수가 없었다. 서양의 사고 태도는 그들의 사상사(思想史)가 입증해주고 있듯이 현상과 실체를 분리하고 정신과 물질을 나누는 이분법적 사유의 틀을 벗어나지 못해왔던 바, 그리하여 그들은 자연성을 신성(神性)과 반대 개념으로 이해했고, 인간과 자연도 대립 관계로 생각해왔기 때문에 미술에서도 역시 그러한 생각이 반영되어, 신 중심의 중세에서 자연이 중요시될 리가 없었고, 또한 인간 중심의 르네상스 시대에도 자연이 중요시될 수는 없었던 것이다. 애초에 서양에선 풍경화가 발생할 정신적 토양이 전무했던 것이다. 그러다가 17세기에 들어서서 최초로 풍경화가 대두한 후, 낭만주의 정신의 개화와 함께 비로소 풍경화가 가치 있는 주제로서 각광을 받고 본격적으로 그려지게 되었다. 그 이유는 낭만주의 정신이 종래의 자아 중심적·합리주의적 사고에 반기를 들고 자연에 내재해 있는 비합리적인 것, 신비적인 것에 대해 깊은 관심을 기울인 결과, 자연을 무척 가치 있는 대상으로서 새롭게 바라볼 수 있는 안목을 사람들에게 제공했기 때문이었다.

[마] 서양의 풍경화는 그 문화적 배경이 다른 만큼 동양의 산수화와는 현격히 다를 수밖에 없었다. 서양은 앞에서 언급했듯이 주객 분리의 이원론적 사유 전통 속에서 세계와 자아를 대립 관계 속에 있는 것으로 보고 자아의 주관성을 강조하는 입장에 서 있었다. 이처럼 자아의 주관성을 강조하는 입장에서 모든 것을 이해하려고 했던 서양인들이 생각하는 '나'란

제시문

우주 만물과 별개의 것으로 존립하면서 만물을 타자(他者)로 바라보는 주관성이었다. 이러한 태도는 풍경화 양식에도 그대로 반영되어, 그들은 자연 풍경을 그리는 자와 대립적 관계로 바라보면서 '나'라고 하는 한 시점의 정지된 주관성을 강조하는 풍경화 양식을 구축하고 있는 것이다.

[질문 1] 위의 제시문은 전형적인 서론–본론–결론의 구조를 가지고 있다. 그렇다면 제시문은 두괄식, 미괄식, 중괄식, 양괄식 가운데 어떤 구조를 가지고 있는가? 또한 제시문에서 하고자 하는 궁극적인 주장은 무엇인가?

[질문 2] 제시문 [나]에서 동양 사상의 특징을 설명하고 있는 구절을 두 곳 찾아보시오.

[질문 3] 동양에서는 왜 일찍이 풍경화가 발달하게 되었다고 설명하고 있는지 [나]와 [다]를 요약하여 설명해보시오.

[질문 4] 서양에서는 일찍이 왜 풍경화가 중시될 수 없었는지에 대해 제시문 [라]에서 어떻게 설명하고 있는지 핵심적인 내용을 찾아보시오.

[질문 5] 제시문에서는 서양에서 풍경화가 본격적으로 주목받기 시작한 계기가 어떤 사조의 등장 때문이라고 주장하는지, 그리고 그 사조에 대해서는 어떻게 설명하고 있는지 제시문에 기반해서 설명해보시오.

[질문 6] 제시문에서는 동양과 서양 사고 방식의 차이를 일원론과 이원론으로 설명하고 있다. 일원론과 이원론이란 무엇인지, 제시문을 참고하고 구체적인 예를 들어 설명하시오.

[질문 7] 동양의 풍경화와 서양의 풍경화가 가지는 대표적인 특징을 설명하는 한 단어 혹은 어구를 각각 찾아보고, 그렇게 설명되는 이유는 무엇이라고 생각하는지 말해보시오.

[질문 8] 이상의 내용에 기반해서 제시문을 400자 내외로 요약해보시오.

다음 제시문을 읽고 물음에 답하시오.

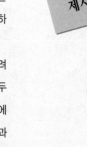

제시문

[가] 인간은 새로운 우주론 덕택에 무지의 암흑에서 진리의 찬란한 빛으로 진보했다. 우주의 진정한 체계가 발견됨에 따라, 인간은 마침내 자신이 우주 내의 어느 곳에 서 있는지 알게 되었다. 태양이 지구를 대신하여 행성 체계의 중심에 들어선 것과 마찬가지로, 과학 역시 신학을 물리치고 인간의 지식 체계의 중심을 차지했다. 이제 인간의 정신이 진정한 빛의 근원을 탐구하게 되면서, 진리를 향한 끝없는 도약이 미래를 가득 채울 것처럼 보였다.

그러나 현대 우주론의 엄청난 성과에도 불구하고, 서구는 철저한 물리주의의 길을 따라 내려오는 동안 이루 헤아릴 수 없을 만큼 중요한 것을 또한 잃어버렸다. 현대 우주론이 성공을 거두는 데 핵심적인 역할을 했던 공간의 동질화로 인해 영혼 또는 정신의 공간이 우리의 세계관에서 추방되어버린 것이다. 동질적인 공간은 오직 한 종류의 실재만을 수용할 수 있었다. 즉, 과학적 세계관에서는 물질의 물리적 실재만이 존재했다. 중세 우주론에서 육체와 영혼은 공간이 비동질적이라는 믿음 때문에 공존할 수 있었다. 반면에 근대의 우주론자들은 지구 공간과 천체 공간의 중세적 구분을 폐기함으로써 실재를 고전적인 육체-영혼 이항 체계의 절반으로 축소시켰다. 게다가 물질 공간이 무한으로까지 일단 확장되어버린 다음에는, 어떠한 형태로든 영혼 공간이 들어설 수 있는 자리는 전혀 남아 있지 않았다.

좀더 적나라하게 말해서, 근대 우주론의 무한 공간에는 '영혼'이니 '정신'이니 하는 것들이 존재할 장소가 전혀 없었다. 중세의 우주에서 영혼의 장소는 항상 '너머'였다. 중세에는 우주가 유한하다고 믿었으므로, 적어도 비유적으로라도 물질 세계의 바깥에 영혼의 자리가 충분히 남아 있다고 상상할 수 있었다. 그러나 물질의 세계가 무한한데 영혼의 세계가 어떻게 가능하겠는가? 물질 세계의 한계가 없어짐으로써 기독교적인 영혼의 세계는 우주로부터 삭제되었다. ① 이러한 삭제는 서구를 정신적 위기에 빠뜨렸으며, 우리는 그 여파 때문에 아직도 고통을 겪고 있다.

[나] 사이버 공간은 빅뱅에 견줄 만한 기하급수적인 힘으로 현재 우리 눈앞에서 폭발하고 있다. 우주론자들은 우주의 물질 공간이 약 150억 년 전에 무에서 폭발하여 오늘에 이르렀다고 말하는데, 사이버 공간도 역시 무에서 시작되었다. 현재 우리는 이전에는 존재하지 않았던 새로운 공간, 새로운 영역의 탄생을 목격하고 있다. 서로 연결된 전 지구적 컴퓨터 네트워크 공간은 이전과 다른 영역으로 팽창하고 있다. 물질 공간처럼, 이 새로운 사이버 공간은 엄청난 속도로 성장하면서 끊임없이 팽창하고 있다. 매일 수천 개에 달하는 새로운 노드 혹은 '사이트'들이 인터넷과 관련 네트워크에 추가되고 있으며, 이러한 새 노드를 통해서 사이버 공간의 전체 영역은 점점 더 커지고 있다. 모든 사이트들은 동시에 여러 '방향'으로 가지를 뻗어나가는 웹의 복잡한

제시문

미로 안에서 서로 연결된다. 1998년 중반 현재, 정기적으로 인터넷에 접속하는 사람의 수는 1억 명에 이르고 있다. 그리고 다음 10년 동안에는 10억 명에 근접할 것으로 추정된다. 이미 3억 페이지가 등록되어 있는 월드와이드웹은 최근 들어 하루에 백만 페이지씩 성장하고 있다. 무에서 시작한 지 약 30년 만에 사이버 공간은 인간 역사상 가장 빠르게 성장하는 '영토'로 확실하게 자리를 잡아가고 있는 것이다.

매우 중대한 의미에서 새로운 디지털 공간은 물리학이 탐구해온 공간 '너머'에 있다. 왜냐하면 사이버 세계는 물질의 소립자나 힘이 아니라 비트와 바이트로 이루어져 있기 때문이다. 데이터 패킷은 사이버공간의 존재론적 토대며, 전 지구적 현상이 '출현하는' 근원이 된다. 사이버공간은 물질의 소립자나 에너지로 만들어진 것이 아니다. 좀더 명확하게 말해서, 그것은 한마디로 혁명적인 공간이다. 사이버공간은 존재론적으로 물리적 현상에 근거를 두고 있지 않기 때문에, 물리학 법칙의 적용을 받지 않으며 그러한 법칙의 한계에 의해 제한되지도 않는다.

우리는 이러한 발전의 중요성을 평가절하해서는 안 된다. ② <u>어떤 의미에서 실리콘 칩은 우리를 형이상학적 통로로 이끈다.</u> 한 웹사이트에서 다른 웹사이트로 여행하는 나의 '운동'은 어떠한 역학 방정식으로도 설명될 수 없고, 내가 활동하는 온라인 공간은 어떠한 물리적 미터법으로도 측정할 수 없다. 여기에서 '공간'의 개념 자체는 지금까지 거의 이해된 바 없는 새로운 의미를 띠게 된다. 역설적이게도, 사이버공간은 물리학적 과학기술의 부산물이다. 실리콘 칩, 광섬유, 액정화면, 원격통신위성, 심지어는 인터넷에 동력을 공급하는 전기까지, 이 모두가 과학의 부산물이다. 하지만 사이버공간이 물리학 없이는 존재할 수 없다고 하더라도, 그것은 순전히 물리주의적인 실재관에 얽매이지는 않는다.

소위 '과학의 시대'에 우리들은 철저히 물리적인 공간의 개념에 길들여져서, 사이버공간을 진정한 '공간'으로 받아들이는 데 많은 어려움을 느낀다. 그러나 내가 사이버공간에 '들어갔을 때', 나의 몸은 의자에 편하게 앉아 있지만, '나'는 자체적인 논리와 지형을 가지고 있는 또 다른 세계로 송신된다. 분명히 그것은 내가 물질 세계에서 경험하는 그 어떤 것과도 다른 종류의 지형이지만, 그것이 물질적이지 않다고 해서 실제로 존재하지 않는 것은 아니다. 즉, 어떤 것이 물질적이지 않다고 해서 그것이 실재하지 않는다고 할 수는 없다. 물질성의 결여에도 불구하고, 사이버공간은 실제로 존재하는 장소이다. 나는 거기에 있다. 우리는 사이버공간을 순전히 물리주의적인 세계상에서 거부당한 인간의 비물질적 측면을 부분적으로나마 발휘할 수 있는 새로운 공간이라고 할 수 있다. 사이버공간은 정신을 위한, 특히 상상력을 위한, 새로운 영역이 되었다.

[질문 1] 밑줄 친 ①과 ②는 바람직한 우리말 표현법에 어긋나는 방식으로 번역되어 있다. 이를 바로잡아보시오.

[질문 2] 위의 두 제시문을 각각 250자 내외로 요약해보시오.

[질문 3] 두 제시문에 근거하여 자신의 생각을 800자 내외로 적어보시오.

〈유의사항〉

1. 글의 형식에 구애받지 말고 곧바로 본론부터 시작할 것.

2. 위의 2)번에서 요약한 내용이 전부 포함되도록 할 것.

1. 이원론적 전통

1) 심신(心神)이원론

세계는 어떤 존재로 구성되어 있을까? 위의 제시문에서 말하고 있는 것처럼, 전통적으로 서양적 사유에서는 이원론이 주류를 이루어왔다. 우리가 상식적으로 가지고 있는 세계관도 역시 이원론이다. 이원론이란 세계를 구성하고 있는 요소들을 계속 환원해보면 궁극적으로 세계는 두 가지 존재로 이루어져 있다는 주장이다. 대표적으로는 정신과 물질의 이원론을 들 수 있다.

여러분이 다리가 부러져서 병원에 갔다고 하자. 그런데 병원의 의사가 환자인 여러분과 이것저것 자상하고 친절하게 대화를 통해 병을 진단하고 치료하는 것이 아니라, 환자의 불안감 따위는 안중에도 없이 X-레이나 MRI 촬영 등을 통해 병을 진단하고, 환자의 불안이나 고통스럽다는 절규도 무시한 채 부러진 다리뼈를 끼워 맞추고, 항생제를 비롯한 여러 가지 약을 처방한 후, 역시 퉁명스런 표정으로 환자와 아무 대화도 없이 나갔다고 하자. 이 의사에 대해 어떤 판단을 내려야 할까?

우리는 쉽게 그 의사가 무능하고 못된 의사라는 판단을 내리고 싶겠지만, 사실은 그렇지 않을 수도 있다. 전통적인 심신이원론에 따르면, 육체와 정신은 서로 다른 세계에 속하며, 다른 법칙의 지배를 받는다. 육체는 물리 법칙의 지배를 받지만, 정신은 물리 법칙으로부터 자유로운 신적인 영역에 속한다. 이러한 이원론은 근본적으로 종교, 그 가운데에서도 특히 기독교에 그 뿌리를 두고 있다.

기독교에서는 태초에 어떠한 인과 관계에도 종속되지 않는 세상의 창조주이자 '제 1 원인'인 신(God)이 있었다고 한다. 신은 완전히 자유로운 존재다. 서양인들이 보기에, 이러한 신의 존재는 종교적인 이유에서 뿐만 아니라 논리적으로도 필요하다. 세상의 모든 현상에는 원인이 있다고 하면, 그것은 끝없는 악순환을 계속하게 된다. 'A의 원인은 B이고, 그 원인은 C며, 그 원인은 D이고…'와 같이 따져 나아가면 결국 아무것도 설명할 수 없다. 그 고리를 끊어줄 수 있는 궁극적인 원인이 되는 존재, 즉 인과 관계의 사슬을 벗어날 수 있는 존재가 필요한 것이다. 태초에 세상에 인과 관계에 기반한 변화와 운동을 부여한 존재로서 신은 논리적으로 요청된다. 신은 전적으로 자유로운 존재이자, '부동(不動)의 원동자(原動者)[Unmoved Mover]'인 것이다.

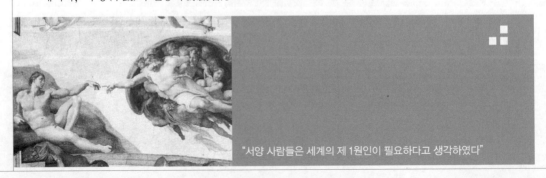

"서양 사람들은 세계의 제 1원인이 필요하다고 생각하였다"

신은 세계를 창조했지만, 세상의 모든 사건 하나하나를 주재하지 않는다. 세상이 어떤 원리에 따라 움직이도록 만들어 놓은 것이다. 그것은 신의 섭리라고도 할 수 있지만, 인간의 관점에서 보면 물리 법칙이라고 할 수 있다. 그러면 신은 세상의 모든 존재를 동일한 차원에 속하도록 만들어 놓았는가? 서양인들의 관점에서 보면 그 대답은 "No"다. 이는 굳이 기독교인이 아니라도 이미 알고 있는 내용이다.

인간은 육체적인 측면에서 보면 다른 존재와 마찬가지의 재료로 만들어진 피조물이지만, 또 다른 측면에서 보면 다른 피조물과는 다른 차원에 속한다. 『성경』에 따르면 신은 인간을 흙으로 만들었다. 신은 인간을 '자신의 형상에 따라' 만들었을 뿐만 아니라, 인간에게 자신의 '숨'을 불어넣어 준다. 그 '숨'은 곧 인간의 영혼이다. 따라서 인간의 영혼은 물리 법칙에 따라 움직이는 자연계와는 달리 신의 세계에 속한 존재다. 그러므로 인간의 영혼, 그 가운데에서도 이성은 신과 같이 자유롭다.

다시 의사의 예로 돌아가보자. 이렇게 육체와 영혼이 전혀 다른 세계에 속한다고 생각한다면, 그 의사가 무능하다고 할 이유는 전혀 없다. 정신적인 영역은 물리 법칙에 의해 지배받지 않는다. 반대로 정신적인 것의 작용을 통해서는 물리적인 세계에 영향을 미칠 수 없다. 따라서 마음이 불안하든 편안하든, 부러진 다리가 치유되는 것과는 아무 관련이 없다. 부러진 다리를 치유하는 것은 마치 고장난 기계를 고치는 것과 같다. 그 의사가 인간적으로 몰인정하다고 말할 수는 있겠지만, 어쨌든 무능한 의사는 아닌 것이다.

2) 플라톤의 이데아론

이러한 기독교적 사고와 밀접한 연관을 가진 또 하나의 이원론이 있다. 그것은 그 유명한 플라톤의 이데아론이다. 플라톤에 따르면 변화하는 이 세계와는 다른 세계가 존재한다. 그것은 바로 이데아(Idea) 혹은 형상(Form)의 세계며, 그 이데아의 세계가 바로 변화하는 현실 세계의 근거가 된다. 플라톤의 이데아는 기독교의 신처럼 논리적으로 필요한 개념이기도 하다.

삼각형을 예로 들어보자. 세상에는 무수히 많은 삼각형이 있다. 그러나 우리는 그 모든 것을 동일하게 '삼각형'이라고 부른다. 피부색과 체격, 얼굴 등이 모두 달라도 어떤 존재자들은 동일하게 '인간'이라고 부른다. 이는 책상, 나무, 꽃 등과 같은 대상에 대해서도 마찬가지다. 여기에서 그치는 것이 아니다. 서로 다른 방식으로 교제를 하는 여러 쌍의 남녀에 대해 동일하게 '사랑'이라고 부르고, 또 동성 간의 교제에 대해서는 그 방식이 달라도 동일하게 '우정'이라고 부르기도 한다. 게다가 '좋음'이라는 말은 물질적 대상과 정신적 대상, 양자 모두에 적용되기까지 한다.

어떻게 이런 일이 가능할까? 플라톤의 대답은 다음과 같다. 그 모든 삼각형을 '삼각형'이라고 부를 수 있는 것은 우리가 '표준적이고 이상적인 삼각형'을 알고 있기 때문이다. 다양한 삼각형들이 그 '이상적인 삼각형'을 닮았기 때문에 우리는 그것을 다 똑같이 삼각형이라고 부르는 것이다. 이는 인간, 책상, 나무 등에 대해서도, 그리고 사랑이나 우정과 같은 정신적인 것에 대해서도 마찬가지다. 이러한 '표준적인 X'를 'X의 이데아(혹은 형상)'라고 부른다. 그렇다면 그 이데아들은 어디에 존재하며, 우리는 언제 어떻게 그것들을 알게 되었을까? 이에 대한 플라톤의 설명은 신화적이다.

세상에 태어나기 전에 우리의 영혼은 하늘나라에 살고 있었다. 그곳은 바로 이데아의 세계이자 신의 세계다. 신은 세상을 창조할 때 하늘나라에 있는 이데아를 보고, 그 형상에 따라 세상의 다양한 존재들을 만들었다(그래서 이데아를 '형상'이라고도 부르는 것이다). 영혼이 이데아의 세계를 벗어나 이 세계로 내려와서 육체 속에 들어가게 되면 비로소 인간이 된다. 우리의 영혼은 이데아의 세계에 살고 있었으므로, 이데아에 대한 지식을 '이미 가지고' 있다.

그렇다면 우리가 신과 같은 완벽한 앎을 가지지 못한 이유는 무엇인가? 플라톤에 따르면 영혼이 지상 세계로 내려올 때 사막을 지나 강을 건너게 된다. 사막을 지난 영혼은 너무나 목이 마르기 때문에 강물을 마시지 않을 수 없다. 그 강물의 이름은 '망각'이라는 뜻의 '레테(lethe)'다. 레테의 강물을 마신 영혼은 이데아 세계에 대한 기억을 상실하게 되어 더 이상 이데아 세계에 대한 완벽한 앎을 가지지 못한다.

"플라톤은 이상적인 이데아의 세계가 현실 세계와 독립적으로 존재한다고 주장하였다"

그러나 이데아에 대한 지식이 완전히 사라지지는 않는다. 그래서 우리는 삼각형의 이데아 자체를 알지 못해도, 여러 가지 다양한 삼각형이 동일하게 '삼각형'의 범주에 들어 있음을 알 수 있는 것이다. 플라톤이 소크라테스의 입을 빌어 펼치고 있는 교육 이론을 '상기설'이라 부르고, 그 교육 방법을 '산파술'이라고 부르는 이유가 바로 이것이다.

이미 눈치챘겠지만, 기독교적인 이원론과 플라톤의 이원론은 매우 유사하다. 변화하는 지상의 세계와 불변하는 신의 세계[예지계(睿智界)라고도 한다]를 나누는 방식이나, 인간이 두 세계 모두에 걸쳐 있다고 생각하는 방식 등이 그러하다.

[질문 1] 정신과 의사가 환자를 치료하는 방법을 아는가? 정신과 의사가 환자를 치료하는 방법은 이원론에 기반하고 있을까 아니면 일원론에 기반하고 있을까? 왜 그렇게 생각하는지 말해보시오.

[질문 2] 소크라테스의 '상기설'은 과 '산파술'이란 무엇인가? 그것이 이데아와 어떤 관련을 맺고 있는지 조사해보자.

2. 일원론적 전통

1) 유심론(唯心論)

유심론이란 한자 그대로 '오직 마음뿐'이라는 이론이다. 유명한 불교 용어 가운데 세상 만물이 마음에 의해 만들어졌다는 의미의 '일체유심조(一切唯心造)'라는 말이 있는데, 이것이 유심론을 대변하는 말이라고 할 수 있다. 유심론에서는 궁극적으로 존재하는 것은 오직 마음뿐이며, 다른 현상은 모두 마음으로 환원해서 설명할 수 있다고 주장한다.

꿈을 꾸는 경우를 생각해보자. 꿈속에서 우리는 먹고 마시고 달리는 등의 감각적이고 육체적인 행위를 행하기도 하고, 건물이 무너지는 것과 같은 현상을 목격하기도 한다. 그러나 그러한 것은 실제로 존재하지 않으며, 꿈이란 마음에 의해 만들어진 것에 불과하다. 마음은 여러 가지 기능을 발휘하여 계산을 하기도 하고 상상을 하기도 하는 등의 활동을 한다. 나아가 꿈에서처럼 마음은 우리가 실제로 존재한다고 생각하는 모든 것을 만들어낼 수도 있는 것이다.

염력(念力)과 같은 것도 일원론에 대한 믿음과 관련이 있다. 한 대학의 논술 시험에서 실제로 출제되었던 다음 제시문을 보자.

신흥 종교 집단이 생겨남에 따라, 그들과 보다 광범위한 사회 사이에 갈등이 존재하는 것은 흔한 일이 되었다. 신흥 종교 집단은 주류 사회 외부에 존재하는 데 그치지 않고 주류 사회로부터 저항을 불러일으키기도 한다. 신흥 종교 집단에 따르면, 오래된 생활 방식은 아무리 좋게 보더라도 진부한 것이고, 최악의 경우에는 그 자체로 악한 것이다. 그들이 존재하는 이유 그 자체가 현재의 상황을 의문시하는 것이다. 그들은 전통적 규칙을 부인하고 전통적 권위에 의문을 품는다.

주류 사회와 갈등 관계를 겪게 된 신흥 종교 집단의 그러한 사례 가운데 하나가 크리스천 사이언스다. 논쟁의 중심에 있는 것은 신앙의 치료력에 대한 크리스천 사이언스의 믿음이다. 그러한 믿음으로 인해 ㄱ 추종사들은 치료 가능한 병에 대해 그 아이들에게 전통적인 의학적 치료를 하는 것을 거부하게 되었던 것이다. 그러한 논쟁이 심화된 이유는 부모의 '권리'와 사회의 '관심' 사이에 충돌이 있었기 때문이 아니라, 오히려 상충하는 원칙이 그에 달려 있기 때문이다. 크리스천 사이언스는 현대 의학에 널리 퍼져 있는 마음과 물질의 구분을 부정하기 때문에, 일상적인 진단을 통해서도 병이 '생겨나게' 될 수 있다고 주장한다. 보다 문제가 되는 사실은 병과 관련된 의학적인 '사실들'을 인정하게 되면 결과적으로 크리스천 사이언스의 도덕적 믿음을 논박하는 셈이 된다는 것이다.

이 제시문에서는 '크리스천 사이언스는 현대 의학에 널리 퍼져 있는 마음과 물질의 구분을 부정하기 때문에'라고 적고 있다. 위에서 언급한 의사의 경우를 생각해보면, 현대 의학에서 마음과 물질을 이원적으로 생각한다는 말이 무슨 뜻인지를 알 수 있을 것이다. 그렇다면 크리스천 사이언스의 경우는 어떤가? 그들은 신앙의 치료력을 믿는다. 육체적인 병도 그 근원을 따져보면 정신적인 데에 이유가 있으므로, 정신적인 노력의 일환인 신앙을 통해 치료가 가능하다는 것이다. 이를 존재 전체로 확대해보면 유심론에서 주장하는 바와 정확하게 일치할 수 있다. 그 극단적인 형태가 바로 위에서 말한 불교적인 사고다.

불교에서는 '색심불이(色心不二)'라고 주장한다. 여기에서 '색'은 '존재'를 의미한다. 결국 존재하는 것과 마음은 둘이 아니라는 말이다. 존재하는 것과 마음이 둘이 아니라면, 생각할 수 있는 경우의 수는 다음 두 가지다: (1) 세상의 모든 현상은 결국 마음으로 환원된다는 주장; (2) 세상의 모든 현상은 결국 물질적인 것으로 환원된다는 주장. 첫 번째가 유심론이며, 두 번째가 뒤에서 설명할 유물론이다.

불교에서는 모든 현상이 마음에 의해 만들어진 것이라고 보기 때문에, 불교에서 말하는 해탈이란 결국 '세계관의 전환'이라고 말할 수 있다. 세상의 모든 것은 마음에 의해 만들어진 것이다. 고통도 기쁨도 예외는 아니다. 이 사실을 안다면 기쁨이나 고통이 모두 부질없는 공허한 것임을 깨닫게 된다. 이 깨달은 마음을 가질 수 있다면 이 세상이 바로 극락일 수 있는 것이다.

서양의 전통에서도 유심론과 거의 유사한 사조가 있었다. 그것은 바로 관념론이다. 관념론에도 그 주창자에 따라 차이가 있을 수 있지만, 극단적인 형태에서는 외부 세계의 존재를 모두 사람의 관념으로만 환원시켜서 실재하는 것은 오직 관념, 즉 정신의 산물뿐이라고 주장한다. 유명한 사례가 있다. 관념론자를 마구 때린 후에, "이래도 관념뿐인가? 고통이 있지 않은가?"라고 물으면, 그는 "아프다는 관념 말고 또 무엇이 있단 말인가?"라고 대답한다는 것이다.

"불교에서는 모든 것이 마음에 의해 생성된 것이라고 주장한다"

"유물론의 대표자는 공산당의 창시자인 마르크스이다"

2) 유물론(唯物論)

유심론의 반대편에는 유물론이 있다. 유심론이 물질 세계의 실재성을 부인하고, 모든 것을 정신적인 속성으로 환원시켜 설명하는 데 반해, 유물론에서는 정신적인 것까지도 물질적인 것으로 환원하여 설명한다. 양심, 상상력, 도덕, 종교 등과 같은 정신적 현상은 물리적 법칙에 의해 지배되는 물질 세계와 다른 차원에 속하는 것이 아니라 물리적 세계에 종속되어 있다는 것이다.

유물론은 칼 마르크스의 "상부 구조는 하부 구조에 의해 지배된다"는 유명한 말로 대표된다. 마르크스의 말에서 하부 구조란 여러 가지 생산 관계의 총체, 좀더 쉽게 말하면 물질적 여건을 가리킨다. 그리고 상부 구조란 모든 정신적 활동과 그 산물을 가리킨다. 하부 구조가 상부 구조를 지배한다는 것은, 정신적 영역이 독립적으로 존재하는 것이 아니라, 물질적 여건의 산물일 뿐이라는 말이다.

쉽게 예를 들어보자. A라는 사람은 도벽이 심하고, B라는 사람은 전혀 그렇지 않다. 이 경우 우리는 보통 A는 '도덕적'인 사람이고 B는 '부도덕한' 사람이라고 말한다. 이원론에 따르면 두 사람은 서로 다른 영혼을 가지고 태어난 것이다. 그러나 유물론적인 분석에 따르면 '도덕적'과 같은 것은 존재하지 않는다. A는 자신의 여러 가지 물질적 여건 때문에 그렇게 행동할 수밖에 없었던 것이다. 이는 B의 경우에도 마찬가지다.

한 달 용돈이 500만 원이고, 지금 주머니 속에 100만 원이 있는데, 1000원짜리 호빵 한 개를 훔칠 사람은 없다. 뿐만 아니라 그런 상황이라면 주변 사람들에게 매우 후하게 대접을 해서 '인간성 좋은', 즉 '정신적으로 훌륭한' 사람이라고 칭찬을 받게 될 것이다. 그러나 유물론에서는 그런 것이 단지 물질적 환경의 산물일 뿐, 다른 의미는 없다고 주장한다.

유물론은 세계의 모든 현상이란 원인과 결과의 관계에 의해 일어나는 것이라는 생각을 반영한다. 세계는 기계와 같은 것이라는 근대의 기계적 인과론이 정신적 영역에까지 확대 적용된 것이다. 유물론의 등장으로 정신 세계의 영역은 갈수록 그 입지가 좁아지고 있다. 그러나 인간 정신을 물질적 조건의 변화에 의해 탐구할 수 있게 됨으로써 사회과학이 탄생할 수 있게 되었고, 인간과 사회에 대한 연구는 한층 진일보한 과학적인 모습을 띠게 되었다.

정신 세계가 물질적 속성으로 환원될 수 있다는 말에 대해 일반 사람들은 누구나 의아해할 것이다. 상식적으로 물질 세계와는 다른 정신계가 실재함은 자명해 보이기 때문이다. 최근 계속적인 발전을 거듭하고 있는 인공 지능에 대해 생각해보자. 인공 지능이란 컴퓨터의 연산 능력을 인간의 두뇌 활동, 즉 정신 세계의 수준까지 끌어올리려는 노력이다. 컴퓨터는 여러 가지 부속품들로 이루어져 있는 한낱 기계일 뿐이다. 그러나 그 기계가 더욱 정교해지고 복잡해짐으로써 인간의 두뇌 활동을 해낼 수 있다면, 인간의 정신 세계에 독자적인 영역이 있다고 보기는 쉽지 않게 될 것이다.

복습과제

일원론과 이원론에 대해 1,000자 내외로 요약·정리해보시오.

03

제시문 독해 및 요약연습 2

다음 제시문을 읽고 물음에 답하시오.

제시문

[가] 중세 아리스토텔레스 과학이 제시한 자연관은 중세의 사회 구조와 밀접(密接)하게 관련되어 있었다. 중세의 우주가 지상계·천상계·신의 세계로 조화롭게 3분되어 있었듯이, 인간 세계의 각 부문도 마찬가지였다. 즉, 인간 사회는 인간-교회-신, 왕-교황-신, 평민-귀족-왕 등의 3분 구조로 이루어져 인간 개개인은 이 구조 속에서 자기 삶의 적절한 위치를 알 수 있었다. 만물이 우주의 위계 질서 속에서 자기 고유의 위치와 운동 방식을 가지고 있는 것처럼 인간도 마찬가지였다. 농부들은 자기들의 세속의 지배자인 영주에세 복속(服屬)되어 노동하였으며, 교회는 지상에 있는 신의 대리자로서 농부들의 정신 생활을 통제하였다.

그런데 이렇게 '조화롭게' 조직된 중세 사회는 14세기 이후 점차 붕괴(崩壞)하기 시작하였다. 중세 사회의 가장 밑바닥에 있던 농민들은 사회의 지배 구조에 반발하여 빈번(頻繁)히 농민 반란을 일으켰다. 가내 수공업과 상업의 성장으로, 중세 신분제 사회를 타파(打破)하고 미래의 자본주의 사회를 건설하게 될 새로운 계층이 성장하였다. 이와 같은 중세 사회 구조의 붕괴와 더불어, 그 사회의 정신적 단일성을 보장해주던 기독교의 통일성에도 균열(均熱)이 나타났다.

이제 중세 교회는 점차 부패(腐敗)하였고, 각국의 국왕들은 로마 교황청으로부터 차츰 독립하기 시작했다. 새로운 국민 국가의 등장, 로마 교황청의 약화와 더불어 중세 정신 사회에 결정적 균열을 가져온 것이 바로 종교 개혁이었다. 대다수 종교 개혁가들은 교회가 신의 대리자로서 지녔던 절대적인 권위(權威)를 부정하고, 모든 개인이 사제의 중재 없이 신과 직접 교류할 수 있다고 주장하였다. 종교 개혁은 신앙에 대한 개인의 자유를 주창(主唱)한 것이었으나, 그와 동시에 가톨릭 교회의 보편적 권위를 부정함으로써 사회에 정신적 혼란을 불러일으켰다. 이제 아리스토텔레스의 사상은 권위를 가지지 못했지만, 이를 대체할 새로운 권위는 아직 나타나지 않았다. 17세기 초까지 중세의 사회 구조와 함께 모든 지식과 권위가 철저히 해체(解體)되었는데, 이들을 대체할 새로운 사회 체제와 새로운 지식은 나타나지 않았다.

근대 과학은 바로 이러한 사회 전반의 위기 및 그와 관련된 지식의 위기 상황에서 나타났다. 천문학, 역학 등의 자연과학 연구자들은 중세의 아리스토텔레스주의를 대체(代替)할 새로운 과학과 새로운 연구 방법론을 모색(摸索)하였다. 이러한 모색은 매우 성공적이었다. 갈릴레이, 케플러, 뉴턴은 아리스토텔레스주의의 천문학과 역학을 대신하는 새로운 고전 역학과 천문학을 정립하였다. 베이컨, 데카르트 등은 새로운 연구 방법론과 아울러 과학의 새로운 사회적 임무와 윤리를 제시하였다. 또한, 아리스토텔레스의 자연 철학을 대신하여 근대 과학의 자연 철학으로 '기계적 철학'이 등장하였다. 사회 전체가 위기를 겪고 있고 모든 것이 혼란스러운 상황에서, 오직 과학 분야만이 17세기 말에 성공적으로 위기를 극복했던 것(으로 보였던 것)이다.

그 결과, 과학의 사회적 지위는 매우 높아지게 되었다. 근대 과학이란 곧 서구인들이 지적·사회적 혼돈(混沌) 상태에서 찾아낸 유일하게 확실하고 안정된 지식이었다. 과학은 이제 다른 모든 분야가 본받아야 할 대상이 되었다. 위기를 뚫고 나타난 근대 과학에서 많은 지식인들이 사회 전체의 위기 극복 또는 진보의 도구를 발견하려 하였다. 그때까지 과학은 신학과 철학의 하위에 있었지만, 이제는 철학과 신학이 과학을 무시

할 수 없게 되었을 뿐 아니라 오히려 과학을 자신의 기초로 삼지 않으면 그 신빙성(信憑性)을 인정받지 못하게까지 되었다. 이제 '과학적'이라는 단어는 좋은 것·확실한 것을 대표하는 용어로, 반대로 '비과학적'이라는 단어는 불합리·나쁜 것·어리석음과 동의어(同義語)로 사용되기에 이르렀다.

[나] 아주 옛적부터 사람들은 끈이나 사슬에 매달린 무거운 돌이 흔들리다가 멈추는 것을 보아 왔다. 아리스토텔레스는 이 운동을 제약된 낙하(落下) 운동으로, 즉 무거운 돌이 그 자체의 본성(本性)에 의해 높은 위치(位置)에서 낮은 위치로 움직여 정지 상태에 이르는 운동으로 보았다. 반면, 갈릴레오는 그것을 동일한 동작이 무한정 되풀이되는 진자(振子) 운동으로 보았다. 그러한 시각의 전환(轉換)이 왜 일어났을까? 그것은 갈릴레오가 돌의 움직임을 더욱 정확하게, 더욱 객관적(客觀的)으로 관찰(觀察)한 데서 일어난 일이 아니다. 아리스토텔레스의 지각(知覺)도 그만큼 정확했다. 제약된 낙하 운동을 진자 운동으로 보는 변화(變化)는 운동에 대한 이론(理論;패러다임)의 변화에 의해 생겨난 것이다. 과학자들은 단지 제약된 낙하 운동이나 진자 운동을 볼 수 있었을 뿐이며, 그보다 더 기초적이고 그들의 이론으로부터 독립된 경험을 할 수는 없었다.

[다-1] 대다수의 과학의 초창기 발전 단계는 자연에 관한 상이한 견해들 사이에서의 부단한 경쟁에 의해 특징지워지는데, 그런 각각의 견해는 일부 과학적 관찰과 방법의 지시로부터 유도된 것이며 대부분이 그런 지시와 대충 부합되는 것들이다. 이들 다양한 학파를 구별짓는 것은 방법—그것들은 모두 '과학적'이었다—의 이런저런 실패가 아니라, 세계를 바라보는 방식과 세계 속에서 과학 활동을 수행하는 방식, 즉 동일한 표준으로는 비교할 수 없는 그러한 방식이라 부르게 될 그 무엇이다. …과학적 견해의 차이는 방법의 차이에서 기인하며, 그 방법들은 동일한 표준으로 비교할 수 없을 뿐, 어느 것도 비과학적이라고 할 수는 없다.

[다-2] 정상 과학은 대부분의 과학자들이 필연적으로 그들의 시간을 거의 모두 바치는 활동인데, 이것은 세계가 무엇인가를 과학자 사회가 알고 있다는 가정에 입각한 것이다. 과학 활동에서 성공의 대부분은, 필요하다면 상당한 대가를 치르고서라도 그 사회가 그 가정을 기꺼이 옹호하려는 의지로부터 나온다. 예컨대 정상 과학은 흔히 근본적인 새로움(novelty)을 억제하게 되는데, 그 까닭은 그러한 새로움이 정상 과학의 기본 공약들을 전복시키기 마련이기 때문이다. … '정상 과학'이란 과학자들이 스스로가 헌신하는 익숙한 지식 체계를 가리키며, 대가를 치르더라도 이를 옹호하려 하기 때문에 정상 과학을 위협할 새로운 것을 억제하는 경향이 있다.

[질문 1] 제시문 [가]의 내용을 한 문장으로 요약해보시오.

[질문 2] 아리스토텔레스의 과학관에 대해 간단히 설명해보시오.

[질문 3] 중세 과학관에 변화를 가져온 가장 커다란 요인을 제시문에서 두 가지만 찾아보시오.

[질문 4] 제시문 [가]에서는 종교 개혁이 중세의 사회에 결정적 균열을 가져왔다고 주장하고 있는데, 제시문에서는 그
        이유를 무엇이라고 말하고 있으며, 그에 대해 어떻게 설명할 수 있는가?

[질문 5] 아리스토텔레스적인 자연관/과학관을 달리 무엇이라고 부를 수 있는지 말해보시오.

[질문 6] 근대 과학의 특징을 잘 보여주는 어구를 찾아보시오.

[질문 7] 제시문 [가]에서는 근대 과학의 등장 배경에 대해 어떻게 설명하고 있는가?

[질문 8] 이상의 대답을 참고하여 제시문 [가]의 내용을 300자 내외로 요약해보시오.

[질문 9] 제시문 [나]의 주장을 60자 내외로 요약해보시오.

[질문 10] 제시문 [나]의 지은이는 자신의 주장을 어떤 방식으로 입증하고 있는지 설명해보시오.

[질문 11] 제시문 [다]의 두 단락을 각각 70~80자 내외로 요약해보시오.

[질문 12] 위의 세 제시문에 대한 요약을 유기적으로 연결하여 1,000자 내외의 글을 작성해보시오.
        〈유의사항〉
        1. 글의 형식에 구애받지 말고 곧바로 본론부터 시작할 것.
        2. 각 제시문에 대해 요약한 내용이 전부 포함되도록 할 것.

주제강의 − 형이상학·목적론·과학의 객관성

1. 목적론과 형이상학

인간의 의식적인 행동을 포함하여, 세계 안에서 일어나는 모든 사건 및 자연 현상이 특정한 목적에 의해 결정된다는 가정(假定)에 바탕을 둔 사고 방식을 목적론(teleology)이라 한다. 이 말은 그리스어로 목적을 뜻하는 '텔로스(telos)'와 이성을 뜻하는 '로고스(logos)'의 합성어이다.

목적론적 사고는 기계론적 사고와 대비되는 개념이라고 할 수 있다. 유물론 철학의 주요 형태인 기계론에서는 자연 현상을 물질과 그 운동 법칙에 의해 설명하고, '실체'와 같이 관찰이나 수학적 방법을 통해 탐구할 수 없는 신비스러운 성질을 과학에서 제거하고자 하기 때문이다. 예를 들면, 책상이 나무로 만들어졌다는 것은 기계론적 설명이고, 책을 읽기 위해 만들어졌다는 것은 목적론적 설명이다.

목적론의 대표자인 아리스토텔레스는 어떤 사물을 완전히 이해하려면 질료인(質料因), 형상인(形相因), 작용인(作用因), 목적인(目的因)이라는 네 가지 측면에서 설명할 수 있어야 한다고 생각했다. 실재하는 사물은 질료와 형상의 결합이고, 우주의 본질은 이러한 사물이 항상 서로 어울려 정해진 목적을 실현시켜가는 것이라고 생각하였던 것이다.

목적론적 세계관은 기본적으로 형이상학적인 성격을 띤다. 이에 대한 이해를 위해서는 먼저 '형이상학(形而上學 / metaphysics)'이라는 용어에 대한 이해가 필요하다. 형이상학에 해당하는 영어 'metaphysics'는 원래 아리스토텔레스 저작의 이름이다. 아리스토텔레스 당시에는 학문에 구분이 없었기 때문에, 그는 당대 최고의 철학자일 뿐만 아니라 정치학자이자 논리학자이자 과학자였다. 그가 남긴 저작 가운데 이름이 붙지 않은 일련의 난해한 논문들이 있었는데, 그의 저작을 편집한 사람이 자연과학에 대한 아리스토텔레스의 저작인 『물리학(*Physica*)』 다음에 읽어야 한다는 의미에서 '−뒤에', '−너머'의 의미를 지닌 'meta'를 덧붙여 그와 같은 이름을 붙인 것이다. 이후 형이상학이란 말 그대로 물리학적인 법칙에 의해 탐구될 수 있는 것을 넘어선 세계에 대한 학문을 가리키게 되었다.

동양에서 '형이상(形而上)'이라는 말은 당송팔대가의 한 사람인 한유(韓愈)의 글에 등장한다: "저 위에서 형상을 갖추고 있는 것을 도(道)라고 한다(形於上者謂之道)." 한유의 설명에 따르면 해나 별과 같이 저 위, 즉 하늘에서 형체를 보이는 것을 도라고 한다는 것이다. 이러한 한유의 설명 방식에서도 아리스토텔레스처럼 현상계와는 구분되는 또 다른 세계를 상정하고, 그것을 형이상이라 불렀음을 알 수 있다.

명칭 그 자체에서 알 수 있듯이, 형이상학은 물리학(physics)적인 법칙으로 설명되지 않는 것을 대상으로 한다. 다시 말해서, 우리의 경험과 관찰을 초월해 있는 것들에 대해 탐구하는 영역이 바로 형이상학이라고 할 수 있다. 경험과학의 극단에 있는 가정들은 철학적이라고 할 수밖에 없는데, 형이상학은 바로 그러한 영역을 다루고 있다는 의미에서 경험적이고 실증적인 과학과 대비된다.

형이상학에서는 오직 선험적이고 논리적인 방식만을 사용하기 때문에, 형이상학을 통해 세계에 대한 지식 증대를 기대할 수는 없다. 그러나 유한성을 뛰어넘고자 하는 인간의 욕구와 그에 상응하는 사유 능력이 '변화하는 세계 너머에 있는 진정한 모습은 무엇인가?'에 대해 탐구하는 형이상학이라는 분야를 탄생시켰다고 할 수 있다. 일원론과 이원론에서 공부한 플라톤의 이데아론도 대표적인 형이상학적 이론임을 이해하는 데는 커다란 어려움이 없을 것이다.

형이상학은 실용적인 지식 축적에 아무런 도움도 주지 못하지만, 인간의 상상력과 논리력을 자극하여, 세계의 참모습 혹은 이상적인 모습에 대해 생각해보도록 함으로써 인간을 좀더 지혜로운 존재로 만들어줄 수 있다. 그러나 전통 사회에서 형이상학은 대체로 타당한 근거 없이 지배 계급의 권력을 정당화해주는 것이었기 때문에, 경험적이고 실증적인 사조가 지배하고 있는 현대에서 '형이상학적'이라는 말은 많은 경우 '공상적' 혹은 '독단적'이라는 의미로 사용된다.

복습과제

목적론과 형이상학에 대해 300자 내외로 요약·정리해보시오.

---

2. 토마스 쿤의 『과학 혁명의 구조』

1) 전통적 과학관과 새로운 과학관

현대는 과학의 시대다. '과학적'이라는 말은 '타당한'이나 '신뢰성 있는'과 거의 동의어로 사용된다. 그래서 분야를 막론하고 모든 학문은 그 '과학성'을 인정받고자 한다. 마르크스도 자신의 사상을 당시의 공상적 사회주의와 구분하여 '과학적 사회주의'라고 부른 바 있다.

프란시스 베이컨(F. Bacon)은 과학의 목적이 인간의 부(富)를 증대하는 것이며, 체계화된 관찰을 통해 사실을 수집하여 그로부터 이론을 도출해냄으로써 그 목적이 달성할 수 있다고 생각하였다. 이러한 베이컨의 과학관은 오늘날까지도 그 골격을 유지하고 있다. 이것이 전통적(혹은 정통적) 과학관이다. 전통적 과학관에 의하면 과학은 입증된 지식의 체계다. 즉, 과학 이론은 관찰과 실험을 통해 경험적 사실에서 엄격한 방법을 거쳐 도출된다. 따라서 과학적 지식은 객관적으로 증명된, 믿을 수 있는 지식이다.

그러나 1960년대에 이와는 다른 새로운 과학관에 의해 전통적인 과학관은 심각한 위기에 직면하게 된다. 이러한 경향을 주도한 사람이 바로 토마스 쿤(Thomas Kuhn)이며, 『과학 혁명의 구조』는 그러한 경향을 대표하는 저서다. 쿤은 과학사에 기초하여 이러한 전통적 과학관을 부정한다. 그의 핵심적인 생각은 다음과 같다.

첫째, 과학의 변화와 발전은 누적적이 아니라 혁명적으로 이루어진다. 전통적 과학관에 의하면 과학에서 뒤이어 나타나는 이론은 그것보다 앞선 이론을 포함하며, 항상 누적적인 발전을 이룩하였다. 인류는 벽돌을 한 장 한 장 쌓아감으로써 언젠가 객관적이고 절대적인 진리에 도달할 수 있다고 믿었다. 그러나 쿤은 과학 이론의 변화란 누적적인 발전의 양상을 보이는 것이 아니라 혁명적인 모습을 띤다고 주장한다.

둘째, 과학에서 중요한 것은 과학자 공동체의 사회적 성격이다. 전통적 과학관에 따르면 진리는 주관과 독립되어 존재하며, 우리는 단지 수동적으로 그 진리를 발견할 수 있을 뿐이다. 하지만 쿤에 의하면, 진리는 과학자 공동체, 즉 전문가 집단의 합의에 의해 결정된다.

셋째, 과학적 지식의 객관성은 전문가 집단의 상호 주관성에서 찾을 수 있다. 일반적으로 과학적 지식이란 개별 과학자들의 주관과는 무관한 객관적인 것이라고 생각한다. 그러나 쿤에 의하면 과학의 객관성은 과학자 개개인의 의견을 교환하고 토론하는 가운데 확보된다.

2) 패러다임과 정상 과학

토마스 쿤의 이러한 주장에서 핵심적인 개념이 바로 '패러다임'과 '정상 과학'이다. 쿤에 따르면, "어느 한 시기에 특정 분야에 대한 역사를 조사해보면 여러 이론의 개념, 관찰, 장치에 적용되는 표준적인 설명이 반복됨을 발견하게 된다. 이들은 교과서와 강의, 실험 등에 나타나는 과학자 집단의 패러다임이다."

패러다임이란 특정의 공동체 구성원들이 공유하고 있는 신념, 가치, 기술 등의 총체를 가리키는 개념이다. 창조론과 진화론, 천동설과 지동설 등이 그 대표적인 사례다. 하나의 패러다임이 자리를 굳히게 되면 그것은 정상 과학의 단계에 접어들게 된다. 여기에서 '정상 과학'이란 일정 기간 동안 어떤 특정한 과학자 집단이 연구의 기초로 인정한 것들이다. 따라서 패러다임과 정상 과학은 매우 밀접한 관계를 지니는데, 정상 과학은 하나의 패러다임 안에서의 연구 활동을 의미한다. 그리고 공통된 패러다임에 기반을 둔 정상 과학의 연구자들은 그 과학 연구에서 동일한 원칙과 기준을 가지게 된다.

정상 과학이 나타나기 이전에는 어떤 현상에 대한 하나의 보편적인 견해가 존재하지 않는다. 모든 과학의 초기 단계는 몇 가지 특이한 자연관 사이의 계속적인 경쟁으로 특징지워진다. 이들 여러 학파 간에 차이가 나는 것은 특정 학파의 연구 방법이 틀렸기 때문이 아니라, 세계를 보는 관점과 그 관점으로부터 과학을 실행한 방법이 달랐기 때문이었다. 한 개인 또는 집단이 다음 세대 연구자들 대부분을 매혹시킬 수 있는 종합적인 견해를 내놓으면, 이전의 학파들은 점차 소멸하게 된다.

하나의 패러다임이 자리를 굳히게 되면 정상 과학의 단계에 접어들게 된다. 공통의 패러다임에 기반을 둔 정상 과학 연구자들은 동일한 원칙과 기준에 의거해서 연구를 진행한다. 그리고 패러다임은 연구의 정당성을 결정짓는 기준을 제시한다. 하나의 패러다임이 최초로 그 지위를 얻게 되는 것은 전문가 집단이 중요하다고 인정한 몇 개의 문제를 해결하는 데 다른 경쟁 이론보다 우수하기 때문이다. 그러나 다른 이론보다 우수하다고 해서 그 패러다임이 한 문제를 완전히 해결한다거나 다른 많은 문제들을 다 설명할 수 있다는 뜻은 아니다.

정상 과학은 새로운 종류의 현상을 탐구하고 발견하는 것을 목적으로 하지 않으며, 그 패러다임에 의해 이미 제공된 현상이나 이론을 명확히 하는 데 집중한다. 패러다임이 효과적으로 기능을 발휘함으로써 전문가들은 많은 문제들을 해결하게 되는데, 그 문제들이란 그러한 패러다임이 없었다면 상상하기도 어렵고 문제시하지도 않았을 것들이다. 쿤은 정상 과학에서의 과학 활동을 퍼즐 풀이에 비유한다. 퍼즐을 해결하기 위해서는 독창성과 기술이 필요하지만, 퍼즐에는 패러다임의 규칙이 포함되어 있다. 그러므로 패러다임의 규칙을 잘 이용하면 곧 퍼즐을 풀 수 있다.

정상 과학에 종사하는 과학자들은 그가 활동하고 있는 패러다임에 대해 비판적인 입장을 취해서는 안 된다. 이렇게 해야만 패러다임을 세밀하게 만들기 위해 정신을 집중하여 노력할 수 있고, 깊이 있고 면밀하게 자연을 조사하는 연구를 수행할 수 있다. 따라서 정상 과학은 보수적이며, 기존의 체계 안에 존재하는 문제들을 제거하기 위해 힘쓸 뿐이다. 정상 과학에서 "패러다임과 일치하지 않는 연구 결과는 과학자의 실수로 생각되며, 문제에 대한 해결을 찾지 못할 때는 그 이론에서 잘못을 찾지 않고 과학자에게서 잘못을 찾는다." 따라서 과학 전체는 그렇지 않으나 정상 과학은 누적적이다.

"토마스 쿤의 대표적인 저작 『과학혁명의 구조』"

3) 과학 혁명

정상 과학은 새로운 것의 발견을 목적으로 삼지 않는다. 그러나 새로운 미지의 현상은 계속 발견되며 혁신적인 새로운 이론도 나타난다. 어느 단계에 도달하면 패러다임의 기본 이론과 모순되는 현상들이 발견된다. 그러한 변칙 사례가 발견되는 상황에서도 처음에는 예측된 정상적인 상태만을 경험할 수 있다. 변칙 사례가 위기를 초래하려면 일반적으로 그것이 변칙 이상의 것이어야 한다. 다시 말해 변칙 사례를 조사할 만한 가치가 있다고 인정할 수 있는 요소가 무엇인가 있어야 한다. 변칙 사례가 패러다임의 역할을 전면적으로 부정하게 될 때만 위기가 오는 것이다. 패러다임이 모호해지고, 그 결과 정상 과학 연구를 위한 규칙이 상실되면 비로소 위기가 시작된다.

변칙 사례에 직면하면 과학자들은 과거의 패러다임을 불신하고 그 대안을 생각하기 시작하지만, 패러다임을 공식적으로 포기하지는 않는다. 대체 패러다임을 채용하지 않은 상태에서 기존의 패러다임을 버린다면 과학 그 자체를 포기하는 것과 마찬가지이기 때문이다. "일단 과학 이론이 패러다임의 지위를 얻으면 그 이론을 대체할 다른 후보 이론이 나타날 때만 무용하다고 선언된다."

새로운 후보 패러다임이 출현하여, 과학자들이 그것을 인정하고 수용하면 위기는 끝나게 된다. 과학 혁명은 이러한 과정을 통해 일어나며, 다시 새로운 정상 과학이 전개된다. 쿤은 과학 혁명의 역사적인 사례로 코페르니쿠스, 뉴턴, 라브와지에, 아인슈타인 등이 제시한 이론의 변화를 들고 있다.

쿤은 과학 혁명을 정치 혁명에 비유한다. 정치 혁명은 현존하는 제도가 환경에 의해 제기된 문제들을 적절하게 해결할 수 없게 될 때 시작된다. 마찬가지로 과학 혁명도 현존 패러다임을 통해서는 제기된 문제를 적절히 설명할 수 없다고 느끼게 됨으로써 시작된다. 과학 혁명이란 공통의 전제가 변함을 의미하기 때문에 거기에는 세계관의 변화가 수반된다. 과학자들은 새로운 패러다임을 통해 새로운 기구와 방법을 사용하고, 문제가 되는 새로운 분야를 발견하고, 세계를 다르게 보게 되기 때문이다.

과학 혁명은 새로운 패러다임으로의 전이(轉移)다. 그런데 새로운 패러다임으로의 전이는 낡은 패러다임을 정비하거나 확장함으로써 성취되는 누적적인 과정이 아니다. 그것은 새로운 패러다임을 구성하는 것이다. 패러다임의 전이가 완료되면 그 분야에 관한 관점, 방법, 목표 등이 변화한다. "과학 혁명은 낡은 패러다임이 전적으로 혹은 부분적으로 양립할 수 없는 새로운 패러다임에 의해 대치되는 비누적적(非累積的)인 발전 과정이다."

"교과서는 현재 과학자 집단이 알고 있는 것에 학생들이 좀더 빨리 익숙해지는 것을 목표로 삼기 때문에 정상 과학의 실험, 개념, 법칙, 이론을 가능한 한 분리해서 하나씩 다룬다." 그렇게 함으로써 건물을 지을 때 벽돌을 하나씩 쌓아올리는 것처럼, 과학이 현대의 기술 지식 전반을 구성하는 일련의 개인적 발견과 발명에 의해 현재의 상태에 이른 것 같은 인상을 준다. 그러나 쿤은 과학이 그렇게 발전하지 않는다고 비판한다. 과학의 발전이란 하나의 패러다임이 다른 패러다임을 대체하는 혁명적이고 비연속적인 과정인 것이다.

4) 공약 불가능성

쿤은 패러다임에 대해 설명하면서, 수학의 용어인 '공약 불가능성' 이라는 개념을 차용한다. 원래 이 개념은 직각 이등변 삼각형의 빗변은 그것의 옆변과 공약 불가능하다는 뜻이다. 쿤은 이 개념을 다음과 같은 의미로 사용한다: 서로 다른 두 패러다임은 단절되어 있으며, 그것을 평가할 수 있는 공통의 기준은 존재하지 않는다. 서로 다른 패러다임 안에서 연구하는 사람들은 우주를 다른 시각으로 바라보며, 해결해야 할 문제가 무엇인가에 대한 의견도 다르다. 따라서 동일한 개념과 용어를 사용하더라도 그 의미가 서로 다르기 때문에 의사 소통이 불가능하다. "패러다임 사이의 경쟁은 증명으로 해결될 수 있는 싸움이 아니며, 한 패러다임을 신봉하다가 다른 패러다임을 신봉하는 것은 일종의 종교적인 개종의 체험이다."

5) 과학적 진보에 대한 오해

'과학' 이라는 말은 대체로 명백한 진보를 보이는 분야에 사용된다. 쿤의 입장에서 보면 '진보'라는 것이 명백하고 확신할 수 있는 것으로 보이는 것은 정상 과학의 시기뿐이다. 이때는 개별적인 학파의 목표와 표준에 의문을 제기하는 경쟁 학파가 없기 때문에 정상 과학의 진보를 매우 쉽게 알 수 있다.

그러나 과학 혁명을 통해 과학이 진보한다고 할 수는 없다. 서로 대립 관계에 있는 두 진영들 중에 어느 한쪽의 승리가 완전해졌다고 해서 그 승리를 진보라고 할 수는 없는 것이다. "우리는 패러다임의 변화에 의해 과학자들과 그 제자들이 진리에 한 걸음 더 접근해갈 수 있다는 생각을 표명하거나 암시하는 일을 포기해야 할지도 모른다." 쿤은 과학의 진보가 특정한 목표 아래에서 논의되어야 한다고 주장한다. "특정한 목표 없는 진화, 발전, 진보가 무엇을 의미할 수 있는가? 많은 사람들에게 그와 같은 용어들이 갑자기 자기 모순적인 것으로 보였다."

6) 극단적 상대주의인가?

쿤은 자신에게 쏟아지는 비판에 대해 자신이 주장한 '공약 불가능성'이 '비교 불가능성'을 의미하는 것은 아니라고 답변하면서, 비교는 단일한 방식이 아니라 다양한 방식에 의해 이루어질 수 있음을 강조한다. 그러면서 쿤은 다양한 방식에 의한 비교를 가능하게 하는 기준을 제시한다; "예측의 정확성, 특히 계량적인 예측의 정확성, 어려운 주제와 일상적인 주제와의 균형 그리고 해결된 상이한 문제의 수, 이것들보다 덜 중요한 기준으로 단순성, 범위, 그리고 다른 분야들과의 공약 가능성." 그러나 이러한 주장을 내세운다고 해서 그가 비합리주의자, 상대주의자라는 비판에서 벗어날 수는 없을 듯하다.

복습과제

과학의 발전에 대한 전통적 설명 방식과 쿤의 설명 방식이 어떻게 다른지 1,200자 내외로 설명해보시오.

비판적 분석

주제강의 – 인간과 동물

04 비판적 분석

제시문을 잘 요약하는 훈련을 마치고 나면, 요약된 제시문을 비판해보는 작업이 필요하다. 제 1강에서 밝힌 바 있듯이, 논술 및 구술 시험은 원활한 의사 소통을 할 수 있는 민주 시민을 길러내기 위한 것이다. 원활한 의사 소통을 위해서는 상대방이 말하는 내용 혹은 책에 적혀 있는 내용의 핵심을 잘 이해하는 것만으로는 불충분하다. 그 속에 담긴 논리를 잘 분석해서, 받아들일 만한 논리적이고 정당한 부분과 그렇지 못한 부분을 골라내야 한다. 비판적 분석에는 물론 논리적인 분석 방법이 사용된다. 그렇다고 해서 논리학을 본격적으로 공부하는 것이 반드시 논술에 커다란 도움이 되는 것은 아니다. 논리학은 어디까지나 추상적이고 이론적인 분야일 뿐, 실제 사안에 그 논리를 적용하는 것은 훈련을 통해서만 가능하기 때문이다. 논술을 위해서는 다음 몇 가지에 주의하는 것만으로 충분하다.

1 연역법과 귀납법

논설문의 목적은 상대방을 설득하여 자신의 주장에 동조하도록 하는 데 있다. 어떤 주장이 어느 정도의 설득력을 가지는가는 얼마나 적절하고 타당한 근거를 제시하는가에 달려 있다. 논설문은 연속된 일련의 논증 과정인 것이다. 논증의 방식은 크게 연역법과 귀납법으로 나뉜다.

1) 연역법

연역법이란 자명한 이치나 일반적으로 받아들여지고 있는 보편적 지식 혹은 사실에 비추어 자신의 주장이 필연적으로 참임을 보여줌으로써 자신의 주장을 정당화하는 방법이다. 연역적 논증의 대표적인 사례는 다음과 같은 삼단논법이다.

[전제1] : 모든 인간은 죽는다.
[전제2] : 소크라테스는 인간이다.
[결론] : 그러므로 소크라테스도 죽는다.

위의 사례에서 두 가지 전제를 인정하면 결론은 필연적으로 참이 된다. 전제가 참이라는 사실만 인정한다면 어떠한 새로운 사실이 발견되더라도, 혹은 조건에 어떠한 변화가 있더라도 결론은 필연적으로 참이 되는 것이다. 사실 결론의 주장은 두 가지 전제 속에 이미 내포되어 있다. 따라서 연역적 논증은 매우 강력하지만, 그를 통해 새로운 사실을 발견하게 되는 것은 아니며, 일반적인 원리로부터 특수한 결론을 이끌어내는 '설명을 위한 논리' 다.

연역적 논증에서는 전제가 참임을 받아들이고 논리적 추론의 형식을 어기지 않는 한, 도출된 결론은 필연적으로 참임이 보장된다. 따라서 연역적 논증을 비판적으로 검토할 때는 아직 입증되지 않았거나 혹은 일반적으로 받아들여지고 있지 않은 전제를 사용하고 있지는 않은가 하는 점에 주의를 기울여야 한다. 다시 말해서 '선결 문제의 오류'를 범하고 있지는 않은지 살펴야 하는 것이다. 다음 두 가지 주장을 살펴보자.

[주장 1] 인간은 신에 의해 창조되었다. 그러므로 인간이 인간의 목숨을 좌지우지하는 것은 옳지 못하다.
[주장 2] 임신 중절은 정당화할 수 없는 살인 행위다. 살인은 비합법적이다. 그러므로 임신 중절은 불법이다.

[주장 1]의 경우 전제가 하나인 듯하지만, 잘 분석해 보면 위에서 나온 삼단논법의 경우와 같이 전제가 두 개임을 알 수 있다. '어떤 것을 만들지 않은 사람이 그것을 마음대로 좌지우지하는 것은 옳지 못하다'는 전제가 숨어있는 것이다. 노동을 통한 생산과 소유권의 관계에 대해 논란의 여지가 없는 것은 아니지만, 두 번째 전제에 대해서는 대체로 찬성할 수 있다고 하더라도, 첫 번째 전제가 문제가 된다. 기독교를 믿는 사람이라면 '인간은 신에 의해 창조되었다'는 전제에 동의하겠지만, 무신론자나 다른 종교를 믿는 사람이라면 그러한 전제에 동의하지 않을 수도 있다. 따라서 이 논증은 선결 문제의 오류를 범하고 있다.

[주장 2]의 경우도 대동소이하다. [주장 2]는 명시적으로 삼단논법의 형식을 띠고 있다. 여기에서도 또한 첫 번째 전제가 문제가 된다. 후에 자세히 살펴보겠지만, 낙태와 관련해서 핵심적인 논란이 되는 것은 '태아가 과연 사람인가?' 하는 문제다. 태아가 사람이라는 주장에 동의한다면 낙태가 살인이 되겠지만, 태아가 사람이 아니라고 본다면 이 논증 자체가 무효화된다.

성리해 보면 연역적 논증과 관련해서 주의해야 할 가장 중요한 점은 두 가지다: ① 연역적 논증은 필연성을 보장해주지만 새로운 지식을 발견하는 논증은 아니다; ② 연역적 논증에서는 선결 문제의 오류를 범하고 있지 않은가에 주의해야 한다.

2) 귀납법

귀납법이란 관찰된 구체적인 사실들로부터 공통점을 도출함으로써 일반적인 원리를 이끌어내는 논증 방법이다. 그리고 그 일반적 원리를 자신의 주장으로 내세움으로써 그것을 정당화하고자 한다. 예를 들면 '모든 까마귀는 까맣다'는 주장을 정당화하기 위해 '까마귀 1은 까맣다; 까마귀 2도 까맣다; 까마귀 3도 까맣다…까마귀 258은 까맣다'는, 경험적으로 관찰된 사실을 근거로 내세우는 것이다. 이러한 귀납적 논증의 사례는 우리의 일상 생활에서 너무나도 흔하게 발견할 수 있다.

귀납법은 개개의 사실을 근거로 해서 새로운 원리를 밝혀내는 '발견을 위한 논리'며, 따라서 우리의 지식을 확장시켜주는 역할을 한다. 그러나 귀납 추리에 의해 도출된 결론은 그와 모순되는 새로운 사실즉 반례가 발견되면 언제라도 무효화될 수 있다는 점에서 '그것이 참일 수 있는 상당히 높은 가능성', 즉 개연성만 가질 뿐이다.

　물론 관찰된 사례의 수가 많아질수록 주장의 신빙성은 높아질 수 있다. 그러나 여전히 그 주장의 진리치가 필연성을 갖지는 못한다. '그것은 하늘이 두 쪽이 나도 옳다'고 말할 수는 없는 것이다. 예를 들어, 위에서 나온 연역 논증의 대표적 사례인 삼단논법의 첫 번째 전제인 '모든 사람은 죽는다'는 명제는 귀납적으로 발견된 것이다. 그 명제는 관찰된 사례의 수가 엄청나게 많기 때문에 그 진리치도 거의 필연성에 가깝다고 할 수 있다. 그러나 여전히 그 주장도 또한 개연성을 가진 것일 수밖에 없다. 앞으로 언젠가 죽지 않는 사람이 하나만 발견된다면 그 주장은 참이 아닌 것이 되어버리고 마는 것이다. 다음의 두 가지 사례를 살펴보자.

사례 1 　B형 남성을 사귀어서는 안 돼. 내가 만나본 B형 남성들은 모두가 친절하기는 하지만 바람기가 있었어.

사례 2 　S대 출신들은 거만해. 내가 50명 가량을 만나보았는데, 한결같이 겸손할 줄을 모르더라구.

　생활 속에서 우리는 이러한 논증을 매우 자주 사용하며, 그것은 실제로 어느 정도의 설득력을 가진 논증이기도 하다. 그러나 위의 두 사례는 모두 '모든 S는 P다'라는 전칭 명제의 형식을 취하고 있다. 따라서 그에 해당하지 않는 사례를 한 가지만 제시할 수 있다면 주장은 설득을 잃어버리고 만다. 두 사례 모두에 대한 반론으로는 "내가 만나본 B형 남성(혹은 S대 출신)들은 그렇지 않던걸!"이라는 것으로 충분하다.

　귀납적 논증은 그것을 통해 원리에 관한 새로운 지식을 획득할 수 있으며, 그 논증의 근거를 경험적으로 확인할 수 있다는 측면에서 연역적 논증에 비해 상당히 실천적이고 현실적인 논증 방법이라 할 수 있다. 사회과학에서 사용하는 통계적인 방법도 대표적인 귀납 논증에 속한다. 그러나 그것이 개연성만을 가질 뿐이라는 점에서 연역법과 같이 강력한 논증 방법은 되지 못한다. 따라서 귀납적 논증을 비판적으로 검토하는 데에서는 그와 모순되는 사례를 발견할 수 있지는 않은지, 다시 말해서 '성급한 일반화의 오류'를 범하고 있지는 않은지 살펴보아야 한다. 일전에 텔레비전 토론에서 한 토론자가 다음과 같은 주장을 하였다.

사례 3 　사형제를 폐지해야 한다. 사형제 존속을 주장하는 사람들의 주된 근거는 흉악 범죄 예방 효과인데, 사형제를 폐지한 대다수의 국가에서 흉악 범죄가 늘어나지 않았다는 통계가 나왔다.

　이 주장의 타당성은 어느 정도일까? 귀납 논증은 상대방이 제시된 사례를 충분한 것으로 받아들이는 한에서만 유효하다. 상대방이 그 근거가 충분하지 못하다고 생각한다면, 그 경우에는 증명의 책임이 상대방에게 넘어간다. 그러나 상대방이 반례를 찾아내는 순간, 귀납 논증은 결정적인 타격을 입고 만다.

위에서 말한 토론의 경우, 반대편 토론자는 다른 통계를 반례로 제시했다. 흉악 범죄 예방 효과가 있다는 통계를 제시한 것이다. 두 사람의 토론자는 자신의 통계가 더 믿을 만하다는 말만 되풀이한다. 그들은 통계 자료를 근거로 활용할 때 개연성밖에는 보장받지 못한다는 점에 유의하지 못한 것이다. 결국 토론은 흐지부지되고 만다. 귀납 논증의 한계를 보여준 것이다.

② 반론에 대한 예측 및 대처

논증에서 또 한 가지 잊지 말아야 할 중요한 사실은 논증의 상대방과 나 사이에 의견의 차이가 존재하기 때문에 논변이 이루어지고 있다는 사실이다. 논술에서는 상대방이 명시적으로 존재하지 않지만, 가상의 논적(論敵)을 향해 논증을 펼치고 있는 것으로 보아야 한다. 논술이든 구술 면접이든, 결국에 가서는 반론에 어떻게 대처하는가가 목적 달성의 열쇠가 된다. 무조건 자신의 주장만 내세울 것이 아니라, 논변의 상대방은 어떠한 의견을 내세울지, 그에 대한 근거로는 어떤 것들이 제시될지 미리 예측해서 대비하는 것이 중요하다.

또한 자신의 주장을 내세우기에 앞서 상대방 주장의 핵심적인 내용을 먼저 제시하고, 그 주장에 문제가 있음을 밝히는 것이 논변에는 커다란 도움이 된다. 자신의 주장이 주관적이고 편견에 사로잡힌 견해가 아니라, 그 문제를 모든 측면에서 신중하게 고려한 후에 내린 결론임을 보여줄 수 있기 때문이다. 제2강의 첫 번째 제시문을 다시 살펴보고 다음 질문에 답해보도록 하자.

[질문 1] 제시문에서는 궁극적으로 어떤 주장을 하고 있는가?

[질문 2] 그 주장은 어떤 주장에 대한 반론으로 제시된 것이겠는가?

[질문 3] 필자는 어떤 논증 방식을 사용하고 있으며, 그에 대해 어떤 반론이 가능한가?

이 질문들에 대해서는 다음과 같이 대답할 수 있을 것이다.

예시답안
[1] 예술이란 세계관을 반영하며, 따라서 세계관의 변화에 따라 변화한다.
[2] 예술이란 변화와 무관한 불변의 어떤 성질을 표현한 것이다.
[3] 귀납적인 방식과 연역적인 방식을 함께 사용하고 있다.
[3-1] "예술이란 세계관의 반영이다"라는 주장에 대한 근거로는 "동양에서는 일찍이 풍경화가 발달되었고, 서양에서는 그렇지 못했다"는 사례를 들고 있다. 이 논변은 모두 귀납적인 형식을 띠고 있다. 이에 대해 반론하기 위해서는 그와 반하는 사례를 들면 된다. 서양에서도 일찍이 풍경화가 발달했음을 보여주는 사례를 제시하면 되는 것이다.
[3-2] 둘째, 동양에서 일찍이 풍경화가 발달한 이유에 대해서는 연역법을 통해 증명하고 있다. 일원론적 사유에서는 인간이 자연을 자신과 분리해서 생각하지 않기 때문에 풍경화가 발달하게 되었다는 것이다.

이를 논리적으로 재구성해보면 다음과 같다: (i)동양에서는 일원론적 사유가 지배적이었다; (ii) 일원론적 사유에서는 자연과 나를 분리해서 바라보지 않는다; (iii)풍경화란 자연에 애착을 가지고 그림을 그리는 것인데, 일원론적 사유에서는 그것이 곧 나에 대한 애착을 가지고 그림을 그리는 것과 같다; (iv) 그러므로 동양에서는 일찍이 풍경화가 발달하였다.

여기에서 확인해보아야 할 것은 두 가지다. 먼저 선결 문제의 오류가 있는지 살펴보아야 한다. 동양에서는 과연 일원론적 사유가 지배적이었는지를 확인해야 하는 것이다. 이에 대해 제시문의 저자는 '색심불이', '천인합일' 등과 같은 용어를 제시하고 있다. 다시 한 번 귀납적인 논변이 사용되고 있는 것이다. 그 타당성 여부는 또 한 번 반례의 제시 가능성 여부에 의존하게 된다.

다음으로 확인해보아야 할 것은 첫 번째 전제를 인정하면 연역적으로 결론이 도출되는가 하는 점이다. 논리적으로 재구성해본 주장을 반박할 수 있는 방법은 아마도 "사람들은 자신에 대한 애착을 가지지 않는다"거나 혹은 "그림을 그릴 때 자신이 애착을 가진 대상을 그리지는 않는다"고 주장하는 것이라고 할 수 있다. 그러나 두 가지 모두 상식적으로 받아들이기 힘든 주장이므로 대전제만 확인되면 연역적인 증명 방식에는 커다란 문제가 없다고 할 수 있을 듯하다.

연습 문제 1

다음 제시문을 읽고 아래의 문제에 답하시오.

처음에 인간은 모든 동물처럼 신의 목소리라 할 수 있는 본능에 따랐다. ① 본능은 그에게 어떤 것을 음식으로 먹게 하고 또 어떤 것은 먹지 못하게 했다. 그러나 곧 동물과 달리 인간만이 가지고 있는 이성이 활동을 개시했다. 그래서 ② 이성은 본능과는 다른 감각 기관을 이용하여 본능을 넘어서까지 음식물에 대한 지식을 확장시켰다. 인간은 이제 새로운 사실에 눈뜨기 시작했다. 그는 동물과 같이 한 가지 삶의 방식에 얽매이지 않고 스스로 삶의 방식을 선택할 수 있는 능력을 자신 속에서 발견한 것이다. 물론 이러한 이점을 발견함으로써 순간적으로 만족감을 느꼈을 것이다. 그러나 이내 불안과 걱정거리가 생겨났으니, 그것은 새로 발견한 이 능력을 어떻게 사용할 것이냐에 관한 것이었다.

음식물에 대한 본능 다음으로 두드러진 것은 성적 본능이다. 동물의 경우 성적 흥분은 대부분 일시적이고 주기적인 충동에 근거한다. 그러나 인간의 경우에는 상상력을 통해 그러한 흥분을 더 지속시킬 수 있었고 증가시킬 수도 있었다. 이 상상력은 대상이 감각 기관으로부터 멀리 떨어져 있으면 있을수록 자신의 기능을 더욱 적절하게 수행한다. 이것은 이미 충동에 대한 이성의 지배를 보여주는 것이다. 그 결과 감각적인 매력은 정신적인 매력으로, 동물적인 욕구는 사랑으로, 그리고 쾌적한 느낌은 아름다움에 대한 취미로 발전하게 되었다.

이성이 이룩한 세 번째 진보는 인간이 미래에 대한 의식적인 기대를 갖게 되었다는 것이다.

이것은 현재의 순간적 삶에 만족하지 않고 다가올 먼 시기를 현재화하는 능력으로서, 인간의 결정적인 장점이다. 그러나 이것은 또한 불확실한 미래가 야기하는 걱정과 불안의 고갈되지 않는 원천이기도 하다. 이와는 달리 동물은 그러한 걱정과 불안에서 벗어나 있다.

인간을 동물보다 훨씬 우월하게 하는 이성의 마지막 진보는, 인간이 본래 자연의 목적이고, 이 점에서 지상의 어떤 동물도 자신과 견줄 수 없다는 점을 인간 스스로 파악했다는 데 있다. 인간이 처음 양에게 "네가 입고 있는 가죽은 자연이 너를 위해 준 것이 아니라 나를 위해 준 것이다"라고 말했을 때, 그리고 양으로부터 가죽을 벗겨내어 자신의 몸에 걸쳤을 때, 인간은 다른 모든 동물보다 우위를 점한다는 천부의 특권을 깨닫게 되었다. 인간은 이제 더 이상 다른 동물을 자신과 같은 차원의 창조물로 여기지 않게 되었으며, 자신의 의도에 따라 사용할 수 있는 수단이나 도구 정도로 간주하게 되었다. 이러한 생각은 같은 인간에게는 적용될 수 없으며, 오히려 인간은 모두 자연의 혜택을 동등하게 누릴 권리가 있다는 믿음을 포함한다. 이러한 믿음으로 인간은 이성을 통하여 의지를 도덕적으로 제한하게 되었으며, 이러한 제한이야말로 인간 사회를 건설하는 데 필수적인 것이었다.

[질문 1] 밑줄 친 ①, ②는 번역 과정에서 적절치 못한 우리말로 표현된 사례다. 자연스러운 우리말로 바꾸어 써보시오.

[질문 2] 위 제시문에서 가장 핵심적인 한 단어 혹은 어구를 골라보시오.

[질문 3] 제시문의 궁극적 주장을 50자 이내의 한 문장으로 표현해보시오.

[질문 4] 위 제시문은 네 개의 단락으로 되어 있다. 각 단락을 간략한 한 문장으로 압축해보시오.

[질문 5] 각 단락을 대표하는 네 개의 문장 각각은 각 단락의 주제문이다. 이는 글쓴이의 전체적 주장에 대한 근거이자, 하나의 독립된 소주장에 해당한다고 볼 수 있다. 그렇다면 각 소주장에는 어떠한 근거가 제시되고 있는지 찾아보라. 근거가 제시되고 있지 않다면 글쓴이가 어떠한 가정 아래 그러한 주장을 하고 있다고 생각할 수 있는지 '자비의 원칙'에 의거해서 추측해보시오.

[질문 6] 이상의 내용을 근거로 위의 제시문을 400자 내외(±25자)로 요약해보시오.

[질문 7] 제시문의 주장들을 평가해보시오.

다음 제시문을 읽고 아래의 문제에 답하시오.

제시문

나는 동물의 권리를 옹호하는 사람이다. 권리를 인간에게만 한정시키는 것은 합리적이지 않다. 물론 동물은 인간이 가진 능력을 결여하고 있다. 동물은 읽을 줄도 모르고, 수학을 할 줄도 모르며, 책장을 짤 줄도 모른다. 그러나 인간 중에도 그런 것을 할 줄 모르는 이들은 많다. 그렇다고 해서 우리는 그들이 존재의 본래적 가치와 존중받을 권리를 다른 사람보다 덜 갖는다고 말하지 않으며, 또 그렇게 말해서도 안 된다. 여기서 중요한 것은 인간 사이의 차이가 아니라 유사성이다.

참으로 중요하면서도 기본적인 유사성은 우리 각각이 삶의 경험적 주체라는 점이며, 타자에게 유용하건 않건 간에 각자의 안녕을 도모하는 의식적 존재라는 점이다. 우리는 욕구와 취향, 믿음과 느낌을 가지며 과거에 대한 회상과 미래에 대한 기대를 갖는다. 기쁨과 고통, 만족과 좌절, 지속되는 삶과 갑작스런 죽음, ① 이 모든 것이 우리가 각자 경험하고 있는 삶의 질에 차이를 만들어낸다.

이것은 동물에 대해서도 동일하게 성립한다. 동물도 삶의 경험적 주체로서 고유한 본래적 가치를 지니는 존재로 받아들여져야 한다.

동물이 본래적 가치를 갖는다는 생각을 거부하는 사람들이 있다. "인간만이 그런 가치를 갖는다"고 그들은 말한다. 과연 오직 인간만이 자율성, 이성 혹은 지성을 갖는다고 말해야 할 것인가? 이것들을 결여한 인간도 많은데, 그럼에도 우리는 이들이 본래적 가치를 지니는 존재라고 생각한다. 그렇다면 인간만이 호모사피엔스라고 하는 '제대로 된 종(種)'에 속한다고 주장할 것인가? 이것은 명백한 종 차별주의다. 어떤 근거에서 동물이 인간보다 본래적 가치를 덜 지닌다고 주장할 수 있는가? 자율성, 이성 혹은 지성이 결핍되었다는 이유로? 이런 이유가 성립하려면 이를 결여한 인간에 대해서도 동일한 주장을 해야만 할 것이다.

그러나 지진아나 정신착란자가 당신이나 나보다 본래적 가치를 덜 갖는다는 말은 참이 아니다. 마찬가지로 삶의 경험적 주체로서 동물도 본래적 가치를 덜 갖는다고 말할 수 없다. 본래적 가치를 지니는 존재는 그것이 인간이건 동물이건 모두 동일한 정도의 가치를 지닌다. ② 이성은 우리로 하여금 동물도 동일한 본래적 가치와 존중받을 권리를 가진다는 것을 받아들이도록 요구한다. 동물 권리 운동은 인권 운동의 한 부분이다. 동물 권리의 합리적 근거를 마련해주는 이론은 인권의 근거 또한 마련해준다. 동물 권리 운동에서 고려되는 사항은 여성의 권리, 소수자의 권리, 노동자의 권리를 확보하기 위한 투쟁에서도 고려되는 사항이다.

[질문 1] 밑줄 친 ①, ②는 번역 과정에서 적절치 못한 우리말로 표현된 사례다. 자연스러운 우리말로 바꾸어 써보시오.

[질문 2] 위 제시문에서 가장 핵심적인 한 단어 혹은 어구를 골라보시오.

[질문 3] 글쓴이의 주장을 40자 이내의 간결한 한 문장으로 표현해보시오.

[질문 4] 위 제시문은 네 개의 단락으로 되어 있다. 각 단락을 간략한 한 문장으로 압축해보시오.

[질문 5] 각 단락을 대표하는 네 개의 문장 각각은 각 단락의 주제문이다. 이는 글쓴이의 전체적 주장에 대한 근거이자, 하나의 독립된 소주장에 해당한다고 볼 수 있다. 그렇다면 각 소주장에는 어떠한 근거가 제시되고 있는지 찾아보라. 근거가 제시되고 있지 않다면 글쓴이가 어떠한 가정 아래 그러한 주장을 하고 있다고 생각할 수 있는지 '자비의 원칙'에 의거해서 추측해보시오.

[질문 6] 이상의 내용을 근거로 위의 제시문을 400자 내외(±25자)로 요약해보시오.

[질문 7] 제시문의 주장들을 평가해보시오.

[질문 8] 위의 두 제시문을 종합하고 비판하면서 동물의 권리 문제에 대한 자신의 생각을 1,200자 내외로 정리해보시오.

〈유의사항〉

1. 글의 형식에 구애받지 말 것.
2. 제시문에 대한 요약과 비판이 모두 포함되도록 할 것. 제시문 내용의 요약이 글 전체의 2분의 1정도가 되도록 할 것.
3. 자신과 반대되는 주장에 대한 소개와 비판을 먼저 쓰고, 자신의 것과 합치하는 주장을 쓸 것. 자신의 주장과 합치하는 내용이 없으면 자신의 주장과 가장 반대되는 것을 먼저 소개 및 비판하고, 그 다음 내용을 소개 및 비판한 뒤 자신의 입장을 제시할 것.

주제강의 - 인간과 동물

1. 전통적 견해

인간과 동물의 차이는 무엇인가? 전통적으로 동물은 본능에 얽매어 살아가는 반면, 인간은 이성을 가지고 있어서 동물과 달리 자유로운 선택을 할 수 있다고 여겨져 왔다. 동물에게는 주어진 조건 속에서 오직 한 가지의 행동 방식만 가능하지만, 인간의 경우에는 이성의 기능 가운데 하나인 상상력을 통해 여러 가지 대안을 마련하고 그 가운데 하나를 택하게 된다는 것이다.

데카르트에 따르면 본능의 한계 속에서 살아가는 동물은 일종의 기계와 같은 존재다. 동물을 발로 차면 비명을 지르는 것은 고통을 느껴서가 아니라 라디오의 스위치를 올리거나 책상을 주먹으로 치면 소리가 나는 것과 같은 이치다. 동물에게 선택의 자유란 애초부터 존재하지 않는다. 동물의 삶은 운명적으로 결정되어 있다. 동물의 모든 행동은 자신에게 어떠한 조건이 주어지는가에 따라 본능적으로 결정되기 때문이다.

예를 들어보자. 동물의 경우 배가 고플 때 눈 앞에 놓인 음식물을 발견하면 반드시 먹는다. 이는 마치 커피 자판기에 동전을 넣고 '커피'를 누르면 '율무차'가 나오지 않고 커피가 나오는 것과 같은 이치다. 물론 그것을 감시하는 사람이 있다거나, 그 속에 독이 들어 있는 낌새를 채면 그것을 먹지 않는 예외가 있을 수도 있다. 그러나 그것도 동물의 행동을 결정짓는 다른 하나의 요인에 불과할 뿐이다. 기계도 (회로가 혼선이 되었다거나, 너무 추워서 배출구가 얼어버리는 등) 다른 조건이 더해지면 예상대로 작동하지 않는다. 이러한 예외가 있다고 해서 기계에 선택의 자유나 의지가 있다고 말할 수 없는 것처럼, 동물에게도 자유롭게 선택할 수 있는 의지란 없다는 것이다. 결국 동물은 기계와 같은 존재가 되고 만다.

그러나 인간은 배가 고플 때 눈앞에 (주인 없는 혹은 독을 포함하고 있는 것처럼 보이지 않는) 음식이 있다고 해서 반드시 그것을 먹지는 않는다. 인간은 그것을 먹는 것이 도덕적인가 그렇지 않은가에 대해 판단하거나, 장기적으로 볼 때 그것을 먹는 것이 과연 이익이 되는가에 대해서도 생각해볼 수 있다. 다시 말해서 인간은 본능적으로만 행동하는 것이 아니라 다른 대안을 생각해내고, 본능적인 충동과 그 대안 사이에서 자유롭고 주체적으로 선택을 할 수 있는 존재인 것이다.(이상은 전통적 견해를 설명한 것일 뿐이다. 실질적으로 이 문제에는 자유 의지와 결정론이라는 중요하면서도 난해한 문제가 얽혀 있다.)

2. 이론적 배경

이러한 견해의 근간에는 서양 전통을 가로지르고 있는 심신이원론이 존재한다. 인간은 육체적 영역과 정신적 영역이라는 두 가지 부분으로 구성되어 있는데, 육체적 영역은 동물과 같이 본능적이고 기계적인 방식으로 작동하며, 이성에 의해 지배되는 정신적 영역은 자유롭고 자율적인 부분으로, 이 부분이 바로 도덕성의 근거가 된다는 것이다. 위의 제시문에 나온 것처럼, 칸트에 따르면 인간에게 이러한 선택의 가능성이 존재하는 것은 이성을 통해 본능의 영역을 확장시키고 이성의 기능 가운데 하나인 상상력을 통해 본능적인 충동을 지속, 증가시킬 수 있기 때문이다. 인간은 또한 이성을 통해 미래를 현재화함으로써 순간적 삶에 만족하지 않고 미래에 대한 의식적인 기대를 가지게 되었다는 것이다.

데카르트에 따르면, 이러한 이성의 능력은 본능과 달리 보편적이라는 성질을 가지고 있다. 그 증거로는 언어를 들 수 있다. 인간은 자신이 마주하게 되는 대상이나 상황을 기호화해서 표현하는데, 그것은 구체적인 것을 추상화, 일반화할 수 있음을 가리킨다는 것이다.

"데카르트는 동물이 기계와 같은 존재라고 여겼다"

3. 문화적 존재로서의 인간

인간의 도덕성이 이성에서 유래하는 것인가, 아니면 그것조차도 생물학적, 환경적 요인의 산물인가 하는 점에 대해서는 논란의 여지가 있지만(이후 자유 의지와 결정론을 다루는 부분에서 설명할 것이다), 전통적 견해를 받아들인다 하더라도 여전히 문제는 남는다. 인간만이 이성을 가지고 있다는 사실을 경험적으로 검증하기가 쉽지 않다는 것이다. 동물들이 언어를 사용한다면 우리 인간과 의사 소통을 할 수 있어야 한다고 주장하는 것도 합리적이라고 하기는 힘들다. 인간들이 동물들의 언어를 알아듣지 못할 뿐일 수도 있기 때문이다.

인간과 동물의 차이에 대해 경험적으로 검증해낼 수 있는 설득력 있는 기준은 문화의 유무다. 경험적으로 동물들에게 문화가 존재하지 않음은 분명해 보인다. 예를 들어, 인간은 식량의 재료를 얻게 되더라도 그것을 어떤 식으로 가공해 먹을 것인가에 대한 다양한 선택지를 가지고 있지만, 동물들에게 그러한 선택지가 존재한다는 사실을 관찰하기는 힘들다. 인간에게 이성이라고 하는 '기관'이 천부적으로 주어지는지 아니면 인간 사회 속에서 이성이 '형성'되는지, 이성이 인간 개개인에게 천부적으로 주어지는지 아니면 사회 생활의 산물인지에 대해서는 논란이 있을 수 있지만, 어쨌든 문화를 가지고 있다는 사실에 비추어볼 때 인간이 한 가지 생활 방식에만 얽매어 있지는 않은 듯하다.

문화란 본능에서 벗어난(칸트의 표현을 빌리면 본능을 확장시킨) 생활 방식이 전수된 것이다. 다시 말해서 문화란 '축적된 지혜'인 것이다. 문화를 축적하는 데에는 언어가 필수적이다. 언어가 없다면 세대를 건너뛰어 지식과 지혜를 전달하는 것은 고사하고, 동시대인에게 그것을 전달하는 것조차 불가능할 것이기 때문이다. 이러한 측면에서 본다면, 논증 방식에 차이가 있기는 하지만 데카르트의 주장 또한 전적으로 잘못된 것이라고 말하기는 힘들다.

이에 비추어 볼 때 인간의 고유한 특징은 문화를 가지고 있다는 것이고, 문화를 소유하고 있다는 것은 결국 언어를, 그리고 그 고차원적인 형태인 문자를 사용한다는 반증이기도 하다. 언어와 문자가 인간의 문화 생활에 얼마나 중요한 역할을 해왔는지는 역사를 되돌아보면 알 수 있다. 먼저 문학사에서 산문보다 운문이 먼저 등장했다는 사실(서양의 경우에는 『일리아드』와 『오디세이』, 동양의 경우에는 『시경』)은 시사하는 바가 크다. 문자가 존재하지 않던 시기에 지혜를 타인에게, 그리고 나아가 다음 세대에 전달할 수 있는 효율적인 방법은 그것을 노래에 담아 전달하는 것이었다. 문자와 종이의 발명은 인류 문명의 발달에서 큰 획을 긋는 획기적인 사건이었다. 이후의 문명사에서 그에 못지 않게 커다란 사건이 바로 인쇄술의 발달이었음은 충분히 이해 가능한 일이다.

경험적으로 볼 때 동물과 구분되는 인간만의 특징은 문화를 가지고 있다는 사실이라고 말할 수 있다. 문화를 가지고 있다는 것은 지식과 지혜를 축적한다는 뜻이며, 이를 통해 나름의 생활 방식을 결정해간다는 의미이기 때문이다. 그리고 이는 인간만이 언어 생활을 영위하고 있다고 말할 만한 충분한 근거가 된 것이다. 전통 철학자들은 이러한 기능을 담당하는 부분을 '이성'이라고 부르고자 했던 것이다.

4. 권리의 문제

인간이 천부 인권을 가진다는 주장은 종교를 배경으로 하지 않으면 성립할 수 없다. 인간에게는 동물과 달리 이성이 있기 때문에 인간에게만 권리를 부여해야 한다는 생각도 또한 문제점을 안고 있다. 동물의 권리를 주장하는 사람들이 지적하는 것처럼, 권리 부여의 근거가 이성이라면, 이성을 결여한 인간에게도 권리를 부여하지 말아야 할 것이기 때문이다.

반면 동물의 권리를 옹호하는 사람들의 주장에도 또한 문제가 있다. 그들은 차별할 정당한 이유를 제시하지 못하는 한 차별이 있어서는 안 된다는 도덕의 제 1 원칙에 근거해서 동물에게도 인간과 동등한 권리를 주어야 한다고 주장한다. 앞에서 말한 것처럼 이성은 동물을 차별할 정당 근거가 되지 못하므로, 동물을 차별할 근거는 없다는 것이다. 그리고 제시문에서 말하고 있는 것처럼 동물도 삶의 경험적 주체며, 따라서 '본래적 가치'를 갖는다는 것이다.

여기에서 '본래적 가치'란 '목적 가치'라고도 할 수 있는 것으로 '파생적 가치' 혹은 '도구적 가치'에 대비되는 말이다. 논술 공부는 목적 가치를 지닌 것이 아닐 가능성이 매우 높다. 대개의 경우 대학 입학이나 입시와 같은 다른 어떤 것을 성취하기 위한 수단으로 논술을 공부하기 때문이다. 물론 예외도 있다. 왜 논술을 공부하는가 하는 질문에 그냥 논술 공부 자체가 좋아서라고 대답한다면 그 사람에게 논술 공부는 목적 가치를 지닌 것이다. 칸트는 인간이 목적 가치를 지닌 존재라고 주장한다. 그 유명한 '인간의 존엄성'이라는 말은 모든 사람을 수단이 아닌 목적으로 대해야 한다는 의미다. 동물권리론자들은 이제 칸트의 그 주장을 동물들에게까지 확대 적용하고자 하는 것이다.

동물의 권리 문제에 대한 주장들은 대체로 치명적인 오류를 내포하고 있으며, 이는 사실과 가치의 문제를 혼동한 데에서 기인한다. 사실 명제에 대해서는 경험적으로 참과 거짓을 가릴 수 있다. 반면 인간들의 가치가 반영된 진술은 객관적인 진위를 가릴 수 없는 경우가 많다. 가치를 표명하는 진술이 사실적인 것처럼 표현되는 경우가 많다. 사실 명제처럼 보일 경우 좀더 객관적인 것으로 인정받을 가능성이 높기 때문이다. 가치와 관련된 진술은 당위와 밀접한 관계를 맺고 있다. '학생의 본분은 ~이다', '인간은 존엄하다' 등은 '학생은 ~을 본분으로 삼아야만 한다', '인간은 존엄한 대접을 받아야 한다' 는 자신의 가치관과 관련된 주장을 사실 명제의 형태로 표현한 것이다.

권리를 누구에게 어떻게 부여할 것인가 하는 문제는 사실 명제가 아니다. 이성의 존재 유무로 권리 부여 여부를 결정할 수 없다거나, 동물 보호 운동이 소수자 권익 향상에 기여할 수 있다는 동물보호론자들의 주장은 설득력이 있으나, 동물에게 '본래적 가치' 가 존재한다는 등의 주장은 성립할 수 없다. 가치는 존재하는 것이 아니라 부여되는 것이기 때문이다(가치가 존재한다고 주장하는 견해도 존재하지만, 여기에서 그 문제를 다루지는 않겠다). 동물보호론자들은 '인간에게만 부여하던 가치를 동물에게도 부여해야 한다' 고 주장하는 셈이고, 또 그렇게 주장해야만 한다. 그런데 그 근거로 '동물에게 본래적 가치가 있다' 는 주장을 내세우는 것은 결국 순환 논변의 오류를 범하는 셈이 된다. 동물에게 본래적 가치가 있다는 주장은 동물에게 가치를 부여해야 한다는 주장을 사실적으로 표현한 것에 불과하기 때문이다.

동물에게 어느 정도의 가치를 부여해야 하는가에 대해서는 논란의 여지가 많다. 전통적인 견해에서처럼 동물을 단순히 기계와 등치시키는 것은 상식적으로 받아들이기 쉽지 않다. 그러나 동물에게 인간과 동등한 가치를 부여해야 한다는 주장에도 문제가 있다. 그렇게 된다면 육식을 포기해야 한다. 동물권리론자들은 기꺼이 그러한 주장을 받아들일 것이다. 하지만 좀더 깊이 생각해보면 이는 그리 쉬운 문제가 아니다. 농약을 뿌려서도 안 된다. 이른바 '해충' 도 동물이기 때문이다. 구충제를 먹어서도 안 된다. 동물보호론자들이 이러한 주장을 받아들일 수 있을까?

"동물에게도 인간과 동일한 권리를 주어야 한다는 주장이 제기되고 있다"

인간은 신이 아니다. 결국 인간의 관점에서 권리를 부여할 수밖에 없다. 다른 인간에게 권리를 부여하는 것은 그가 나와 같은 인간이기 때문이다. 장애인이나 치매 노인, 어린아이 등에게 권리를 부여하는 것은 아마도 일종의 '보험' 일 것이다. 나도 장애인이나 노인이 될 수 있다. 어린아이에게 권리를 부여하지 않으면 내 아이가 위험해질 수도 있다. 서로 간에 권리를 부여하고 인정함으로써 사회 생활에서 불안 요소를 제거할 수 있다. 삶의 안전을 보장받을 수 있다. 권리는 그러한 목적으로 인간들이 상호 간에 인정하기로 '합의' 한 것이다.

동물들도 기쁨과 고통을 느끼는 듯하다. 그러나 그들에게 인간과 같은 권리를 줄 수 없음도 또한 분명하다. 인간은 신이 아니다. 인간도 또한 먹이 사슬 속에 들어 있는 존재인 것이다. 먹지 않으면 살 수 없다. 모든 인간이 다른 생명체들에게 피해를 주지 않는 도덕적인 존재가 되기 위해서 스스로의 삶을 포기하기로 결심하는 것이 합리적인 결정이 아니라면, 동물권리론자의 주장은 성립하기 힘들다. 동물도 우리 환경의 일부다. 동물보호론이 제기된 배경은 인간의 무분별에 의한 동물들의 멸종 때문이다. 동식물의 멸종은 생태계의 교란을 가져오고, 그것은 결국 인간 생존의 위기로 이어진다. 인간 스스로가 신에 의해 자연을 마음대로 이용할 특권을 부여받았다고 생각하는 근시안적인 사고로 인해 스스로의 위기를 초래한 것이다.

우리는 동물들에게 권리가 있는가 없는가를 물어야 하는 것이 아니라, 권리를 부여할 것인가 아닌가, 그리고 부여한다면 어느 정도의 권리를 부여할 것인가를 물어야 한다. 그리고 그 결정의 판단 근거는 인간의 장기적인 생존과 번영에 득이 되는가 여부에서 찾아야 함은 물론이다.

05

개요작성 및 본론쓰기

주제강의 - 이원론과 절대주의

개요작성 및 본론쓰기

1) 개요 작성법

논술문은 주장과 근거의 연속이다. 전체의 주장이 하나 있고, 그 주장을 뒷받침하는 근거들이 제시된다. 그 근거들은 또다시 하나의 소주장이 되고, 그 주장을 뒷받침하는 근거들이 다시 제시되어, 글의 실질적인 내용을 형성하게 된다. 이러한 연속적인 주장과 근거의 체계가 타당성과 짜임새를 갖출 경우 훌륭한 논술문이 완성된다.

수험생들이 논술문 작성에서 가장 많이 범하는 오류 가운데 하나가 바로 '논점 일탈의 오류' 다. 문제에서 요구하고 있는 내용과 무관한 답안을 작성한다면 좋은 점수를 받을 리 만무한 것이다. 논점 일탈의 오류를 범하는 데에는 여러 가지 원인이 있다. 첫째, 논제의 요구 사항에 주의를 기울이지 않는 것; 둘째, 제시문에서 주어지는 내용에 주의를 기울이지 않음으로써 제시문의 내용과 무관한 글을 쓰게 되는 것; 그리고 마지막으로 글의 균형과 체계가 일관되지 못한 것 등이다.

첫째와 둘째는 여태까지 공부해온대로 논제에 주의를 기울이면서 제시문을 잘 요약해서, 그 내용이 자신의 글 속에 포함될 수 있도록 한다면 쉽게 해결될 수 있는 문제다. 마지막과 같은 오류는 글을 쓰기 전에 전체적인 계획을 세우지 않는 데에서 생겨난다. 글을 쓰기 전에 제시문 요약에 기반한 개요를 작성함으로써 짜임새 있고 일관된 흐름의 글을 쓸 수 있으며, 적절한 시간 안배가 가능하고, 논술문 분량 맞추기에 대한 부담을 덜 수 있다. 체계적인 훈련을 반복하다 보면 제시문 요약과 개요 작성 둘 중 한 가지 과정만 거치더라도 좋은 글을 쓸 수 있는 능력을 가지게 될 것이다. 그러나 논술문 작성에 익숙하지 않은 학생이라면 한동안은 두 가지 과정 모두를 거치는 것이 좋다.

서론과 결론 쓰기는 다음 장에서 공부할 예정이므로, 이곳에서는 본론에 대한 개요 작성 방법만 공부해 보기로 하자. 개요 작성은 다음과 같은 요령으로 이루어진다.

① 앞에서 공부한 순서에 입각해서 논제를 분석해보고, 제시문에 대한 요약 및 비판적 분석 작업을 수행한다.

② 주어진 논제에 대해 자신이 주장할 내용을 결정한다. 이 주장이 서론에서 본론을 거쳐 결론에서 자연스럽게 도출되어야 하는 주장이다.

③ 자신의 주장에 대해 어떤 근거를 제시할 것인지, 중요도에 따라 근거들을 나열해본다. 이 과정에서 제시문 요약의 내용이 최대한 반영되도록 한다.

④ 문제에서 요구되는 글의 분량에 따라 본론을 몇 단락으로 구성할 것인지 결정한다. 보통 1,000자 이내의 글쓰기에서는 서론-본론-결론의 형식 없이 글의 균형에 신경을 쓰면서 3-4개의 단락으로 글을 구성할 수 있다. 그러나 논술 시험에서는 일반적으로 1,200~2,500자 내외의 글을 요구한다. 이 경우에는 논술문의 전형적인 형식인 서론-본론-결론의 순서에 따라 연습한 대로 글을 작성하는 것이 좋다. 물론 글쓰기에 아주 익숙해지면 그러한 형식은 '강을 건너고 나면 버려야 하는' 뗏목에 불과할 것

이다. 강을 건넌 후에 뗏목을 지고 가는 것이 어리석은 일이듯, 글쓰는 능력이 극대화된 후에는 형식에 구애받지 않는 자유로운 글쓰기가 가능해진다.

단락의 개수를 결정할 때는 한 단락의 길이에도 신경을 써야 한다. 단락이 너무 짧으면 논증이 이루어지기 어렵고, 너무 길면 중언부언할 가능성이 있기 때문이다. 써야 하는 글의 길이에 따라 차이가 있겠지만, 논술 시험에 대비하는 글에서는 한 단락을 250~500자 정도로 하는 것이 좋다. 1,200자 정도의 글이라면 서론과 결론을 각각 250자 내외로 하고, 나머지 700자 정도는 본론을 두 단락으로 하는가 세 단락으로 하는가에 따라 분량을 배분하는 것이 좋다. 2,500자 정도의 글이라면 한 단락을 350~500자 내외로 하여 글을 작성하는 것이 좋다. 서론과 결론을 각각 350자 정도로 잡으면, 본론은 1,800자 정도가 된다. 본론 한 단락을 450자 정도로 하여 네 단락으로 하거나 혹은 360자 정도로 하여 다섯 단락으로 구성한다면 균형 잡힌 글을 쓸 수 있다. (자신이 정한 소주제가 세 개면 어떻게 하는가를 묻는 사람들이 있다. 2,500자 글쓰기에서 본론을 세 단락으로 한다면, 한 단락의 글자 수가 600자 가량 되어야 한다. 익숙하지 않은 사람들의 글쓰기 호흡으로는 지나치게 긴 편이다. 따라서 이런 경우에는 세 가지 소주제 가운데 가장 중요하다고 생각하는 것을 골라서, 그 주제가 들어가는 단락을 둘로 나눈다. 첫 번째 단락에서는 다른 단락에서와 마찬가지로 논증 및 설명을 하고, 그 다음 단락에서는 그 소주제에 대한 예시, 부연, 강조 등을 통해 그 소주제가 자신이 강조하고 싶은 내용임을 보여주면 된다. 부연과 강조에 대해서는 제 3강 첫 번째 제시문의 구성을 살펴보라.)

단락의 개수와 글자 수를 결정했으면 원고지에 연필로 표시를 해둔다. 그곳에서 정해진 단락을 정확히 끝맺을 수는 없다 하더라도, 대략적으로 어디에서 단락을 마무리해야 할지 신경쓴다면 균형잡힌 글을 쓸 수 있다.

⑤ 단락의 개수와 각 단락에 할당할 글의 분량을 결정하였다면, 자신이 준비한 근거들을 어떻게 배열할 것이지 결정하도록 한다. 이때 앞에서 말한 것처럼 상대방의 반론을 미리 예측하여 차단하는 것이 중요하다. 상대방이 제기할 반론을 미리 언급해버리면 상대방으로 하여금 전의를 상실하게 하는 효과가 있을 뿐만 아니라, 균형잡힌 의견을 가지고 있음을 보여줌으로써 자신의 주장을 더욱 돋보이게 하는 효과가 있기 때문이다. 또한 상대방의 주장에 대한 반론도 자신의 주장을 옹호하는 훌륭한 근거 가운데 하나다. 따라서 본론을 3~4단락으로 구성한다면 다음과 같은 순서로 구성하는 것이 좋다:

[본론 1] 자신과 반대되는 입장에 대한 소개

[본론 2] 그 입장의 문제점 지적 및 자신이 주장하고자 하는 내용의 근거 ①과 그에 대한 증명

[본론 3] 앞에서 제기한 근거 ①의 부연 혹은 자신이 주장하고자 하는 내용의 근거 ②

[본론 4] 새로운 근거 ③ 혹은 앞의 설명을 통해서 종합적으로 결론이 도출되는 과정

⑥ 각 단락의 분량과 순서, 내용을 결정하였다면, 각 단락의 소주제에 대해서도 논증이 진행되어야 한다. 이 경우에는 보통 귀납적인 방법에 의한, 다시 말해서 사례에 의거한 증명 방법이 많이 사용되며, 또 그렇게 하는 것이 바람직하다. 사례를 거론할 때는 두 가지에 유의해야 한다: 자신이나 일부 집단만이 알고 있는 개인적, 집단적인 경험은 적절하지 않다; 두루뭉실한 것보다는 구체적인 사례를 거론하고, 그에 대해서는 정확하게 사실적으로 기술해야 한다. 단락의 소주제문과 그에 대한 근거 혹은 예시에

대한 개요 작성은 가능한 한 자세하게 해야 한다. 제시문의 어떤 내용을 인용할 것인지, 어떠한 사례를 들 것인지, 제시문에 등장하는 어떤 핵심적인 개념들을 사용해서 논의를 전개할 것인지 등을 모두 포함시켜야 한다.

⑦ 제시문을 요약하고 개요를 작성하기까지 논술문 작성에 주어진 전체 시간 가운데 3분의 1 정도를 할애하는 것이 바람직하다. 두 시간이 주어졌다면 개요 작성까지 40분 정도를 할애하고, 실제로 글로 옮기는 데에는 70분 정도를 사용하는 것이 좋다. 나머지 10분은 자신의 글을 다시 검토할 시간이다.

이렇게 시간을 안배하면 실제로 글을 쓰는 데 시간이 부족하지 않을까 걱정하는 경우가 많다. 이런 사람들은 개요 작성을 통해 전체 글의 구도를 구상하지 않고 성급하게 글을 쓴다. 그러나 실제로 전체 시간의 3분의 1 이내에 자세한 개요를 작성할 수 있다면 주어진 시간 안에 글을 완성하는 것은 그리 어렵지 않다. 오히려 전체적 구상 없이 글을 쓰는 사람들은 다음과 같은 여러 가지 어려움을 겪게 되며, 이는 결정적인 감점 사유로 이어진다.

㉮ 글을 쓰다가 생각이 끊겨서 한참 다시 생각한 다음 글을 쓴다. 시험시간 안에 다시 검토하기 힘들어 그냥 제출하지만, 채점관이 보면 그곳에서 글의 흐름이 달라짐을 쉽게 알 수 있다.

㉯ 단락 단락을 어디에서 끝내야 할지 주의를 기울이지 못해, 글에 전체적인 균형이 없어진다. 어떤 단락은 200~300자로, 또 어떤 단락은 600~800자에 이르는 등, 무계획한 글임을 쉽게 알 수 있게 된다.

㉰ 주어진 분량을 채우지도 못했는데 결론이 나와버리고 만다. 분량을 채우기 위해 다시 더 써내려가지만, 결국 앞에서 이야기한 내용을 다시 반복할 뿐이다. 이런 오류는 너무 쉽게 알아볼 수 있다.

㉱ 서론에서 문제를 제기하고 논의의 방향을 암시한 것과 다른 방향으로 글이 전개된다. 앞뒤를 살피면서 글을 쓰고자 하지만, 전후의 논리가 맞지 않아 여기저기를 뜯어고치게 된다. 지나치게 많은 교정 부호를 사용하여 원고는 누더기처럼 보이게 된다.

㉲ 앞에서 이미 언급한 내용에 대해 빠뜨려서는 안 될 것 같은 중요한 내용이 다시 생각나 뒤에서 또다시 언급한다. 아무 계획 없이 중언부언하는 느낌을 주어 읽는 이로 하여금 짜증나게 만든다.

논설문의 대표적인 형태는 석·박사 논문이다. 석·박사 논문을 쓰는 데는 최소한 3년 이상이 걸리는데, 그 가운데 제시문에 해당하는 책을 읽고 요약하면서 논문을 어떻게 쓸 것인지 구상하는 시간이 전체의 3분의 2 이상이 된다는 사실에 주목하라. 논술 시험의 경우 시간적인 제약이 워낙 크기 때문에 그렇게까지는 할 수 없지만, 전체 시간의 반 이상을 개요 작성에 할애하더라도 문제가 되지 않는다. 개요가 자세할수록 실제 원고지에 논술문을 작성하는 작업은 단순한 필사에 가까워질 것이기 때문이다.

2) 개요 작성 사례

이제 실제로 개요를 작성하는 사례를 살펴보고, 작성된 개요에 따라 본문을 써보도록 하자. 연습

해야 할 사례는 제 3강의 제시문이다. 제 3강의 제시문에 대해 다음과 같은 논제가 주어졌을 경우, 어떻게 글을 구성할 것인지 개요를 작성하고 본문을 써보도록 하자.

[논제] 근대 이후 과학의 위상은 극도로 높아졌다. 그러나 현대에 들어 그러한 과학의 위상에 대한 반성의 목소리가 등장하기 시작했다. 아래의 제시문은 과학관의 변화와 과학의 절대적 위상에 대한 반성의 목소리를 담고 있다. 과학관의 변화 과정에 기초하여, 과학을 바라보는 바람직한 시각에 대해 논술하시오.

〈유의사항〉

1. 답안에는 자신을 드러내는 표현을 쓰지 말 것.
2. 필기구는 반드시 검은색이나 파란색 펜 혹은 볼펜을 사용할 것.
3. 제목을 작성할 것.
4. 글의 분량은 1600자 내외로 할 것.
5. 제시문 다섯 개에 대한 내용 요약이 모두 포함되도록 할 것.
6. 제시문의 내용을 그대로 옮겨 쓰지 말 것.
7. 제시문의 내용에 대한 요약이 글 전체의 1/2 이상이 되도록 할 것.

먼저 개요를 작성하기 전에 제 3강에서 제시문에 대해 제기된 문제의 예시 답안을 살펴보자. 제시문 독해 및 요약 연습에 대한 예시 답안을 다시 살펴보는 이유는, 앞에서 강조한 바 있듯이 제시문에 대한 요약이 글 전체의 반 정도를 차지하도록 하는 것이 바람직하기 때문이다. 제시문의 핵심 어구와 내용을 모두 포함하는 글을 작성함으로써, 자신이 제시문을 충분히 이해했음을 보여줄 수 있을 뿐만 아니라, 논점 일탈의 오류를 범하지 않을 수 있다. 게다가 글쓰기 초보자들이 가장 어려워하는 '분량 채우기'도 쉽게 해낼 수 있게 된다.

〈예시답안〉

[질문 1] 근대 과학을 통해 중세의 아리스토텔레스적 자연관이 극복되고, 과학이 지고의 지위를 차지하게 되었다.

[질문 2] 우주는 천상-지상-신, 인간-교회-신, 왕-교황-신, 평민-귀족-왕 등의 3분 구조로 이루어져 있으며, 모든 존재는 그 속에서 고유의 위치와 운동 방식을 갖는다.

[질문 3] 중세 사회 구조의 붕괴, 종교 개혁.

[질문 4] 교회의 절대적인 권위를 부정하고, 개인이 사제의 중재 없이 신과 직접 교류할 수 있다고 주장하였다.
→모두가 신과 직접 교류할 수 있다면 평민, 귀족, 왕, 사제 등으로 이루어진 신분 질서가 결정적인 타격을 입게 된다. 모두가 신 앞에서 평등한 개인이기 때문이다. 따라서 중세의 수직적이고 권위적인 질서는 붕괴될 수밖에 없다.

[질문 5] 형이상학적/목적론적 자연관.

[질문 6] 기계적 철학.

[질문 7] 중세의 지식과 권위가 해체됨에 따라 그것을 대체할 수 있는 새로운 과학과 연구 방법론을 모색하여, 모든 것이 혼란스러운 상황에서 위기를 극복하고자 하였다.

[질문 8] 중세를 지배하던 아리스토텔레스의 자연관에서는 우주와 인간 사회를 동일한 3분 구조로 파악하여, 모든 존재에 나름의 위치와 운동 방식이 주어진 것으로 생각하였다. 그러나 14세기 이후 농민 반란과 수공업의 발달 등으로 인해 중세적 사회 구조가 붕괴되기 시작했으며, 종교 개혁은 중세적 지식과 권위가 해체되는 결정적인 계기를 제공하였다. 기존의 체제가 붕괴된 혼란의 시기에 근대 과학은 새로운 연구 방법론을 통해 안정된 지식을 제공함으로써 성공적으로 위기를 극복할 수 있게 해주었다. 이를 통해 근대 과학은 모든 학문의 판단 근거가 되는 지고의 위치를 차지하게 되었다.

[질문 9] 과학 이론은 과학자들이 가지고 있는 이론(패러다임)에 의해 좌우되므로 어느 이론이 더 객관적이라고 말할 수는 없다.

[질문 10] 끈에 매달린 돌이 흔들리다가 멈추는 동일한 사건을 낙하 운동으로 본 아리스토텔레스와 진자 운동으로 본 갈릴레오의 사례를 들고 있다.

[질문 11] [다-1] 과학적 견해의 차이는 방법의 차이에서 기인하며, 그 방법들은 동일한 표준으로 비교할 수 없을 뿐, 어느 것도 열등한 비과학적인 것이라고 할 수는 없다.
[다-2] '정상 과학'이란 과학자들이 스스로가 헌신하는 익숙한 지식 체계를 가리키며, 대가를 치르더라도 이를 옹호하려 하기 때문에 정상 과학을 위협할 새로운 것을 억제하는 경향이 있다.

제시문에 대한 요약 내용을 살펴보았으므로, 이제 개요 작성법에서 배운 순서에 따라 글의 전체적인 계획을 세워보도록 하자. 가장 먼저 할 일은 자신이 최종적으로 내세울 주장을 결정하는 것이다. 글의 모든 내용은 그 주장을 목적지로 하는 통로의 역할을 한다. 어떠한 주장을 해야 할지 결정하기 위해 제시문의 내용을 간단히 살펴보도록 하자.

제시문 [가]에서는 근대 이전의 과학관에 대한 설명하고, 근대로의 발전 과정을 거치면서 과학의 위상이 높아지는 과정을 소개하고 있다. 제시문 [나]에서는 중세의 과학관과 근대의 과학관 가운데 어느 쪽이 더 객관적이고 우월한 것이라고 할 수 없다고 말한다. 제시문 [다]에서는 과학자들이 자신에게 익숙한 '정상 과학'에 대해 보수적인 태도를 취한다고 말한다. 세 제시문에서 공통적으로 도출해낼 수 있는 주장은 일반적인 생각과는 달리 과학이 객관적이지 못하다는 것이다. 과학자들은 자신의 관점에 따라 특정한 이론을 옹호할 뿐, 이론 간에 우열을 가릴 수는 없으며, 따라서 과학에 진보란 없다는 것이다.

제시문의 전반적인 내용을 파악했으면, 자신의 주장을 결정해야 한다. 제시문에서는 과학의 상대성을 보여줌으로써 일반적인 과학관에 대한 반성을 촉구하고 있다. 따라서 우리가 취할 수 있는 입장은 세 가지다. 첫째, 제시문의 주장에 동조하면서 지고의 위치에 오른 현대 과학의 독단 가능성을 경고한다; 둘째, 제시문의 입장에 반대하면서 과학의 객관성을 옹호한다; 셋째, 제시문의 주장과 일반적인 과학관 두 가지 모두를 비판하면서 나름의 대안을 제시한다. 이곳에서는 세 번째 노선을 택해 개요를 작성해보기로 하자. 두 가지 모두를 비판하면서 택할 수 있는 주장은 '과학을 절대적인 것으로 신봉해서도 안 되지만, 과학에 대해 지나치게 상대주의적인 태도를 가져서도 안 된다'가 된다.

1,600자로 논술하라고 했으므로, 서론을 250자, 결론을 300자 정도로 잡고, 본론은 350자 정도의 세 단락으로 나누어서 구성하면 적절하다. 글을 써가면서 약간의 가감이 있을 수 있겠지만, 원고지에 연필로 분량을 표시하여 전체적인 균형을 잡은 후 개요 작성에 들어간다. 본론을 세 단락으로 나누었다. 자신이 궁극적으로 주장하고자 하는 바는 마지막 단락에서 잘 드러날 수 있도록 하는 것이 좋다. 첫 단락과 두 번째 단락에서는 자신이 반대하는 입장에 대한 소개와 그에 대한 반박이 있어야 한다. 이 과정에서 중요한 것은 제시문의 핵심적인 내용을 모두 포함하도록 하는 것이다.

서론과 결론은 뒤에서 공부할 것이므로, 여기에서는 본론에 대해서만 개요를 작성해보도록 하겠다. 개요는 가능하면 자세히 작성하여 실제로 글을 쓸 때 살만 조금 붙이면 되도록 하는 것이 중요하다. 본론은 ① 현대 과학의 절대적 위상; ② 상대주의적 과학관; ③ 바람직한 과학관 순서로 써나갈 예정이다. 첫 단락에서는 제시문 [가]의 내용을 주로 인용하기로 한다. 제시문 [가]가 과학의 절대성을 옹호하는 글은 아니지만, 과학이 절대적 위상을 가지게 된 과정을 설명하고 있다는 점에서 이러한 주장에 응용 가능하다.

◐개요 작성 사례◑

[본론1] 현대 과학의 절대적 위상

▷현대 과학의 위상: '과학'이 '진리'와 거의 동의어로 쓰임. 모든 학문의 기초가 됨.

▷현대 과학의 특징: 기계적 철학에 기반함. 모든 것을 물리적 인과 관계에 의거해 설명.

▷현대 과학의 등장 배경:

① 중세 과학관의 특징―형이상학적 위계 질서를 강조.

② 중세 과학의 붕괴―농민 봉기, 수공업의 발달 등과 결정적으로는 종교 개혁의 영향.

③ 현대 과학의 등장―지적, 사회적 혼란기에 안정된 지식을 제공.

[본론 2] 과학의 절대성 비판과 쿤의 과학관

▷현대 과학의 한계: 인간은 기계도 신도 아님. 자신의 관점에서 자유로울 수 없음.

▷쿤의 상대주의적 과학관:

　① 과학의 발전은 패러다임의 변화일 뿐 우열을 가릴 수 없음(사례—아리스토텔레스와 갈릴레오).

　② 과학자들은 안정된 '정상 과학'을 지켜내기 위해 새로운 현상을 무시함.

　③ 과학은 서서히 누적적으로 발전하는 것이 아니라 패러다임의 교체를 통해 혁명적으로 변화함.

[본론 3] 바람직한 과학관
　　▷쿤 과학관의 기여:

　　① 과학 만능주의에 대한 경계.

　　② 인간의 한계에 대한 반성—과학 법칙 자체는 객관적일 수 있지만 과학은 인간이 수행하는
　　　행위임.

　　▷쿤 과학관의 문제점: 극단적 상대주의로 인해 허무주의로 귀결.

　　▷바람직한 과학관: 과학 연구 주체가 인간임을 잊어서도 안 되지만, 과학 자체를 무의미한 것
　　　으로 간주해서도 안 됨. 진리에 접근하는 노력이 중요.

이상과 같이 자세하게 개요를 작성하고 나면 그것을 글로 풀어내는 것은 그리 어렵지 않다. 개요
가 자세하면 할수록 글을 쓰기는 더욱 쉽다. 어떤 부분을 빼고 써야 할지 걱정할 정도가 되면 개요
작성이 매우 잘된 것이라고 할 수 있다. 위의 개요에 따라 1,050자 정도의 본론을 써보도록 하자.

◖본론 사례◗

현대에서 '과학'은 신빙성 판단의 기준이다. '과학적'이라는 말이 붙으면 그것은 믿을 수 있음을 의미
한다. 인문학까지도 가치를 인정받기 위해 스스로를 인문과학이라고 칭할 정도다. 현대 과학은 기계적 철
학에 기반하고 있으며, 모든 것을 물리적 인과 관계에 의거해서 설명한다. 그러나 과학이 애초부터 지금
과 같은 위상을 차지하고 있었던 것은 아니다. 중세에 이르기까지는 위계 질서를 강조하는 형이상학적 과
학관이 지배적이었다. 농민 봉기와 종교 개혁 등의 영향으로 중세 과학이 붕괴하면서 지적인 혼란이 생겨
나게 되는데, 근대 과학이 이 혼란을 극복하는 데 결정적인 기여를 함으로써 현재와 같은 지고의 지위를
차지하게 된 것이다.

현대 과학의 공헌은 아무리 높게 평가해도 지나치지 않는다. 중세의 미신적인 형이상학적 세계관에서
벗어나게 된 것은 분명 근대 과학의 덕이다. 그러나 과학이 곧 진리일 수는 없다. 인간은 기계도 신도 아
니다. 결국 자신의 관점에 얽매일 수밖에 없는 유한한 존재인 것이다. 쿤은 이러한 점에 주목한다. 과학자
는 자신이 신봉하는 이론, 즉 패러다임에 의거하여 현상을 설명하기 마련이다. 이러한 패러다임의 변화가
바로 과학 발전의 역사인 것이다. 과학자들은 자신들이 가지고 있는 안정된 지식 체계인 '정상 과학'을

지켜내기 위해 새로운 현상을 이상 현상으로 치부해버리는 대가도 감수한다. 하지만 이상 현상이 계속 발생하면 새로운 패러다임이 이전의 패러다임을 대체하여 '정상 과학'의 지위를 차지한다는 것이다.

　과학 만능주의의 시대에 쿤은 중요한 메시지를 던져준다. 과학이란 결국 인간이 수행하는 행위다. 과학 법칙 자체가 객관적일지는 모르지만, 그것을 연구하는 인간은 결국 한계를 가진 유한한 존재일 뿐이다. 그러나 쿤의 주장을 그대로 받아들일 경우 결국 과학은 무의미한 것이 되고 만다. 모든 이론이 상대적일 뿐이라면 새로운 이론을 위해 노력해야 될 이유는 전혀 없을 것이다. 인간이 주체임을 잊어서도 안 되지만 과학 자체를 무의미한 것으로 간주해서도 안 된다. 상대적일 수밖에 없는 이론들을 끊임없이 비교, 검토해가면서 유한함을 벗어나고자 하는 노력을 통해 진보해나가는 것이 과학 연구의 목적이다. 과학을 통해 절대적 진리에 도달할 수는 없겠지만, 도달하려는 노력의 과정에서 그에 접근할 수는 있을 것이다.

연습 문제

　　다음 제시문의 공통된 주제에 대하여 1,800자 내외의 글을 쓰고자 한다. 앞에서 공부한 순서에 따라 본론에 대한 개요를 작성하고, 직접 본론을 써보도록 하시오.

[가-1] 『중용(中庸)』은 무엇 때문에 지은 것인가? 자사(子思)가 도학(道學)이 전해지지 못하는 것을 걱정해서 지은 것이다. 아득한 옛날부터 신령스러운 지혜를 갖춘 성인들이 하늘의 뜻을 이어받아 절대적인 기준을 세웠으니, 이 진리가 전해지는 계보에는 유래가 있는 것이다. …요임금은 순임금에게 그것을 전하고…순임금은 우임금에게 그것을 전했으니…반드시 이와 같아야만 진리에 가깝다 할 수 있을 것이다. …이것은 천하의 보편적인 이치이니, 여기에 무엇을 더할 수 있겠는가?…이단의 학설이 날이 갈수록 더욱더 성대해졌는데, 노자와 불교를 따르는 무리들이 하는 말은 더욱 이치에 가까워서 진리가 크게 어지러워졌다. 그러나 다행히 이 책이 없어지지 않아서, 정씨(程氏) 형제가 그 진리를 고찰할 수 있는 기반이 되었다. 그래서 천 년 동안이나 이어지지 않은 실마리를 이어서, 그 진리에 근거하여 도교와 불교의 사이비(似而非) 진리를 배척하였으니, 자사의 공이 이로 인해 위대해지는 것이요, 정씨 형제가 없었더라면 누구도 그 책의 내용에 근거해서 (성인들이 서로 전한 진리의) 마음을 얻을 수 없었을 것이다(『중용장구서』).

[가-2] (주돈이의) 태극도(太極圖)는 상징을 세워서 그 속에 숨겨진 의미를 다 밝히고 그윽하고 은미한 이치를 해부하여 분석하였으나 주렴계(周廉溪)가 부득이(不得已)하게 지으신 것일 뿐입니다. 그가 정자(程子)에게 직접 전해준 속뜻을 살펴보면 아마도 오직 정자(程子)만이 그를 전수받을 만하다고 여긴 것 같습니다. 정자가 그것을 감추어두고 세상에 보여주지 않은 것은 아마도 받을 만한

사람이 없었기 때문일 따름입니다. 말로 드러나는 의미 이외의 의미까지 묵묵히 알아들을 수 있는 사람이 아니라면 '길에서 듣고 길에서 말해버리는' 경우보다 필연적으로 그 폐단이 더욱 심한 측면이 있게 될 것입니다.

(「주자대전」, 30권, 「답장경부」)

[나] (탁월한 지적 능력을 가진 사람들은 플라톤이 '선분의 비유' 와 '동굴의 비유' 라고 하는 서로 다른 두 가지 비유를 통해 묘사하고 있는 방법을 거쳐 형상을 바라볼 수 있는 방향으로 나아간다. …(중략)…동굴의 비유에서는 사람들이 사슬에 묶여서 햇빛을 볼 수 없는 것으로 묘사한다; 그 죄수들의 뒤로는 벽에 비친 그림자의 움직임만을 볼 수 있도록 장작불과 인형극이 장치되어 있다. 그들은 자신들이 사용하는 언어 속의 말들이 지칭하는 대상이 그 그림자들이며, 그것만이 유일하게 실재하는 것이라고 믿고 있다. 어떤 사람이 그 동굴에서 탈출한다면 그는 바깥세계의 환한 빛에 서서히 익숙해질 것이다. 그는 먼저 그림자나 물에 비친 것들을 구분해서 볼 수 있을 것이며, 다음에는 여러 사물들을 알아볼 것이다. 그리고 마침내는 천체나 태양을 볼 수 있게 될 것이다. 플라톤에 따르면 이것이 바로 '형상으로의 상승' 에 관한 비유다. 동굴로 돌아온 사람은 처음엔 그 어둠에 적응하지 못할 것이다. 하지만 머지않아 그는 어두운 동굴을 떠나본 적이 없는 예전의 동료들뿐 아니라 동굴 속의 그림자도 또한 알아볼 수 있을 것이다. 이어서 그는 "그림자들은 조작된 것이며 실제로 존재하는 것이 아니다. 참된 실재는 동굴 바깥에 있다"고 주장할 것이며, 이로 인해 엄청난 분노를 사게 될 것이다. 그 분노는 너무나 커서, 그럴 수만 있다면 사슬에 묶인 죄수들은 바깥 세계로부터 온 이 사람을—아테네인들이 소크라테스를 죽인 것과 똑같이—죽이고자 할 것이다.

그러면 형상을 알아보는 단계에까지 올라가 본 경험을 가진 철학자들은 무슨 일을 할 수 있을까? 그가 정의로운 국가를 이룩하는 데 개입할 수 있는 기회를 가질 가능성은 역사적으로 볼 때 극히 드물 것이며, 아마 그런 기회가 결코 오지 않을지도 모른다. 플라톤 자신은, 일차적으로는 소크라테스에게 저질렀던 아테네인들의 행각 때문에, 그리고 다음으로는 시라큐즈의 독재자들에 대한 환멸로 인해 정치적인 생활에 대해 매우 비관적인 생각을 가지고 있었다. 그러나 이상국가가 결코 실현될 수 없다면, 이상 국가에 대한 설명을 하는 까닭은 무엇인가? 플라톤은 "이상 국가는 현실적으로 존재하는 국가들에 대한 판단을 내릴 수 있는 기준을 제공한다"고 대답한다. 플라톤은 이상적인 국가와 정의로운 영혼으로부터 타락하게 되는 일련의 단계를 묘사하고 있는데, 여기에서 플라톤 자신이 실제로 행하고 있는 일 중 일부는 바로 위에서 말한 바와 같은 기준을 제공하는 것이다.

[다] 「국가」의 논변은 윤리적 술어들이 개별적으로 적용되는 사례와는 별도로, 그 술어들의 의미 자체를 이해해야 할 필요성에서 시작된다. 철학사에서 이러한 출발점은 성(聖) 아우구스티누스나 비트겐슈타인처럼 플라톤과는 전혀 다른 사람들에게서도 반복적으로 나타나게 된다. '어떤 것이 정의롭다 혹은 빨갛다 혹은 평등하다고 하는 것은 무슨 말인가?' 하는 문제에 대해 탐구할 때, 합리적으로 취할 수 있는 첫 번째 행동은 그에 해당하는 예들을 제시하고, '정의로운 행동', '빨간 대상', '평등의 사례' 의 목록을 제공하고자 노력하는 것이다. 하지만 그러한 목록을 제시하는 것은 탐구의 핵심을 놓치는 것이다. 우리가 알고자 하는 것은 '어떤 행동이 정의로운 행동인가?' 가 아니라 '그 행동을 정의롭게 만들어주는 것은 무엇인가?' 하는 점이다. '진정으로 그 목록에 속하

는 사례'와 '그렇지 않은 사례'를 구분할 수 있게 해주는 것은 무엇인가? 우리에게 필요한 것은 '기준'이다.

비트겐슈타인은 "그 기준은 규칙 속에 실현되어 있으며, 규칙은 사회적으로 확립된 관습 속에 실현되어 있다"고 주장할 것이다. 아우구스티누스는 "그 기준은 신의 선물인 '내면의 빛'에 의해서 주어진다"고 말할 것이다. 플라톤은 그 기준을 이데아들에 대한 지식에서 찾는다. 그러나 이데아에 대한 지식이란 극소수의 사람들, 다시 말해서 '아직은 존재하지 않는 이상 국가의 교육적 훈련을 향유한 소수의 사람들', 혹은 '나면서부터 철학적인 능력과 성향을 모두 가지고 있으면서 사회적 환경에 의해 타락하지 않은 극소수에 속하는 사람들'만이 얻을 수 있다. 이로부터 나오게 되는 결론은 "오직 이러한 소수의 사람들만이 '정의'를 정당화하는 작업을 수행할 수 있을 것이다"라는 것 뿐만이 아니다; "그러한 정당화가 설득력을 발휘해서 그것을 이해할 수 있는 사람들도 또한 그들뿐 이다"라고 하는 결론도 나오게 되는 것이다. 그러므로 플라톤의 '정의'라는 개념이 요구하는 사회 질서를 대다수의 인류가 받아들이도록 하기 위해서는 비합리적인 설득(혹은 강제)을 사용하는 수밖에 없다.

주제강의 − 이원론과 절대주의

　　제 2강에서 일원론과 이원론에 대해 살펴본 바 있다. 그 가운데 이원론을 주장하는 사람들은 대체로 절대주의자다. '절대(絕對)'란 글자 그대로 풀이하면 '짝이 없음' 혹은 '상대가 없음'이라는 뜻이다. 그 반대말은 '상대(相對)'로, '서로 마주하고 있음'이라는 뜻이다. 이 두 가지 개념의 의미를 명확히 이해하기 위해서 다음과 같은 예를 살펴보도록 하자.

　　키가 160센티미터인 사람은 키가 크다고 해야 하는가 아니면 작다고 해야 하는가? 보통은 작다고 말하기 쉽지만, 그것은 우리가 생각하는 평균치, 즉 비교 대상이 있기 때문이다. 『걸리버 여행기』에 나오는 소인국에 간다면 그는 키가 엄청 큰 사람일 것이다. 초등학교 3학년 교실에서도 또한 키가 큰 축에 속할 것이다. 반면 우리나라 프로 농구팀에 데려다 놓는다면 그 반대로 여겨질 것이다. '크다'는 것은 비교 대상에 따라 다르게 평가되는 상대적인 개념이다.

　　그렇다면 절대적인 '큼'은 없을까? 만약 그런 것이 있다면 그것은 무슨 의미일까? 만약 그런 것이 존재한다면 앞에서 말한 바와 같이 '상대가 없어야'한다. 다시 말해서 누가 상대로 나오더라도 그보다 더 커야 한다. 이런 의미에서 본다면 '절대적'이라는 말은 '보편적'이라는 말과 유사한 의미다. '보편적'에 해당하는 영어 단어 'universal'의 명사형인 'universe'는 '우주'라는 뜻이며, 보편적으로 키가 크다는 말은 우주의 어느 대상에 못지 않게 키가 크다는 말이기 때문이다.

　　이 말은 또한 '객관적'이라는 말과도 유사하게 쓰인다. '객관적'에 해당하는 영어 단어 'objective'는 '대상'이라는 뜻의 'object'에서 나온 말이다. 따라서 '객관적'이란 보는 사람인 주관과는 무관하게 대상에만 해당하는 성질을 가지고 있다는 의미로, 결국 '절대적'이라는 말과 유사한 의미를 갖게 된다.

　　그렇다면 보는 사람과 무관하게, 우주의 누구보다도 그리고 상대가 없는 '큼'이란 존재할 수 있을까? 이 세상에서는 찾기 힘들 것이다. 찾을 수 있다면 그것은 단 하나일 것이다. 그러나 모든 대상과 비교해보지 않았다면 그 하나도 절대적이라고 말할 수는 없다. 이 세상에서 찾기 힘든 것을 사람들은 다른 세계에서 구하고자 한다. 이원론자와 절대론자가 상통하는 이유는 바로 이것 때문이다.

1. 이원론의 원조—파르메니데스

　　고대 그리스의 철학자 파르메니데스는 '눈에 보이는 것'과 '실재로 존재하는 것'을 구분했다. 그는 '있는 것은 있고 없는 것은 없다'고 하는 명제로부터 출발한다. 이 명제는 동어 반복의 형식을 띠고 있으므로 항진 명제인 것처럼 보이기 때문이다. 하지만 이로부터 도출되는 것은 '세상의 모든 것은 연결되어 있고, 변화와 운동이란 존재하지 않는다'고 하는, 전혀 믿을 수 없는 결론이다.

　　A와 B라는 두 대상이 있다고 하자. 둘 사이에 무엇이 존재하는가? 공기가 존재한다고는 말할 수

있을지언정, '없는 것이 존재한다'고는 말할 수 없다. 그렇다면 이 둘과 공기 사이에는 무엇이 존재하는가? 아무것도 없다. 우리의 눈으로 보기에는 이 둘과 공기, 나아가 이 두 사람이 분리되어 있는 것처럼 보이지만, 이 둘과 공기 사이에는 아무것도 없다. 논리적으로 이 둘과 공기를 구분할 방법은 없으며, 나아가 이 두 사람을 구분할 방법도 없다. 이런 식으로 추론해 나가면 세상의 모든 것은 붙어있는 하나의 단일한 실재다. 우리의 눈에 보이는 것은 그저 환상에 불과하다.

이와 같이 파르메니데스는 눈에 보이는 변화의 세계와 실재하는 불변의 세계를 구별한다. 실제 경험적으로 볼 때 감각 기관은 많은 오류를 범한다. 유리컵 속의 젓가락은 굽어보이기도 하고, 환청을 듣기도 한다. 파르메니데스는 이에서 착안한 것이다. 눈에 보이는 감각의 세계를 믿어서는 안 된다. 이성으로 추론할 수 있는 논리의 세계를 믿어야 한다.

중요한 것은 그가 변화하는 현상 세계와 감각을 거부하고, 저 너머에 있는 불변의 세계와 이성을 찬양한다는 것이다. 보잘것없어 보이는 그의 이론은 이후 서양 철학사 전반을 지배하게 된다. 어쩌면 기독교나 불교를 포함해서 이 세계와 저 세계를 구별하는 모든 사상은 그로부터 자유로울 수 없는지도 모른다.

2. 신유학의 성립

1) 송대 신유학의 과제

플라톤의 이데아론에 대해서는 앞에서 이미 자세히 설명했기 때문에, 여기에서 다시 설명하지는 않겠다. 플라톤은 파르메니데스의 적자(嫡子)다. 그도 역시 변화하는 감각의 세계를 부인하고 불변하는 이성의 세계를 추구했기 때문이다. 플라톤과 유사한 사유가 동양에도 등장한다. 송대의 주자학이 그것이다. 전공자가 아니라면 동양 철학, 그 가운데에서도 특히 주자학에 대해서 쉽게 이해할 수 있는 기회가 없으므로, 여기에서 다소 자세히 설명하고 넘어가도록 하자.

신유학은 송대(宋代)에 탄생한 새로운 유학 사조다. 수나라 이후 당나라 때까지는 불교가 지배하는 세상이었다. 신유학은 이전 시대를 지배했던 불교의 허무주의 극복을 과제로 탄생한 새로운 유학인 것이다. 불교에서는 공(空)과 윤회(輪回)를 주장한다. 공이란 세상에 존재하는 모든 것이 무의미하고 공허한 것이므로 그에 집착해서는 안 된다는 의미이다. 그리고 윤회란 우리의 삶은 끊임없이 반복되는 것이고, 이 세상의 삶은 이전 세상에서 살았던 삶의 업보라는 것이다.

따라서 이 세상의 삶에 집착하는 것은 무의미하다. 그것은 업보의 결과일 뿐이기 때문이다. 불교의 궁극적 목표는 이러한 윤회 자체를 초월하는 것, 곧 열반이다. 불교의 이러한 주장은 현실에 존재하는 모든 윤리가 무의미한 것임을 의미한다. 이 세상은 가상의 세계에 불과하기 때문이다. 신유학자들은 이 세상의 윤리가 무의미한 것이 아님을 증명해야 한다. 신유학자들이 택한 방법은 이 세상의 윤리가 우주적인 이치, 곧 도(道)가 발현된 것이라고 주장하는 것이었다.

2) 신유학의 진정한 시조 장재

진정한 의미에서 불교에 대한 극복은 장재(張載)라는 사람에게서 시작된다. 장재에 따르면, 세상을 가득 채우고 있는 것은 '아주 고르고 희박한 상태의 기(氣)'다. 이 기를 태허(太虛)라고 하는데, 이 기가 밀집되면 구체적인 사물이 되고, 이 기가 희박해지면 공기와 같은 존재가 된다. 우리가 보고 만질 수 있는 것은 모두 기가 밀집된 것이고, 소리와 같이 눈에 보이지는 않는 것은 기가 희박해졌기 때문이다.

그런 관점에서 보면 유무(有無)라는 도식은 성립하지 않으며, 그것은 눈에 보이는 기[明]와 눈에 보이지 않는 희박한 기[幽]의 구분을 오해한 것이다. 장재는 모든 것을 기로 설명하는 일원론자였다. 따라서 세상의 모든 것은 기이며, 기 아닌 것은 존재하지 않는다. 따라서 '무는 없다[無無].'

사실 개념적으로 무가 존재한다면 모순이다. 무가 존재하지 않으므로 불교의 공도 존재하지 않는다. 장재는 공을 허공과 동일시한 것이다. 불교에 대한 왜곡이긴 하지만, 이러한 시도는 대단한 성공을 거둔다. 장재 이후의 신유학자들은 모두 장재의 이론을 바탕으로 하고 있기 때문이다.

그러나 장재는 결국 불교를 궁극적으로 극복하지는 못한다. 현상과 그 근거인 본체가 모두 기로 이루어져 있다면 도덕적 행위에서 무엇을 근거로 삼아야 할까? 구체적인 현상의 근거가 '아주 고르고 희박한 상태의 기[太虛]'라면, 구체적인 현실보다는 그러한 본질적인 상태가 더욱 가치 있는 것이 된다. 변화하는 현실의 윤리보다는 그 이면의 다른 존재에 의거해야만 하는 것이다.

3) 이기(理氣)이원론의 등장

이러한 문제는 정호(程顥)라는 유학자에 의해 지적되고 극복된다. 정호는 장재가 본체와 현상을 모두 기로 설명한데 대해 반론을 제기한다. 정호에 따르면, 문제가 생겨난 이유는 형이상(形而上)과 형이하(形而下)를 구분하지 못했기 때문이다. 만약 형이하의 현상계가 기로 구성되어 있다면, 그 근거가 되는 형이상은 현상계와는 다른 것이어야 한다. 정호는 이를 리(理)라고 규정한다. 이 리는 모든 현상의 근거다. 그러나 그것은 형이상이기 때문에 우리의 감각에 의해 포착되지는 않는다.

플라톤의 이데아론이 떠오르는 순간이다. 실제로 신유학의 이기론은 플라톤의 이데아론과 매우 유사하다. 다만 플라톤의 이데아가 하늘나라에 존재하는 것이라면, 신유학의 리는 변화하는 현실 속에 존재한다. 현실은 리의 발현인 것이다(이에 대해서는 뒤에서 좀더 자세히 설명할 것이다). 그러나 현실이 리의 발현이라면 현실은 그 자체로 선(善)이라는 말인가? 그렇다면 아무런 도덕적 노력도 필요 없어야 한다. 분명 현실에는 선악이 공존하는 듯한데, 이러한 현실을 설명할 수 없다면 그 이론은 설득력을 가질 수 없다. 그 과제를 떠맡은 사람이 바로 주희(朱熹)며, 그의 이론 체계를 성리학(性理學)이라고 부른다.

3. 주자학의 절대주의적 이원론

1) 성즉리

주자학의 근본적인 주장은 성즉리(性卽理)다. 이 말은 인간의 본성이 곧 도덕적 이치라는 의미다. 주희는 형이상과 형이하의 구별을 받아들인다. 그리고 세계가 기로 이루어져 있다는 장재의 주장 또한 받아들인다. 리는 이데아와 같이 현실적인 모든 존재의 근거이자, 그것의 올바름 여부를 판단할 당위의 기준이다. 그러나 앞에서 언급했듯이 주희의 리는 플라톤의 이데아와처럼 현실과 동떨어져 존재하는 것이 아니라, 현실의 구체적인 사물과 사태 속에 존재한다.

그러면 주희는 어떻게 현실의 다양성을 설명할까? 여기에서 그는 다시 장재의 기론에 의지한다. 기란 이합집산(離合集散)하는 것인데, 현실에 존재하는 구체적 사물은 기가 모여서 이루어진 것이기 때문에 태허처럼 투명하고 고르지 못하고 탁한 속성을 지닌다. 그런데 리는 기를 통해서 드러나므로 본모습을 그대로 드러내지 못한다. 마치 두께가 고르지 못한 불투명 유리를 통해서 사물을 보는 것과 같다.

여기에서 잠시 짚고 넘어갈 것이 있다. 이렇게 난해한 우주론이 공자나 맹자의 유학과 무슨 연관성이 있길래 그것을 유학이라 부르는지 궁금할 것이다. 주희는 인간들 간의 관계에서 이 리가 왜곡되지 않고 순수하게 드러난 것이 바로 도덕 규범, 즉 예라고 여겼던 것이다. 그리고 이 예의 총체가 바로 공자의 인(仁)이라고 여겼다. 그러므로 주희에게 도덕적 규범, 즉 예를 통해 인격을 수양하고 사회를 운용하기 위해서는 우주적 원리인 리에 대한 탐구가 필연적이었다. 그러나 현실에 리가 왜곡되어서 나타난다면, 그 가운데 어떤 것을 기준으로 삼아야 할까? 왜곡되지 않은 리를 어떻게 알아낼 수 있는 것일까?

여기에서 주희는 성즉리라는 주장을 이용한다. 주희는 맹자의 성선설(性善說)이 바로 성즉리(性卽理)를 일컫는 것이라고 말한다. 여기에서의 리는 개별적인 사물의 존재 이유나 개별적인 상황에서의 윤리적 규범이 아니라 그것의 총체다. 주희는 그것을 태극(太極)이라고 부른다. 태극이 곧 공자의 인(仁)이라고 할 수 있다.

그렇다면 태극이 존재하는 것을 어떻게 증명하는가? 주희에게 그것은 어려운 일이 아니다. 유가의 경전에 태극에 대한 언급이 나오기 때문이다. 중국과 같이 전통을 중시하는 사회에서 경전적인 근거가 있다는 것은 논리적인 증거를 가진 것만큼이나 강력하다. 기독교를 믿는 사람들이 『성경』에 나오는 말을 무조건 믿는 것과 같다.

"주희는 이전 학자들의 이론을 집대성하여 신유학을 완성하였다"

어쨌든 일단 개념을 좀 분명히 하고 가자. 모든 것은 형이상과 형이하로 구분된다. 주희에게는 우리의 마음[心]도 형이하의 존재다. 마음에 생각이 생겨나고, 감정이 생겨나는 것을 보면 마음도 움직임이 있는 구체적인 대상이기 때문이다. 따라서 마음도 기다. 우리가 감지할 수 있는 모든 것,

운동이 있는 모든 것은 기이기 때문이다.

리란 구체적인 형태나 움직임이 없는 '형식[form]'만을 가리킨다. 그리고 마음의 리가 바로 성(性)이다. 따라서 성즉리라는 주장은 '마음의 본체는 리의 총체인 태극'이라는 의미다. 그러한 의미에서 우리의 본성은 순수한 선이며, 그것이 곧 맹자의 성선(性善)이라는 것이다.

여기에서 또 다른 의문이 생길 수 있다. 태극이 어떻게 모든 인간의 마음속에 내재하는가 하는 것이다. 그러나 주희는 한 걸음 더 나아가 태극이 단순히 인간들의 본성에만 내재하는 것이 아니라 모든 사물의 본성에도 내재한다고 주장한다. 주희 자신은 인식하지도 못하고, 또 극구 부인하겠지만, 아마도 이 주장은 만물이 모두 불성을 가지고 있다는 불교의 주장에서 영향을 받은 듯하다.

경전에는 태극에 관한 이야기만 나올 뿐, 하나의 태극이 어떻게 만물에 부여되었가에 대한 설명은 없기 때문에 이에 대한 설명이 필요하다. 주희는 여기에서 비유를 사용한다. 그 비유는 '달은 하나이지만 모든 강에 달 그림자가 비춘다[月印千江]'는 것이다. 하늘의 달이 천하의 모든 강에 비추듯이, 태극도 천하 만물의 본성에 부여된다는 것이다. 여기에서도 한 가지 간과해서는 안될 것이 있다. 플라톤처럼 주희도 증명하는 대신 옛날 이야기를 통해 설명한다는 점이다. 이에 대해서는 뒤에서 다시 언급하기로 하자.

2) 만물의 차이에 대한 설명

만물이 모두 태극을 가지고 있다면 왜 인간과 동물, 나아가 인간과 인간 사이에 차이가 있을까? 주희는 이렇게 설명한다. 태극은 인의예지신(仁義禮智信)의 오상(五常)으로 이루어져 있다. 그런데 인간은 균형 잡혀 있고 잘 통하는 기를 받은 존재이기 때문에 이 오상이 모두 드러난다. 그러나 동물은 한쪽으로 치우쳐 있고 잘 통하지 않는 기를 받은 존재이기 때문에 오상 가운데 일부만 드러난다.

예를 들어 개미가 여왕개미에게 충성하는 것은 나머지 네 개의 덕은 드러나지 않고 의(義)만 드러나기 때문이다. 동물과 식물, 무생물의 차이도 이런 식으로 설명하면 그리 어렵지 않다. 그러면 인간과 인간 사이의 차이는 어떻게 설명할까? 역시 그리 어렵지 않다. 인간은 균형 잡혀 있고 잘 통하는 기를 부여받았기 때문에 오상이 모두 드러나기는 하지만, 그 가운데 어떤 사람은 정말로 맑고 품질이 좋은 기를 부여받았기 때문에 이 오상이 더 잘 드러나고, 어떤 사람은 탁하고 품질이 나쁜 기를 부여받았기 때문에 이 오상이 잘 드러나지 않는다.

기질을 부여받는 데 차이가 생기는 까닭은 무엇인가? 이에 대한 설명은 유치하고 조잡하다. 날씨가 청명하고 기온이 적당할 때 잉태된 사람과 반대의 경우에 잉태된 사람은 부여받는 기가 다를 수밖에 없다는 것이다. 현대에도 태교가 존재한다는 점을 생각해보면 전혀 터무니없는 주장만은 아닌 듯하다. 성인은 정말로 맑고 품질이 좋은 기를 부여받아서 태극, 즉 오상을 그대로 드러내는 존재다. 따라서 성인의 말과 행위는 곧 리 자체이고, 그 말을 기록한 경전 또한 그러하다.

한 가지 의문이 또 생긴다. 성선이라는 말은 모든 사람의 본성이 선하다는 말이다. 그러나 주희의 설명에 따르면 성인과 범인은 태생적으로 구분이 된다. 어떻게 성선이라고 할 수 있는가? 하지만 주희에게는 이미 대답이 준비되어 있다. 앞에서 나온 형이상과 형이하의 구분을 기억할 것이다. 주희는 성선이란 형이상에 관한 것이라고 주장한다. 다시 말해서 '본성'이라는 말은 기질의 개입을 배제한 형이상의 본성, 즉 '본연지성(本然之性)'을 의미할 수도 있고, 기질이 개입된 이후의 본성, 즉 '기질지성(氣質之性)'을 의미할 수도 있는데, 맹자는 그 구분을 명확히 하지 않고 썼다는 것이다.

3) 공부론

이제 많은 부분이 설명되었지만, 중요한 내용이 한 가지 더 남아 있다. 성선이라는 맹자의 주장에는 누구나 성인이 될 수 있다는 내용이 포함되어 있다. 인간들 간의 차이가 그러한 숙명적인 기질의 차이라면 모든 사람이 성인이 될 수 있다는 주장과 어떻게 상통할 수 있을까? 여기에서 주희의 공부론이 나온다. 주희는 사람들이 공부, 즉 수양을 함으로써 기질을 변화시켜서 혼탁한 기질을 맑게 만들 수 있다고 말한다.

주희의 공부론에 대해서는 한 번쯤 들어본 적이 있을 것이다. 주희의 공부론은 양 축으로 구성되어 있다. 하나는 격물치지(格物致知)이고 다른 하나는 경(敬)이다. 격물치지는 마음이 활동하고 있을 때[已發]의 공부이고, 경은 마음이 활동하고 있지 않을 때[未發]의 공부다. 격물치지는 상황 상황에서 자신의 앎을 지극히 한다는 뜻이다. 앞에서 말한 것처럼 성인이 구체적인 상황에서 한 말과 행동은 경전에 기록되어 있다. 경전을 읽으면서 상황 상황에서 성인이 어떻게 말하고 행동했는지를 익히는 것이 격물치지의 주 내용이다. 물론 성인의 행동은 리 자체이고, 리란 불변의 진리이므로 그것을 철저하게 외우는 것이 중요하다. 리는 예외 없는 절대적, 객관적, 보편적인 진리인 것이다.

그러나 모든 상황의 리를 전부 공부해서 외울 수 있을까? 그것은 실질적으로 불가능하다. 따라서 우리의 앎이 태극이라는 리의 총체를 포괄할 수 있기 위해서는 일종의 비약이 필요하다. 플라톤의 철인이 수갑을 풀고 동굴에서 탈출하는 것과 같은 극적인 계기가 필요한 것이다. 주희는 그러한 비약의 계기를 경이라는 수양법에서 찾는다. 이에 대한 설명은 좀더 어렵다. 경건[敬]한 마음가짐으로 잘 생각해보아야 한다.

비유를 들어서 설명해보도록 하겠다. 마음 속에는 태극이 내재되어 있다. 하지만 마음도 역시기이므로 태극이 온전히 드러나지 못한다. 물 속에 잠겨 있는 진주를 생각해보자. 물이 고요할 때는 그 모습을 제대로 볼 수 있지만, 물결이 일거나 물 속의 불순물들이 떠다니면 그 진주가 제대로 보이지 않거나 혹은 전혀 보이지 않는다. 마음 속에 생각이나 감정이 일어날 때, 마음 속의 태극은 왜곡된다. 마음 속에 생각이나 감정이 일어나지 않는다면 태극은 온전히 드러나게 된다. 하지만 그 순간에는 생각이 없기 때문에 내가 사고의 주체가 되어서 태극의 내용을 파악한다는 것은 불가능하다. 태극의 내용을 파악해서 내 것으로 만들어야겠다고 마음을 먹는 순간 이미 물결이 치는 것과 같은 상태가 되어버리기 때문이다.

하지만 생각이 일어나지 않는 상태라고 하더라도 태극이 나와 무관한 것은 아니다. 주희 자신도 제대로 설명하지 못하고 있지만, 어쨌든 물 속의 진주처럼 태극이 드러나고 있기 때문이다. 이때 그것이 체화될 수 있도록 방만하지 않은 경건한 마음가짐을 가지는 것이 바로 경이다.

사실 주희의 제자들도, 조선의 유학자들도, 그리고 심지어는 현대의 연구자들까지도 가장 괴로워하는 문제가 바로 이 경에 관한 것이다. 태극이 우리 마음 속에 내재한다는 주희의 전제를 인정하고, 마음이 활동하지 않는 순간이 존재한다고 하더라도, 과연 그러한 순간에 어떠한 마음가짐을 가지는 것이 경인가 하는 문제는 전혀 알 수 없어보이기 때문이다.

어쨌든 주희는 이 두 가지 공부는 수레의 두 바퀴와 같은 것이지만, 그 가운데에서도 특히 경이 더 중요하다고 말한다. 격물치지의 수양을 할 때도 경의 자세를 유지해야 한다는 것이다. 오해의 소지가 있지만, 이해를 돕기 위해 좀더 쉽게 설명해보기로 하자. 이 경이라는 수양 방법에 주자학의 종교적인 측면이 존재한다. 조선의 대표적인 철학자 퇴계가 경을 강조했는데, 퇴계의 학문에 종교적인 색채가 강한 것 또한 같은 이유다.

기독교를 믿는 사람의 예를 들어보자. 『성경』을 읽으면서 예수의 말과 행동을 공부하는 것은 격물치지 공부에 해당한다. 하지만 그런 공부를 건성 건성으로 한다면 어떨까? 공부한 내용이 진정한 자신의 것이 될 수 없을 것이다. 『성경』을 읽는 순간에도 그것이 만고불변의 진리임을 확신하는 마음으로 읽어야 하며, 『성경』을 읽지 않고 있는 순간에도, 아니 어쩌면 잠을 자는 순간이나 무의식의 순간에조차도 그것이 진리임을 믿어 의심치 않는 마음 자세를 가져야 한다. 멍하게 가만히 있는 등의 방만한 자세를 가져서는 안 된다. 주희가 강조한 것이 바로 그러한 자세다.

정확하지는 않지만 한 가지 비유를 더 들어보자. 달걀의 껍질을 벗길 때, 처음에는 조금씩 조금씩 벗겨 나아가게 되지만, 정성들여 잘 벗기다 보면 껍질이 완전히 확 벗겨지는 경험을 한 적이 있을 것이다. 주희는 이렇게 태극을 은폐하고 있는 장애물이 한 번에 제거되는 것을 '활연관통(豁然貫通)'이라고 부른다.

격물치지는 지식을 조금씩 조금씩 축적해가는, 부분과 관련된 공부다. 경은 전체와 관련된 수양이기는 하지만, 이론적으로 마음이 활동하지 않고 있을 때이므로 그 내용을 파악할 수는 없다. 그저 거기에 젖어드는 것만이 가능하다. 이렇게 전체와 부분이 유기적인 관계를 맺고 있는 상태에서 부분을 축적해가다 보면 달걀 껍질의 나머지 부분이 한꺼번에 벗겨지듯이 온전한 전체를 알 수 있게 된다.

하지만 달걀 껍질을 벗길 때 아주 방만하게 벗긴다고 생각해보자. 그러한 것이 가능할까? 그렇다면 주희는 진정으로 기질을 변화시켜서 성인이 되는 것이 가능하다고 생각한 것일까? 주희의 대답은 "이론적으로는 가능하지만, 현실적으로는 어렵다"는 것이다.

4) 성리학적 이론과 사회 질서

성리학은 나름대로 꽉 짜여진 체계를 가지고 있다. 몇 가지 전제를 인정하고 나면, 세계가 마치 성리학 이론대로 돌아가는 듯한 환상을 가지게 된다. 아니 성리학을 이해하고자 노력하는 동안 자신도 모르게 성리학도가 되는 경우가 많다고 생각하는 것이 옳다.

사실 성리학은 소수의 지식인 엘리트들이 지배하는 사회에 아주 잘 어울리는 철학이다. 심지어는 왕조차도 지식인 엘리트의 주장을 무시할 수 없게 된다. 왕의 자의적인 명령보다는 성인이 파악해낸 우주의 원리이자 인륜의 규범이 훨씬 더 큰 권위를 가지기 때문이다. 그러한 면에서 보면 성리학이 전제 군주의 독재를 막는 긍정적인 기능을 가지고 있다고 볼 수도 있다.

그러나 성리학에는 몇 가지 문제점이 있다. 성리학에서 상정하고 있는 리는 영원 불변의 진리다.

성인의 말씀은 시대와 장소에 관계없이 따라야 하며, 그것을 따르지 않는 자는 인간이 아닌 금수다. 따라서 우리는 감정과 욕구를 철저히 억제하고, 경전이나 주희 자신의 주석에 명시된 대로 삶을 살아야 한다. 철저한 금욕주의와 엄숙주의가 지배하는 철학이다.

이러한 철학은 사회적 변화가 매우 느린 시대에는 잘 들어맞기 마련이지만, 사회가 크게 변화하는 시기에는 유연함을 발휘하지 못하는 법이다. 그리고 자신과 다른 리를 내세우는 사람들에 대해 철저하게 배타주의적인 태도를 취하게 된다. 하지만 전통의 권위를 옹호하고, 창의성이나 유연성보다는 질서정연한 사회 질서를 추구하는 사람들에게는 매우 적합한 철학이라고 할 수 있다. 다시 말해서 국가나 사회를 운영하는 권력자 집단에게는 매우 유용한 철학인 것이다. 특히 소수의 지식인 계급이 그 권력을 점유하고 있을 때는 더욱 그러하다. 원나라 때가 되면 과거 시험의 교재로 주희의 주석이 채택되어 주자학 독존의 시대가 열리게 된다.

조선시대의 유학도 중국 유학의 전개와 비슷한 양상을 띠게 된다. 귀족들이 지배하던 고려 사회에서 신흥 사대부들이 지배하는 조선 사회로 전환하게 되자, 새로운 지배 이데올로기가 필요하게 되었다. 신흥 사대부들은 주로 지식인 계급에 속한 사람들이었고, 그들이 추구하는 사회 체제에 잘 들어맞는 이론이 바로 성리학이었던 것이다.

조선 초기는 수입 학문인 성리학을 이해하는 과정이었다. 조선 중기 이후가 되면 성리학에 대해 거의 완전한 이해가 이루어진다. 송시열과 같은 사람은 주희를 너무나 숭상해서 주희와 똑같은 삶을 살고자 했을 정도다. 이때부터 성리학의 배타적 엄숙주의가 발휘되기 시작한다. '왕비의 상복을 어떻게 입을 것인가?' 와 같은 사소한 문제(이를 예송 논쟁이라고 부른다)를 가지고 죽고 죽이는 싸움이 끊임없이 벌어지며, 주자학에 조금이라도 비판을 가하는 사람이 있으면 사문난적(斯文亂賊)이라 하여 배척하고 심지어는 죽여버리는 어이없는 모습을 보여주는 것이다.

물론 조선 유학이 이렇게 부정적인 측면만 가지고 있는 것은 아니다. 성리학은 본질적으로 지식인 위주의 학문이므로, 왕보다 많은 지식을 가진 신하들이 왕의 권력을 성공적으로 견제할 수 있었던 것도, 조선 왕조가 500여 년 동안 세계사에 유례없는 안정된 질서를 유지했던 것도 바로 성리학 덕이었다고 할 수 있다. 그러나 그러한 안정성의 이면에는 세계사의 발전에 적응하지 못함으로써 결국은 일제의 식민지가 되어버리고 마는 비극이 숨어 있었던 것이다.

"안정된 성리학적 질서가 오히려 식민지배를 초래하였다"

4. 이원론과 절대주의

플라톤의 이데아론이나 주자학 양자 모두는 변화하는 현실 세계를 불완전한 것으로 치부해버리고, 절대적인 이상을 '저 너머'에 있는 불변의 세계에서 찾으려는 이원론적 사유의 대표적 이론이라고 할 수 있다. 플라톤에 따르면 이데아를 본 사람은 수갑을 차고 동굴에 갇혀 있다가 햇빛이 비추는 바깥 세상으로 탈출한 사람과 같다. 그가 다시 동굴 속으로 들어가 사람들에게 진리를 알려주려고 할 때, 사람들이 아무도 믿지 않고 그는 결국 죽음을 당하게 된다. 사실 여기에서 플라톤이 묘사하고 있는 것은 진리를 가르치기 위해 노력하다가 죽임을 당한 자신의 스승 소크라테스다.

주자학에서도 리를 완전하게 이해하는 사람은 오직 성인뿐이다. 주자학의 성인은 죽임을 당하지 않고, 오히려 왕이 되어 사람들에게 많은 혜택을 주는 것으로 되어 있다. 하지만 주자학에서도 리를 이해하는 사람은 극소수뿐이다. 주희는 리를 이해하는 성인에 계보가 있다고 주장하면서 그것을 '도통(道統)'이라고 부른다.

도통이라는 말은 선불교에서 사용되던 용어다. 선불교에서 우두머리격인 조사(祖師)가 되기 위해서는 이전의 조사에게 도를 깨우쳤음을 인정받아야만 한다. 도를 깨우쳤는지 여부는 오직 이전의 조사만 판단할 수 있기 때문이다. 주자학에서 도통이라는 말을 사용하는 것도 유사한 의미를 담고 있다고 보아야 할 것이다.

절대적인 진리나 규범이 존재한다는 주장 자체가 문제는 아니다. 그러나 그런 주장을 하는 사람들 가운데 모든 사람이 그것을 알 수 있다고 주장하는 사람은 없다. 극소수의 사람만 그것을 알 수 있다고 주장한다. 그 극소수의 사람들이 나머지 사람들을 지배해야 한다는 결론이 나오는 것은 당연한 귀결이다.

하지만 절대적인 진리 자체를 알아볼 수 없는 사람들이 그 진리를 알아본 사람들을 또 어떻게 알아볼 수 있는가? 선불교에서처럼 이전에 진리를 깨우쳤던 사람만이 그 사람을 알아볼 수 있는 것 아닌가? 플라톤의 '동굴의 비유'에서 암시하는 바도 바로 이것이다.

절대주의적 이원론에서는 나머지 대다수의 사람들이 알아볼 수 없는 깨우친 사람들이 대다수의 사람들을 지배해야 한다고 주장한다. 주희나 플라톤 양자 모두에게서 깨우친 내용이란 결국 '눈으로 본' 것에 비유된다. 보지 않은 사람들은 믿을 수 없는 것이다. 말로 설득하는 것은 불가능하다. 그렇다면 선택은 둘 중의 하나다. 그들이 지배 자체를 포기하거나 아니면 말로 하는 설득이 아닌 다른 방법을 사용해야 한다. 주자학에서 어린 시절에 회초리로 가르칠 것을 강조하는 것도 같은 맥락에서 이해할 수 있다.

그렇다면 이들의 주장은 전혀 무의미한, 남을 지배하기 위한 도구에 불과한 것일까? 그렇지 않다. 다양한 현실 세계에서 서로 다른 존재에 대해 비교하고 판단을 내리기 위해서는 언제나 기준이 필요하다. 이상적인 기준을 목표로 삼아 그에 다가가고자 하는 노력을 하지 않는다면 인간 사회에 진보는 없을 것이다. 예를 들어, 국가 체제를 더 나은 쪽으로 발전시키기 위해서는 '이상적인 국가'의 모습이 제시되어야 한다. 절대주의적 이원론에서는 이러한 노력을 하고 있는 것으로 보아야 한다. 문제는 자신들이 제시한 이상만이 절대적으로 타당하다고 생각하면서 일체의 대화를 거부하는 데 있다. 진리를 찾고자 하는 노력 그 자체는 언제나 유효한 것이다.

서론 및 결론쓰기

06 서론 및 결론쓰기

흔히 논술문은 서론-본론-결론의 순서로 쓴다고 생각한다. 실제로 완성된 글이 그 순서를 갖추고 있기 때문이다. 그러나 글을 구상할 때는 서론을 먼저 구상하지 않는다. 가장 먼저 생각해야 할 것은 결론이다. 개요 작성법에서 말했듯이, 자신이 궁극적으로 주장하고자 하는 내용이 무엇인지, 그리고 그 주장에 대해 어떤 근거들을 제시해야 할 것인지를 결정하는 것이 가장 급선무인 것이다. 뒤에서 이야기하겠지만, 결론에 포함되어야 할 내용도 바로 그것이다. 결론의 내용을 결정하고, 분석된 제시문의 내용을 응용하여 본론의 순서와 내용을 정하고 나서야 비로소 서론을 작성한다.

단행본이나 논문을 쓸 때처럼 워드 프로세서로 작업을 하는 경우에는 아무 문제가 없다. 그러나 논술 시험처럼 원고지에 답안을 작성해야 하는 경우에는 직접적으로 결론-본론-서론의 순서로 글을 쓴다는 것이 거의 불가능하다. 원고지에 글자 분량을 정확하게 맞추어 써야 하는 난점이 있기 때문이다. 따라서 논술문에서 위와 같은 순서에 따라 글을 써야 한다는 것은 개요 작성의 순서를 말하는 것이다.

앞에서는 본론 개요 작성법을 자세히 공부한 바 있다. 뒤에서 다시 설명하겠지만, 사실 본론의 개요가 체계적이고도 세밀하게 작성되고 나면 결론의 내용도 대부분 결정되었다고 보는 것이 좋다. 문제는 글의 첫머리인 서론 쓰기다.

1. 서론 쓰기

1) 서론의 중요성

논술문을 채점할 때 가장 먼저 보게 되는 것이 글씨라는 점은 앞에서 말한 바 있다. 글씨 다음으로는 글의 균형을 보게 된다는 점에 대해서도 언급했다. 사실 글씨나 전체적인 균형은 의식적으로 보고자 하는 의도를 가지지 않더라도 저절로 보이는 것이다. 의식적으로 글을 읽을 때 가장 먼저 보게 되는 것은 물론 글의 첫머리인 서론 부분이다. 미팅할 때 얼굴이나 옷맵시, 몸매 등이 무의식적으로 보게 되는 부분에 해당한다면, 처음 꺼내는 대화의 내용이 바로 서론에 해당한다고 할 수 있다.

외모와 마찬가지로, 처음 시작하는 대화의 내용은 상대방에 대한 평가에 커다란 영향을 준다. 만남에서 어떤 내용으로 대화를 시작하는가에 따라 상대방의 이야기에 계속적으로 귀기울일 것인지 아니면 그냥 예의만 갖추어 듣는 척만 할 것인지가 결정되는 것처럼, 글에서도 어떤 내용으로 시작하는가에 따라 이후의 내용에 대한 읽는 사람의 태도가 결정된다. 자신의 글에 대해 호감을 가지고 읽게 하는 것만으로도 논술의 목적은 절반 이상 달성된 셈이다. 상대방을 설득하려 해도, 상대방이 이미 들으려는 마음을 버렸다면 백만 마디의 말이 아무 소용없을 것이기 때문이다.

반면, 글쓰기에 익숙하지 않은 사람들이 가장 힘들어하는 부분 또한 서론 쓰기다. 사실 글쓰기를 직업으로 삼는 사람들조차도 글을 어떻게 시작해야 할지 고민하는 경우가 많다. 자신이 주장해야 할 내용과, 그에 대한 설득력 있는 근거가 마련되어 있어도 글을 어떻게 시작해서 그 내용까지 이끌어가야 하는가는 언제나 고민거리다. 그렇기 때문에 대개는 상투적인 내용으로 시작해서 읽는 이로 하여금 흥미를 잃게 만들기 마련이다.

논술문을 작성하는 사람은 한 번 작성하고 말지만, 채점하는 사람은 수십 장에서 수백 장에 이르는 글을 읽게 된다. 대다수의 사람들이 상투적으로 사용하는 어구를 첫머리에서 수십 번 이상 대하는 독자의 마음을 상상해보라. 참신한 서론을 통해 독자의 관심을 끌 수 있다면 이미 절반의 성공을 거둔 셈이다.

2) 서론에 꼭 포함되어야 할 내용

서론에는 다음과 같은 내용들이 포함되어야 한다.

① 이 글에서 다루고자 하는 화제는 무엇인가?—화제 제시
② 그것이 왜, 그리고 어떤 방식으로 문제가 되는가?—문제 제기
③ 앞으로 어떤 방향으로 문제를 다룰 것인가?—방향 설정

서론은 어떤 내용을, 왜, 어떻게 다룰 것인지를 밝히는 부분이다. 위의 세 가지 요소가 모두 포함되어 있다면 서론의 기본적인 요건을 갖추었다고 할 수 있다.

3) 서론에서 쓰지 말아야 할 것들

서론에서 다음과 같은 내용은 쓰지 말아야 한다.

① 상투적인 표현: (ex) ~에 대해 살펴보겠다, ~에 대해 알아보겠다 등.
② 의문형: (ex) ~일까?
③ 애매한 사례: (ex) 최근~문제가 심각해지고 있다.
④ 결론에서 할 얘기를 미리 말해버리는 것.

①, ②, ③을 꼭 쓰지 말아야 한다는 법은 없다. 그러나 이런 표현은 대부분의 학생들이 서론에서 사용하는 표현이다. 여러 편의 글을 읽어야 하는 독자에게는 좋은 인상을 주기 어렵다. ①은 전혀 쓸모 없는 이야기를 한 셈이다. 앞으로 그 주제에 대해 살펴볼 줄은 얘기해주지 않아도 안다. 의문형도 마찬가지다. 사례를 드는 것은 주의를 환기시키면서 글을 시작하기에 좋은 방법이지만, ③과 같은 애매한 표현은 좋지 않다.

4) 서론 쓰기 실례

다음은 실제로 학생들이 서론 쓰기를 배우기 전에 쓴 논술문의 첫머리다. 평균점은 받을 만한, 너무나도 평범한 서론의 사례라고 할 수 있다. 하지만 서론이 실질적인 첫인상임을 감안하면, 평균

점 혹은 그 이하를 받는 것으로 만족해서는 안 된다. 앞서 말한 내용에 주의하면서 어떤 문제가 있는지 살펴보도록 하라.

오답사례

1. 체벌 반대에 관한 전문적인 서적이 나올 만큼 우리 사회의 체벌에 대한 관심이 급증하고 있다. 학생들이 카메라로 체벌하는 선생님을 찍어 고발하고 인권 학대라고 주장하는 시대가 왔고, 예전엔 높던 선생님의 권위는 땅에 떨어진 지 오래된 지금의 학교에서는 무엇이 문제일까? 그럼 지금부터 무엇이 잘못되었고, 학생의 인권과 체벌과의 관계에 대하여 알아보자.

2. 우리나라에서는 예로부터 체벌을 해왔다. 옛날의 우리나라에서는 웃어른이 아이들에게 체벌하는 것을 훈육의 하나로 여겨왔으며, 사랑의 표현이라고 생각했다. 그래서 '미운 아이에게 떡 하나 더 준다'는 말이 나왔을지도 모른다. 하지만 아이들의 훈육을 위해 꼭 체벌이 필요하지는 않다.

3. 최근 환경 오염 문제가 심각해지고 있다. 수질 오염, 대기 오염뿐만 아니라 토양 오염도 또한 좌시할 수 없을 정도다. 환경 오염의 원인은 무엇이고, 적절한 해결책은 무엇일까? 이제부터 환경 오염의 원인과 해결책에 대해 알아보도록 하겠다.

[사례1]의 경우, 시작 부분은 무난하였으나, 중반 이후 '문제는 무엇일까?', '그럼 지금부터…알아보겠다'라는 상투적인 표현을 사용하고 있다. 그런 표현이 너무나도 상투적임은 학생들의 답안지 10장만 읽어보더라도 쉽게 알 수 있다.

[사례2]의 경우, 처음에 애매한 사례를 두 번이나 반복함으로써 읽는 이의 주의를 산만하게 하고 있다. 게다가 아무런 근거 제시 없이 결론을 말해버림으로써 흥미를 반감시키고 있다.

[사례3]에서는 [사례2]와 마찬가지로 주장의 근거로써 애매한 예를 들고 있을 뿐만 아니라, [사례1]에서도 나왔던 상투적인 표현으로 마무리하고 있다. 글의 화제가 환경 문제라는 것밖에는 아무것도 보여주지 못하고 있다. 이런 글을 쓰는 학생이라면 뒤의 내용은 더 이상 읽지 않더라도 짐작이 간다.

다음은 학생들이 서론 쓰기 방법을 배운 이후에 쓴 글의 첫머리다. 위에서 나온 사례들과 비교해보도록 하라.

모범사례 1

법학자 엘리네크는 "법은 최소한의 도덕"이라고 말했다. 법이란 혼란을 방지하고 사생활을 보호하기 위한 최소한의 규범이라는 것이다. 법은 분쟁이나 의견 차이를 해소해주는 궁극적인 장치다. 그러나 시대가 변하면서 법이 상황의 변화에 따르지 못하는 경우, 그런 법을 반드시 준수해야 하는지에 대해 혼란을 느끼게 된다.

모범사례 2

교육법에서는 교사의 실추된 권위 향상을 위해 제한된 범위 안에서 체벌을 허용하고 있다. 학생이 교사를 경찰에 신고하는 사태에서 볼 수 있듯이, 실추된 교사의 권위를 회복하지 않으면 올바른 교육이 이루어질 수 없다는 인식에서다. 반면 체벌은 학생의 인권과 관련된 문제이기도 하다. 이 문제의 해결을 위해서는 체벌의 명목인 '권위'라는 말의 의미를 정확히 이해할 필요가 있다.

[사례1]에서는 권위 있는 학자의 입을 빌어 법에 대한 정의를 내리면서 시작함으로써, 상투적인 표현을 피하여 독자의 주의를 환기시킬 뿐만 아니라 자신의 지식을 과시하고 있다. 그리고 앞으로 문제를 풀어나갈 방향이 악법의 준수 여부에 대한 논의임도 적절하게 제시하고 있다.

[사례2]는 가장 모범적인 서론의 양식을 보여주고 있다. 첫 문장에서 화제가 '체벌'임을 알려주고, 두 번째 문장에서는 체벌이 왜 문제시되는지를 말해주고 있다. 그리고 마지막 문장에서는 체벌 문제를 '권위'라는 말과 관련지어 논의해나갈 것임을 보여주고 있다.

5) 바람직한 서론 쓰기 양식

가장 중요한 것은 역시 어떻게 시작해서 어떻게 맺는가다. 시작에 대해 이야기하기 전에 서론의 맺음에 대해 먼저 말해보자. 서론의 맺음은 '~한 문제가 발생한다', '~한 문제가 매우 중요하다', '~가 필요하다'는 등의 내용을 변형해서 쓰면 무난하다. 여기에서 변형해서 써야 한다는 것이 특히 중요하다. 그런 표현 자체가 상투적인 것이 될 수 있기 때문이다.

위의 [사례1]에서는 첫 번째 방식의 맺음을 하고 있다. "그런 법(악법)을 반드시 준수해야 하는지에 대해 혼란을 느끼게 된다"는 말 속에서, 앞으로 논의의 전개 방향을 자연스럽게 알 수 있다. 그리고 "문제가 된다"는 표현을 변형해서 사용하여 읽는 이가 신선함을 느낄 수 있도록 배려하고 있다.

두 번째 사례에서는 "'권위'라는 말의 의미를 정확히 이해할 필요가 있다"는 표현으로 맺고 있다. 이는 "~가 매우 중요하다"의 변형이다. 앞에서 언급한 것처럼, 논의의 방향이 체벌과 권위의 관계를 살펴보는 방향으로 진행될 것임을 강하게 암시하는 역할도 하고 있다.

서론의 첫머리를 다음 몇 가지로 시작하는 방식을 익혀두는 것이 좋다. 그리고 문제를 대했을 때 그 가운데 어떤 방식을 택하는 것이 가장 좋을까를 생각하기만 하면 된다.

(1) 권위 있는 이론이나 읽은 책·영화를 인용하면서 시작

자신의 지식을 과시할 수 있을 뿐만 아니라, 본론이나 결론의 논증 과정에서도 지속적으로 그 사례를 이용할 수 있는 장점을 가지고 있다.

일찍이 플라톤은 보편적 진리의 존재를 '이데아'로 상정했다. 이데아는 초월적 세계에 존재하는 순수한 본질 그 자체다. 기본적으로 플라톤은 보편적 진리를 현실 세계와는 동떨어진 피안에서 찾으려 했던 것이다. 이러한 플라톤의 진리관은 오랫동안 확고한 믿음으로 존재해왔다. 상아탑의 존재 등이 이를 잘 말해준다. 사람들은 진리 탐구란 세속적 권력과는 무관한 순수한 활동이라 여겼던 것이다(제2회 서울대학교 논리논술경시대회 수상작).

조지 오웰의 『1984년』에서는 언어를 통제함으로써 사상을 통제하려는 시도를 보여주고 있다. 사상 통제의 수단으로 언어를 통제하는 것은 역사상 독재자들에게서 자주 찾아볼 수 있는 일이었다. 진시황이나 히틀러가 책을 불태워버린 것도 같은 맥락에서 이해할 수 있다. 그러한 행위의 이면에는 언어가 인간의 사고를 지배한다는 생각이 깔려 있다. 그런 측면에서 본다면 언어의 기능과 범위를 이해하는 것은 인간 자신을 이해하는 열쇠가 될 수 있다.

　　　　〈왝더독〉이라는 영화를 보면 언론의 보도가 어디까지 사실인지에 대해 의문을 품게 된다. 영화에서 소녀를 성 추행한 미국 대통령은 그 사건을 무마하고 다음 선거에 당선되기 위해 매스컴을 통해 전쟁 상황을 조작하기에 이른다. 언론에 대한 무비판적인 맹신이 얼마나 커다란 위험을 초래할 수 있을지 보여주는 사례다. 언론의 역할이 중요한 그만큼 언론의 역할과 그 수행 범위에 대한 진지한 논의가 선행되어야만 한다.

(2)논제와 직접 관련 있는 격언이나 속담 등을 인용하면서 시작

　　　　'필요는 발명의 아버지'라는 말이 있다. 2,000년 이상의 역사 시기 전반에 걸쳐 인간이 발명해온 많은 문명의 이기는 결국 필요에 대한 응답인 것이다. 이러한 관점에서 보면 모든 발명이란 인간의 천재성이나 노력의 산물이라기보다는 역사적 필연성에 의해 등장하게 된 것이라는 설명도 가능하다. 그렇다면 문명이란 인간의 우수성을 반증하는 것인지, 아니면 다른 동물과는 다른 환경의 필요에 의해 생겨난 필연적인 산물인지 궁금해하지 않을 수 없다.

　　　　'사공이 많으면 배가 산으로 간다'는 속담을 보면 진정한 민주주의가 과연 무엇인가를 생각하게 된다. 그 속담은 배가 반드시 산으로 가야 함을 전제한다. 그러나 국민이 주인이며, 모든 선택은 국민에 의해 이루어지는 것이 민주주의의 정신임은 절대로 부인할 수 없다. 반면, 사공이 원한다고 해서 배가 산으로 가게 되는 경우까지 방치하는 것도 또한 문제가 아닐 수 없다. 그렇다면 민주주의를 실현하기 위해서는 합리적 의사 결정의 범위와 한계에 대한 이해가 필수불가결해진다.

(3) 논의해야 할 중요 개념에 대해 정의를 내리면서 시작

　　책의 내용이나 격언 등을 이용하는 방법이 효율적이기는 하지만, 풍부한 독서량을 가지지 못한 사람에게는 쉬운 방법이 아니다. 서론에서 누구나 쉽게 이용할 수 있는 방법은 정의를 내리는 것이다. 'A란 B다'라고 정의를 내리면서 글을 시작하게 되면, 구태의연하다는 느낌도 주지 않을 뿐만 아니라 차후 논의 전개에서 자신이 내린 정의에 입각해서 논증할 수 있다는 장점이 있다.

　　　　문화란 환경에 적응하는 과정을 통해 축적된 인류의 집단적인 지혜를 일컫는다. 서로 다른 환경이 주어지면 다른 문화가 생겨날 수밖에 없다. 따라서 모든 문화는 그 자체로 존중받아야 할 배경을 가지고 있다. 하지만 이러한 입장을 극단적으로 고수할 경우 어떠한 문화에 대해서도 비판이 불가능해지게 된다. 기존의 모든 문화가 정당화될 수 있는 것이다. 따라서 문화의 시대에서 가장 시급한 과제는 서로의 고유성을 인정하면서도 문화간의 소통 가능성을 확보하는 일이다.

그범사례 2 인류의 역사를 한마디로 정의하라고 한다면 '자유와 평등을 쟁취하기 위한 투쟁'이라고 할 수 있다. 실제로 역사는 소수의 특권 계급만이 자유와 평등을 누리던 시대에서 모든 사람이 동등하게 자유권과 평등권을 갖는 형태로 발전해왔다. 그 단적인 예로 시민 혁명은 민중의 해방을 위한, 그리고 불평등한 사회 구조를 개선하기 위한 봉기였던 것이다. 자유와 평등은 모든 인간이 누릴 수 있게 된 지 얼마 지나지 않아서 양립하기 어렵다는 것이 드러났다. 그러나 이 둘은 수레의 양 바퀴와 같아서, 어느 한쪽만 지나치게 확대되거나 인정될 경우, 사회는 앞으로 나아가지 못하고 제자리에서 맴돌게 된다. 지나치게 자유를 추구했던 초기 자본주의나, 평등만을 추구한 사회주의가 좋은 실례라고 하겠다. 즉, 자유와 평등을 얼마나 성공적으로 조화시키느냐에 그 사회의 존속 여부가 달려 있는 것이다(제3회 논리논술경시대회 수상작).

4) 구체적인 사건을 언급하면서 시작한다

백 마디의 추상적인 이론보다 한 가지 구체적인 사례가 더욱 설득력이 있다. 상대방에게 "너 그렇게 살면 안 돼"라고 말하면서 "내가 뭘 어쨌기에?"라는 상대방의 질문에 그가 잘못한 아무런 사례도 제시하지 못한다면 말이 안 될 것이다. 주장에 대해 구체적이고 납득이 갈 만한 사례를 제시하는 것만큼 효율적인 설득 방법은 없다. 다만 그 사례가 하나마나한 애매모호한 것이 되지 않도록 주의해야 한다. 위에서 제시한 오답 사례를 다시 살펴보고, 바람직한 사례와 비교해보도록 하자.

3. 최근 환경 오염 문제가 심각해지고 있다. 수질 오염, 대기 오염뿐만 아니라 토양 오염도 또한 좌시할 수 없을 정도다. 환경 오염의 원인은 무엇이고, 적절한 해결책은 무엇일까? 이제부터 환경 오염의 원인과 해결책에 대해 알아보도록 하겠다. 오답사례

범사례 1 미국의 대홍수를 비롯, 최근 세계 곳곳에서 벌어지고 있는 이상 기후들을 보면 환경 오염의 심각성이 적나라하게 드러난다. 영화 〈투머로우〉에서는 이런 문제를 방치했을 경우 벌어질 수 있는 사태를 잘 묘사하고 있다. 환경 문제에 대처하는 것은 이제 더 이상 사치가 아니라 생존의 문제인 것이다.

범사례 2 환경 시계가 벌써 9시를 넘어섰다. 불과 20여 년 만에 2시간 이상이 경과한 것이다. 산술적으로만 보면 30년 후에는 인류 파멸에 이르게 된다는 결론이 나온다. 발전이냐 보전이냐의 단순한 양분법적 사고는 이제 더 이상 적절하지 않다. 인류가 힘을 합하여 서로의 생존을 위한 대안을 모색하지 않는다면, 환경은 후손들을 위한 문제에만 그치지 않을 것이다.

오답사례와 모범사례 1에서는 모두 '최근'의 일을 인용하고 있지만, 오답 사례에서는 너무 포괄적이고 애매한 사례를 제시하여 주의 환기에 실패할 가능성이 높은 반면, 모범사례에서는 구체적인 사건을 지목했을 뿐만 아니라 영화까지 거론함으로써, 독자로 하여금 뉴스나 영화에서 본 내용을 떠올려보도록 하는 효과를 거두고 있다. 사례 2와 같이 다른 사람들이 잘 알지 못하면서도 충격적인 내용을 인용할 수 있다면 서론으로서의 효과는 배가될 것이다.

5) 일화나 역사적 사건으로 시작한다

사람들이 누구나 알고 있는 혹은 알아야 할 필요가 있는 일화나 사건을 언급하면서 시작한다.

모범사례 1 갈릴레오는 실험적인 관찰 방법을 도입함으로써 과거의 형이상학적인 태도와 결별을 선언했다. 그가 피사의 사탑에서 행한 낙하 실험은 이를 상징적으로 보여준다. 모든 것을 궁극적인 목적에 의해 설명하는 방식을 따를 경우 결국 신의 섭리라는 미신적 측면이 부각될 수밖에 없다. 신학이 지배하던 중세에 아리스토텔레스의 과학관이 번성할 수 있었던 이유는 바로 이것 때문이다. 갈릴레오의 실험은 근대 과학의 시작을 알리게 되었다. 사람들은 형이상학적이고 미신적인 과학 대신 인과론적이고 기계적인 자연관을 가지게 되었다고 생각했다. 그러나 오랜 시간이 지나고 나서 근대 과학의 객관성에 대한 맹신도 또 다른 하나의 미신일지 모른다는 주장이 제기되기 시작했다.

모범사례 2 흔히 알고 있는 바와 달리, 조선시대의 왕들은 대체로 절대적인 권력을 지니지 못했으며, 실제적인 권력은 신하의 손에 있는 경우가 많았다. 여러 차례의 반정과 사도세자 살해 사건 등이 이를 잘 보여준다. 신하들이 왕을 좌지우지할 수 있었던 것은 경전에 관한 지식에서 우위를 점하고 있었기 때문이다. 역으로 세종이나 정조는 신하들보다 더 열심히 학문에 정진함으로써 강력한 왕권을 확립할 수 있었다. 지식과 정보의 힘이 물리적인 힘을 제압하는 것이 어제오늘의 일은 아닌 것이다.

글쓰기에 익숙한 사람이든 그렇지 않든 간에, 막무가내로 문제를 보고 글의 첫머리를 구상할 것이 아니라, 서론에 대한 몇 가지 포맷을 미리 숙지해두고 있다가 주어진 문제에 대해 자신이 어떤 포맷으로 서론을 쓰면 가장 훌륭한 글이 나올 수 있을지 생각해보는 것이 좋다.

연습 문제

다음의 주제에 관해 논술문을 작성한다고 가정하고, 각각의 주제에 대한 서론을 작성해 보라.

(1) 세계화를 어떻게 받아들일 것인가?

(2) 우정의 중요성

(3) 바람직한 교사의 역할

(4) 통일의 당위성과 방향

(5) 인간 복제 문제

(6) 테러 문제의 원인과 해결책

(7) 역사 왜곡 문제

(8) 악법도 지켜야 하는가?

(9) 예술품의 가치는 어디에 달려 있는가?

(10) 개인과 사회의 관계

(11) 민주주의와 언론 자유

(12) 낙태의 허용 범위

(13) 자유와 평등의 조화 문제

2. 결론 쓰기

1) 결론의 내용

앞에서 말한 것처럼 글을 구상할 때 가장 먼저 구상을 마쳐야 하는 것이 결론이다. 자신이 궁극적으로 어떤 주장을 펼칠 것인지 결정하지 않고 글을 쓰는 것은 마치 목적지를 정하지 않고 집을 나서는 것과 같다. 결론에 포함될 내용은 매우 간단하다. 자기 글 전체의 주제문과 그에 대한 근거다. 다시 말해서 결론에서는 제시문의 각 단락에서 논증한 내용들을 다시 한 번 유기적으로 재구성하여 자신의 최종 주장을 도출해내면 된다. 쉽게 말해서, 결론은 각 단락의 소주제문과 전체의 주제문으로 이루어지는 것이다.

좋은 글이란 서론에서 제기된 문제가 설득력 있는 논증을 통해 설명되는 글이다. 서론과 결론만 읽어보더라도 문제가 무엇인지, 그리고 그 문제에 대한 필자의 주장이 무엇인지 분명히 드러나야 한다는 말이다. 개요 작성이 체계적으로 잘 되어 있다면 결론 쓰기에 아무 문제가 없을 것이다. 그렇다 하더라도 결론을 쓰기 전에 다시 한 번 서론을 살펴보는 것이 좋다. 내가 쓰고자 하는 결론에 서론에서 제기한 문제에 대한 나름의 해결책이 담겨 있는지 확인해야 하는 것이다. 또한 본론 개요를 다시 살펴보면서, 각 단락에서 논증한 내용을 균형 있게 담아내는 데에도 주의를 기울여야 한다.

2) 결론 쓰기 실례

다음은 학생들이 '교사의 권위 회복을 위해 체벌을 허용하는 것에 대해 어떻게 생각하는가?' 라는 논제에 대해 작성한 답안의 결론과 그에 대한 모범 사례이다. 자신이라면 동일한 주제에 대해 어떻게 결론을 작성할지 생각해보고, 뒤에 나오는 사례들과 비교해보도록 하라.

학생사례 1 선생님들은 이해심 부족과 무관심 또한 체벌만이 학생들을 복종시킬 수 있다는 생각을 버리고 사람 대 사람으로서 진심으로 대해줘야 할 것이다. 학생도 사람이고 소중한 인격을 가지고 있다. 그러기에 존중받아야 하고 인정받아야 한다. 우리는 학대만이 사람을 바른 길로 이끌어간다는 편협한 생각을 버리고 대화와 이해로 대하는 마음을 가져야 한다.

학생사례 2 체벌 말고도 다른 방법을 통해 인성 교육을 할 수 있어야 한다. 우선 대화를 통해 잘못됨을 인식해줘야 하고 그 잘못을 되풀이하면 그때 체벌자는 잘못한 사람에게 무엇을 요구할 권리가 있는 것이다. 무조건적인 체벌은 절대로 옳지 않다.

모범사례 1 '권위'라는 말은 긍정적 의미와 부정적 의미를 동시에 담고 있다. 한 단어가 이렇듯 상반되는 의미를 가질 수 있는 것은 그 말에 '복종'이라는 뜻이 공통으로 담겨 있기 때문이다. 체벌과 같은 강제력을 통해 상대방을 복종시키는 부정적 의미의 권위를 교사에게 회복시켜주고자 하는 것은 아닐 것이다. 상대방으로 하여금 자발적으로 따르게 하는 긍정적 의미의 권위는 사회와의 암묵적 계약을 지킴으로써 얻어진다. 권위 있는 학자나 의사가 그러하듯이, 교사도 인격 도야와 지식 전수라는 두 가지 약속을 모두 충실히 이행하는 것이 권위 회복의 선결 조건이다. 체벌은 권위와 무관한, 절대로 행해져서는 안 되는 비교육적인 악습에 불과하다.

3) 좋은 결론의 조건

(1) 본론의 내용을 압축하되 동일한 표현을 반복하지 말라

동일한 내용이 반복되는 글은 어떤 경우에도 좋은 글이 되기 힘들다. 본론의 소주장을 다시 언급하되, 동일한 표현을 써서는 안 된다. 명언이나 격언 같은 형식의 함축적인 진술을 통해 본론의 내용을 마무리할 수 있다면 가장 훌륭한 결론이라고 할 수 있다.

모범사례 역사는 "과거와 현재의 대화"다. 역사 서술이 역사가 개인의 시각으로부터 완전히 자유로울 수는 없지만, 그렇다고 해서 역사가 역사가의 자의적인 구성물은 아니다. 역사가와 사료라는 두 가지 요소는 상호 작용하기 마련이다. 이러한 점에 주목하여, 상대적인 진리를 비판하고 검토하면서 끊임없이 객관적인 진리 그 자체에 접근해가는 노력이야말로 역사 서술의 본질인 것이다.

(2) 자신의 주장이 분명히 드러나도록 하라

많은 사람들은 지나치게 상식적이고 도덕 교과서 같은 내용으로 글을 마무리하는 경향이 있다. 논설문은 자신의 주장을 상대방에게 설득시키려는 글이다. 하나마나한 말을 하기보다는 다소 도발적이더라도 자신의 주장을 확실히 표현하는 것이 좋다. 상투적이고 진부한 결론을 피하고, 누구나 하는 말보다는 자신의 주장이 확실히 드러나는 결론이어야 한다. '환경 오염'이라는 주제에 대한 다음의 두 결론을 비교해보라.

앞에서 환경 오염 문제의 심각성에 대해 알아보았다. 인류의 생존을 위협하는 환경 문제를 해결하는 방법은 무엇일까? 지구는 우리 세대만의 것이 아니라 다음 세대와 공유하는 것임을 깨달아야 한다. 환경의 심각성에 대한 진지한 연구를 통해서만 올바른 해답을 얻을 수 있을 것이다.

환경을 보호하는 것이 더 이상 선택의 문제가 아님은 위에서 언급한 바와 같다. 하지만 그렇다고 해서 인류의 모든 문명을 포기하고 원시 상태로 돌아갈 수는 없다. 문제는 절제할 줄 모르는 인간의 욕구다. 동물과 달리 더욱 장기적인 안녕을 도모할 줄 아는 인간의 지혜가 필요한 시점이다. 발전을 포기하지는 않되, 도를 넘어서지 않을 수 있도록 하는 이른바 '지속 가능한 발전'이야말로 우리가 추구해야 하는 바람직한 목표다.

(3) 새로운 내용을 제시해서는 안 된다

결론은 글을 마무리하는 부분이다. 문제 제기와 그에 대한 논증은 서론과 본론에서 이미 끝났다. 논술에 2부는 없다. 글을 마무리지어야 하는 상황에서 새로운 문제 제기나 내용 제시는 금물이다.

(4) 표현에 유의하라

'여하튼', '아무튼', '어쨌든' 같은 표현을 써서는 안 된다. 이러한 표현들은 논의 과정과 무관하게 자신의 주장을 억지로 관철시키려는 의도를 보여주는 것이기 때문이다.

연습 문제

제2강~제5강에 나오는 제시문들을 기초로 논술문을 작성할 때, 어떠한 결론을 쓸 것인지 각각의 문제에 대해 결론을 작성해보도록 하시오.

07

퇴고 및 첨삭

주제강의 - 상대주의에 대한 이해

07 퇴고 및 첨삭

1 퇴고 및 첨삭

1) 퇴고와 첨삭의 정의와 의미

논술문을 완성하고 나면, 잘못된 곳이 없는지 확인해보는 절차가 필요하다. 그것을 퇴고(推敲)라고 한다. 그러나 일단 글을 완성하고 나서 교정을 하는 데에는 한계가 있으므로, 무엇보다 중요한 것은 평소에 많은 연습을 통하여 가능한 한 오류가 적은 글을 완성해내는 것이다.

자신의 글에서 오류를 줄여나가기 위해서는 평소에 완성된 글에 대해 빠진 부분을 첨가하고 불필요한 부분을 삭제하여, 그 글을 다시 고쳐 써보는 연습을 하는 것이 좋다. 이러한 과정을 첨삭(添削)이라 한다. 첨삭에서 가장 좋은 방법은 훌륭한 선생님으로부터 지도를 받는 것이지만, 스스로 혹은 친구들과 더불어 첨삭해보는 것도 커다란 도움이 된다.

평소에 자신의 글뿐만 아니라 다른 사람의 글에 대해서도 자주 첨삭을 해보아야만 실전에서 훌륭한 글을 쓸 수 있다. 가장 단순한 첨삭의 원칙은 굵은 빨간 사인펜을 이용해서 불필요한 부분을 지워보는 것이다. 대다수의 학생들이 경제적인 글쓰기를 하지 못하고 중언부언하는 경우가 많으므로, 불필요한 부분만 없애더라도 훌륭한 글쓰기를 할 수 있다.

처음부터 자신의 글을 재검토하기란 쉽지 않다. 친구들끼리 글을 맞바꾸어 불필요한 부분이나 잘못된 부분을 솔직하고도 과감하게 빼거나 바로잡아주는 연습을 하는 것이 좋다. 상호간의 경쟁의식이 유발되어 좋은 효과를 거둘 수 있을 것이다.

2) 첨삭의 순서

첨삭은 다음과 같은 순서에 따라 해나가는 것이 좋다. 역으로 보면, 글쓰기를 할 때 다음과 같은 점에 주의해서 써야 한다는 말이기도 하다. 그리고 이는 앞에서 설명해 온 내용을 다시 압축하는 것이기도 하다.

① 글씨는 알아보기 좋은지, 단락은 균형 있게 나누어졌는지 살펴본다.
② 서론과 결론을 읽어보고, 서론에서 제기한 문제가 결론에서 적절하게 해결되고 있는지, 결론에서 글쓴이의 의견이 명확하게 드러나는지 살펴본다. 좋은 글은 서론과 결론만으로도 전체적인 내용을 알 수 있어야 한다. 그리고 앞에서 이미 말한 바 있지만, 도덕 교과서 같은 결론은 금물이다.
③ 본론 각 단락에서 말하고자 하는 내용이 분명하게 전달되는지 살펴본다.
④ 본론 각 단락의 주장에 대해 적절한 근거나 사례가 제시되고 있는지 살펴본다. 이때 주어진 제시

문을 모두 활용하고 있는지, 제시문의 핵심 어휘와 중요 내용을 모두 포함하고 있는지 살펴본다.
⑤ 서론에서 결론까지 단락 간의 연결이 매끄럽게 유기적으로 이루어지고 있는지 살펴본다.

이상은 글 전체에 걸쳐 내용 면에서의 첨삭을 하는 방법과 순서다. 이렇게 전반적인 첨삭이 진행되는 과정에서 문장 각각에 대한 평가가 동시에 이루어져야 한다. 문장 각각에 대한 세부적인 첨삭에서는 다음과 같은 점을 유의해서 살펴보도록 한다.

① 각 문장에서 주어와 술어의 호응은 제대로 이루어지고 있는가? 주어와 술어가 잘 어울리지 않거나, 주어 없는 술어 혹은 술어 없는 주어를 쓰고 있지는 않은가?
② 없어도 좋은 불필요한 표현을 사용하고 있지는 않은가?
③ 쉽게 전달할 수 있는 말을 애매하거나 어렵게 표현하고 있지는 않은가?
④ 동일한 표현을 반복적으로 사용하고 있지는 않은가?
⑤ 맞춤법 및 띄어쓰기는 바르게 지켜지고 있는가?
⑥ 문장 부호를 적절하게 사용하고 있는가?

3) 첨삭 사례 및 연습 문제

이상의 내용에 유의하면서, 학생들이 작성한 실제 답안에 대한 첨삭 사례를 제시해보겠다. 사례를 잘 보고 연습 문제에 대한 첨삭을 해보도록 하라.

◖첨삭 사례◗

법이란, 사회가 순조롭게 진행되도록 사람들끼리 약속을 해서 정해놓은 규칙을 말한다. 법은 사람들 간의 약속이기 때문에 대부분의 사람들은 법을 잘 지키려고 노력한다. 하지만, 어떤 사람들은 자신의 권리가 침해되거나 자신에게 불리하다고 생각되는 법을 잘 지키려고 하지 않는다. ① 사회에 존재하는 많은 법들 중 잘못되었다고 생각되는 법도 지켜야만 하는지 논의해보겠다.

② 사회에는 어떤 법이 잘못되었다고 주장하며 그 법을 지키지 않는 사람이 몇몇 있다. 교통 법규를 지키면 많은 시간이 드는 등 불편해진다는 이유로 법을 지키지 않는 사람들과 개인의 양심적, 종교적 신념에 의해 병역을 거부하는 양심적 병역 거부자들이 그 예다. 이 두 부류는 법이 잘못되었다고 주장하는 데에서는 비슷한 견해를 가지고 있으나, 엄밀히 말하자면 서로 다르다.

③ 우선, 교통 법규를 지키지 않은 사람들은 다른 대부분의 사람들도 그 법을 위반한다며 그들의 잘못을 합법화시키려 한다. 그러나 이 주장은 잘못된 것이다. 그 사람이 교통 법규를 위반한 것은 그 교통 법규가 잘못되었다는 것을 시민들에게 알리기 위해 고의로 한 것이 아니라, 각자 자기 자신의 편의를 위해 몰래 위반한 것이기 때문이다.

하지만 양심적 병역 거부를 주장하는 사람들은 시민들에게 그들의 억울함을 알리기 위해 공개적으로 법을 위반한다. ④ 이 운동을 '시민 불복종 운동'이라고 하는데, 이 운동을 하는 사람들은 양심에 의한 판단을 통해 악법이 존재한다고 주장한다. 그리고 합법적인 절차나 공개적인 위반 등 자기 희생을 통해 대중에게 호소하여 악법을 개정하려고 노력한다. 그래서 그 법에 대해 다시 투표하자는 의견이 나오게 만드는 것이다.

악법을 꼭 지켜야만 하는 것은 아니다. 잘못된 법이 있다면 그 법이 잘못되었다는 것을 사람들에게 알려서 그 법에 대해 다시 한 번 생각해보는 시간을 가져야 한다. 비록 사람들에게 알리는 동안 많은 희생이 따르지만, 그로 인해 사회가 조금 더 밝아진다면 사람들의 희생이 헛되지 않을 것이다.

(1) 서론 및 결론평

앞뒤의 호응이 잘 이루어지고 있는 편입니다. 서론에서 제기한 문제에 대해 결론에서 나름대로 적절한 답변을 제시하고 있습니다. 그러나 서론에서 ①처럼 "논의해보겠다"와 같은 상투적인 표현을 사용하는 것은 금물입니다. 결론에서 글쓴이의 의견을 나름대로 잘 드러내고 있는 것은 좋으나, 본론과의 연계성이 부족합니다. 결론에서는 본론의 논의가 압축적으로 드러나야 합니다. 서론과 본론만으로도 글 전체를 읽은 것과 유사한 효과를 낼 수 있는 것이 가장 좋은 글이라는 것입니다.

(2) 본론평

㉮ 본론 1
②와 같은 문장은 불필요한 표현을 빼고, "법의 부당함을 주장하면서, 법을 지키지 않는 사람들이 있다"고 쓰는 것이 좋습니다. 불필요한 내용을 쓰지 않는 문제는 다른 문장에 대해서도 심각하게 검토해볼 필요가 있습니다. 교통 법규를 지키지 않는 사람들은 대개 법이 잘못되었다고 주장하는 것이 아니라, 자신의 편의를 추구하고 있습니다. 본론의 각 단락에서는 주제문이 단락 맨 앞에 나오는 것이 좋습니다. 이 단락에서는 "법을 어기는 사람들은 크게 두 가지로 나누어볼 수 있다"라는 내용의 주제문을 맨 앞에 써주어야 합니다. 다른 단락들도 마찬가지입니다.

㉯ 본론 2
③은 "많은 사람들이 법을 어긴다고 해서 자신의 위법이 정당화되는 것은 아니다"와 같이 짧게 쓸 수 있는 문장입니다. 이 단락은 길이가 너무 짧아서 논증 구조를 갖추고 있지 못합니다. 차라리 다음 단락과 하나로 연결하여 쓰고, 위법의 두 가지 사례에 대한 자신의 판단을 보여주는 내용의 단락을 따로 마련하는 것이 좋습니다.

㉰ 본론 3

시민 불복종 운동의 일환으로서 양심적 병역 거부에 대해 소개하고 있습니다. 시민 불복종 운동과 단순한 위법의 차이를 비교적 잘 설명하고 있습니다. 다만 교통 법규 위반 같은 위법과 시민 불복종 운동의 일환으로서의 위법에 대해 어떻게 판단해야 한다는 것인지 글쓴이의 생각이 전혀 드러나지 않고 있습니다. ④처럼 표현하면 양심적 병역 거부가 곧바로 시민 불복종 운동과 같은 것으로 오해될 수 있습니다. 둘 사이의 관계를 분명히 할 필요가 있습니다.

(3) 총 평

전체적인 단락 구분으로 보아 균형 잡힌 글을 썼다고 할 수 있습니다. 그러나 논증의 구조가 너무 빈약합니다. 이 정도 분량의 글쓰기라면 본론을 두 단락 정도로 해서, 각 단락에서 좀더 충분한 논의가 이루어질 수 있도록 해야 합니다. 게다가 [본론1]에서 교통 법규 위반자들이 법의 잘못을 주장하고 있다고 서술해놓고, [본론2]에서는 그들이 법을 어긴 것은 단순한 편의를 위해서였다고 주장하는 모순을 보이고 있기도 합니다. 좀더 일관되고 논증적인 글쓰기가 필요합니다.

첨삭 연습 문제

다음 답안에 대해 첨삭을 해 보도록 하시오.

한·일 외교 관계에서 빠지지 않고 등장하는 걸림돌이 하나 있다면, 그것은 아마 일본의 역사 왜곡일 것이다. 우리나라는 일본이 역사를 왜곡한 것은 명백한 사실이라 주장하고, 정부와 민간 단체에서는 내용 수정을 강력히 촉구하고 있다. 하지만 이에 따른 일본의 대답은 단지 역사를 바라보는 관점의 차이일 뿐으로 말하고 있다. 역사란 상대적인 것이고, 그러므로 자신들의 역사 서술에서 우리나라가 개입할 여지는 없다는 것이다.

이렇듯 역사를 바라보는 관점에는 여러 가지가 있다. 이러한 관점은 크게 두 가지로 나누어지는데, 첫째는 실증주의 사관으로 여기서의 역사는 사실로서의 역사로 정의된다. 둘째는 기록으로서의 역사로 표현되는 상대주의 사관인데, 이것이 바로 일본이 전제하고 있는 관점이다.

(나)에서는 실증주의자와 상대주의자들의 입장을 모두 제시하고 있다. 역사 실증주의자들은 과학으로서의 역사가 존재하고, 그러므로 역사를 행함에 있어 자연과학에서 행하는 방법과 동일한 방법으로 행할 수 있는 것이라 주장한다. 이들은 먼저 사실을 탐구하고, 그 사실로부터 결론을 도출하라고 말한다. 그리고 이러한 역사관이 영국에서의 경험론적 인식론과 일치하였다. 이 경험론적 인식론은 주체와 객체 사이의 환전 분리를 전제로 했기 때문에 사실 자체와 관찰자, 즉 역사가의 단절을 요구하는 실증주의적 사관에 맞아떨어질 수 있는 것이었다. 반면 (나)에서 또한 나오는 루비콘 강 이야기는 '역사는 주관적이다' 라는 주장을 대변해

준다. 루비콘 강을 건너는 일뿐만 아니라 아무개가 오늘 학교에 간 일도, 김 아무개와 이 아무개가 결혼을 한 일도 역사가 될 수는 없다. 이렇게 보면 사소하고, 일상적으로 반복되는 일은 역사가 될 수 없고, 매우 중대하고 희소한 사실만이 역사가 될 것 같지만 반드시 그런 것은 아니다. 역사적 사실이란 역사가로부터 추출되고 발언권을 부여받은 것이라 극히 주관적이기 때문이다.

이같이 관념론적 역사학자들은 사실 자체로서의 역사의 존재를 부정했다. 그리고 그 대신에 역사가들의 입지를 넓혔다. 인간은 그 자신의 가치관과 편견으로 이미 한계가 있으므로 객관적인 역사란 있을 수 없다는 것이 그 근거였다. 이에 관련해 콜링우드는 "모든 역사는 역사가 자신의 마음속에 과거의 사상을 재현시킨다"고 말했다. 이러한 사관은 언뜻 다양성을 중시한 합리적인 관점으로 보인다. 하지만 상대주의적 사고가 만연한 사회에서는 모든 것이 합리적이고, 우위가 없으므로 서로의 이견에 개입할 수 없게 된다. 그리고 이것은 곧 개인주의로 이어질 가능성이 크다.

이에 반하는 개념인 실증주의 사학은 상식적인 역사관이다. 여기서는 객관적 사실로서의 역사가 있다고 전제한다. 그리고 그러한 과거 사실의 객관적 복원을 역사가의 임무로 한다. 랑케가 "역사가는 자신을 숨기고 과거가 본래 어떠했는가를 밝히는 것을 그의 지상 과제로 삼아야 하고, 이때 오직 역사적 사실로 하여금 이야기하게 해야 한다"고 말한 것이 그것이다. 그런데 이 사관에도 문제점은 있다. 역사가들이 객관적 사실을 목표로 하고 있기는 하지만 우리는 실제 객관적인 사실을 알 수 없다. 우리가 보는 것은 사실이 아닌 사료이고 그것은 객관적인 기록이 아니다. 또한 그러한 사료 선별에서도 역사가는 객관적일 수 없다. 이런 점들이 오늘날 실증주의적 사관에 지적되는 문제점이다.

진보주의 사관 또한 존재한다. 이 사관은 객관적인 역사의 존재를 부정하지만, 역사를 여러 관점에서 탐구하고, 상호 비판함으로써 그에 가까워지는 것은 가능하다고 주장한다. 이는 미래에 대한 신념을 제공하며, 역사의 정점에는 유토피아가 있을 것이라 믿는다. 하지만 그러한 이상 사회의 실재는 확신할 수 없는 것이다. 또한 진보의 개념을 강조하면서 현재를 역사적 정점에 대한 '준비 과정'으로만 여기는 것도 문제다.

처음에 제시했던 일본의 역사 왜곡 논란에 초점을 다시 맞춰보자. 우리의 입장은 '객관적인 역사란 존재한다. 그런데 일본은 그것을 왜곡했다'는 것이다. 왜곡의 사전적 정의는 '사실과 다르게 곱새김'이다. 즉, '역사적 왜곡'이 존재한다면 그에 반하는 개념인 '역사적 정직', 다시 말해 사실로서의 역사가 존재해야 한다. 이에 반해 일본은 '왜곡'이라는 개념을 부정하고, 상대적일 수밖에 없는 역사를 쓰는 것이다. 이처럼 두 국가 간의 대립은 사관의 차이에서 기인한 것이다.

"역사는 과거와 현재의 끊임없는 대화"라는 말이 있다. 이 말에서 보이듯이 역사는 과거, 즉 사실 자체로는 존재할 수 없으며, 역사가로 대변되는 현재만으로 이루어질 수도 없다. 다시 말해 역사가라는 큰 틀 안에서 사료가 부분으로서 있는 것이 역사다. 객관적인 역사가 존재하지는 않지만, 모든 역사가 상대적일 수는 없다. 다만 역사의 이해에서 사실을 밝히고 발전된 사관으로 바라보는 눈을 키워 우리의 역사를 바로 알아야 할 것이다.

다음 제시문을 읽고 물음에 답하시오.

제시문

[가] 지하의 동굴에서 어릴 적부터 사지와 목을 결박당한 상태로 있는 사람들을 상상해보게. 이들은 이곳에 머물러 있으면서 앞만 보도록 되어 있고, 포박 때문에 머리를 돌릴 수도 없다네. 이들의 뒤쪽에서는 위쪽으로 멀리에서 불빛이 타오르고 있네. 또한 이 불과 죄수들 사이에는 위쪽으로 길이 하나 나 있는데, 이 길을 따라 담이 세워져 있는 걸 상상해보게. 흡사 인형극을 공연하는 경우에 사람들 앞에 야트막한 휘장이 쳐져 있어서, 이 휘장 위로 인형들을 보여주듯 말일세. 더 나아가 또한 상상해보게나. 이 담을 따라 이 사람들이 온갖 것들을 담 위로 쳐들고 지나가는 걸 말일세. 또한 이것들을 쳐들고 지나가는 사람들 중에서 어떤 이들은 소리를 내나, 어떤 이들은 잠자코 있을 수도 있네. 만일에 죄수들이 서로 대화할 수 있다면, 이들은 자신들이 벽면에서 보는 것들을 벽면에 스치며 지나가는 것들이라고 생각하지 않겠는가? 또 이 감옥의 맞은편 벽에서 메아리가 울려온다면 어떻겠는가? 지나가는 자들 중에서 누군가 소리를 낼 경우에, 이들은 그 소리를 내는 것이 지나가는 그림자 아닌 다른 것이라고 믿을까? 이런 사람들이 인공적인 제작물들의 그림자들 이외의 다른 것을 진짜라고 생각하는 일은 전혀 없을 걸세.

그러면 생각해보게. 만약에 이들에게 다음과 같은 식으로 사태가 자연스레 진행된다면, 이들이 결박에서 풀려나고 어리석음에서 치유되는 것이 어떤 것이겠는지 말일세. 가령 이들 중에서 누군가 풀려나서는 갑자기 일어서서 고개를 돌리고 걸어가 그 불빛 쪽을 쳐다보도록 강요당할 경우에, 그는 이 모든 걸 하면서 고통스러워할 것이고, 또한 전에는 그 그림자들만 보았을 뿐인 실물들을 눈부심 때문에 볼 수도 없을 걸세. 만약에 누군가 이 사람에게 말하기를, 전에는 그가 엉터리를 보았지만 이제는 진짜에 조금 더 가까이 와 있고 또한 한결 더 참된 실상을 향해 있어서 더욱 옳게 보게 되었다고 한다면, 더군다나 지나가는 것들 각각을 그에게 가리켜 보이며 그것이 무엇인지를 묻고서는 대답하도록 강요한다면, 그가 무슨 말을 할 것이라고 자네는 생각하는가? 그는 당혹해하며, 앞서 보게 된 것들을 방금 지적된 것들보다도 더 진실된 것들로 믿을 것이라 생각하지 않는가? 또한, 만약에 그로 하여금 그 불빛 자체를 보도록 강요한다면, 그는 눈이 아파서 자신이 바라볼 수 있는 것들을 향해 달아날 뿐만 아니라, 이것들이 방금 지적된 것들보다도 정말로 더 명확한 것들이라고 믿지 않겠는가? 그러나 만약에 누군가 그를 험하고 가파른 오르막길을 통해 억지로 끌고 간다면, 그래서 그를 햇빛 속으로 끌어내올 때까지 놓아주지 않는다면, 그는 고통스러워하며 또한 자신이 끌려온 데 대해 언짢아하지 않겠는가? 그래서 그가 빛에 이르게 되면, 그의 눈은 광휘로 가득 차서 이제는 진짜라고 하는 것들 중의 어느 것 하나도 볼 수 없게 되지 않겠는가?

제시문

　　그러기에 그가 높은 곳의 것들을 보게 되려면, 익숙해짐이 필요하다고 나는 생각하네. 처음에는 그림자들을 제일 쉽게 보게 될 것이고, 그 다음으로는 물 속에 비친 사람들이나 또는 다른 것들의 상들을 보게 될 것이며, 실물들은 그런 뒤에야 보게 될 걸세. 더 나아가 하늘에 있는 것들과 하늘 자체를 밤에 별빛과 달빛을 봄으로써 더 쉽게 관찰하게 될 걸세. 낮에 해와 햇빛을 봄으로써 그것들을 관찰하는 것보다도 말일세. 마지막으로는 그가 해를, 물 속이나 다른 자리에 있는 해의 투영으로서가 아니라 제자리에 있는 해를 그 자체로서 보고, 그것이 어떤 것인지를 관찰할 수 있게 될 것이라고 나는 생각하네. 또 그는 태양에 대해서 벌써 이런 결론을 내리고 있을 걸세. 즉 계절과 세월을 가져다주며, 보이는 영역에 있는 모든 것을 다스리며, 또한 어느 면에서는 그를 포함한 동료들이 보았던 모든 것의 원인이 바로 이것이라고 말일세. 어떤가? 이 사람이 최초의 거처와 그곳에서의 지혜 그리고 그때의 동료 죄수들을 상기하고서는, 자신의 변화로 해서 자신은 행복하다고 여기되, 그들을 불쌍히 여길 것이라고 자넨 생각하지 않는가? 그러면 이 점 또한 생각해보게. 만약에 이런 사람이 다시 동굴로 내려가서 이전의 같은 자리에 앉는다면, 그가 갑작스레 햇빛에서 벗어나왔으므로 그의 눈은 어둠으로 가득 차게 되지 않겠는가? 그렇지만 만약에 그가 줄곧 그곳에서 죄수 상태로 있던 그들과 그 그림자들을 다시 판별해봄에 있어서 경합을 벌이도록 요구받는다면, 그것도 눈이 제 기능을 회복도 하기 전의 시력이 약한 때에 그런 요구를 받는다면 어둠이 익숙해지는 이 시간이 아주 짧지는 않을 것이기에, 그는 비웃음을 자초하지 않겠는가? 또한 그가 위로 올라가더니 눈을 버려가지고 왔다고 하면서 올라가려고 애쓸 가치조차 없다고 하는 말을 듣게 되지 않겠는가? 그래서 자기들을 풀어주고서는 위로 인도해가려고 꾀하는 자를, 자신들의 손으로 어떻게든 붙잡아서 죽일 수만 있다면, 그를 죽여버리려 하지 않겠는가?(플라톤, 『국가』)

[나] 장자가 조릉(雕陵)이라는 밤나무 농장에서 노닐다가 특출나게 생긴 까치 한 마리가 남방에서 날아오는 것을 보았다. 그 까치는 날개의 넓이가 2~3미터는 되었고, 눈의 직경이 3~4센티미터는 되는 것 같았다. 그 까치는 장자의 이마를 툭 치고 날아가서는 밤나무 위에 앉았다. 장자가 말했다; "이건 무슨 새일까? 날개가 크기는 하지만 제대로 날지 못하고, 눈이 크지만 잘 보지 못하는구나." 장자는 옷을 걷어올리고 키발로 다가가서 새총에 탄환을 매겨 겨냥하였다. 그때 옆을 보니 매미 한 마리가 시원한 그늘을 찾아 쉬느라고 제 몸의 위험을 잊고 있는 사이, 사마귀 한 마리가 앞발을 들어 매미를 잡아먹으려 하고 있었다. 그런데 그 사마귀는 또 먹이에 정신이 팔려 자기 몸을 보호하는 것을 잊고 있었고, 이전의 그 까치가 사마귀를 잡아먹으려 하고 있었다. 그 까치도 이익을 얻는 데 정신이 팔려 장자가 자신을 겨냥하고 있는 것을 잊고 있었던 것이다. 장자는 깜짝 놀라서 말하였다; "아! 만물은 이렇게 서로 얽혀 있는 것이구나. 이해(利害)는 서로를 부르는 것이구나." 그리고는 새총을 집어던지고 달아나기 시작하였다. 그때 밤나무 밭 관리인이 그를 쫓아오면서 욕하고 있었던 것이다.

[다-1] 사람은 습한 데서 자면 허리 병에 걸려 반신불수가 된다. 미꾸라지도 또한 그러한가? 사람은 나무 위에 올라가면 떨어질까 무서워 벌벌 떤다. 원숭이도 또한 그러한가? 이 셋 중에서 어느 것이 올바른 거처를 아는가? 사람은 소나 돼지를 먹고, 사슴은 풀을 먹고, 지네는 뱀의 골을, 솔개와 갈가마귀는 쥐를 맛있게 먹는다. 이 넷 중에서 어느 것이 올바른 맛을 아는가? 숫놈 원숭이는 암놈 원숭이와 짝하고, 고라니는 암사슴과 짝하고, 미꾸라지는 물고기와 더불어 논다. 사람들은 (전국시대의 미인인) 모장과 여희를 좋아하지만, 물고기가 그들을 보면

물 속 깊이 숨고, 새가 그들을 보면 높이 달아나고, 사슴이 그들을 보면 마구 도망친다. 이 넷 중에 무엇이 진정한 미모를 아는가? 나의 관점에서 보자면, 인의도덕(仁義道德)의 실마리나 시비판단(是非判斷)의 길도 마구 얽히고 뒤섞였으니, 내가 어찌 그것을 변별할 수 있겠는가?

[다-2]

[라] 프로타고라스의 가장 유명한 말은 "사람은 만물의 척도다; 존재하는 것에 대해서는 그것들이 존재한다는 척도이고, 존재하지 않는 것에 대해서는 그것들이 존재하지 않는다는 척도다"라는 것이다. 플라톤은 이 구절이 '감각적 지각'을 가리키고 있다고 해석하여, 개별적인 지각 주체에게는 사물들이 자신에게 보이는 모습 그대로 존재한다는 의미라고 생각했다. '뜨거움'이나 '차가움' 그 자체는 없다; 단지 '이 사람에게 뜨겁게 보임'이나 '저 사람에게 차갑게 보임'만이 있을 뿐이다. 따라서 어떤 사람에게는 따뜻하게 느껴지지만 다른 사람에게는 차갑게 느껴지는 바람에 대해서, "그 바람이 실제로는 뜨거운가, 아니면 차가운가?"라고 물어보는 것은 말도 안 되는 것이다. 실제로는 바람이란 아무것도 아니다; 그저 그것을 대하는 사람들 각각에 따라 어떤 식으로도 보일 수 있는 것이다.

이는 도덕적 가치에 대해서도 또한 적용되는가? 여기에서 프로타고라스는 선생으로서의 자기 위치에 대해 곤경에 빠진다. 만약 그가 모든 것은 개개의 행위 주체에게 보이는 방식 그대로 존재한다는 점을 인정한다면, 이는 어느 누구도 그릇된 판단을 내릴 수 없다는 점을 인정하는 것과 마찬가지일 것이기 때문이다. 그리고 실제로 플라톤은 프로타고라스가 이러한 사실을 인정했다고 전하고 있다. 그러나 누구도 그릇된 판단을 내리지 않는다면, 진리에서 모든 사람들은 동등한 위치에 있게 되며, 어느 누구도 선생이라는 우월한 입장 혹은 학생이라는 열등한 입장에 설 수 없을 것이다. 따라서 만약 그의 주장이 옳다면, 그에게는 그것을 가르칠 권리가 없다는 결론이 따라 나올 듯 하다. 왜냐하면 어느 누구의 주장도 다른 사람의 주장보다 더 진리에 가까울 수는 없기 때문이다. 프로타고라스는 "어느 누구의 판단도 그릇되다고 할 수는 없지만, 어떤 사람들이 내린 판단을 따를 경우 다른 사람들이 내린 판단을 따르는 것보다 더 좋은 결과가 산출된다"고 주장함으로써 이 난국을 타개하려 한다. 물론 이렇게 주장하더라도, 그는 형태만 다를 뿐인 동일한 역설에서 벗어나지 못한다; "프로타고라스의 판단은 다른 사람의 판단보다 더 나은 결과를 산출한다"고 하는 주장은 이제, 그것을 거부한다면 잘못된 판단이 될 것이라는 점에서, 진리로 다루어지고 있기 때문이다. 하지만 최초의 전제에 따르면 누구도 그릇된 판단을 내리지 않는다. 따라서 역설은 풀리지 않는다.

[질문 1] 제시문 [가]의 줄거리를 150자 내외로 말해보시오.

[질문 2] 제시문 [나]의 입장은 제시문 [가]의 입장과 어떻게 다른가? 200자 내외로 설명해보시오.

[질문 3] 제시문 [다]에서 말하고자 하는 바는 무엇인가? 제시문 전체의 요지와 관련해서 50자 내외로 설명해보시오.

[질문 4] 제시문 [라]는 제시문 [나]와 [다]의 주장에 내포된 문제점을 지적하고 있다. 그 문제점이 무엇인지 말해보시오.

[질문 5] 위의 제시문들을 기반으로 완성된 한 편의 논술문을 작성하고자 한다. 위의 네 가지 질문에 대한 대답이 모두 포함되도록 한 편의 글을 써보시오.

〈유의사항〉

1. 제목을 쓸 것.
2. 제시문에 대한 요약과 비판이 모두 포함되도록 할 것.
3. 제시문 내용의 요약이 글 전체의 2분의 1 정도가 되도록 할 것.
4. 제시문의 내용을 그대로 옮겨 쓰지 말 것.
5. 분량은 1,551~1,650자로 할 것.
6. 연필을 사용하지 말고, 파란색이나 검은색 필기구를 사용할 것.

주제강의 - 상대주의의 이해

1. 절대주의에 포함된 문제

앞에서 언급한 바와 같이 '절대적'이라는 말은 '객관적' 혹은 '보편적'이라는 말과 밀접한 관련이 있으며, 많은 경우 동의어로 쓰이기도 한다. 이원론자들은 대체로 절대적이고 객관적이며 보편적인 진리가 존재한다고 주장하는 데 대해서도 이미 앞에서 설명하였다. 절대적 진리를 발견하는 것은 학문하는 모든 이들의 이상이다. 그래서 어느 누구도 절대적 진리의 존재를 쉽게 부인할 수 없다. 그러나 절대주의는 그 자체로 문제를 가진 이론이다.

사실 절대적 진리가 존재한다는 주장 속에는 우리 가운데 모두 혹은 일부가 그 절대적 진리를 인식할 수 있다는 주장이 내포되어 있다. 어느 누구도 절대적인 진리를 알 수 없다면 그런 주장조차도 할 수 없을 것이기 때문이다. 그렇다면 절대론자들은 누가 절대적인 진리를 알 수 있다고 주장할까? 선택은 둘 중의 하나일 수밖에 없다. 첫째는 모든 사람들이 알 수 있다는 것이고, 둘째는 일부만이 알 수 있다는 것이다.

먼저 우리 모두가 절대적인 진리를 알 수 있다는 주장은 현실적으로 성립하기 힘들다. 절대적인 진리를 모두가 알 수 있다면, 의견의 차이나 그로 인한 분쟁이 생겨서는 안 되기 때문이다. 따라서 절대론자들에 따르면, 우리 가운데 일부만 그 진리를 인식할 수 있다. 그리고 거의 항상 그 일부란 극소수 혹은 한 사람이다. 여기에서 주목해야 하는 점은 말하는 사람 자신은 언제나 그 극소수 혹은 한 사람 속에 포함되기 마련이라는 것이다.

그런데 극소수 혹은 일부만이 절대적인 진리를 알 수 있다면 즉각적으로 두 가지 중요한 문제가 생겨난다. 그리고 이 두 가지 문제는 밀접한 관련을 맺고 있는 것이기도 하다: 첫째, 절대적 진리를 인식한 사람은 나머지 사람들에게 그것을 어떻게 설명 혹은 납득시킬 것인가? 둘째, 서로 다른 주장을 하는 두 사람이 자신의 주장이 절대적이라고 주장할 경우 어떻게 판정을 내려야 할 것인가? 이 문제에 좀더 쉽게 접근하는 방법은 대표적인 절대론자의 주장을 구체적으로 살펴보는 것이다.

2. 사례—플라톤 이데아론의 문제

플라톤의 이데아론에 대해서는 앞에서 이미 자세히 설명한 바 있다. 플라톤에 따르면, 변화하는 현실의 세계란 불변의 이데아 세계에 대한 모방에 불과하며, 우리는 그 불변의 진리를 추구해야 한다. 이는 절대론적 이원론의 전형적인 주장이다. 주자학의 주장도 이와 크게 다르지 않다는 점도 이미 공부한 바 있다. 이데아론에서든 주자학에서든 절대적인 진리를 파악할 수 있는 것은 극소수의 선각자뿐이다. 그리고 너무나도 당연히 그 선각자가 나머지 대다수 우매한 대중들을 이끌어야 한다.

여기에서 중요한 것은 절대적인 진리를 파악하는 방식이다. 이데아론에 따르면 우리의 영혼은 천상의 세계에서 이미 이데아를 보았으며, 따라서 그것을 이미 알고 있다. 지상 세계로 내려오는 과정에서 그것을 망각했을 뿐이다. 우리는 여러 가지 노력을 통해 그 기억을 되살려야 한다. 그리고 이데아에 대한 완벽한 지식을 회복한 사람, 즉 철인왕(哲人王)이 나머지 사람들을 지배하는 사회가 바람직하고 정의로운 사회다. 플라톤이 지지한 정치 형태는 철인왕의 독재며, 그가 가장 경멸한 정치 형태는 자신이 가장 존경하는 스승인 소크라테스에게 독배를 내렸던 민주 정치였다.

플라톤은 우리가 이데아에 대한 지식을 이미 가지고 있음을 증명하지 못한다. 다만 형이상학적인 이야기를 들려줄 뿐이다. 철인왕이 이데아에 대한 지식을 회복하게 되는 과정에 대해서도 마찬가지다. 단지 그럴싸한 비유를 통해 이야기를 들려주는 것이 가능할 뿐이다. 그리고 그 비유가 바로 '동굴의 비유'다.

우리 모두는 손발이 묶인 채 동굴에 갇혀 있는 죄수와 같다. 우리가 동굴 속에서 보는 것은 실상이 아닌 실재의 그림자다. 신이 이데아를 모방해서 세상을 만들었음을 상기한다면, 우리가 보는 것이 실재의 모방이라는 주장을 어렵지 않게 이해할 수 있을 것이다. 어쨌든 이야기에 따르면 우리 중의 한 명은 굴레에서 벗어나 실재하는 진리의 세계를 '본다'. 그리고 다시 동굴로 돌아와서 다른 사람들에게 자신이 '본' 세계에 대해 알려주고자 하지만, 그 지식은 설득할 수 있는 성질의 것이 아니다. 플라톤 자신의 이야기에서 그 사람은 여전히 굴레에서 벗어나지 못한 죄수들에게 죽음을 당할 가능성이 높다. 물론 이도 자신의 스승 소크라테스를 염두에 둔 이야기다.

어쨌든 플라톤에게서든 주자학에서든 모든 형태의 절대론에서는 그 진리가 추론을 통해 얻을 수 있는 것이 아니라 어떤 초월적 경험을 통해, 혹은 직관적으로 '보게 되는' 것이라고 주장한다. 그리고 그가 본 것은 나머지 다수의 사람들이 보고 있는 것과는 다르다. 이 경우 그 선각자가 설득을 통해 나머지 사람들을 인도할 방법이 있겠는가?

자비의 원칙을 적용시켜 본다면, 대다수의 독재자들이 접하게 되는 상황이 바로 이것이다: "나는 진정으로 옳은 길을 보았다. 나머지 사람들은 우매해서 그것이 옳고 이로운 길인지 모른다. 나는 그들을 사랑한다. 내가 할 수 있는 방법은 강제력을 통해서라도 그들을 올바르고 좋은 길로 이끄는 것이다." 권위주의 시대의 부모님과 선생님의 태도도 크게 다르지 않다. "네가 뭘 안다고 그래?", "그것은 인간의 도리가 아냐!"라고 말하는 사람들은 기본적으로 절대주의자며, 자신의 주장에 이러한 문제가 있을 수 있음을 의식하지 못하고 있는 것이다.

3. 절대론에 대한 반발—상대주의

절대적인 진리의 존재와 (최소한 극소수일지라도) 인간의 이성에 대한 믿음은 19세기 말까지 지속되었다. 뛰어난 인간들의 지혜를 조금씩 축적해나가면, 벽돌을 한 장 한 장 쌓아 마침내는 집을 완성하듯이, 우리는 궁극적인 진리 전체를 알 수 있을 듯했다. 역사상의 과오란 우매한 대중들의 몫일 뿐이다. 전체로서의 인류는 선각자들의 인도 아래 진리를 향한 장도를 한 걸음씩 내딛고 있으며,

언젠가는 그 진리에 도달할 듯했다.

그러나 20세기에 접어들면서 인간의 이성에 궁극적인 회의를 품게 하는 커다란 사건이 두 번이나 일어났다. 인간이 인간을 대규모로 학살하는, 동물들조차도 하지 않는 행위를 두 번이나 저지른 것이다. 게다가 그것은 자신들이 신에게서 선택받은 민족이라는 독단적인 판단에서 기인한 것이었다. 온 인류가 이 학살의 가해자 아니면 피해자였으며, 이성의 진보에 대한 믿음은 지속될 수 없었다. 절대주의적인 독단론에 대한 반성은 시대적인 요구였다.

절대주의에 대한 반성은 또 다른 극단적인 반응을 낳았다. 인간이 절대적인 진리를 파악할 수 있는 객관적 입장에 서는 것은 불가능하다는 주장이 생겨난 것이다. 모든 인식은 인식 주체의 한계로부터 자유로울 수 없다는 이러한 주장을 주관주의 혹은 상대주의라고 부른다.

한 가지 예를 들어보자. 여기에 빨간 분필이 있다고 하자. 우리는 흔히 그 빨간색이 '대상의 성질'에 속하는 객관적인 것이라고 생각한다. 그 색깔은 우리의 눈이 아니라 분필에 속한 것이므로, 누가 보더라도 그것은 빨간색이어야 한다. 그것을 빨간색으로 보지 못하는 사람은 비정상이며, 우리는 그를 색맹이라고 부른다.

그것이 진정으로 그 대상에 속한 성질이라면 어떤 존재가 보더라도 동일하게 빨간색으로 인식되어야 한다. 하지만 개나 소, 잠자리, 두더지 등에게도 그것이 빨간색으로 보일까? 투우장의 소가 빨간색에 흥분하는 것이 아니라 투우사가 흔드는 망토의 움직임 때문에 흥분한다는 사실은 잘 알려져 있다. 투우사의 현란한 복장과 빨간색에 흥분하는 것은 사실 인간들인 것이다. 어쨌든 동물들은 그것을 빨간색으로 인식하지 못하기 때문에 우리는 그들을 색맹이라고 부른다.

그러나 어떤 사람이 "온 세상 사람들은 모두 미쳤소. 오직 나만이 제정신이요!"라고 주장한다고 생각해보라. 이제 무슨 말을 하려는지 짐작할 수 있을 것이다. 인간들은 자신을 제외한 모든 동물들은 색맹이라고 주장한다. 하지만 굳이 정상/비정상을 나누어야 한다면 이러한 상황에서는 인간들이 비정상일 가능성이 훨씬 높다.

"인간의 잔혹성으로 인해 절대적 이성에 대한 회의론이 제기되었다"

물론 사실은 그렇지 않다. 색이란 그 대상에 있는 것이 아니다. 빛에 있는 것도 아니다. 색이 빛에 있다고 주장하는 것은 대상에 있다고 주장하는 것과 다를 바 없다. 대상이나 빛이나 인식의 주체와는 무관하게 독립되어 있기 때문이다. 인식하는 성질이 대상이나 빛에 있다면 누가 그것을 보든지 동일한 것으로 보아야 하는 것이다. 실제로 색깔이란 대상의 어떤 성질과 빛의 어떤 성질을 우리 눈의 시세포가 받아들여 나름대로 재구성하는 것이다.

주체가 인식에서 단순히 수동적인 역할만 하는 것은 아니다. 모든 존재자는 나름의 색안경을 끼고 있는 것과 같다. 대상의 성질을 나름대로 받아들여 자신만의 시각으로 바라보는 것이다. 어떤 존재자가 나와 대상을 다르게 본다면, 그가 비정상이라서가 아니라 나와는 다른 색안경을 끼고 있기 때문인 것이다.

4. 상대주의의 역설

인간의 인식에는 한계가 있을 수밖에 없으며, 따라서 모든 판단은 주관적이고 상대적일 수밖에 없다는 주장은 일견 독단적인 절대주의를 비판하면서 다양성을 포용할 수 있는 대안인 듯이 보인다. 그러나 그것을 바람직한 것으로 수용하기에 주관주의 혹은 상대주의는 치명적인 약점을 가지고 있다.

먼저 모든 인식 혹은 판단이 주관적이고 상대적일 뿐이라는 말 속에는 어떤 주장도 다른 주장보다 우월함을 내세울 수 없음이 함축되어 있다. 우월함을 내세우기 위해서는 플라톤의 이데아나 주자학의 리(理)와 같은 객관적인 기준이 존재해야 한다. 그 기준 혹은 표준과 더 가까운 것은 그렇지 못한 것보다 우월하다. 그러나 객관적인 기준이 존재하지 않는다면 그러한 비교 자체가 불가능해진다.

모든 인식이나 판단에 대해 우열을 가릴 수 없다면, 어떠한 노력도 불필요해진다. 우리는 어떤 목표를 정해놓고 그것을 추구한다. 그 목표를 추구하는 이유는 그것이 다른 것보다 좋아보이기 때문이다. 모든 것을 상대적이라고 주장하는 상대주의자에게 그런 것이 있을 수 없다. 따라서 우리의 삶에는 목표를 성취하기 위한 노력과 같은 것이 있을 수 없다. 삶은 그저 흘러가는 것일 뿐이다.

이론적인 측면에서는 좀더 심각한 난점이 존재한다. 제시문에 등장하는 프로타고라스의 문제가 바로 그것이다. 상대주의자는 누구에게도 가르침을 주고자 해서는 안 된다. 상대주의자의 가르침이란 모든 판단이 상대적이라는 것이며, 그 속에는 자신의 판단도 포함될 것이기 때문이다. 다른 사람에게 가르침을 주거나 받는다는 것은 지적인 우열을 전제로 한다. 나보다 못할 것이 없는 사람을 가르치거나, 나을 것이 없는 사람에게 배운다는 것은 무의미하다.

"소가 흥분하는 것은 빨간색 때문이 아니다."

이는 어떤 주장을 내세우는 데에도 동일하게 적용된다. 어떤 주장을 내세우는 사람은 자신의 판단이 상대방의 판단보다 우월하다고 말하고 있는 것과 같다. 따라서 우열 자체가 존재할 수 없다고 주장하는 상대주의자는 어떤 주장도 내세워서는 안 된다. 모든 것이 상대적이라는 자신의 주장조차도 말이다. 결국 상대주의자는 자신의 주장을 내세울 수 없는 입장에 빠지고 만다.

상대주의가 이러한 역설적인 측면을 가지고 있음을 좀더 쉽게 설명할 수 있다. 모든 것이 상대적임을 내세우려면 최소한 한 가지 절대적이고 객관적인 진리가 존재해야 한다. 모든 것은 상대적이라는 그 주장 말이다. 그러나 그 주장이 객관적이고 절대적인 진리라면 그 주장을 하는 사람의 말은 참일 수 없는 것이다.

5. 장자의 철학

장자는 동서양을 통틀어 상대주의자로 가장 잘 알려진 사람 가운데 하나다. 사실 장자는 20세기에 들어서면서 절대주의에 대한 반성이 일어나던 것과 유사한 상황에 살았다. 장자가 살던 시기는 주(周)나라가 지배력을 상실하면서 시작된 이른바 '춘추전국시대'가 정점에 이르렀던 때였다. 중국은 수십 개 이상의 나라로 갈라져 수백 년 이상 전쟁이 지속되고 있는 상태였다.

혼란의 시기에는 반성이 생겨나고, 따라서 다양한 사상이 꽃피기 마련이다. 공자, 묵자, 순자, 노자, 한비자 등 무수한 사상가들이 다양한 학파를 이끌고 평화와 통일을 이룰 수 있는 나름의 이론을 내세웠다. 그들은 서로를 비판하며, 자신의 이론을 실행해야만 통일을 이루어 인민에게 평화와 행복을 가져다줄 수 있다고 주장했다. 그러나 장자가 보기에는 자신만이 진정한 왕이 될 수 있다고 생각하며 끝없이 전쟁을 벌이고 있는 제후들처럼, 그들도 또한 자신의 좁은 소견에 사로잡혀 혼란과 투쟁을 부채질하고 있을 뿐이었다.

20세기 중반의 상대주의자들처럼 장자는 인간 인식의 한계에 대해 반성을 가한다. 『장자』에 나오는 흥미진진한 일화들은 이러한 반성적 사유를 상징적으로 보여준다. 그 가운데 몇 가지만 언급해 보도록 하겠다. 먼저 문제의 제시문에 등장하는 일화는 앞에서 설명한 것처럼 인간이 객관적인 입장에 설 수 없음을 우화의 형식으로 보여준다.

까치를 겨냥하던 장자는 까치가 사마귀를 잡아먹으려 정신이 팔려서 자신을 인식하지 못하고 있음을 보게 된다. 그런데 사마귀는 매미를 잡으려 까치를 인식하지 못하고, 매미는 그늘의 시원함에 빠져서 위험을 알아차리지 못하고 있다. 이 사태를 바라보던 장자는 까치를 잡으려던 애초의 의도를 망각한다. 사태 자체에서 벗어난 객관적 입장이 된 듯했다.

장자는 모든 존재가 자신의 편협한 시각에서 벗어나지 못하고 있음을 깨닫는다. 더 넓은 시야, 다시 말해서 객관적인 시각을 가진다는 것은 불가능하다. 모든 것은 서로 얽혀 있다. 모든 존재는 자연이라는 전체의 일부분에 불과하다. 숲 속에 들어가 있는 사람은 나무만 볼 수 있을 뿐 숲을 볼 수 없다. 우리 모두는 그렇게 제한된 시야를 가진 존재인 것이다.

우리가 옳다고 여기는 것, 아름답다고 여기는 것, 맛있다고 여기는 것도 모두 객관적인 것은 아니다. 수컷 원숭이에게는 미스 코리아보다 암컷 원숭이가 더 아름답기 마련이다. 양에게는 스테이크보다 풀이 더 맛있기 마련이다. 모든 판단은 주관적인 것일 뿐, 자신의 판단이 더 우월하다고 내세워서는 안 된다.

장자는 오리의 다리가 짧다고 해서 늘리지 말고, 학의 다리가 길다고 해서 자르지 말라고 말한다. 어떤 왕은 자신의 나라에 날아든 상서로운 새를 새장에 가두어두고 좋은 옷을 입히고 맛있는 고기를 주었지만, 그 새는 병들어 죽어버렸다고 한다. 편협한 자신의 판단을 객관적이고 절대적인 것이라고 생각하면 필연적으로 상대방에게 자신의 견해를 강요하게 된다. 당시의 유가나 묵가의 주장도 그와 같은 것에 불과하다. 그런 강요를 없애는 것이야말로 평화를 찾는 방법이다.

시비(是非), 즉 옳음과 그름이란 상대적인 것이다. 장자에 따르면 원래 '시(是)'는 '그름'을 뜻하는 '비(非)'가 아니라 '저것'을 뜻하는 '피(彼)'의 반대말이다. '옳을 시'가 아니라 '이것 시'라고 해야 맞는 것이다. 사람들은 자신에게 가까운 것을 옳다고 생각하고 자신과 멀리 있는 것을 그르다고 생각하는 경향이 있다. 단순한 차이에 불과한 것을 우열로 환원시키는 것이다.

『장자』의 첫머리에는 너무나 유명한 대붕의 일화가 나온다. 그 붕새는 크기가 너무나 커서 그 등이 몇 천리나 되는지 알 수도 없고, 태풍이 불면 하늘을 날아 구만 리나 위로 솟구쳐 남쪽 바다로 날아가는데, 날개가 얼마나 큰지 하늘의 구름이 모두 가려지는 듯하다. 매미와 콩새는 대붕에 대해 "우리들은 죽을 힘을 다해 날아올라도 겨우 나뭇가지에 미칠까 말까 하고, 그나마 때로는 헛되이 땅에 곤두박질치는데, 무엇 때문에 구만 리를 날아올라서 남쪽으로 가나?"라고 말한다. 장자는 이어서 "그 두 미물이 무엇을 알겠는가? 작은 앎은 큰 앎에 미치지 못한다"고 말한다.

시원하게 하늘을 나는 붕새와 땅위의 보잘것없는 영역에 얽매어 있는 두 미물의 대조에서 대붕을 객관적 진리를 깨달은 자의 상징으로, 매미와 콩새를 편견에 얽매인 일반인들의 경지로 해석하고 싶은 충동이 인다. 그러나 장자는 "하늘이 푸른 것은 올바른 색일까? 아니면 너무나 멀리 있어서 끝닿는 바가 없기 때문에 그렇게 보이는 것일까? 대붕이 아래를 내려다보는 것도 이와 같을 뿐이다. 물이 깊지 못하면 큰배를 띄우는 데 부력을 제대로 발휘할 수가 없다. …바람이 두텁게 쌓이지 않으면 큰 날개를 지탱하는 데 힘을 발휘할 수가 없다. 그렇기 때문에 구만 리를 날아오르면 비로소 바람이 충분히 아래에 있게 되니, 그런 후에야 바람을 타고 푸른 하늘을 등져서 아무것도 그것을 막지 않아야 남쪽으로 가기를 계획하는 것이다"라고 말한다. 이 말은 도대체 무슨 의미를 가진 것일까?

"장자는 인간 인식의 한계에 대한 반성을 촉구하였다."

이 일화의 맨 마지막에는 다음과 같은 이야기가 나온다. "(송영자라는 사람은) 온 세상이 칭찬해도 그에 자극되지 않았고, 온 세상이 비난해도 위축되지 않았다. 안팎[內外]의 구분을 확고히 하고, 영욕(榮辱)의 경계를 잘 분별해내었기 때문이다. (하지만) 이 정도에 그칠 뿐이었다. 그는 속세의 일에 대해 애달아하지는 않았지만 여전히 확립하지 못한 부분이 있었다. 열자(列子)는 바람을 타고 다니는데, 그 경쾌함이 아주 멋있었다. …그는 복을 구하는 데에 애달아하지 않았다. 그는 비록 (발로) 걸어다니는 신세는 면했지만 여전히 무언가에 의지하고 있다."

대붕과 열자 사이에 뭔가 공통점이 보이는가? 대붕은 작은 미물의 관점에서 보자면 도저히 따라갈 수 없는 엄청난 존재이지만, 아주 강하고 큰바람이 불지 않으면 날 수조차 없다. 반면 콩새는 그렇게 멋지게 높이 날지는 못하지만, 한정된 영역이나마 자유롭게 돌아다닐 수 있다. 콩새가 대붕을 제대로 볼 수 없듯이, 대붕도 콩새를 제대로 보지 못한다. 모두에게 각자의 몫이 있는 것이다. 어느 누구도 절대적인 경지를 얻을 수 없다.

하지만 장자는 상대주의의 모순을 이미 알고 있었다. 까치와 사마귀, 매미의 사슬을 흥미롭게 구경하던 그가 갑자기 도망치기 시작한 것은 자신도 그 사슬에서 자유로울 수 없음을 깨달았기 때문이다. 사태에서 벗어나 객관적인 관찰자의 입장에 서 있다고 생각하는 자신도 그럴 수 없음을 안 것이다. 상대주의자는 결코 자신의 이론에서 벗어날 수 없다.

6. 장자의 해결책

상대주의의 역설을 이해했다면, 뭔가 새로운 대안이 필요하다고 생각할 것이다. 그 문제는 뒤에서 다시 다루기로 하고, 여기에서는 장자의 해결책을 소개하는 것으로 만족하고자 한다. 이 역시 일화의 형식으로 소개되고 있다

목수 석(石)이 제(齊)나라로 가다가, 곡원(曲轅) 땅에 이르러, 토지묘에 있는 떡갈나무를 보았다. 소 수천 마리가 그 뒤에 숨을 수 있을 만큼 크고, 줄로 둘레를 재보면 백여 아름이나 되었다. 산보다 80척이나 높은 곳에서야 비로소 가지가 뻗어나와 있었다. 배를 만들 만한 곁가지만도 10여 개나 되었다. 구경꾼들이 장사진을 쳤지만, 목수는 되돌아보지 않고 계속 걸어갔다. 그의 제자들이 실컷 보고서는 목수에게로 뒤쫓아가서는 말하였다.

"저희들이 도끼를 들고 선생님을 따라다닌 이래 이렇게 아름다운 재목은 본 적이 없습니다. 그런데 선생님께서는 본 체도 않고 가버리시니, 무슨 일이십니까?"

(목수가) 말하였다.

"그만두어라. 말하지 말라! 쓸모 없는 나무다! 배를 만들면 배가 가라앉고, 관을 만들면 빨리 부식하고, 그릇을 만들면 빨리 부서지며, 문이나 창틀을 만들면 송진이 흘러나오고, 기둥을 만들면 좀이 슨다. 이것은 무용한 나무[散木]이니, 쓸데가 없기에 이렇게 장수를 누릴 수 있는 것이다."

목수가 (집으로) 돌아왔는데, 토지묘의 떡갈나무가 꿈에 나타나서 말하였다.

"당신은 나를 무엇에 비교하려는 것입니까? 나를 나뭇결 좋은 나무와 비견하려는 것입니까? 배, 귤, 유자 같은 과일은 열매가 익으면 껍질을 벗겨 먹습니다. 이는 욕을 보는 것입니다. 큰 가지는 부러지고 작은 가지는 휘어지게 됩니다. 이들은 자기 효용 때문에 자기 삶에 괴로움을 당하고, 따라서 제명을 다하지 못하고 중도에 요절하는 것입니다. 이는 스스로 사람들에게 베어지는 것을 택한 것입니다. 모두가 그러합니다. 내가 무용함을 추구한 것은 오랜 일입니다. 거의 죽을 뻔한 일도 겪었지만, 이제야 무용함을 얻게 되었으니, 그것이 나에게 커다란 쓸모가 있게 되었습니다. 내가 유용했다

장자는 쓸모 있음과 쓸모 없음에 대해서도 일방적인 관점에서 판단을 내리지 말 것을 권하고 있다. 세상 사람들이 객관적인 기준에서 쓸모 없다고 생각하는 것이 다른 관점에서 보면 오히려 커다란 쓰임이 될 수 있는 것이다. 쓸모가 있는 나무들은 모두 베어졌지만, 쓸모 없어보이는 그 나무는 쓸모 없다는 그 사실 때문에 살아남은 것이다. 재산이나 명예가 목숨보다 소중하지 않다면, 목숨을 보호하는 것이 가장 중요하다. 커다란 쓰임이란 그렇게 이룰 수 있는 듯하다.

하지만 마지막 부분에 나오는 이야기는 또 무엇인가? 쓸모 없음을 추구하는 그 나무는 토지묘를 상징하는 나무가 되었다. 제자의 입장에서 보기에는 그것도 또한 세속의 명예를 추구하는 것이 아닌가 하는 의문을 가지게 된다. 장자는 그것도 살아남기 위한, 다시 말해서 커다란 쓸모를 추구하기 위한 방편 가운데 하나에 불과하다고 말한다. 그러나 이것만으로는 그 말이 무슨 뜻인지 분명치 않다. 이와 비슷하면서 뒷부분을 더 자세히 설명해주는 다른 이야기를 하나 더 살펴보자.

면 이렇게 크게 자랄 수가 있었겠습니까? …(중략)…

"쓸모 없기를 추구하면서, 왜 토지묘의 나무가 되었습니까?"

"쉿! 그런 말하지 마라. 그 나무는 단지 그에 가탁했을 뿐이지만, 이해하지 못하는 사람들의 욕을 먹기도 한다. 토지묘의 나무가 아니었다면, 아마 베어져버렸을 것이다."

장자(莊子)가 산길을 가다가 큰 나무를 보게 되었다. 가지와 잎이 무성하였지만, 벌목하는 이는 그 옆에 서 있을 뿐 자르지 않았다. 그 이유를 물으니 대답하였다.

"쓸 데가 없습니다."

장자가 말하였다.

"이 나무는 쓸모가 없어서 천수를 다하는구나!"

장자가 산에서 내려와 친구 집에 머물렀다. 친구가 기뻐하면서 동자에게 산기러기를 잡아서 요리하게 하였다. 동자가 물었다.

"한 마리는 잘 울고, 다른 한 마리는 울질 못하는 데, 어느 놈을 잡을까요?"

주인이 말하였다.

"울지 못하는 놈을 잡아라!"

다음날 제자들이 장자에게 물었다.

"어제 산 속의 나무는 쓸모가 없어서 천수를 다할 수 있었는데, 지금 주인의 산기러기는 쓸모가 없어서 죽습니다. 이제 선생님께서는 어떻게 처신하시겠습니까?"

장자가 미소지으며 말하였다.

"나는 쓸모 있음과 없음의 중간에 처하겠다. 이렇게 중간에 처하는 것도 그럴싸하기는 하지만 완전치는 못하다. 따라서 얽매임에서 벗어나지 못할 것이다. 자연의 이치와 본성만을 따라서 거리낌없이 노닌다면 그렇지 않을 것이다. 칭찬에도 마음이 흔들리지 않고 비난에도 마음이 흔들리지 않는다. 한 번은 용(龍)이 되고 한 번은 뱀이 되면서 상황에 맞게 변화하여 한 가지만을 고집하지 않겠다. …(중략)… 어디에 얽매이겠는가?"

나무는 쓸모가 없어서 천수를 다했고 기러기는 쓸모가 없어서 죽임을 당했다. 제자는 혼란스럽다. 장자는 제자의 물음에 쓸모가 없음에 집착하는 것 또한 집착이라고 말한다. 애초에 논의를 시작한 지점으로 돌아가보면, 절대적인 진리에 집착하는 것만이 독단적인 태도를 낳는 것은 아니다. 상대성을 내세운다는 것도 그 자체로 독단적인 태도를 낳을 수 있다.

　장자는 먼저 쓸모 있음과 없음의 중간에 처하겠다고 말한다. 그러나 그것 또한 완벽한 것은 아니다. 쓸모 있음에 집착하는 것도 집착이고, 쓸모 없음에 집착하는 것도 집착인 것처럼, 쓸모 있음과 없음의 중간에 집착하는 것 또한 집착이다. 따라서 어떤 경우에든 상황에 맞게 변화하면서 한 가지만을 고집하지 않는 것이야말로 최고의 경지라고 말한다.

　사실 장자의 이 말로 해결된 것은 아무것도 없다. 상황 상황에서 최선의 대처를 할 수 있는 방법을 가르쳐주지 않는다면 장자의 주장은 아무 의미가 없는 것이다. 그러나 우리의 논점과 관련해서 중요한 것은 장자가 세속의 쓸모 있음에 집착하는 사람들에 대한 비판에서 시작해서, 쓸모 없음에 대한 집착 그리고 쓸모 있음과 없음의 중간에 대한 집착까지 반성하고 있다는 것이다. 절대적인 태도도, 상대적인 태도도, 그것에 집착하는 한 또 하나의 독단을 낳을 수밖에 없다. 끊임없는 반성이야말로 폭력적인 독단을 경계할 수 있는 방법인 것이다.

08

문화에 대한 이해

다음 제시문을 읽고 물음에 답하시오.

제시문

[가] 손석희 : 프랑스 민영 방송에서 한국 학생이 개고기를 간식으로 싸가는 장면이 방송된 바 있습니다. 사실을 필요 이상으로 왜곡한 데에 대해 프랑스가 사과해야 된다고 보지 않으십니까?

브리지트 바르도 : 그것은 당연한 일입니다. 한국 사람들이 개고기를 계속해서 먹는다면, 그런 식으로 한국인들을 앞으로도 희화화하고 우스꽝스럽게 만들 것입니다. 내가 이미 여러 차례 경고했습니다.

손석희 : 그렇다면 우리나라 텔레비전에서 프랑스 사람들을 남의 말을 이해하지 못하는 고집불통으로 희화화한다면 어떻겠습니까?

브리지트 바르도 : 마음대로 하십시오. 프랑스에 대해서든, 프랑스 사람에 대해서든, 나에 대해서든 마음대로 말하십시오. 다만 개고기를 먹지 마십시오.

손석희 : 한국에서 개고기를 먹는 사람들이 얼마나 된다고 생각하십니까?

브리지트 바르도 : 잘 모르겠습니다. 다만 단 한 사람이 개고기를 먹는다고 해도 그건 불필요한 일입니다.

손석희 : 그럼 새로운 사실을 말씀드리죠. 제가 아는 프랑스인은 한국에 와서 개고기를 먹기 시작했습니다. 프랑스인뿐만 아니라 한국에 온 미국인, 독일인 몇 명도 개고기를 먹은 적이 있다고 경험담을 얘기한 바가 있습니다. 그리고 그 사람들은 지금도 개고기를 먹고 있습니다. 이것은 사실입니다. 그렇다면 저희는 프랑스 사람, 독일 사람, 미국 사람들의 대다수가 개고기를 먹을 수 있다고 생각해도 되겠습니까? 즉, 이렇게 과장해서 얘기해도 되냐는 겁니다.

브리지트 바르도 : (매우 화난 목소리로) 그것은 사실이 아닙니다. 프랑스인, 독일인, 미국인들은 절대로 개고기를 먹을 수 없습니다. 그것이 개고기인 줄 몰랐다면 가능한 일이겠죠. 하지만 그것이 개고기인 줄 알았다면 결코 그것을 먹을 수 없습니다. 여러분들이 그것을 돼지고기, 소고기라고 얘기했겠지요. 나는 여러분들과 더 이상 인터뷰를 하고 싶지 않습니다. 왜냐하면 거짓말을 하는 사람과는 얘기할 수 없기 때문입니다. 다만 여러분들에게 앞으로 어떠한 일이 닥칠지 알게 되기를 바랍니다.

[나] 특히 문화가 발달되지 않은 사람들을 원시인이라 하기도 하고 야만인이라 하기도 한다. 원시인은 시간적으로 옛날에 산 사람이란 뜻을 풍기고, 야만인은 시간과 관계없이 문화 생활을 하지 않을 뿐 아니라 행동도 세련되지 못한 사람들이라고 생각한다. 그렇게 생각할 때 우리는 인류의 모든 문화를 같은 표준에 의하여 평가할 수 있다는 것을 은연중 전제하고 있다. 그러나 만약 문화를 재는 잣대가 문화마다 다르면 어느 문화가 더 선진적이고 어떤 문화가 후진적이라고 할 수 없을 것이다. 그런데 정말 모든 문화를 다 재어볼 수 있는 공통의 잣대가 있는가? 즉, 문화 발달 정도를 가늠하는 보편적인 기준이 있는가?

서양에서는 19세기까지 그런 잣대가 있다고 생각했다. 과학이 어느 정도 발달되었으며, 자연을 어느 정도 더 정복할 수 있는가에 따라 문화의 발전 정도를 측정하려 했던 것이다. 같은 서양에서라도 옛날에는 자연과학이 덜 발달되었고 사람들의 삶이 자연에 의하여 더 많이 지배되어 사람들이 행사할 수 있는 힘과 자유가 훨씬 제한되어 있었다. 따라서 과거의 자기들과 비슷한 수준에 있는 문화는 자기들의 문화보다 더 뒤떨어졌다 할 수밖에 없는 것이다. 그런 표준에 의하면 말할 것도 없이 서양 문화가 가장 앞서 있고 아프리카의 문화가 가장 후진적인 것으로 나타날 것이다.

제시문

그러나 20세기에 들어와서 문화인류학에서는 그런 서양우월주의 혹은 문화절대주의를 비판하기 시작했다. 여러 문화를 연구해본 결과 문화의 종류가 워낙 다양하고 풍부해서 한 가지 잣대로 모든 문화를 다 잰다는 것은 무리란 결론을 내린 것이다. …(중략)…

프랑스의 유명한 문화인류학자인 레비 스트로스(Levi-Strauss)는 아프리카에 연구차 여행하면서 아프리카인의 과학은 서양의 과학과 종류가 다를 뿐 결코 서양 과학보다 뒤떨어지지 않는다는 사실을 발견하였다고 주장하였다. 그것은 과학에서 뿐 아니라 예술이나 관습, 제도에서도 마찬가지란 것이다. 모두 그 나름대로의 합리성이 있고 수월성이 있는 것이다. 같은 종류의 문화 안에서 선진, 후진이 있을 수 있으나, 다른 문화와의 비교는 불가능하다는 것이 오늘날 지배적인 견해다. (손봉호, 『문화와 예술』에서)

[다-1] 완전한 사회란 없다. 각 사회는 그것이 주장하는 규범들과 양립할 수 없는 어떤 불순물을 그 자체 내에 선험적으로 지니고 있다. 이 불순물은 구체적으로는 많은 잔인, 부정 그리고 무감정으로 표현된다. 우리는 이 같은 요소들을 어떻게 평가해야 할까? 민족학적 조사가 여기에 대한 대답을 제공할 수 있다. 적은 수의 사회를 비교하면 서로 서로가 매우 상이한 것처럼 보이게 되지만, 조사의 영역이 확대되어나감에 따라 이 차이점들은 점점 감소되기 때문이다. 그리하여 마침내는 어떤 인간 사회도 철저하게 선하지는 않다는 점이 명백해질 것이다. 그러나 어떤 인간 사회도 근본적으로 악한 것은 아니다. 모든 사회는 겉으로 보아서, 어떤 일정한 수효의 불공정한 대접을 받는 일부 구성원들까지 포함한 모든 성원들에게 어떤 이점을 제공한다. 그런데 이 사회층이란 사회 생활에서의 어떤 타성으로 말미암아 사회의 모든 조직적 노력에 장애물이 되는 구성원이라고 볼 수 있다.

이 말은 여러 민족의 '야만적인' 습관을 알게 됨으로써 즐거움을 느끼는 습관적인 여행 서적의 독자들을 놀라게 해줄 것이다. 그러나 사실들이 정확하게 해석되고, 더 높은 차원에서 재정립되기만 한다면, 이 같은 피상적인 반응들은 즉시 제자리를 찾게 될 것이다. 야만인의 모든 관례들 가운데서 우리들이 가장 끔찍하게 혐오하는 식인 풍습을 예로 들자. 우리는 다른 고기가 모자라기 때문에 서로를 잡아먹는 경우—폴리네시아의 어떤 지역에서는 이런 사례가 있었다—는 제외시켜야 한다. 도덕적으로 말한다면 어떤 사회도 굶주림으로부터 나오는 요구에 대해서는 어찌할 수 없다. 우리가 나치의 학살수용소에서 보았듯이,

제시문

사람들은 아사(餓死)할 지경이 되면 문자 그대로 무엇이든지 먹게 되는 것이다.

우리는 식인 풍습의 긍정적인 형태—그 기원이 신비적이거나 주술적인 또는 종교적인 것들이 여기에 포함될 것이다—들을 고찰해볼 필요가 있다. 조상의 신체 일부분이나 적의 시체 살점들을 먹음으로써, 식인종은 죽은 자의 덕을 획득하려 하거나 또는 그 힘들을 중화시키고자 한다. 이러한 의식은 종종 매우 비밀스럽게 거행되며, 그들이 먹고자 하는 그 음식물에 다른 음식물을 섞거나 혹은 빻아서 가루로 만든 유기물을 약간 합해서 먹는다. 그리고 식인 풍습의 요소가 더욱 공개적으로 인정되었을 때일지라도, 도덕적인 근거를 통해 그러한 관습을 저주한다는 사실이, 시체를 물질적으로 파괴함으로써 위태로워질 어떤 육체적 부활이나 혹은 영혼과 육체의 연결과 여기에 따르는 이원론에 대한 확신을 의미하는 것이라는 점을 인정해야만 한다. 이러한 확신들은 의식적인 식인 풍습의 의미로 시행되고 있는 것에 나타나는 것과 동일한 성격을 지니고 있다. 그러므로 우리는 어느 것이 더 낫다고 말할 수 있는 어떤 정당한 이유도 지니고 있지 못하다. 그뿐만 아니라, 우리가 식인 풍습을 비난하는 이유인 죽음의 신성함에 대한 무시의 정도는 우리가 해부학 실습을 용인하고 있는 사실보다 더 크지도 더 작지도 않은 것이다.

그러나 우리는 무엇보다도, 만약 어떤 다른 사회의 관찰자가 조사하게 된다면, 우리들 자신의 어떤 관계들이 그에게는 우리가 비문명적이라고 간주하는 식인 풍습과 유사한 종류로 생각될 것이라는 점을 인식해야만 한다. 여기에서 나는 우리들의 재판과 형벌의 습관에 대해 생각해보고 싶다. 만약 우리가 외부로부터 이것들을 관찰하게 된다면, 우리는 두 개의 상반된 사회형을 구별해보고 싶어질 것이다. 즉, 식인 풍습을 실행하는 사회에서는 어떤 무서운 힘을 지니고 있는 사람들을 멀리하기 위해 변모시키는 유일한 방법이란 그들을 자기네의 육체 속으로 빨아들이는 것이라고 믿는다는 뜻이다. 한편, 우리들의 사회와 같은 유형의 사회는, 소위 말하는 앙트로페미[특수 인간을 토해버리는, 즉 축출하거나 배제해버리는 일. 그리스어의 emcin(토하다)에서 유래]를 채택하는 사회다. 즉, 동일한 문제에 직면할 때 그들은 정반대의 해결방안을 선택하게 된다는 것이다. 그들은 이 끔찍한 존재들을 일정 기간 혹은 영원토록 고립시킴으로써 그들을 사회로부터 추방하는 것이다. 이 존재들은 특별한 목적을 위해 고안된 시설들에 격리 수용되어 인간과의 모든 접촉을 거부당하게 된다. 우리가 미개하다고 부르는 대부분의 사회에서 이와 같은 관습은 극심한 공포를 일으킬 것이다. 오직 우리와 반대인 관습들을 지니고 있다는 이유만으로 우리가 그들을 야만적이라고 간주하듯이, 우리들 자신도 그들에게는 야만적으로 보이게 될 것이다.

우리들에게는 잔인해보이는 사회들도 다른 관점에서 검토할 때는 인간적이며 자애로운 마음을 지니고 있음을 알게 될 것이다. 북아메리카 평원 지대의 인디언을 예로 들어보자. 그들은 이중적 모습을 지니고 있다. 그들 중의 어떤 부족은 온당한 형태를 지닌 식인 풍습을 실행하고 있는 반면에, 미개 민족 중 드물게 조직화된 경찰력을 지니고 있었기 때문이다. 그들의 경찰력도 죄에 따른 형벌은 내렸지만, 그것은 결코 사회적 유대와 단절된 형태를 취할 수 있다고는 상상할 수조차 없다. 그 부족의 법률을 위반한 인디언은 그의 모든 소유물 —텐트와 말—의 파괴라는 선고를 받게 된다. 그러나 이러한 선고와 동시에 경찰은 그 인디언에 빚을 지게 되며, 그 인디언이 당한 고통에 대해 보상해줄 것을 요구받는다.

여기에 대한 손해 배상은 그 범죄자가 다시 한 번 그 집단에 대해 빚을 지게 만들고, 그는 일련의 선물들을 제공함으로써, 경찰을 포함한 전체의 공동체가 그가 살아나도록 도와준다는 점을 인식해야만 한다. 이와 같은 교환은 선물과 답례 선물을 통하여 범죄와 그것에 대한 징벌에 의해서 생긴 처음의 무질서가, 완전히 완화되어 질서가 되찾아질 때까지 계속되는 것이다.

이처럼 형벌의 개념 속에 함축되어 있는 죄인의 '유아화' 대신에 죄인이 어떤 종류의 보상을 할 수 있는 기회를 제공하는 것이 논리적이라고 생각한다. 만약 이것이 실천되지 않는다면 맨 처음의 조치는 효력을 상실해버리고, 처음에 희망했던 것과는 정반대의 결과를 초래할 수 있다. 이 같은 관계에서 생각한다면, 우리들이 시행하고 있는 것처럼 ① 죄인을 어린아이와 성인으로 동시에 취급하는 것은 불합리의 극치라 하겠다. 즉, 우리는 죄인에게 형벌을 내림으로써 그를 어린아이로 취급하며, 모든 사후적인 위로를 거절한다는 점에서 그를 성인으로 취급하는 것이다. 단지 우리가 동료인 인간들을 잡아먹는 대신에 그들을 신체적으로, 도덕적으로 단절시킨다는 단순한 이유 때문에 우리들이 하나의 '위대한 정신적 진전'을 이루었다고 믿는 것은 우스꽝스러운 짓이 아닐 수 없다. (클로드 레비-스트로스, 『슬픈 열대』)

[다-2] 나는 분명히 영원히 살고 싶다. 그러나 나의 현실은 그렇지 못하다. 이러한 불멸과 생멸의 대립과 긴장, 모순을 해결하는 어떠한 방식이 인간의 삶 속에서 이루어지지 않으면 안 된다. 삶은 어쩌면 죽음을 해결하기 위한 것인지도 모른다. 그렇기 때문에 이러한 불멸과 생멸의 긴장을 해소시키기 위하여, 죽음이라는 공포를 인간의 삶 속에서 없애기 위하여 인류의 모든 문화는 고등과 저등의 구분 없이 각 삶의 양태대로 정당한 죽음의 의식을 발전시켰다. 나의 죽음을 해결하기 위한 최초의 방식은 나의 죽음을 타존재의 삶 속으로 전이시키는 방식이다. 삶의 무한한 연쇄 속에 나의 삶의 유한성, 즉 죽음을 접목시키는 것이다. …(중략)…

인간적으로 헤어진다는 것은 슬픈 일인 줄도 알면서 장모는 딸과 사위에게 자기를 장례 지내달라고 명령한다. 딸과 사위는 울면서 장모를 썰매에 태우고 빙판을 달린다. 소위 우리나라 풍속의 '고려장'이라는 것이다. 그런데 이 장모가 가는 곳은 흙무덤이 아닌 백곰이 먹이를 찾아 울부짖는 그러한 무서운 곳이다. 살아 있는 장모를 백곰 앞에 바치는 것이다. …(중략)… 이들을 야만인으로 보는 우리가 야만인인 것이다. 그 엄마는 백곰한테 뜯어먹힐 것을 생각하면서 행복한 명상에 잠긴다. 이것은 바로 그들에게서 죽음을 해결하는, 즉 그들의 삶의 불멸성을 확보하는 매우 고등한 종교 양식이며 그 나름대로 매우 합리적 이유가 있는 것이다.

에스키모의 삶의 환경에서는 썩는 곳을 찾을 수가 없다. 존재의 순환 마당을 찾을 수가 없다는 것이다. 그들이 찾은 썩음의 마당은 바로 백곰의 위장이었던 것이다. 나는 백곰에게 먹히고, 나의 자손들은 또 백곰을 잡아먹을 것이다. 그러면 나라는 존재는 영원히 자손들의 삶 속에 남아 있을 것이다. 나의 개체적 삶은 유한하지만 백곰에게 잡아먹히는 행위를 통하여 우주적 삶의 유한성을 획득한다. 인디언의 풍속을 그린 영화에서 사람이 죽으면 그 시체를 큰 나무 꼭대기 위에 나뭇가지로 자리를 만들어 안치해놓고 까마귀가 몰려들어 뜯어먹는 것을 기쁘게 축하하는 의식을 본 적이 있을 것이다. 이 경우는 백곰이 까마귀로 바뀐 것에 불과하다. …(중략)…

농경 문화에서는 나의 모든 존재 양식의 원천이 바로 땅에서 나오고, 모든 것은 땅으로 환원되며, 땅이야말로 모든 생명을 산출하는 생산성의 근원인 것이기 때문에, 나의 존재의 영원성을 확보하는 순환의 마당은 바로 땅이고, 따님이야말로 하나님보다 더 중요한 숭배의 대상이 되는 것이다. 나는 땅에서 생산되었고, 따님인 엄마로부터 나왔다. 그래서 나는 땅으로 돌아가야 한다. 이때의 땅은 에스키모의 '백곰의 위장'이며, 물리적인 토양이 아닌 살아 꿈틀거리는 생명의 원천이다. 그렇기 때문에 동양인에게 '땅에 묻혀 썩히는 것'이야말로 존재의 영원성을 확보하기 위한 가장 중요한 종교 의식이며, 유교는 이러한 농경 문화의 의식을 그 본질적 예배 형태로 삼은 것이다. (김용옥, 『여자란 무엇인가』)

[라] 문화와 문명의 다양성은 서구 문화의 보편 타당성에 대한 서구, 그 중에서도 특히 미국의 신념을 뒤흔든다. 이러한 신념은 서술적으로도 당위적으로도 표현되고 있다. 서술적 차원에서는, 모든 사회의 사람들이 서구의 가치관, 제도, 관습을 채택하기 원한다는 주장으로 나타난다. 만일 그들이 그런 욕망이 없고 자기들의 전통 문화를 고수하는 것처럼 보인다면, 그것은 그들이 마르크스주의자들이 자본주의를 신봉하는 프롤레타리아에서 발견한 '허위 의식'의 희생자이기 때문이다. 당위적 차원에서, 서구 보편주의는 전 세계 사람들이 서구의 가치관, 제도, 문화를 수용해야 한다고 못박는다. 이것들이 인류의 가장 수준 높고 가장 계몽된 가장 진보적이고 가장 합리적이고 가장 근대적이고 가장 문명화된 사상을 구현하고 있기 때문이다.

민족 분쟁과 문명 충돌이 본격화될 세계에서 서구 문화의 보편성에 대한 서구인의 믿음은 세 가지 문제에 봉착한다. 그것은 첫째 거짓이고, 둘째 비도덕적이며, 셋째 위험이다. 그러한 믿음이 거짓이라는 점이 이 책의 핵심 명제다. …(중략)… "비서구인들이 서구의 가치관, 제도, 문화를 채택해야 한다"는 믿음이 비도덕적인 까닭은 그것이 실현되기 위해서는 엄청난 희생이 뒤따라야 하기 때문이다. 지난 19세기 말 유럽이 거의 전 세계를 휘어잡고, 20세기 말 미국이 전 세계에 군림하면서 서구 문명이 세계를 휩쓸었다. 그러나 유럽의 패권은 이제 현실이 아니다. 냉전 시대처럼 소련의 군사 위협을 방어해야 할 필요성이 사라졌기 때문인지 몰라도 미국의 영향력 역시 줄어들고 있다. 문화는 힘을 뒤따른다. 비서구 사회들이 다시 한 번 서구 문화에 침윤당한다면 그것은 확산되고 팽창한 서구의 힘에 의해 충격을 받았을 때만 가능하다. 제국주의는 보편주의의 필연적이며 논리적인 귀결이다. 게다가 문명의 완숙기로 올라선 서구는 자신의 의지를 다른 사회들에 강요할 만한 경제적 저력도 인구 배경도 없다. 또 그렇게 하는 것은 자결과 민주주의라는 서구의 가치관에 위배되기도 한다. 아시아 문명과 이슬람 문명이 자기네 문화의 보편 타당성을 주장하기 시작하면, 서구인들은 보편주의와 제국주의의 연관 관계를 납득하게 될 것이다.

제시문

서구의 보편주의가 세계에 위험을 초래하는 까닭은 핵심국들 사이의 문명 전쟁을 낳을 가능성이 있기 때문이다. 이것이 서구에게 더더욱 위험한 까닭은 서구가 패배할지도 모르기 때문이다. 소련이 붕괴하자 서구인들은 자신들의 문명이 우위를 점하게 되었지만 아시아, 이슬람, 기타 문명들도 서서히 힘을 쌓아나가고 있는 현실에 맞닥뜨렸다. …(중략)…쇠락하는 힘을 가지고 서구 문명을 수호하기 위해서 미국과 유럽은 다음 사항에 중점을 두어야 한다.

▷정치적, 경제적, 군사적 결속을 한층 강화하고 정책 공조를 도모하여 다른 문명의 국가들이 유럽과 미국의 반목을 이용하지 못하게 막는다.

▷라틴아메리카의 '서구화'를 후원하고 라틴아메리카와 서구의 긴밀한 결속을 최대한 도모한다.

▷이슬람 국가들과 중화 국가들이 재래식, 비재래식 전력의 강화에 나서는 것을 견제한다.

▷일본이 서구로부터 거리를 두면서 중국에 접근하는 속도를 늦추게 한다.

▷다른 문명에 대한 서구의 기술적, 군사적 우위를 유지한다.

▷서구가 다른 문명의 내부 문제에 개입하는 것은 다문명 세계에서 가장 위험한 불안 요소며 세계대전으로 비화할 가능성이 있다는 점에 각별히 유념한다.

냉전이 막을 내린 후 미국은 올바른 대외 정책의 방향을 둘러싼 논의에 막대한 시간을 소모하였다. 그러나 탈냉전 시대의 미국은 세계를 지배할 수도 없고 세계로부터 등을 돌릴 수도 없다. 제국주의도 고립주의도 미국의 국익을 대변하지는 못한다. 미국은 이런 극단주의를 배격하고 유럽 국가들과 대서양 중심의 정책을 도모함으로써 자신들이 공유하는 독특한 문명의 가치를 수호할 때 비로소 진정한 국익을 얻을 수 있다.

(헌팅턴, 『문명의 충돌』)

[마] 사람되라고, 공부 열심히 하라고 할아버지, 아버지로부터 종아리를 맞으며 자라던 것이 그리 먼 옛날 일은 아니다. 사랑의 매였다. 그러나 요즘은 자기 자녀라도 매질하는 것을 금지하는 나라가 적지 않다. 하지만 싱가포르에는 아직도 태형이 있다. '여차 여차한 죄를 지었으니 징역 3개월에 곤장 10대' 하는 식의 판결이 심심찮게 언론에 보도되고 있다.

몇 년 전 싱가포르에서 한 미국 청년이 길거리에 서 있는 자동차를 페인트 스프레이로 더럽혔다는 죄목으로 곤장형을 받은 적이 있었다. 당시 미국 대통령은 싱가포르 총리에게 항의 편지를 보내고, 미국 국민들은 야만적 행동이라며 거세게 규탄했다. 이에 대해 싱가포르에서는 내정 간섭이라며 반발했다. 결국 그 청년은 미국 대통령의 편지 덕분에 6대의 곤장을 4대로 감형받았다.

이 태형은 의사가 입회한 가운데 맞을 만큼 고통이 심할 뿐만 아니라 몸에 흉한 상처를

제시문

남기기도 한다. 죄인을 X자형 나무틀에 묶어놓고 곤장 전문가가 잘 가다듬은 전용 매로 태형을 실시한다. 한두 대 맞고 상처가 나면 아문 후에 또 맞는다. 매 맞는 중간 중간 그 공포감이 너무 커 차라리 몇 개월 징역을 더 살았으면 할 정도로 벌로서의 효과가 크다고 한다. 그래서인지 다른 나라들이 뭐라고 하든 싱가포르에서는 여전히 태형이 존속되고 있다. 징역은 선진국 교도소의 경우 거의 불편 없는 시설을 갖추고 있고, 벌금형은 자본주의 사회에서 돈 잘 버는 사람들에게는 '그까짓 것'으로 생각되지만, 태형만큼은 무서운 형벌로 인식되어 범죄 예방 효과가 큰 것으로 평가되고 있기 때문이다. 그래서 싱가포르에서는 지금도 파렴치범과 불법 체류, 납치 밀수, 음란 간행물 유포, 공공 질서 파괴범 등에게 중형과 태형을 병행하고 있다.

[질문 1] 밑줄 친 ①의 의미를 말해보시오.

[질문 2] 제시문 [가]에 나타난 손석희와 브리지트 바르도의 주장을 각각 40자 이내의 한 문장으로 표현해보시오.

[질문 3] 제시문 [나]~[마]의 요지를 각각 50자 이내의 한 문장으로 말해보시오.

[질문 4] 각 제시문의 연관 관계를 300~400자의 한 단락으로 설명해보시오.

[질문 5] 제시문의 내용을 유기적으로 연결하여 1,200~1,300자 사이의 글을 써보도록 하시오.

　　〈유의사항〉

　　1. 모든 제시문의 내용이 포함되도록 할 것.
　　 2. 반드시 제시문에 나오는 사례를 둘 이상 활용할 것.
　　3. 제시문 마)에서 제기된 문제에 대한 해결책을 담도록 할 것.

[질문 6] 위의 글에 어울리는 서론과 결론을 써보시오(각 250~350자로 할 것).

[질문 7] 이상의 내용을 정리하여 2,000자 내외의 완성된 한 편의 글을 써보시오.

주제강의 - 문화의 이해

1. 인간과 문화

이미 앞에서 설명한 바 있지만, 인간과 동물 간에 검증 가능한 차이는 문화의 존재 여부라고 할수 있다. 문화를 통해 인간만이 언어를 사용하고, 본능에서 벗어난 삶의 방식을 선택할 수 있음을 알 수 있다. 그리고 우리는 그 능력을 흔히 '이성'이라고 부른다. 서구적 맥락에서 볼 때 '문화(culture)'란 원래 '경작하다' 혹은 '신체를 훈련하다'라는 말(라틴어로 colo, 명사형은 cultura)에서 나왔다. 어원적으로 보면 자연적인 것에 어떤 작용을 가하여 이루어놓은 성취물을 일컫는 것이다.

문화가 인간과 동물 사이의 검증 가능한 유일한 차이라는 주장에 대해 반론이 존재할 수 있다. 비버와 같은 동물도 댐을 쌓는 것을 볼 수 있다는 것이다. 그러나 문화의 핵심적인 속성은 '축적'이다. 인간은 지혜를 축적하여 삶의 방식을 자신의 여건에 더욱 적합하게 변화시켜나간다. 그러나 비버가 댐을 쌓는 방식은 500년 전이나 지금이나 변화가 없다. 그것은 본능적인, 다시 말해서 오직 한 방향으로만 진행되는 행위에 불과하다.

인간은 세계 곳곳에서 나름의 삶의 방식을 발전시켜 왔다. 자연에 대한 인간의 대응 방식은 한 가지가 아니라 여러 가지 모습으로 전개되어 왔으며, 그 다양한 모습도 나름대로 끊임없이 변화하고 발전하는 양상을 보여왔다. 물론 그 변화와 발전의 이면에는 문화 간의 만남이라는 배경이 있었으며, 이를 통해 문화적 다양성의 중요성을 깨달을 수 있다.

우리는 문화를 통해 오직 인간만이 언어를 사용한다는 사실을 간접적으로 알 수 있기도 하다. 언어란 자신의 생각과 정보를 타인에게 전달하는 수단이다. 자연적인 것에 특정한 방식으로 작용을 가함으로써 더욱 새롭고 편리한 삶의 방식을 개발해냈다고 하더라도, 언어가 없다면 그 편리함은 오직 그 세대와 지역에만 국한된다. 그것을 만들어내는 방식을 전달할 수 없기 때문이다. 따라서 문화의 발전은 언어와 직접적인 관련성을 가진다.

다소 의견의 차이가 있기는 하지만, 흔히 인류의 4대 발명으로 화약, 나침반, 종이, 인쇄술을 꼽는다. 여기에서 주목할 만한 점은 네 가지 가운데 두 가지가 언어와 관련된 것이라는 사실이다. 언어와 문화 사이의 긴밀한 관계를 엿볼 수 있게 하는 대목이다.

문학 발달사에서 산문보다 운문이 먼저 등장했음은 주지의 사실이다. 문자가 존재하지 않던 시절, 더욱 많은 지식과 정보를 타인 혹은 다른 세대에게 전달하기 위해서는 그 내용을 노래에 담아야만 했다.

〈한국을 빛낸 100명의 위인들〉이라는 노래를 생각해보라. 그 가사를 곡 없이 외우는 것과 곡을 붙여 외우는 편 가운데 어느 쪽이 더 쉽겠는가? 옛날의 선비나 승려들도 항상 운율에 맞춰 경전을 암

송했음을 떠올려보는 것도 좋을 것이다.

문자의 개발로 문화의 발달이 획기적인 진전을 이룩했음은 말할 나위가 없다. 이제 굳이 노래를 부르지 않더라도 정보와 지식을 전달하려는 욕구를 충족시킬 수 있다. 그러나 여전히 뚜렷한 한계가 존재했다. 문자를 전달하기 위한 적절한 도구가 필요했던 것이다.

책(冊)이라는 글자는 상형 문자로, 대나무 조각 두 개를 엮어놓은 형상이다. 당시에는 대나무 조각을 엮어서 종이 대신 사용하였는데, 이를 죽간(竹簡)이라 한다. '남아수독오거서(男兒須讀五車書)'라는 말을 듣고 부끄러움을 느낀 적이 있는 사람은 당시에 종이가 없었다는 사실을 알면 안심할 수 있을 것이다. 죽간으로 만든 책 다섯 수레 분량의 정보는 기껏해야 현대의 책 한 권 정도에도 미치지 못하는 것이다.

종이의 발명과 (훨씬 후의 일이지만) 인쇄술의 발명이 문화의 발전에 얼마나 커다란 영향을 미쳤는지는 굳이 말하지 않더라도 짐작할 수 있을 것이다. 축적된 지혜로서의 문화를 향유한다는 것은 언어라는 수단을 사용하는 반증이며, 이는 다시 본능적이고 획일적인 방식을 넘어서 더욱 다양하고 창의적인 삶을 선택할 수 있는 능력을 반영하는 것이다.

"종이와 인쇄술의 개발로 인간의 문화는 획기적인 발전을 이룩하게 되었다"

2. 문화절대주의

문화를 향유하는가 그렇지 못한가는 인간과 동물을 구분짓는 중요한 차이점이다. 그런데 주류 문화권에 속한 사람들은 오직 자신들의 문화만이 보편타당하고 절대적으로 옳은 문화라고 생각했다. 중국인들은 자신들을 제외한 모든 민족을 오랑캐라고 생각했으며, 기독교를 믿는 유럽인들도 자신들의 종교와 문화만이 정통적인 것이라고 생각했다.

문화간의 교류와 소통이 힘들었을 때는 그러한 생각이 큰 문제가 되지 않았지만, 교통의 발달로 이질적인 문화들이 서로 만나기 시작하면서 문제가 생겨나기 시작한다. 교류를 주도한 것은 유럽의 강대국들이었으며, 이들은 모든 인류가 마땅히 지향해야 할 '합리적 이성에 기반한 보편 문화'가 존재한다고 생각하였다. 그것은 물론 자신들의 문화였다.

그들은 발달된 과학 기술을 앞세워 '야만적'인 지역을 정복하고 '개화' 시켜나가기 시작하였다. 그 선봉에 선 것은 선교사들이었다. 선교사들은 평화로운 토착민들의 마을에 들어가 외치기 시작했

다: "회개하라! 너희들은 죄인이다." 아무런 죄의식 없이 살아가던 사람들은 졸지에 죄인이 되었으며, 회개하지 않는 자들은 마땅히 채찍을 쳐서라도 합리적이고 보편적인 문화를 향유하도록 해주는 것이 자비로운 일이었다.

이러한 의식의 형성에는 역사적인 배경이 존재한다. 18세기에는 계몽주의에 힘입어 시민 계급이 성장하고 도시화가 진행되면서 전통 질서가 붕괴하기 시작한다. 이러한 사회의 변동과 더불어 문화의 주도권도 궁정 귀족으로부터 중산층 시민에게 넘어가게 되었다. 이때 새로운 문화의 주도자들이 내세웠던 슬로건이 바로 '문명'이다.

용어의 변화에는 의미의 변화가 수반되기 마련이다. 새로운 주류 계층은 그 말에 '비이성적, 야만적 제도에 대항하여 합리적 이성과 지식을 기반으로 하는 보편적 인류 문화'라는 의미를 부여하였다. 문명이란 사회적 진보를 나타내는 척도였으며, 인류가 나가야 하는 과정이었다.

이렇게 세계를 문명과 야만으로 분류하는 것은 제국주의적 침략을 정당화하는 이데올로기로서 작용하였다. 아시아, 아프리카, 아메리카를 경제적으로 착취하는 모습을 은폐하기 위한 명분으로 야만적인 세계를 '문명화' 시킨다고 주장했던 것이다. 그리고 이러한 '문명화' 과정에서 각각의 문화가 가진 고유성은 부인되고, 서구의 문화만 폭력적으로 주입되었다.

문화절대주의와 관련해서 우리에게 피부에 와닿는 사례로는 이른바 개고기 논쟁을 들 수 있다. 올림픽을 계기로 한국 문화가 널리 알려지면서 한국인이 개고기를 먹는 문화가 도마 위에 오르게 되었다. 프랑스 배우 브리지트 바르도, 영국의 축구 선수 마이클 오언 등이 공개적으로 한국의 개고기 문화를 야만적이라고 비판한 것이다.

"보신탕 문화에 대한 서양인들의 반발로 문화의 고유성에 대한 논의가 활발해졌다"

이에 대한 일차적인 반응은 '푸아그라'라는 거위 간 요리를 거론하는 것이었다. 유럽인들도 거위에게 억지로 사료를 먹여 간을 키우는 잔인한 방식으로 만들어진 요리를 즐긴다는 것이다. 그러나 이는 양비론의 오류를 보여주는 대표적인 사례에 불과하다. 자신이 잘못된 행위를 했다면, 상대방이 잘못된 행위를 한다고 해서 자신이 저지른 잘못에 대한 책임이 없어지지는 않는다. 양측 모두에게 책임이 있는 것이다.

장자가 지적한 바와 같이 이러한 사고는 인간 인식의 한계를 보여주는 것일 뿐이다. 사람들은 자신에게 가까운 것, 즉 낯익은 것을 '옳은 것'으로 오인하는 경향이 있다. 새롭고 낯선 것에 대해서는 공포심마저 갖기도 한다. 우리는 흔히 문화절대주의를 통해 서구인들의 폭력성을 고발하지만, 어쩌면 그것은 비단 서구인들에게만 국한된 문제가 아닐지도 모른다. 개화기 동아시아인들의 행태에서 볼 수 있듯이, 동양인들이 헤게모니를 쥐었다면 서양의 그것이 야만이 되었을 것이기 때문이다.

3. 문화상대주의

문화상대주의는 문화절대주의의 폭력성에 대항하는 담론으로 등장하였다. 문화상대주의를 제일 먼저 제기한 것은 20세기의 문화인류학자들이었다. 그들은 원시 부족 사회에 대한 연구를 수행하는 과정에서, 그들의 문화도 나름의 맥락에서 보면 고유한 가치와 의미를 지니고 있음을 발견하게 되었다.

이른바 '식인종'의 경우를 사례로 들어보자. 먼저 극단적인 기아의 상황에서 행해지는 식인은 문제삼아서는 안 된다. 그런 상황에서는 어떤 문화권에서라도 식인을 행하는 모습을 발견할 수 있기 때문이다. 이러한 경우를 제외하면 식인 풍습은 대체로 일종의 의례(儀禮)로서 행해진다. 그리고 그러한 풍습을 통해 알 수 있는 것은 그들이 육체와 영혼의 관계에 대해 다른 생각을 가지고 있다는 것뿐이다.

식인 풍습을 가진 부족들은 조상이나 적의 시체를 먹는다. 조상의 시체를 먹는 것은 조상의 영혼을 자신의 몸 속에 간직함으로써 죽은 조상의 덕을 자신이 획득하기 위함이다. 적의 시체를 먹는 것은 그들이 자신들에게 가지고 있던 적개심을 중화시키고 용맹함을 흡수하기 위해서다. 서구인들이 육체와 영혼을 이분법적으로 나누어 생각하는 이원론을 가지고 있었던 데 반해 그들은 육체와 영혼이 분리될 수 없다고 믿었던 것이다.

이 밖에도 에스키모들에게는 이른바 '고려장'과 유사한 관습이 있다. 노동력을 상실한 노인을 곰이 잡아먹을 수 있는 곳에 잘 모셔두고 돌아오는 것이다. 식량이 부족했던 사회에서 노동력을 상실한 공동체의 구성원을 신성한 의식을 통해 제거하는 것은 흔한 일이었다(일본 영화 〈나라야마 부시코〉를 보라). 에스키모의 경우에는 그 장소가 눈밭일 뿐이다.

"영화 〈나라야마 부시코〉에서는 고려장 문화에도 합당한 이유가 있음을 잘 보여준다."

고려장조차도 야만적인 관습일 뿐이라고 치부하는 사람들에게 그 장소가 곰에게 뜯어먹히기 쉬운 곳이라면 더욱 거부감을 줄 것이다. 그런 관습을 가지고 있는 에스키모는 야만인 중에서도 야만인에 속한다고 생각하게 된다. 하지만 그러한 관습이 생겨난 맥락을 알게 되면 상황은 달라진다.

장례 문화란 영생에 대한 인간의 기원을 상징하는 경우가 많다. 농경문화권에서 땅은 자신을 낳게 해준 어머니이자 자신이 돌아갈 곳이다. 자신은 그곳으로 돌아가 자양분이 되어 자손의 몸 속에 들어감으로써 허무하게 사라져버리는 신세를 면하게 된다. 나름의 방식으로 영생을 얻는 것이다.

에스키모들이 사는 곳에서는 그러한 방식의 순환을 통해 영생을 얻기를 기대할 수 없다. 따라서 스스로 백곰에게 잡아먹히는 방식을 택한다. 그리고 그 자손들이 다시 백곰을 잡아먹게 되면 농경문화권에서와 유사한 영생을 획득할 수 있게 된다. 인디언들이 시체를 나무 위에 두어서 까마귀밥이 되도록 하는 것도 유사한 맥락이다.

매장을 하는 장례 문화를 가진 사람이 에스키모나 인디언의 장례 문화를 처음 대했을 때 가지는 느낌은 '낯설음'일 것이다. 그는 자신과는 전혀 다른 '타자'—장자의 용어로 말하자면 저것[彼]—의 모습을 발견하고는, 그것을 '다른 것'이 아닌 '잘못된 것[非]'으로 여기게 된다. 하지만 자신의 문화에서 매장하는 이유와 그들의 문화에서 그와 같은 장례 문화를 가진 이유가 정확히 같은 것임을 알게 된다면 어떨까?

문화인류학자들의 노력을 통해 '문명 세계'는 '야만 세계'를 더욱더 많이 접하게 되었다. 낯선 것이 점차 낯설지 않게 느껴질 때가 되면, 사람들은 자신이 고수해오던 삶의 방식에 대한 반성을 하게 된다. 20세기 초에 인류가 저지른 두 번의 야만적인 만행도 그런 반성에 촉매제가 되었음은 물론이다.

문화상대주의에서는 모든 문화를 관통하는 보편적인 가치가 있음을 부인하고 모든 문화에 나름의 의미가 있음을 인정한다. 보편적인 기준이 없으므로 어느 쪽은 문명이고 다른 쪽은 야만이라는 식으로 우열을 가릴 수도 없게 된다. 차이를 인정함으로써 낯설고 이질적인 것에 대해서도 관용의 정신을 가지려는 노력이 요구되는 것이다.

4. 문화상대주의를 넘어서—문화다원주의

문화상대주의는 관용의 정신을 요구한다. 그러나 모든 형태의 상대주의가 자체적인 모순을 가지고 있음은 앞에서 말한 바와 같다. 이는 문화에 대해서도 예외는 아니다. 상대주의자는 어떤 의견에 대해서도 비판을 해서는 안 된다고 주장한다. 이러한 그들의 주장은 절대주의자에게도 해당되는가? 관대함을 추구하는 상대주의자가 모든 인류에 대해 관대하지 못한 관습을 만나게 되면 어떻게 될까?

관용은 아주 나쁜 것이라고 믿으며, 자신들의 의견에 동의하지 않는 사람들을 모두 처형해버리는 종교가 있다고 해보자. 상대주의자들은 아마도 이 종교를 믿는 사람들에게 관용은 나쁜 것이며 그들의 의견에 반대하는 사람들을 처형할 권리가 있다고 말해야만 할 것이다. 그렇게 하지 않고 그들을 비판한다면 스스로를 상대주의자라고 할 수 없다.

상대주의에 따를 경우 모든 것은 무화(無化)되어버린다. 인류가 더 나은 삶을 추구하기 위해 노력한 결과인 문화가 본능적인 행위와 다를 것이 없어져버리는 것이다. 사실 극단적인 상대주의는 절대주의와 일맥 상통한다. 둘 다 대화와 소통의 가능성을 부정하는 것이다. 이러한 모습을 잘 보여주는 것이 헌팅턴의 '문명충돌론' 이다.

헌팅턴에 따르면 문화의 다양성에 대한 인식을 통해 서구 문명의 보편성에 대한 신념은 그 당위성을 상실했다. 그러한 믿음은 허위일 뿐만 아니라 부도덕한 것이며 위험하기까지 하다. 보편성을 확보하기 위해서는 힘의 논리를 내세울 수밖에 없기 때문이다.

여기까지만 보자면 헌팅턴은 매우 관대한 문화상대주의자의 대표자인 듯하다. 그러나 그는 다음과 같이 전혀 다른 결론을 도출해낸다: 서로 다른 문화권들 간에는 대화와 소통이 불가능하므로, 미국과 유럽은 자문화의 생존과 번영을 확보하기 위해 모든 문화를 적대시하고 힘의 우위를 지켜야 한다.

문화들 사이에 존재하는 차이점을 넘을 수 없는 간극으로 치부해버린다면, 도달할 수 있는 결론은 결국 헌팅턴의 그것에서 벗어날 수 없다. 상대주의의 이러한 문제점을 인식하게 되면 많은 사람들은 "상대주의를 인정하면서도 '인권' 과 같은 보편적인 가치를 포기해서는 안 된다"고 주장한다. 그러나 미국이 인권을 내세워 얼마나 많은 제 3세계 국가들을 탄압하고 있는가를 본다면, 그리고 '인권' 과 같은 애매한 개념이 구체적인 문제를 해결하는 데 얼마나 공허한 구호에 불과한가를 인식한다면 문제를 그렇게 해결할 수는 없음을 알게 된다. 사실 '인권', '자유', '정의', '평등' 과 같은 거창한 구호에 누구도 반대할 수 없는 것은 그 속에 아무런 내용이 담겨 있지 않아서, 누구나 마음대로 정의를 내려 사용할 수 있는 것이다.

"소통 가능성을 포기하는 상대주의는 결국 폭력을 정당화하는 이데올로기로 작용한다."

상대주의의 문제점 때문에 또 다른 절대주의에 빠지고자 하는 유혹에서 벗어나기 위해 우리가 선택할 수 있는 대안은 대화와 설득의 기술을 익히는 것이다. 장자는 모든 종류의 집착으로부터 자유롭기 위해 끊임없이 반성하는 모습을 보여준 바 있다. 자신의 한계를 인식한다면 끊임없이 반성하는 자세는 그 필연적인 산물일 것이다.

모든 문화에 적용될 수 있는 보편 타당한 기준이 있음을 부인하고, 각 문화는 나름의 고유성을 가짐을 인정한다는 것은 결국 자신의 우월성에 대한 포기를 의미한다. 하지만 그렇다고 해서 모든 것을 다 인정해야 한다고 주장한다면, 그 역시 자신의 주장이 우월한 것임을 내세우는 것에 불과하다. 자신에 대해서 뿐만 아니라 타자에 대해서도 다각도에서 반성해보는 자세가 필요하다.

문화는 다양하고 변화하는 환경에 최선의 대안을 제시하려는 인간 노력의 결정체다. 환경이 다양하게 변화하는 이상, 불변의 절대적인 문화가 있을 수 없음은 자명하다. 하지만 지난 시절 한 지역에서 발생한 문화를 현재 다른 지역에서도 인정해야 한다고 주장하는 것 역시 오류일 수밖에 없다.

일부다처제는 전쟁으로 인해 남성보다 여성의 숫자가 훨씬 많았던 사회에서는 합리적이고 이해 가능한 문화다. 그러나 그러한 조건에 의해 그 문화가 생겨났다고 해서 시대와 상황의 변화에도 불구하고 무조건 그 문화를 인정해야 한다고 주장하는 것은 또 하나의 절대주의일 수밖에 없다. 남녀 모두에게 이익을 가져다주기 위해 의도된 문화가 여성들에게 일방적인 희생을 강요하는 것으로 변질되었다면, 그리고 그것을 압도할 만한 다른 설득력 있는 이유를 제시할 수 없다면 그 문화는 폐기되어야 한다.

고려장이라는 문화도 마찬가지다. 식량이 절대적으로 부족한 상황에서는 집단의 유지를 위해 노동력을 상실한 구성원이 신성한 의식을 통해 죽음에 이르도록 하는 것이 가장 합리적인 방법일 수 있다. 당시로서는 그보다 나은 대안이 존재하지 않았던 것이다. 하지만 현재와 같이 식량의 수송과 배분이 용이한 상황에서 그 문화에 의한 희생보다 그 문화가 가져다주는 이익이 큼을 설득력 있게 보여줄 수 없다면 그 문화는 폐기되어야 한다.

문제가 되는 것은 '증명의 책임'이다. 이에 대해서는 개인간의 관계로 전환시켜 생각하면 이해하기가 아주 쉽다. 타인에게 특정 행위를 하지 말라고 말하는 사람은 왜 그러한 행위를 하지 말아야 하는지 설득해야 한다. 설득할 수 없다면 상대에게 간섭해서는 안 된다. 특정 행위의 중단을 요구하면서, 상대방에게 오히려 그런 행위를 해도 좋은 이유를 증명하라고 요구하는 것은 무리가 있는 것이다.

특정 문화가 가져다주는 손익을 가리기 힘든 경우에는 그 문화를 폐기하지 말아야 할 가능성이 높다. 마당놀이는 양반을 풍자하고 서민들의 애환을 달래려는 의도에서 시작되었다. 현재 우리나라에는 신분제가 폐지되었기 때문에 마당놀이가 생겨날 당시의 효용은 사라진 셈이다. 그러나 그 문화는 누구에게도 명시적인 해를 끼치지 않는다. 그렇다면 그 문화는 과거에 대한 소중한 자료로서 보존될 가치를 가진다.

앞서 예시한 것처럼, 싱가포르에는 법적으로 인정된 형벌 가운데 여전히 태형이 존재한다. 몇 해 전 미국 청년이 싱가포르 법을 위반하여 태형을 받은 사건은 유명하다. 당시 미국 대통령과 국민들은 그 법이 '인권'을 침해한 것이라며 항의했지만, 싱가포르는 내정 간섭이라며 반발한 바 있다.

법적이고 제도적인 조치가 인권을 침해하는 것인가 여부는 대개 쉽게 판단할 수 있다. 특정 지위나 집단의 사람들에게만 손해를 줄 경우에는 명백한 인권 침해라 할 수 있다. 그러나 사형제 폐지 논란에서 볼 수 있듯이, 가혹해보이는 형벌이라 할지라도 모든 사람에게 동일하게 적용된다면 그것을 인권 침해라고 말하기는 쉽지 않다. 이 경우 미국측에서 그것이 왜 인권 침해인지를 싱가포르인들에게도 설득력 있게 설명하지 못한다면, 그 법의 폐지를 요구할 수 없다.

이는 식인 풍습에 대해서도 마찬가지다. 이들 문화는 그저 낯선 것일 뿐이다. 동성애자의 경우를 생각해보라. 처음 동성애자를 접할 때는 그들을 마치 전염병균처럼 대하지만, 그들은 서로 합의가 이루어진 사람들과만 관계를 가질 뿐 타인에게 해를 끼치는 존재가 아니라는 사실을 알게 되면,

그들을 비난하거나 추방하고자 하지 않게 될 것이다.

그러한 사례는 셀 수 없을 정도로 많다. 문화 인류학적인 연구가 이해에 도움이 됨은 굳이 다시 말하지 않아도 알 수 있다. 또 한 가지 중요한 것은 역사적인 연구다. 동서양을 막론하고 고대에는 사람의 고기를 먹는 풍습이나 동성애가 광범위하게 존재했다는 사실을 알게 된다면 그런 낯선 문화에 대한 적대감을 줄일 수 있을 것이다.

이렇게 문화의 성립 배경을 이해하고, 그것이 현재의 상황에 어떻게 적용될 수 있는지 끊임없이 반성적인 사유와 대화를 통해 문제를 해결하고자 하는 입장을 '문화다원주의' 라고 부른다. 이 말을 문화상대주의와 동일한 개념으로 사용하는 사람도 적지 않지만, 상대주의의 문제점을 극복하고자 하는 노력은 '문화다원주의' 를 재정의함으로써 시작될 수 있다.

9강

역사의 이해

다음 제시문을 읽고 물음에 답하시오.

[가] 우리 역사가들은 전반적으로 역사적 사실에 대해 책임을 가지고 있으며, 특히 역사를 남용하는 것에 대해 비판할 책임을 가지고 있다. 이 가운데 첫 번째 것에 대해서는 말할 필요가 거의 없다. 두 가지 발전 양상이 없었다면 아무 말도 할 필요가 없었을 것이다. 하나는 소설가들에게 현재 유행하고 있는 것으로, 줄거리를 만들어내기보다는 기록된 실제 사실에 기반함으로써 역사적 사실과 허구 사이의 경계를 얼버무리는 것이다. 다른 하나는 대학, 그 가운데에서도 특히 문학과 인류학 분야에서 '포스트모더니즘'이라는 지적인 유행이 일기 시작한 것이다; 포스트모더니즘에서는 객관적으로 존재했다고 주장되는 모든 '사실'이 단지 지적으로 구성해낸 것일 뿐임을 암시한다—간단히 말해서 사실과 허구 사이에 명확한 구분은 절대로 존재하지 않는 것이다. 하지만 (그러한 구분은) 존재한다. 그리고 역사가들에게 그 두 가지를 구분해내는 능력은 절대적으로 근본적이다. 우리가 사실을 만들어낼 수는 없다. 엘비스 프레슬리는 죽었거나 살아 있거나 둘 중의 하나다. 그 질문에 대해서는, 믿을 만한 증거를 사용할 수 있는 한 증거에 기반해서 분명하게 대답할 수 있다.

[나] 19세기는 사실을 탐구하는 위대한 시기였다. 『어려운 시절』에서 그래드라인드는 말했다. "내가 원하는 것은 사실이다. …(중략)… 사실만이 인생에서 필요하다." 19세기의 역사가는 대체로 그러한 생각이었다. 랑케는 1830년대에 도덕적 역사학에 대해 근거 있는 항의를 하면서, 역사가의 임무는 "단지 실제로 있었던 것을 보여주는 것"이라고 하였는데, 이 경구는 놀라운 성공을 거두었다.…(중략)… 과학으로서의 역사를 열렬히 주장하던 실증주의자들도 이런 생각에 자신의 영향력을 보태주었다. 실증주의자들은 말한다. "먼저 사실을 탐구하라. 그리고 그 사실로부터 결론을 도출하라."

영국에서는 이러한 역사관이 로크로부터 버트런드 러셀에 이르기까지 영국 철학의 큰 줄기를 이루는 경험론적 전통과 완전히 일치하였다. 경험론적 인식론은 주체와 객체 사이의 완전한 분리를 전제 조건으로 한다. 사실이란 감각적 인상과 마찬가지로 외부로부터 관찰자에게 부딪쳐오는 것이며, 관찰자의 의식과는 별개의 것이다. …(중략)… 이것이 소위 상식적인 역사관이다. 역사는 검증된 사실의 덩어리로 이루어져 있다는 것이다. 사실이란 생선 장수의 널빤지 위에 놓인 생선처럼, 문서나 비문이나 기타 등등으로부터 역사가들에게 제공된다. 역사가는 그것을 수집하여 집으로 가지고 가서 요리를 해서 자기 마음에 드는 방식대로 대접하는 것이다.

그러나 과거에 대한 모든 사실이 역사적 사실이 되는 것은 아니며, 또 역사가가 그렇게 취급해주는 것도 아니다. 그러면 과거의 사실 중에서 역사적 사실을 구분해내는 기준은 무엇인가? …(중략)… 사실이 스스로 말한다고 얘기된 적도 있었다. 물론 이것은 거짓말이다. 어떤 순서로, 또 어떤 상황에서, 어떤 사실에 발언권을 줄 것인가를 결정하는 것은 역사가인 것이다. …(중략)… 역사가는 그 나름의 이유를 가지고 시저가 루비콘이라는 작은 강을 건넜다는 것이 역사적 사실이라고 결정한다. 한편, 그 전 또는 그 후 수백 만의 사람이 루비콘 강을 건넜어도 그것은 아무런 흥미도 끌지 못한다. 여러분이 30분 전에 걸어서 혹은 자전거를 타고 혹은 차를 타고 이 건물에 도착했다는 사실은 시저가 루비콘 강을 건넌 일처럼 과거의 일이다. 하지만 역사가는 아마도 여러분의 도착을 역사적 사실로 간주하지 않을 것이다. …(중략)… 여하튼 역사는 어떤 학문 못지 않게 선택적인 학문이다. 역사가는 선택적일 수밖에 없다. (E. H. Carr, 『역사란 무엇인가』)

제시문

[다]　역사는 과거와 현재의 끊임없는 대화다. 사료만을 맹신하는 태도도, 역사가만을 숭상하는 태도도 바람직한 것이라고 볼 수 없다. 절대적인 역사적 진리를 신봉한다면, 이는 인간 인식의 한계에 대한 반성을 거치지 못했음을 반증하는 것이다. 모든 역사가 역사가의 개인의 구성물에 불과하다는 주장은, 절대주의자들의 독단을 경계하기 위한 목적을 가지고 있음에 대해서는 그 가치를 인정받을 수 있을지 모르나, 자기 스스로의 주장이 성립하기 위해서 스스로의 주장을 거부해야 한다는 논리적 모순을 인식하지 못한 결과다. 인간의 지적 노력을 신적인 것으로 자부하는 태도도, 모든 노력의 가치를 무시하는 태도도 받아들일 수 없는 극단적인 것이다.

역사적 탐구와 인식은 언제나 완벽한 역사적 과정이다. 이것은 전체와 부분의 관계라고 하는 좀더 광범위한 문제를 보여주는 것에 불과하다. 부분이 모여 전체가 되지만 전체가 단순히 부분의 합에 불과한 것도 아니며, 전체가 부분의 성격에 영향을 끼치기는 하지만 부분의 성격이 전적으로 전체에 의해 결정되는 것도 아니다. 부분은 전체라는 틀 속에서만 이해 가능하게 되며, 전체는 부분을 통해서만 인식 속에 얻을 수 있다. 역사적 사실이 결정되는 과정을 이해하기 위해서는 역사가가 가지고 있는 커다란 목적을 이해해야 한다. 이러한 측면에서 역사책을 읽기 전에 그 책을 쓴 사람에 대해 연구할 필요가 있는 것이다. 반면 특정한 목적을 가지고 역사책을 쓰고자 하더라도, 자신이 원하는 사료를 만들어낼 수는 없다. 어떤 식으로든 목적 달성에 기여할 수 있는 자료를 '찾아낼' 수 없다면, 그의 목적은 수정될 수밖에 없는 것이다.

인간 인식의 한계로 인해 절대적 진리에 이르는 것은 불가능하다. 인간이 파악해낼 수 있는 것은 언제나 상대적인 진리일 뿐이다. 그러나 그것이 상대적이라고 해서 전혀 무의미한 것은 아니다. 우리는 산의 진정한 모습을 알 수 없다. 그저 자신이 위치한 곳에서 보이는 산만 바라볼 수 있을 뿐이다. 하지만 그렇다고 해서 산의 모습이 없는 것은 아니다. 그리고 진정한 모습을 알 수 없다고 해서 산의 형상에 대한 모든 표현이 다 똑같은 가치를 가지는 것도 아니다. 우리는 산의 모습을 재구성해낸다. 산을 다양한 각도와 위치에서 바라보면 볼수록 우리가 재구성해낸 산의 모습은 진정한 모습에 가까워질 것이다. 그러한 노력은 끊임없이 계속될 수 있으며, 더 다양한 측면을 거쳐 재구성해낸 산의 모습을 통해 한 방향만을 고집하는 모습을 비판하는 것은 언제나 가능하다. 비판을 통해 오류는 적어지고, 의견 차이는 좁혀지며, 더 많은 사람들이 동의할 수 있는 산을 그려나갈 수 있는 것이다.

[질문 1] 제시문 [가]의 핵심적인 주장을 간략한 한 문장으로 말해보시오.

[질문 2] 제시문 [가]에서는 사실과 허구 사이에 혼란이 일기 시작한 이유로 두 가지를 제시하고 있다. 그 두 가지란 무엇인가?

[질문 3] 제시문 [나]에서는 제시문 [가]와 같은 주장을 무엇이라고 부르고 있는가?

[질문 4] 제시문 [나]의 주장을 가장 잘 나타내는 문장을 하나만 골라보시오.

[질문 5] 제시문 [나]는 제시문 [가]에 대해 어떠한 입장을 취하고 있는가? 그리고 그 근거는 무엇인가? 제시문 [나]의 내용 요약을 통해 250자 내외로 설명해보시오.

[질문 6] 제시문 [나]의 입장에 따를 경우 어떤 문제가 생길 수 있다고 생각하는가?

[질문 7] 제시문 [다]의 요지를 50자 내외로 정리해보시오.

[질문 8] 제시문 [다]의 '전체와 부분의 관계'를 구체적인 사례를 들어 설명하고, 여기에서는 그것이 어떤 의미로 쓰이고 있는지 말해보시오.

[질문 9] 위의 세 제시문을 기반으로 바람직한 역사관이란 무엇인가에 대한 1,800자 내외의 한 편의 완성된 글을 작성한다고 할 때 적절한 개요를 작성해보시오.

[질문 10] 위에서 작성한 개요를 바탕으로 한 편의 완성된 논술문을 작성해보시오(반드시 유의 사항을 지킬 것).

　〈유의사항〉

　1. 제목이나 이름을 쓰지 말 것.
　2. 글의 길이는 1,701~1,800자가 되도록 할 것.
　3. 필기구는 반드시 검은색이나 파란색 펜을 사용할 것(연필 사용시 감점됨).
　4. 제시문의 내용을 그대로 옮겨 쓰지 말 것.
　5. 제시문 각 단락의 핵심어나 핵심 어구를 포함시킬 것.
　6. 제시문 내용에 대한 요약이 글 전체 분량의 1/2이 넘지 않도록 할 것.

주제강의 - 역사의 이해

1. 역사 교과서 왜곡과 관련된 몇 가지 문제들

일본이 역사를 왜곡했다는 것은 너무나 명백해보인다. 우리나라에서 일본의 역사 교과서에 대해 문제가 있다고 지적한 곳은 200군데가 넘으며, 정부 차원에서 수정을 촉구한 것만 해도 35가지에 달한다고 한다. 그러나 일본측에서는 우리측의 주장을 내정 간섭이라고 일축해버린 바 있다. 문제의 교과서를 채택한 학교가 극소수였음을 위안 삼아 문제는 마무리되는 듯했다.

하지만 일본 정치인들의 망언이 지속되고, 일본의 다른 지방 자치 단체가 문제의 교과서를 채택했다는 소식이 전해지는 등, 역사 왜곡과 관련된 문제는 계속해서 우리 국민의 심기를 건드리고 있다. 일본의 역사 교과서 왜곡이 문제되었을 때 우리측에서 올바르게 대응했더라면 이러한 일이 발생하지는 않았을 것이다. 문제는 무엇이었을까?

1) 역사 연구의 목적

일전에 한 한국 학생이 일본 학생에게 역사 교과서 왜곡 문제에 대해 설명했더니, 그 일본 학생은 "그것은 지나간 일일 뿐이다. 우리에게 중요한 것은 현재와 미래다. 과거의 일에 그렇게 집착하지 말자"라고 대답한 적이 있다. 우리나라 학생은 그 말에 어떻게 대응해야 할지 몰랐다. 여러분이라면 어떻게 대답하겠는가?

이는 필자에게 배우던 학생 가운데 한 명이 실제로 경험한 일이다. 이는 결국 역사를 연구하고 공부하는 이유가 무엇인가에 대한 문제다. 그 이유를 학생들에게 물으면 대다수의 학생들은 "역사는 미래를 위한 창입니다. 역사를 공부함으로써 미래의 일에 대해 교훈을 얻고자 함입니다"라고 대답하곤 한다. 그 학생에게 다시 "네가 일본 학생이라면, 그러한 대답을 듣고 고개를 끄덕이겠는가?"라고 물으면, 고개를 가로젓곤 한다.

스스로에게도 설득력이 없는 대답을 하면서 상대방을 설득하기를 기대해서는 안 된다. 역사 연구의 목적이 미래에 대한 교훈을 얻기 위함임을 부인하는 것은 아니다. 그러나 단순히 그것만으로는 설명되지 않는 부분이 있는 것이다. 중국은 어떤 교훈을 얻기 위해 '동북공정'이라는 작업을 벌였으며, 일본은 어떤 교훈을 얻기 위해 역사 문제에 그리 골몰하는 것일까?

위의 문제를 해결하는 훌륭한 방법 가운데 하나는 그 일본 학생의 뺨을 세게 때리는 것이다. 그러면 그 학생은 당연히 "왜 때려?"라고 물을 것이다. 여기까지만으로도 눈치를 챌 수 있을 것이다. 그 학생에게는 "그것은 지나간 일일 뿐이다. 중요한 것은 현재와 미래의 일이다. 과거의 일에 그렇게 집착하지 말자"라는 대답이 기다리고 있다. 상대방이 내세운 논리를 그대로 상대방에게 적용해서 자신의 주장을 납득시키는 것보다 효과적인 방법은 없다. 일본 학생은 자신이 앞에서 한 말을 뒤집지 않는 한 아무 말도 할 수 없다.

만약 그 일본 학생이 앞에서 한 말을 잊고 자기 얼굴의 손자국을 가리키면서 "이렇게 상처가 나 있는데 무슨 지나간 일이야?"라고 묻는다면, 이렇게 말할 수 있다: "봐라. 지나간 일은 현재에 자국을 남긴다. 과거의 사건은 단순히 지나간 일이 아니며, 너희 일본과 우리의 관계도 예외는 아니다. 역사를 바로잡는 것은 과거의 상처를 치유하는 것이다!"

"역사의 주된 목적 가운데 하나는 과거를 밝힘으로써 정의를 실현하려는 것이다."

인간은 역사적인 동물이다. "과거의 경험이나 사건은 하나도 포함시키지 말고 자신에 대해 설명해보라"는 요구를 받고 그대로 대답할 수 있는 사람은 아무도 없을 것이다. 개인의 정체성이란 결국 과거 경험과 학습의 집적이다. 이는 민족이나 국가의 경우에도 마찬가지다. 어릴 때 정신적인 상처를 받아서 성인이 된 다음에 정신과 치료를 받는 경우를 종종 목격한다. 역사를 바로잡는 것은 이렇게 과거의 상처를 치유하여 정의를 바로세우는 것과 같다. 구체적인 예를 들어보자.

과거에 군사 쿠데타를 일으켰던 세력은 재판을 통해 처벌을 받았다. 그러나 많은 국민들은 그것으로 정의가 실현되었다고 생각하지 않는다. 그렇다고 해서 그 사람들을 다시 처벌할 수는 없다. 법치주의 국가에서 동일한 범죄에 대해 두 번 책임을 물을 수는 없는 것이다. 그렇다면 정의를 바로세울 수 있는 방법은 없는 것일까? 아이러니컬하게도 그 해답은 바로 역사에 있다.

우리 국사 교과서에 현대사의 비중이 비교적 적은 이유는 무엇일까? 현대사에 대해서는 아직 제대로 된 평가가 이루어지지 않아서라고 쉽게 대답해서는 안 된다. 카아가 말했듯이, 2,000년 전의 역사에 대해서도 현대사에 대해서 만큼이나 제대로 된 평가를 내린다는 것은 불가능하기 때문이다. 문제는 현대사를 자세히 다루면 손해를 보는 집단이 아직도 커다란 영향력을 행사하고 있기 때문이며, 그 가운데에는 군사 쿠데타 세력 또한 포함되어 있다.

군사 쿠데타 세력이 얼마나 많은 잔학한 행위를 직간접적으로 저질렀는지, 또 그들의 행위가 국가와 민족의 발전에 얼마나 심각한 장애가 되었는지가 초·중·고등학교 교과서에 자세히 설명되고, 신문과 방송을 통해 지속적으로 재조명된다고 해보자. 그들이 이 땅에서 고개를 들고 살기는 힘들어질 것이다. 이것이 바로 역사를 통한 정의 바로세우기다.

2) 역사와 현실

그렇다면 일본의 우파(右派)가 역사 교과서에 그렇게 공을 들이는 이유는 무엇일까? 많은 사람들은 과거를 정당화함으로써 일본인의 자존심을 회복하기 위해서라고 대답한다. 물론 틀린 대답은 아니다. 그러나 역사를 바로잡는 것과 마찬가지로 역사를 왜곡하는 것도 현실적인 목적을 가지고 있다.

잘 알다시피 일본은 이른바 '평화헌법'을 가지고 있다. 평화헌법에 따라 일본은 정규군을 보유할 수 없고, 다른 나라에 대해 선제 공격을 가할 수도 없으며, 자국의 군대를 파병할 수도 없다. 일본이 그러한 헌법을 가지게 된 것은 제2차 세계대전의 패전국이기 때문이다. 일본의 우파들이 주장해온 것은 이른바 '보통국가론'이다. 일본도 다른 나라처럼 군대를 가지고 '보통' 국가로서 활동해야 한다는 것이다.

얼마 전 일본 국회를 통과한 유사 법제는 이러한 움직임을 잘 보여주는 것이라 할 수 있다. 이제 일본은 자국을 침략하는 국가에 대한 자위권 차원의 전쟁뿐 아니라, 자국을 침략할 징후가 보이는 국가에 대한 선제 공격이나 동맹국을 돕기 위한 군대 파병 등을 위한 법적 장치를 마련해가고 있다. 그러나 역시 이들에게 문제가 되는 것은 평화헌법이다. 이러한 법령들은 위헌의 소지가 다분하기 때문이다. 궁극적으로 개헌을 하지 않고는 '보통 국가'로 거듭날 수가 없다.

일본이 평화헌법을 가지게 된 이유는 일본 국민들도 잘 알고 있다. 여기에 교과서 문제의 핵심이 있다. 교과서 문제는 일본 우파의 궁극적 목표인 개헌과 관련된 것이다. 개헌의 마지막 절차는 국민투표다. 일본 국민들이 "과거의 전쟁은 명분 없는 단순한 침략 전쟁이었다"라고 생각할 때와, "과거의 전쟁은 정당한 명분을 가진 전쟁이었으나, 단지 힘이 부족해 패했을 뿐이었다"라고 생각할 경우 어느 쪽이 헌법 개정에 도움이 될까? 이제 그들의 목표가 무엇인지 좀더 분명해졌으리라 본다.

3) 역사와 역사 소설

여기에서 주목하고 넘어가야 할 점은 일본 우파가 쓴 책이 역사 소설이 아니라 역사 교과서라는 사실이다. 역사와 역사 소설은 어떻게 다를까? 우리는 쉽게 역사란 사실을 기록한 것이고, 역사 소설이나 드라마는 허구라고 말한다. 전혀 틀린 말은 아니다. 그러나 역사에서 사실을 기록한다는 것이 과연 가능할까?

누구나 일기를 써본 경험이 있을 것이다. 친구와 싸운 날의 일기를 생각해보라. 대개의 경우 자신이 옳고 상대방이 그른 것으로 기록되어 있을 것이다. 그렇다면 상대방의 입장에서는 어떨까? 그리고 그 싸움을 바라봤던 친구나 선생님의 일기에는 어떻게 적혀 있을까? 아마 전부 다른 내용이 적혀 있을 것이다. 그렇다면 도대체 어떤 일이 일어났었다고 말하는 것이 옳을까?

일어난 사건 그 자체는 알 수 없는 영역에 속한다. 어떤 사건에 대해 알 수 있는 것은 오직 그에 대한 기록을 통해서일 뿐이다. 역사란 과거의 사실을 기록한 것이 아니다. 역사 소설이나 드라마가 역사를 소재로 해서 작가의 상상력을 발휘한 것이라면, 역사란 과거에 일어났던 사건에 대한 기록, 다시 말해서 사료를 기반으로 한 설명이라고 할 수 있다. 물론 이것도 역시 정도의 차이일 뿐이다. 역사 소설이나 드라마에서도 과거의 기록을 참고하기 때문이다. 다만 역사 소설이나 드라마를 쓰는 사람은 역사를 서술한 사람만큼의 책임을 요구받지 않는다는 사실을 이해하는 것이 중요하다.

문제의 역사 교과서를 쓴 사람들이 소설이 아닌 역사책을 쓴 것이라면, 그들 역시 상상력이 아닌 사료에 의거해서 서술했음을 의미한다. 그렇다면 그들은 무엇을 왜곡했다는 것일까?

4) 왜 곡

'왜곡(歪曲)'의 사전적 정의는 '사실과는 다르게, 그릇되게 해석함'이다. 왜곡의 반대말이 '정직 (正直)'임은 한자를 자세히 살펴보면 금방 알 수 있다. 그렇다면 어떤 주장이 왜곡이라고 말하기 위해서는 먼저 '정직'한 사실이 존재해야 한다. "본래는 ~라고 말해야 정직한 것인데, 그것을 이러저러하게 왜곡했다"고 주장해야 하는 것이다.

우리나라 사람들은 일본 역사 교과서의 왜곡 문제가 심각하다고 말하면서도 실제로 어떤 부분이 왜곡되었냐고 물어보면 고개를 숙이고 만다. 몇 가지 암시를 주고 나면 자주 등장하는 것들은 임진왜란을 '침략'이 아닌 '진출'이라고 표현한 것, 위안부 문제, 식민 지배를 근대화라고 정당화한 것 등이다.

먼저 임진왜란의 호칭에 관한 것만 살펴보더라도 문제가 그리 쉽지 않음을 알 수 있다. 우리나라 역사책의 내용을 떠올려보자. 광개토왕과 장수왕은 대륙으로 무엇을 하였다고 기록되어 있는가? 침략을 하였다고 기록되어 있지는 않다. 우리가 하면 진출이고 남이 하면 침략이란 말인가?

여기에서 한 가지 지적하고 넘어가야 할 부분이 있다. 일제의 식민사관과 신채호, 박은식, 정인보 등의 민족사관은 동전의 양면임을 잊어서는 안 된다. 자기 민족의 우월함을 강조하고자 하는 민족사관의 이면에는 다른 민족을 비하하는 식민사관이 존재하는 법이다.

앞에서 말한 것처럼, 사실 그 자체는 알 수 없다. 우리는 다만 사료에 근거해서 사실이라고 생각되는 것을 기록할 뿐이다. 그리고 일본 역사가들도 소설이 아닌 역사책을 썼다. 그렇다면 우리가 사료에 기반해서 쓴 것은 정직한 사실이고, 저들이 기반해서 쓴 것은 단순한 상상력의 산물인 왜곡된 사실이란 말인가?

2. 실증주의와 상대주의

1) 실증주의 사관

많은 사람들은 역사책의 내용이 '사실'이라고 생각한다. 역사란 과거의 사실을 밝혀내고, 그것을 있는 그대로 기록하는 학문이라는 것이다. 역사가의 임무는 역사의 왜곡을 경계하는 것이다. 자신의 주관적인 생각을 사실 속에 투영하여 사실을 변질시킬 때 왜곡이 생겨난다. 역사가는 역사 서술에서 자신의 주관을 개입시켜서는 안 된다. 역사는 있었던 그대로, 다시 말해서 객관적으로 쓰여져야 한다.

이러한 상식적인 역사관을 실증주의 사관이라 한다. '실증적'이라는 말은 일반적으로 '과학적'이라는 말과 동의어로 사용된다. 실증주의 사학자들은 이른바 '과학으로서의 역사'를 추구한다. 근대 사학의 아버지라 불리는 랑케에 따르면, 역사는 민족적 입장이나 당파 그리고 종파적인 이해 관계를 떠나 객관적이고 공정하게 서술되어야 한다. 역사가는 가능한 한 객관적으로 '있는 그대로' 기술해야 한다.

실증주의 사학자들의 주장을 잘 보여주는 모토는 '사실은 스스로 말한다!'는 것이다. 역사가의 임무는 사실을 잘 모아서 제시하는 것이다. 사실이 독자들에게 스스로 말을 해주므로, 역사가가 자신의 의견을 개입시킬 필요는 없다. 주관이 개입된다면 과학과 같은 객관성을 가질 수 없기 때문이다.

이러한 실증주의 사관은 19세기 말까지 계속된 서구의 인간 이성에 대한 신뢰를 잘 보여준다. 사실을 발견하는 것은 집을 지을 때 벽돌을 쌓는 것과 같다. 벽돌을 한 장 한 장 쌓아나가면 언젠가는 집이 완성되듯이, 사실을 하나하나 축적해가기만 하면 역사라는 완전한 집이 만들어질 것이다.

제시문 [나]에서 볼 수 있듯이 실증주의에서는 주제와 객체의 완전한 분리를 전제한다. 대상을 인식할 때 주체는 대상의 성질을 수동적으로 받아들이기만 할 뿐, 능동적인 작용을 가하여 대상의 성질을 변화시키거나 구성해나가는 것은 아니라는 것이다. 예를 들어, 노란색 분필은 누가 보더라도 노란색이다. 그것을 다른 색이라고 말하는 사람이 있다면 그 사람은 비정상적인 색맹이다. 그 사람은 사물의 객관적인 성질을 왜곡시킨 것이다. 객관적이고 올바른 인식은 주관의 개입을 배제할 때 가능하며, 이는 역사 연구에서도 마찬가지다.

일본의 역사 교과서 왜곡이 '자명한' 것이라고 주장할 때 우리는 실증주의 사관의 입장에 서 있는 것이다. 일본인들은 사실을 있는 그대로 기록하지 않고 자신들의 자의적인 목적과 이해 관계를 투영시켜 나름의 역사를 만들어냈다는 것이다.

2) 상대주의(주관주의) 사관

객관적이고 보편적인 역사 인식을 주장한다는 점에서 실증주의는 절대주의와 맥을 같이 한다. 따라서 실증주의는 절대주의와 유사한 문제점을 안고 있다. 일본의 역사 교과서 왜곡을 주장하는 우리로서는 당연히 우리의 역사 서술이 객관적이라고 생각할 것이다. 일본의 입장은 좀 다르겠지만, 동북공정의 진행 과정을 보면 중국도 자신들의 역사가 객관적이라고 주장하고 있음을 알 수 있다. 둘 가운데 어느 쪽이 객관적인가?

20세기 문화인류학의 발전과 두 차례의 세계대전을 통해 인간 인식의 한계에 대한 통찰이 이루어졌다. 이는 실증주의 사관에 대해서도 예외가 아니다. 가장 핵심적인 비판은 실증주의의 핵심 주장인 '주관을 배제한 객관적인 역사 서술'이 불가능하다는 것이다.

"일본 우파는 역사 교과서 개정을 통해 정치적 목적을 이루고자 한다"

먼저 거론해야 할 문제는 사실의 선별에 관한 것이다. 과거의 모든 사실이 역사에 기록되는 것은 아니다. 무수히 많은 사람이 루비콘 강을 건넜지만, 시저가 그 강을 건넌 사건만이 역사에 기록된다. 우리가 평소에 쓰는 일기도 사실을 기록한 것이지만, 그것이 역사책에 등장하지는 않는다. 모든 사실을 기록하는 것은 가능하지도 바람직하지도 않다.

그렇다면 누가 어떤 기준을 통해 역사에 기록될 사실을 선별하는가? 역사에 기록되는 사실은 역사가에 의해 선택된 것들이다. 역사가는 자신이 중요하다고 생각하는 것들만 선별한다. 어떤 것이 중요한가에 대해 역사가의 생각이 반드시 모든 사람의 생각과 일치하는 것은 아니며, 역사가들 사이에서도 의견의 일치는 이루어지지 않는다. 선별 과정에서 주관의 개입은 불가피하다.

사실 노란 분필을 인식할 때도 주체가 대상의 속성을 수동적으로 받아들이기만 하는 것은 아님을 알아야 한다. 만약 그 분필이 정말로 객관적으로 노란색이라면, 누가 보든지 같은 성질을 가진 것으로 인식되어야 한다. 그러나 개나 소, 말, 두더지 등에게는 그렇지 않다. 따라서 우리는 이러한 동물들을 색맹이라고 부른다.

그러나 한 발짝 물러나 생각해보면 상황은 달라진다. 인간을 제외한 거의 모든 동물이 색맹이다. 자신을 제외한 모든 사람들이 비정상인 상황을 생각해보라. 그런 상황에서라면 실제로는 자신이 비정상일 가능성이 높다. 사실은 어느 누구도 비정상은 아니다.

모든 존재는 나름의 색안경을 끼고 있다. 대상의 속성을 수동적으로 있는 그대로 인식할 수 있는 존재는 없다. 노란색이라는 것도 대상의 어떤 속성과 빛의 속성에 우리 시세포의 작용이 가해진 결과다. 따라서 노란색은 실제로는 구성되는 것이다.

노란색이 사물의 속성에 주체의 조작이 가해져서 구성되는 것처럼, 역사에 기록되는 사실도 역사가의 선별 과정이 가해진 결과물이다. 사실 역사가가 선별 과정을 마치면, 다시 말해서 '역사적 사실'이 모두 완성되면, 그것은 역사 서술의 시작이 아니라 종착인 것이다.

더욱 중요한 점은, 앞에서 이미 논의한 것처럼 우리가 '사실'이라고 믿고 있는 것이 실제로는 사실이 아니라 '사료'라는 점이다. 실증주의에서는 사실과 사료를 혼동하고 있다. 사료는 기록된 사실이다. 객관적으로 기록된 사실이 아니라 기록자의 관점에서 기록된 사실이다. 모든 사실이 기록으로 남아 있지는 않으며, 남아 있는 기록도 객관적이지 못하다.

"동일한 사건이 보는 사람에 따라 혁명이 될 수도 있고 반란이 될 수도 있다."

동학 농민 운동의 사례를 들어보자. 현재 우리가 부르고 있는 것과 달리, 많은 기록자들은 '반란'이라는 시각에서 그 사건을 기록했을 것이다. 사건의 긍정적인 많은 측면은 누락되고 부정적인 측면들만이 과장되어 기록되었을 것이다. 우리가 접근할 수 있는 사료는 그 사건에 대한 기록이 아니라, 그 사건을 기록자가 어떻게 바라보았는가에 대한 기록일 뿐이다.

이 두 가지를 염두에 둘 때, 실증주의의 목표는 출발점에서부터 무너져버린다. 주관을 배제한 상태에서 사실이 스스로 말하도록 하는 것은 불가능하다. 사실은 역사가가 발언권을 줄 때만 발언할 수 있으며, 그나마 발언하는 것은 사실이 아니라 사료다. 역사에 주관의 개입은 불가피하며, 그런 측면에서 보면 모든 역사는 주관적인 것이다.

실증주의 사학에서 추구하는 '과학과 같이 객관적이고 명증적인' 역사란 존재할 수 없다. 사실을 기록하는 단계에서부터 주관의 개입을 배제할 수가 없는 것이다. 그 이후에도 사료의 선택이나 배열, 해석 등에 역사가의 주관이 개입될 수밖에 없음은 물론이다. 이러한 점을 감안하면 '있는 그대로의', '객관적인' 역사는 현실에 존재하지 않는 유토피아와 같은 것이다. 그리고 실증주의 사학은 바로 이러한 비판에 무방비일 수밖에 없다.

3) 상대주의 사관의 한계

상대주의 사학자들은 사료 자체에 숨은 편견과 그것을 보는 역사가의 주관을 강조한다. 인간에게 편견은 불가피하며, 역사가도 인간인 이상 편견 없이 사물을 관찰하기란 불가능하다. 역사 서술은 역사가의 능력, 양심, 세계관 등에 따라 달라질 수밖에 없다. 역사란 본질적으로 역사가의 눈을 통해 과거를 현재의 문제에 비추어 보는 것에서 성립되며, 따라서 모든 역사는 현재의 역사라는 것이다.

역사가는 자신이 연구하는 사건과 관련된 사람들의 사상과 경험을 자신의 마음속에 되살려 이를 재구성함으로써 과거를 이해할 수 있어야 한다. 따라서 콜링우드는 "모든 역사는 역사가 자신의 마음속에 과거의 사상을 재현시키는 것이다"라고 주장하였다. 어떻게 재현한다는 말인가? 직접 목격하지 못했으므로 관련된 사료를 통해 상상력을 발휘할 수밖에 없다. 과거의 상황을 자신의 경험 속에서 재해석함으로써 과거의 사실들을 인식할 수 있다. 따라서 역사가는 과거의 역사적 행위자로 돌아가서 그 행위자가 생각하고 행동했던 것을 마음속에 재현하려는 자세를 가져야 한다.

역사적 상대주의는 다양한 역사 해석을 통해 역사학의 범주를 더욱 풍요롭게 하였다고도 할 수 있다. 그러나 모든 것이 상대적이라는 주장이 성립하기 위해서는 최소한 한 가지 절대적인 진리가 존재해야 한다. 모든 형태의 상대주의는 자기 파괴적인 것이다.

뿐만 아니라 모든 것이 상대적이고 우열을 가릴 수 없다는 주장이 통하는 사회에서 합리적인 논변을 통해 문제를 해결하려는 시도는 항상 좌절될 수밖에 없다. 그러한 사회는 약육강식의 상태로 전락해버리고, 권력을 가지고 있는 자들의 모든 행위가 합리화되는 결과가 초래될 것이다.

모든 것이 상대적이라는 주장을 따를 경우, 모든 지식의 가치를 부정해야 한다. 그리고 결국에 가서는 인간의 문화적 성과 자체마저도 부정하게 될 것이다. 인간은 결국 더 높은 가치를 창출하려는 시도를 포기하고, 점차로 동물과 같은 상태로 전락하게 될 것이다.

4. 바람직한 역사 인식

카아(E. H. Carr)는 "역사란 과거와 현재의 끊임없는 대화"라고 말했다. 여기에서 과거란 역사 서술의 재료가 되는 사료를 의미하고, 현재란 역사 서술의 주체인 역사가를 가리킨다. 이 두 가지야말로 역사 연구의 필수불가결의 요소며, 어느 한쪽이 다른 한쪽을 일방적으로 지배하는 것도 아니다.

역사적인 사실을 밝혀내기 위해 역사가는 사료를 존중하고 그 정확성을 철저히 확인해야 한다. 그러나 모든 사료를 역사책에 수록할 수는 없다. 결국 사료를 축적하는 것만으로는 역사가 완성되지 않는다. 역사가는 자신의 목적에 알맞은 적절한 사료를 선별하고 그에 대해 가장 정합적인 설명을 하기 위해 노력한다.

역사가가 역사 서술에 개입하는 것은 불가피하다. 역사가는 자기 나름의 기준에 의해 중요한 사료를 선별하여, 그 사료를 특정한 형태로 재구성함으로써 사료에 의미를 부여한다. 게다가 그가 사용하는 사료 자체에도 이미 기록자의 주관이 개입되어 있다. 실증주의자들은 이러한 측면을 인식하지 못하고, 사료를 사실로 오인하여 사료를 숭배하는 태도를 취하였다. 그들은 역사 서술에서 역사가의 역할을 완전히 무시한 것이다.

그렇다고 해서 역사 소설처럼 역사도 주관적인 상상력의 산물이라고 주장해서는 안 된다. 역사가가 사료를 만들어낼 수는 없다. 기존의 사료 가운데에서 선택을 하고 그것을 재구성해낼 뿐이다. 상대주의자들은 이러한 사실을 깨닫지 못하고, 역사 서술에서 역사가의 역할만 극대화하고 사료의 역할을 완전히 무시한 것이다.

역사가와 사료의 관계는 전체와 부분의 관계로도 설명할 수 있다. 부분과 전체의 변증법적 관계를 가장 잘 보여주는 대표적인 사례는 개인과 사회의 문제다. 사회는 개인이 모여 이루어진다. 하지만 그렇다고 해서 사회가 단순한 개인의 합에 불과하다고 할 수는 없다. 개인은 사회 속에서 태어나고 교육된다. 개인은 오직 사회 속에서만 인간이 될 수 있다.

그러나 개인의 정체성이 전적으로 사회에 의해 좌우되는 것도 아니다. 사회의 발전이 상당 부분 선구적인 탁월한 개인들의 노력에 의해 이루어져 왔음도 또한 부인할 수 없기 때문이다. 개인과 사회는 변증법적으로 상호 작용한다. 어느 하나가 다른 하나를 일방적으로 지배한다면, 개인과 사회 양자 모두에게 발전이 있을 수 없다.

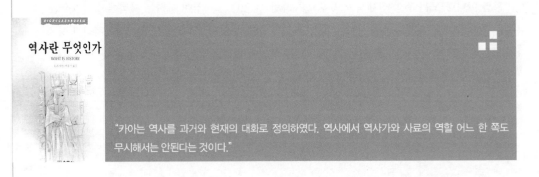

"카아는 역사를 과거와 현재의 대화로 정의하였다. 역사에서 역사가와 사료의 역할 어느 한 쪽도 무시해서는 안된다는 것이다."

역사가와 사료 가운데 어느 것이 전체이고 어느 것이 부분에 해당할까? 사랑에 빠진 한 쌍의 남녀를 예로 들어보자. 두 사람은 서로에 대해 깊은 애정을 느낀다. 서로의 장점만 확대해서 바라보고 단점에는 등을 돌리고자 한다. 우리는 이를 '눈에 콩깍지가 씌었다'고 표현한다. 이것이 바로 전체가 부분에 영향을 미치는 사례다.

그러나 두 사람이 깊이 사랑하기까지 서로는 옷 입는 습관, 말투, 여러 가지 행동 방식 등 많은 사실들을 확인하였다. 게다가 그렇게 애정이 깊은 사이라도, 한쪽에서 애정과 신뢰에 금이 가게 할 만한 행동을 끊임없이 한다면 그 관계에도 변화가 생길 수밖에 없다. 이는 부분이 전체를 변화시키는 사례다.

역사가의 사관과 사료의 관계도 이와 같다. 특정 사안과 관련해서 일본측에 유리한 사료와 우리나라측에 유리한 사료를 동시에 접한다면 우리는 일차적으로 우리측에 유리한 자료는 신뢰하면서 일본측에 유리한 자료는 의심해볼 것이다. 그리고 아마도 결국에는 우리측에 유리한 사료를 선택하게 될 것이다. 기존의 가치관이 사료의 선택에서 결정적인 영향력을 행사하는 것이다.

실증주의 사관을 가진 사람들이 항상 반성하고 염두에 두어야 하는 것이 바로 이 점이다. 역사 서술에서 역사가의 중요성을 무시해서는 안 된다. 훌륭한 역사가라면 사료를 선택할 때 자신의 주관적 편견이 개입될 수밖에 없음을 인정하고, 끊임없는 자기 비판과 반성의 태도를 견지해야 한다.

다른 한편으로 역사가의 사관도 언제나 사료에 의해 변화될 수 있으며 실제로 변화한다. 주관주의 사학자들은 사료의 이러한 힘을 무시하고 있다. 훌륭한 역사가라면 역사가 단순한 허구와는 다른 것임을 인식하고, 사료에 의거한 정확한 고증을 통해 자신의 주장을 설득력 있게 입증해야 한다.

객관적이고 절대적인 역사 인식은 불가능하다. 일어난 사건 그 자체는 지나가버리고, 사람들에게는 서로 다른 모습으로 기억되고 기록되기 때문이다. 하지만 객관적인 사실을 향해 접근해나가려는 노력을 포기해서는 안 되며, 그것이 불가능한 것도 아니다. 한 방향에서만 산을 바라보고 그것이 산의 객관적인 모습이라고 생각해서도 안 되겠지만, 보는 각도에 따라서 모습이 달라진다고 해서 산의 모습이 보기 나름이라고 주장해서도 안 된다.

산을 가능한 한 여러 각도에서 바라보고, 사진을 찍는 등의 노력을 기울임으로써 산의 모습 그 자체에 접근해갈 수 있다. 다른 각도에서 바라본 모습을 통해 이전의 각도에서 바라보았을 때의 오류를 바로잡아나갈 수 있다. 하지만 그럼에도 불구하고 산의 모습은 오직 머릿속에서 재구성될 뿐이다. 산의 실체를 한 번에 인식하는 것은 불가능하다. 얼마나 정확하게 재구성해나가는가 하는 것은 비판적인 시각을 가지고 얼마나 다양한 각도에서 바라보고자 노력하는가에 달려 있다.

역사도 마찬가지다. 동일한 사건이라도 서로 다른 사료들을 비교해봄으로써 다양한 각도에서 바라보고, 그렇게 해서 성립된 입장들 상호 간의 비판을 통해 더욱 설득력 있는 역사를 써나갈 수 있다. 그러한 과정이 계속된다면 우리는 사실 그 자체에 접근하게 된다.

다시 일본의 역사 교과서 문제로 되돌아가 보자. 그들이 단순히 객관적인 사실을 왜곡했다고 치부해버리는 자세는 독단적인 절대주의의 잔재에 불과함을 잊어서는 안 된다. 하지만 그렇다고 해서 그들과 우리의 역사는 서로 다른 것일 수밖에 없다고 치부해버려서도 안 된다. 이 두 가지는 모두 소통을 통한 접근의 노력 자체를 포기하고, 결국은 힘의 논리를 앞세우는 결과를 초래할 것이기 때문이다.

우리가 그들의 역사 서술에서 문제를 발견했다면, 그들이 편협한 시각에서 역사를 바라보고 있다고 비판해야 한다. 그리고 더욱 강력한 사료와 논리적인 해석을 통해 더 설득력 있는 역사를 제시해야 한다. 물론 그들도 우리의 주장에 곧바로 수긍하지는 않을 것이다. 그들 역시 우리의 입장을 비판하면서 나름대로 사료에 기반한 논리적이고 설득력 있는 대안을 제시하고자 노력할 것이다.

이러한 과정이 끊임없이 반복되는 모습을 상상해보라. 처음 양자가 대립하기 시작했을 때의 역사 인식과 그러한 비판이 지속적으로 이어진 후의 역사 인식은 변화가 있기 마련이다. 상대방에게 비판 받은 내용을 보완하거나 혹은 빼버림으로써 둘의 인식 차이는 갈수록 줄어들게 된다. 이러한 과정이 끊임없이 계속될 때, 우리는 객관적인 사실에 접근하고 있으며, 역사 또한 발전하고 있는 것이다.

민주주의와 언론자유

10 민주주의와 언론자유

다음 제시문을 읽고 물음에 답하시오.

제시문

[가]   진리의 오묘함을 보라. 진리는 특정한 논리나 사고의 방법에 묶여 있을 때보다 자유롭고 자율적일 때 더 빨리 자신을 드러낸다. (중략) 그리고 지금 이 시대는 쓰고 말하는 특권으로 인해, 격론의 대상이 되는 문제에 대한 토론을 하기에 적합하다. 토론을 좋아하는, 두 얼굴을 가진 야누스의 신전이 지금 무의미하게 열려 있는 것은 아닐 것이다. 그리고 모든 교의의 온갖 소리가 이 땅에 활개치고 다닐 수 있게 풀려 있다 할지라도 진리 역시 그들과 함께 그곳에 있다. 그러므로 허가와 금지로 진리의 힘을 의심하는 것은 해로운 일이다. 진리와 허위가 맞붙어 논쟁하게 하라. 누가 자유롭고 공개적인 대결에서 진리가 불리하게 되는 것을 본 적이 있는가. 진리를 향한 논박이 허위를 억제하는 가장 확실하고 좋은 방법이다. (존 밀턴, 『아레오파지티카』)

[나]   심의를 통한 여론 조사는 세 단계로 되어 있다. 먼저 전국을 대표하는 표본을 선발해서 특정한 문제에 대한 참가자들의 태도에 대해 자세하게 질문을 한다. 두 번째 단계는 인터뷰다. 참가자들은 집단 집중 토론뿐만 아니라 전문가들까지 참석하는 총회에도 참가하게 되는데, 그 총회 기간 동안에 다양한 관점을 대표하는 핵심 전문가들이 참가자들의 질문에 대답을 해준다. 마지막으로 심사숙고한 후 모든 참가자들이 다시 한 번 질문지를 완성함으로써 태도 변화의 방향과 양 그리고 분포를 측정할 수 있다. 심의를 통한 여론 조사에서 발췌한 결과를 하나 제시하면 아래와 같다:

대 답	심사 숙고 이전	심사 숙고 이후
정부가 모든 사람들의 건강 관리 비용을 지불해야만 한다.	58%	77%
정부가 지불 능력이 없는 사람들의 비용을 지불해야 한다	2.9%	20%
모두가 각자 지불해야 한다	2%	0%
선택할 수 없다.	11%	3%

〈건강 관리 비용을 누가 지불해야 하는가?〉

[다]   인터넷의 발전으로 인터넷 이용자들 간의 토론이 활성화되고 있다. 전자게시판, 토론방, 사이버 동호회, 파일 교환 서비스 등의 수단을 활용해서 우리는 과거보다 더 많은 주제에 대해 더 자주 토론할 수 있게 되었다. 그러나 인터넷을 통한 토론에 부작용이 따르지 않는 것은 아니다. 특정인 또는 특정 집단에 의한 게시판 점유 행위, 토론방에서의 상행위, 토론 중 욕설 및 비방 행위, 동호회 토론의 사유화 등과 같은 문제점이 쉽게 발견된다. 또한 사회적으로 논란이 되는 문제가 제기될 경우, 인터넷 토론방은 빨리 만들어지지만 여기에서 여론이 항상 수렴되는 것은 아니다. 설령, 여론이 수렴된다 하더라도 '올바른' 결론에 도달하는 경우는 드물다.

[질문 1] 제시문 [가]의 핵심어를 한 단어로 말해보시오.

[질문 2] 제시문 [가]에서 주장하고자 하는 바는 무엇인가?

[질문 3] 제시문 [다]에서는 제시문 [가]의 주장에 대해 어떤 문제점을 제기하고 있는가?

[질문 4] 제시문 [다]에서는 자신의 주장을 입증하기 위해 어떤 방법을 사용하고 있는가?

[질문 5] 제시문 [다]의 논증 방법에 오류는 없는가? 오류 여부는 어떻게 판정할 수 있는가?

[질문 6] '민주주의'라는 주제와 연관해서 볼 때, 제시문 [가]와 제시문 [다]의 관계를 어떻게 파악할 수 있겠는가?

[질문 7] 제시문 [나]에서는 대표적인 여론 수렴 방법인 여론 조사의 사례를 보여주고 있다. 여기에서 제시된 사례가 일반적인 여론 조사와 다른 점은 무엇인가?

[질문 8] 제시문 [나]에서는 제시문 [다]에서 제기된 문제가 어떻게 해결되는가?

[질문 9] 위 제시문들에 암시되어 있는 내용을 정리하고, 그에 대한 자신의 견해를 서술해보시오.

    〈유의사항〉

    1. 제목이나 이름을 쓰지 말 것.
    2. 글의 길이는 1,201~1,300자가 되도록 할 것.
    3. 필기구는 반드시 검은색이나 파란색 펜을 사용할 것(연필 사용시 감점됨).
    4. 각 제시문의 내용을 모두 반영할 것.

주제강의 1 - 민주주의에 대한 이해

　민주주의란 국민이 주인 노릇을 하자는 '주의(ism)' 다. 우리나라 사람들은 흔히 민주주의의 반대말이 사회주의나 공산주의라고 생각하는 오류를 범하고 있다. 사회주의가 민주주의의 반대말이라고 생각하는 사람들에게는 다음과 같은 반론이 어울린다: 프랑스에서는 사회당이 정권을 잡은 적이 있다; 정권을 잡은 사회당은 당연히 정책 기조를 사회주의 쪽으로 바꾸었다; 그렇다면 프랑스는 반민주 국가가 되었던 것인가? 사회당이 실각하고 나서야 프랑스는 다시 민주주의 국가가 된 것인가? 이 문제는 민주주의를 이해하는 데 핵심적인 실마리를 제공해준다. 하지만 이 문제는 뒤에서 다시 논하기로 하자.

　정책이나 의사 결정 과정에서 국민의 의견이 반영되도록 하는 것이 바로 민주주의다. 그러나 모든 사람의 의견이 같을 수는 없다. 따라서 민주주의에서는 다수결을 원칙으로 한다. 가장 많은 사람들의 의견을 반영하는 것 이외에는 다른 대안이 없기 때문이다. 현실적으로 다수결은 투표로 드러난다. 국민투표에서 최고의 지지를 얻은 정당이 자신의 정강 정책을 실천에 옮기는 것이 현실적으로 민주주의가 실행되는 모습이다. 다음의 질문에 대해 생각해보자.

[질문 1] 흔히 교과서에서는 '민주주의에서는 다수결을 원칙으로 하되, 소수의 의견도 무시해서는 안 된다'고 가르친다. 그러나 다수결이라는 원칙과 소수의 의견을 무시하지 않는 것은 서로 모순되는 듯하다. 이에 대해 어떻게 생각하는가? 다수결의 원칙을 견지하면서도 소수 의견을 무시하지 않을 수 있는 방법이 있는가?

[질문 2] 북한도 스스로를 민주주의라고 주장한다. 실제로 북한에서도 투표를 하기 때문에 국민들의 의사를 반영하는 절차를 거치고 있다. 지난 번 아시안 게임에서 보여준 김정일에 대한 존경심으로 보아 비밀 투표가 행해진다고 해도 현재의 체제가 유지될 가능성은 매우 높아보인다. 만약 북한에서 비밀 투표를 실시하여 현재와 같은 체제를 유지해나간다면 북한은 민주주의 사회라고 볼 수 있는가? 그렇지 않다면 그 이유는 무엇인가?

　민주주의에서 다수결, 즉 여론의 향배를 결정하는 과정은 토론을 통해 이루어진다. 문제의 첫 번째 제시문에서 주장하는 것처럼 아무런 제한이나 금지 없이 순수하게 토론만을 통해 진리가 발견될 수 있다면 민주주의 사회의 가장 이상적인 모습이라고 할 수 있다. 그러나 현실은 그렇지 않다. 세 번째 제시문에서 말하고 있는 것처럼 자유로운 토론만을 통해서는 여론이 잘 수렴되지도 않을 뿐더러, 올바른 여론 수렴을 기대하기는 더더욱 힘들다. 교과서에서는 이러한 모습을 '중우정치(衆愚政治)' 라고 표현한다. 어리석은 자들이 떼거지로 모여서 정치를 한다는 뜻이다.

　사실 민주주의에 대해 '중우정치' 의 위험성을 경고하는 교과서의 설명에도 모순이 있어 보인다.

중우정치의 위험성이 있다면 다수결에 의해 수렴된 대중들의 의견에 따르지 말자는 것인가? 아니면 어리석은 결론이 나오더라도 대중의 의견에 따라 민주정치를 행하는 것이 바람직하다는 것인가? 이렇게 생각해 보면 문제는 쉽지 않아 보인다.

이 문제의 해결책은 두 번째 제시문에 있다. 두 번째 제시문에서는 일반 여론조사와는 조금 다른 형태의 여론조사를 보여주고 있다. 일반 여론조사와 달리 어떤 과정이 포함되어 있는가? 이에 대한 답은 누구나 쉽게 알 수 있다. 다양한 전문가들이 참석한 가운데 주제에 대해 집중 토론을 벌이고, 그 과정에서 전문가들은 참가자들의 질문에 답을 해 준다. 그리고 나서 심사숙고를 거친 후에 다시 설문을 받아 보았더니 표와 같이 조사 결과가 눈에 띄게 달라졌다. 전문가들에게 조언을 구하는 과정이 포함되면 여론 수렴이 보다 용이해짐을 보여주는 것이다.

대중들에게 필요한 정보가 제공되지 않은 가운데 단순히 여론만으로 정치를 한다고 해서 민주주의라 할 수 없음은 분명하다. 총칼로 위협하면서 특정한 방향으로 투표를 하게 한다면 민주주의가 아님은 아무도 부인할 수 없을 것이다. 국민들의 자발적인 의견을 수렴한 것이 아니라, "강제적"으로 수렴된 것이기 때문이다. 정보가 주어지지 않은 무지(無知)의 상태에서 행한 행위는 강제적인 행위와 유사한 부류에 속한다.

강제적인 행위에 대해서는 그 강제성의 강도에 따라 책임이 면제된다. 예를 들어, 한 친구가 당신이 아끼던 자전거를 훔쳐갔다고 하자. 당신은 물론 그 친구에게 화를 내면서 보상을 요구할 것이다. 책임을 묻는 것이다. 그러나 그 친구가 자의로 그런 것이 아니라, 당신을 아주 싫어하는 폭력배의 위협("자전거를 훔쳐오지 않으면 죽이겠다")에 못이겨 그렇게 했다면 그 친구를 대하는 당신의 태도는 전과 같겠는가 달라지겠는가? 그 친구에게 전과 같이 화가 나지 않을 것임은 물론, 보상을 요구하지도 않을 것이다. 책임을 면해주는 것이다.

무지의 상태에서 행한 행위에 대해서도 마찬가지다. 일단 상식적으로 생각해볼 수 있는 사례는 어린아이들에게 형사 책임을 묻지 않는 것이다. 좀 심한 비유일 수 있겠지만, 이는 정신병 상태에 있는 사람들에게 책임을 묻지 않는 것과 같다. 좀더 구체적인 비유를 들어보자. 어떤 도둑이 다섯 살짜리 꼬마에게 주인이 없는 금은방에 들어가서 보석을 가져다주면 막대사탕을 하나 주겠노라고 말했다고 해보자. 그 아이는 보석을 가져다준다. 이후 경찰에 잡힌 도둑은 그것을 자신이 훔치지 않았다고 주장한다. 그 아이가 자발적으로 가져다준 것을 받았을 뿐이라는 것이다. 이 도둑의 말은 논리적으로 타당한가?

강제 상태에서 행위하는 행위자는 '의도'를 가진 정상적인 인간이라기보다는 단순한 도구에 해당한다. 어떤 사람이 자신의 행동에 책임을 지는 정상적인 행위자이기 위해서는 주어진 행동 이외의 다른 선택지가 존재해야 한다. 생명의 위협을 받는 경우, 자신의 생명을 포기하는 것 이외에 다른 선택지는 없다. 차라리 생명을 포기하지 그랬느냐고 비난하는 것도 합당치 않아보인다. 그렇다면 그는 인간이 아니라 하나의 물건과 같은 상태에 있었던 것이다.

그렇다면 설사 여론에 의해 정치를 했다고 하더라도, 대중들에게 필요한 정보를 제공하지 않았다면 그것은 강제에 의한 정치와 다름이 없다. 어쩌면 총칼에 의한 독재보다도 더 교묘한 독재 정치라고 할 수 있다. 제시문에서는 그러한 정보 제공의 역할을 전문가들이 하고 있다. 여론 결정의 참가자들에게 필요한 정보를 충분히 제공함으로써 '자발성'을 보장하는 것이다.

그렇다면 두 번째 제시문의 모델을 사회 전체로 확장시킬 경우, '전문가'의 역할은 누가 담당하는가? 학자, 시민 단체, 지식인 등 다양한 대답이 있을 수 있다. 그러나 국민의 알 권리를 보장해줄 가장 중요한 장치는 역시 언론이라고 할 수 있다. 민주주의에서 언론의 자유가 필수적인 이유는 자발성을 보장하기 위해서는 필요한 정보가 제공되어야 하기 때문이다.

여기에서 한 가지 의문을 더 제기할 수 있다. 전문가는 지식의 양과 질에서 대중을 압도한다. 전문가는 마음만 먹으면 정보를 조작하거나 편향된 정보를 제공함으로써 여론의 향배를 좌지우지할 수 있을 듯하다. 이런 문제는 어떻게 해결되는가? 사려깊은 사람이라면 이미 눈치챘겠지만, 이 문제도 제시문에서 해결되어 있다. 제시문에서는 '다양한' 전문가들이 참가자들의 질문에 대답해준다고 말하고 있기 때문이다.

다양한 견해를 가진 전문가들이 정보를 제공할 경우, 전문가들 안에서도 이견이 있기 마련이다. 질문자에게 조작되거나 편향된 정보가 주어질 경우, 반대편 의견을 가진 전문가는 즉시 반론을 제기하면서 자신의 입장을 지지해줄 수 있는 다른 정보를 제공할 것이다. 정보는 전문가들에게서 나오지만 궁극적인 판단은 대중에 의해 이루어지는 것이다.

이 모델을 다시 한 번 사회 전체로 확대해본다면, 민주주의 사회에서 언론의 자유 못지 않게 중요한 것은 언론의 다양성이라는 사실을 알게 된다. 우리나라처럼 편향된 특정 시각을 가진 신문사들이 시장의 대부분을 장악할 경우 그 폐해는 상상을 초월할 정도다. 과거 한 보수 언론사의 사장은 스스로를 '밤의 대통령'이라고 칭하면서, "낮의 대통령은 유한하지만 밤의 대통령은 영원하다"고 말했다고 할 정도다.

북한을 민주주의 사회라고 부르기 힘든 이유도 바로 이 때문이다. 북한에서도 분명 투표를 통해 여론을 수렴한다. 그러나 북한 사회는 철저하게 정보가 통제된 사회다. 만약 서방의 언론에 보도되는 권력층의 비리가 사실이라면, 그리고 그러한 비리가 북한 주민들에게도 알려진다면, 지금과 같은 국가와 권력에 대한 충성을 기대할 수는 없을 것이다.

"전문가에 의해 충분한 정보가 제공된다면 바람직한 여론 수렴이 훨씬 용이해진다."

실제로 두 번째 제시문에 나온 것과 같은 형태의 여론 조사를 국내의 한 방송사에서 토론 프로그램에 적용한 적이 있다. 특정 주제에 대해 찬성 10명, 반대 10명, 중립 80명으로 구성된 100명의 관중들과 의견을 달리하는 전문가들이 양편으로 나뉘어 참가한다. 토론 시작 전에 먼저 그 주제에 대한 참가자들의 의견을 조사한다. 그리고 나서 전문가들 간에 토론을 벌인다. 토론 중간에 참석자들에게 질문의 기회가 주어진다. 토론과 질문 시간이 끝나고 나면 다시 한 번 투표를 통해 의견을 조사한다.

방송에서는 시간의 제약으로 인해 여론 수렴의 정도가 제시문에서처럼 확연하게 드러나지 않는 경우도 적지 않았다. 그러나 일부 사안들에 대해서는 뚜렷한 여론 향배의 변화가 드러남을 관찰할 수 있었다. 의사 결정에서 정보의 중요성을 실감케 하는 부분이다.

그렇다면 세 번째 제시문에서 제기된 두 가지 문제 중 여론 수렴과 관련된 문제는 해결된 셈이다. 그렇다면 나머지 한 가지 문제, 즉 올바른 여론이 수렴되지 않는다는 문제는 어찌 되는가? 이 문제는 제시문 자체에서 답이 주어지지 않는다. 민주주의에 대한 정확한 이해가 있어야만 설명 가능한 부분이다.

민주주의에서는 객관적이고 보편적인 절대적 진리가 존재하지 않음을 전제로 한다. 앞에서 공부한 바 있듯이, 그러한 진리가 존재한다고 주장하는 사람들은 모든 사람이 그 진리를 알 수 있다고 주장하지 않는다. 만약 모든 사람이 절대적인 진리를 알 수 있다면 현실적으로 의견의 차이는 존재하지 않을 것이기 때문이다. 따라서 객관적이고 보편적인 절대적 진리의 존재를 주장하는 사람들은 일부 극소수만 그 진리를 알 수 있으며, 거기에는 물론 자기 자신도 포함된다고 주장하기 마련이다.

이렇게 극소수만 진리를 알 수 있다면 대중의 의견을 수렴할 필요는 없어진다. 대중들의 의견을 수렴하더라도 극소수의 사람들이 이미 알고 있는 것보다 더 나은 결론이 나올 수는 없을 것이기 때문이다. 실제로 플라톤은 민주주의를 경멸했다. 자비의 원칙에 의거해서 볼 때, 독재자들 가운데 상당수는 아마도 대중이란 어리석은 결론을 내기 마련이라는 생각 아래에서 독재 정치를 했을 것이다.

민주주의에서 다수결을 원칙으로 한다는 사실 자체에서 이미 절대적 진리의 존재를 부인하고 있음을 알 수 있다. 민주주의는 인식론적 회의주의를 기반으로 하는 것이다. 상대적인 의견을 가진 사람들만 존재한다. 그러나 민주주의가 극단적인 상대주의를 추구하는 것도 아니다. 상대적인 의견들을 비교할 수 있다. 서로의 의견을 공개하고 평가해봄으로써 가장 설득력 있는 의견을 결정한다. 기준이 '설득력'이므로, 그 결정 방법은 당연히 얼마나 많은 사람을 설득시킬 수 있는가에 있다.

필요한 정보가 주어진 상태에서 다수의 결정에 의해 가장 설득력 있는 견해로 인정받으면, 그보다 설득력 있는 새로운 견해가 나오기까지 그 견해는 잠정적인 진리로 인정받는다. 그것이 바로 민주주의의 정신이다. 다수결에 패배한 소수는 더욱 설득력 있는 의견을 준비해서 다시 한 번 도전할 기회를 엿본다. 그들에게 기회는 언제나 열려 있어야 한다. 소수의 의견을 무시하지 않는다는 것은 바로 그것이다. 자신들의 견해가 더욱 설득력 있다고 여겨지는 자는 누구나 공개적으로 그것을 발표할 기회를 가져야 하는 것이다.

다음 제시문을 읽고 언론 자유의 범위와 한계에 대해 1,200자 내외로 한 편의 완성된 논술문을 작성해보시오.

제시문

[가] 동의를 표한 성인이 포르노물에 접근하는 것을 제한하는 데 반대하는 전반적인 주장은 일반적으로 다음과 같은 방향으로 진행된다: 법적 간섭주의라는 원칙은 받아들일 수 없는 자유를 제한하는 원칙이다: 그러한 금지 조치에 쓸데없이 개입하는 것은 정부가 할 일이 아니다. 법적 도덕주의라는 원칙 또한 받아들일 수 없는 자유를 제한하는 원칙이다: 다수의 도덕적 견해를 강요하는 것은 결국 '다수의 독재'를 허용하는 셈이다. 정부가 동의를 표하는 성인의 사적인 행위를 금지하는 법을 정당하게 만들 수 있는 유일한 근거는 그 행위가 타인에게 해를 끼친다는 것뿐이다. 그러나 현재로서는 동의하는 성인이 포르노물에 접근한다고 해서 분명하고도 즉각적인 위험이 생겨난다는 사실이 입증되어 있지 않다. 그러므로 검열이란, 특히 그것을 통해 생겨날 가능성이 높은 행정적인 악몽이라는 측면에서 볼 때, 그리고 검열관이 권력을 남용할 가능성에 비추어볼 때 분명 정당화될 수 없다. 뿐만 아니라 검열을 반대하는 사람들이 때때로 주장하는 바에 따르면, 포르노는 사실 그것을 보는 사람들과 사회 전반에 이로운 것이다. 이와 관련해서 사람들이 하는 말에 따르면, 포르노를 보는 것이 정상적인 성적 발달에 도움이 될 수 있고, 성 관계에 활력을 불어넣어 줄 수 있으며, 포르노를 통해 사회적으로 아무런 해를 끼치지 않고도 성적인 긴장으로부터 해방감을 맛볼 수도 있다.

[나] 정보 기술을 통해 사람들은 국경과 장소의 제약으로부터 자유로워졌다. 디지털 시대의 지도자들은 인터넷의 힘을 긍정적으로 받아들여 사회를 변화시키고, 심지어는 구질서를 뒤집어 엎고자 한다. 그러나 이러한 낙관론은 상당 부분 개인들이 책임감을 가진다는 사실에 의거하고 있다. 여태까지 어떠한 기술적 발전을 통해서도 개인적 자유와 사회 질서 사이의 모순이 해결되지 못한 상태다. 어떤 사람들은 모든 정보가 자유로워야 한다고 주장한다. 다른 사람들은 사생활과 안전 그리고 아이들을 보호하기 위한 합리적인 제한이 존재한다고 말한다.

검열 반대 운동을 벌이는 사람들은 기꺼이 언론의 자유를 위해 싸우고자 한다. 하지만 그로 인해 아이들이 인터넷 상에서 성적인 내용물에 쉽게 노출된다면 그것이 옳은 일이겠는가? 또한 네트워크에 침입해서 사생활과 안전을 침해하고자 하는 해커들도 존재한다. 자유에 제한은 없는가? 인터넷 사이트와 해킹, 중상 모략 등을 반드시 검열하고 통제해야 하는 것은 단지 아이들만을 위한 것이 아니라 어른들을 위한 것이기도 하다. 문제에 대한 치료책을 발견하기보다는 예방이 낫다는 사실을 이해해야만 한다.

주제강의 2 - 언론 자유의 범위와 한계

앞에서 밝힌 것처럼 민주주의 사회에서 언론의 중요성은 이루 말할 수 없을 정도다. 그렇다면 언론의 자유는 어느 정도까지 허용되어야 하는 것일까? 언론에 대해 무조건적인 제약을 가해야 한다고 주장할 사람은 없을 것이므로, 이에 대한 실질적인 선택지는 두 가지다: ① 특정한 몇몇 조건 아래서는 언론의 자유에 제약을 가할 수 있다; ② 어떤 경우에도 언론의 자유에 제약을 가해서는 안 된다.

사실 두 번째 주장은 너무나 극단적인 듯해서 쉽게 지지될 수 있을 것 같지 않다. 대부분의 사람들은 이 문제에 대해 당연한 듯이 첫 번째를 선택한다. 그리고 교과서에서 배운 대로 '자유가 방종으로 흘러서는 안 된다'고 말한다. 그러나 문제는 그리 간단하지 않다.

언론에 대해 일정 정도의 제약을 가해야 한다는 주장을 하는 사람에게, "누가 어떤 기준에 의해 제약을 가하는가?"라고 묻는다면 쉽게 대답할 수 있는 사람은 많지 않다. 사실 언론에 실질적인 제약을 가할 수 있는 거의 유일한 주체는 정부다. 그리고 제약을 가할 수 있는 근거로 너무나 쉽게, 그리고 거의 유일하게 생각할 수 있는 것은 '국익' 혹은 '공익'이다.

그러나 언론의 역할에 대해서는 위에서 이미 언급한 바 있다. 국민의 알 권리를 보장함으로써 권력이 국민을 마음대로 좌지우지하지 못하게 하는 것이다. 사실 권력의 속성을 한 단어로 설명하라면, 그에 가장 근접한 말은 '부패'일 것이다. 권력이 부패할 가능성은 홉스의 사회계약설에서 잘 드러난다. 홉스의 사회계약설은 다음과 같은 구조로 이루어져 있다.

① 모든 인간은 이기적이다.
② 욕구는 무한하고 재화는 부족하다.
③ 자연 상태(법과 제도가 갖추어지지 않은 상태)에서는 필연적으로 '만인 대 만인의 투쟁'이 생겨난다.
④ 이성적인 인간은 그 투쟁이 모두를 불행에 빠뜨릴 것임을 알고 법과 제도를 만든다.
⑤ 그러나 강제성이 결여된 상태에서는 무임승차자(free-rider)가 생겨난다.
⑥ 무임승차자를 막기 위해 개개인의 권리를 조금씩 양도하여 위법자를 처벌할 수 있는 강력한 힘을 가진 권력을 만들어낸다.

[질문 1] 무임승차란 무엇인가? 구체적인 사례를 들어 설명해보시오.

사실 사회계약설 자체의 타당성 여부에 대해서는 공동체주의자들에 의해 끊임없이 반론이 제기되어 왔다. 법과 제도가 존재하기 이전, 다시 말해서 사회 이전의 개인(자연인)이란 존재할 수 없다는 것이다. 그러나 권력의 역할과 한계를 사회계약설만큼 간명하게 잘 설명하기도 쉽지 않다. 권력은 국민의 안전을 보장하기 위해 존재하며, 그러한 역할을 수행하지 못한다면 그 권력은 정당성을 잃을 것이기 때문이다.

그러나 여기에 한 가지 딜레마가 있다. 권력은 기계가 아니다. 권력을 운용하는 것도 또한 사람이며, 모든 사람이 이기적이라는 전제에 따르면 권력자가 권력을 공정하게 사용할 가능성은 거의 없다. 다른 특별한 제약이 존재하지 않는 한 권력자는 자신의 이익에 부합하도록 정책을 운용하려 할 것이다. 민주주의 사회에서 권력의 분립을 채택하는 이유가 바로 여기에 있는 것이다.

권력이 부패하면 국민의 안녕을 보장하기 힘들다. 애초에 국민들이 자신의 자연권 일부를 할양한 이유가 사라지는 것이다. 권력의 부패를 막기 위해서는 감시 장치가 필요하다. 그 핵심적인 역할을 언론이 담당하고 있다.

이제 권력으로 하여금 언론에 제약을 가하게 한다는 것은 무엇인가 모순된 듯이 보인다. 또한 제약을 가하는 주체가 명확하지 않은 한 '국익'이나 '공익'이라는 명분 또한 무의미해질 가능성이 높다. 다음과 같은 경우를 상상해보자:

> 우리나라에서는 전례 없이 강력하고 간편한 무기 개발에 착수하였다. 이 무기가 개발되면 세계 어느 나라도 우리나라를 업신여기지 못할 것이다. 당연히 무기 개발은 비밀리에 진행된다. 그런데 기자 한 사람이 그 사실을 눈치챘다. 그 사실을 보도하지 못하도록 해야 하는가?

이런 가상의 사례를 제시하면 대다수의 사람들은 당연히 그래야 한다고 대답한다. 하지만 문제는 그리 쉽지 않다. 이 경우에 보도가 국익에 해가 됨이 분명해 보이는가? 국익에 해가 되는지 그렇지 않은지 어떻게 결정하는가? 국민들에게 보도가 국익에 해가 되는지 물을 수는 없다. 그렇다면 당연히 정부에서 판단해야 할 것이다. 국민들에게 알리지 않은 채로 말이다. 상황이 이것뿐이라면 그럴 수도 있다.

"사생활 보호와 언론자유는 언제나 첨예하게 대립하고 있는 문제이다"

그러나 권력이 국익에 해가 되는지 여부를 판단하게 되면 또 다른 문제가 생겨난다. 예를 들어 대통령의 아들이 커다란 비리를 저질렀다고 해보자. 권력의 입장에서는 그 사실을 보도하는 것이 국익에 해가 된다고 판단할 가능성이 높은가, 그렇지 않을 가능성이 높은가? 그에 대한 판단을 전적으로 권력이 내린다면 과연 장기적으로 국익에 도움이 될 것인가?

언론의 자유가 무제한적으로 주어져야 한다는 주장은 옹호하기 쉽지 않을 듯하다. 그러나 언론의 자유에 어떤 식으로든 제약을 가해야 한다는 주장 역시 쉽게 옹호할 수 없다. 제약의 주체와 기준을 명확히 밝히지 못한다면 언론이 존재하는 본연의 목적에 역행하는 조치가 될 수도 있는 것이다.

언론 자유를 제한해야 하는 이유 가운데 많이 거론되는 또 한 가지는 사생활 침해다. 언론이 사생활을 침해할 가능성은 언제나 존재한다. 중요한 것은 그것이 국민들의 알 권리에 해당하는가, 아니면 사생활 침해에 해당하는가 하는 점이다. 사실 일반 국민들의 경우에 언론에 의한 사생활 침해가 이루어질 가능성은 거의 없다. 아무 이유 없이 샤워하는 모습을 찍어 언론에 보도한다면 이는 범죄 행위이기 때문이다.

사생활 침해 문제의 대상이 되는 것은 대체로 정치인과 연예인 등 이른바 '공인'들이다. 스포츠 신문이나 연예 정보 뉴스 등에는 언제나 사생활 침해 논란이 따라다닌다. 하지만 문제는 '공인'들의 생활이 어느 정도까지 사생활에 해당하는가를 결정하기가 쉽지 않다는 점이다. 예를 들어보자. 가정의 소중함을 역설하여 당선된 국회의원 한 사람이 바람을 피웠다고 해보자. 그 사실을 보도하는 것은 사생활 침해인가?

더 애매하기는 하지만, 연예인들의 연애 뉴스도 쉽게 사생활 침해라고 말하기 힘들다. 공인이란 결국 인기를 먹고사는 사람들이며, 그들이 어떤 생활을 하는가가 인기에 영향을 미칠 것은 분명하기 때문이다. 문제삼을 수 있는 것은 결국 가택 침입과 같은 불법적인 취재나, 사실과 다른 내용을 보도함으로써 피해를 입힌 경우 등에 국한될 것이다. 그리고 이 경우에 그 보도가 허위며, 그로 인해 피해를 입었음을 입증할 책임은 당사자 자신에게 있을 것이다.

언론 자유를 어느 정도 허용해야 하는가에 대한 정답은 없다. 그러나 언론의 역할과 기능에 대해 정확히 이해하고 나서 내리는 선택은 좀더 설득력을 갖게 될 것이다.

11

민주주의와 법치주의

다음 제시문을 읽고 질문에 답하시오.

[가] 시민들은 모든 법에 동의한다. 그것이 자신의 의지에 반해서 통과된 법이라 할지라도, 그리고 자신이 그 법 가운데 하나를 어겼을 때 자신을 처벌하는 법이라 할지라도 말이다. 국가 전체 구성원들의 지속적인 의지가 바로 일반 의지다; 바로 그것을 통해서만 그들은 시민일 수 있고 자유로울 수 있다. 인민 회의에서 어떤 법이 제안되었을 때, 그들에게 묻는 것은 정확히 말해서 그들이 그 제안된 법을 인정하는가 거부하는가가 아니라 그 법이 그들이 가지고 있는 일반 의지와 일치하는가 여부다; 각자는 투표를 통해 이 문제에 대한 자신의 의견을 개진하며, 투표 결과를 헤아린 결과가 바로 일반 의지의 선언이다. 그러므로 나 자신의 견해와 반대되는 견해가 우세를 차지하면, 이는 결국 내가 오류를 범했으며 내가 일반 의지라고 믿었던 것이 그것이 아니었음을 보여주는 것이다.

[나] 언젠가 내가 어떤 펜실베니아 사람에게 물은 적이 있다: "퀘이커 교도들이 세우고 관대함으로 유명한 주에서 자유를 얻은 흑인들이 시민으로서의 권리 사용을 허가받지 못하고 있는 이유를 설명해주시오. 그들은 세금을 냅니다: 그들이 투표하는 것이 옳지 않습니까?"

그가 대답했다: "우리 입법자들이 그렇게 엄청나게 부정의하고 편협한 짓을 저지를 것이라고 생각함으로써 우리를 모욕하지 마시오."

"그렇다면 당신들에게서도 흑인들은 투표권을 가지고 있단 말입니까?"

"물론입니다."

"그렇다면 오늘 아침 선거인단 회의에서 흑인을 단 한 명도 보지 못한 것은 어떻게 된 것인가요?"

그 미국인은 "그것은 법의 잘못이 아닙니다"라고 말했다. "사실 흑인들은 선거에 참가할 권리를 가지고 있습니다만, 자발적으로 모습을 드러내길 꺼리는 것입니다."

"그 사람들 정말로 겸손하군요."

"저런! 그들이 거기에 가기를 꺼려서가 아니라 학대받을까봐 두려워하는 것입니다. 우리에게는 다수가 법을 지지하지 않을 때 법이 강제력을 상실하는 일이 때때로 벌어집니다. 이제 다수의 사람들이 흑인에 대한 편견을 가지고 있으며, 행정관들도 법에 의해 그들에게 주어진 권리를 보장할 만큼 강력한 마음을 가지고 있지 못합니다."

"뭐라고요! 법을 만들 특권을 가진 다수가 법에 복종하지 않을 특권마저 가지기를 원한다구요?"

[다] 언로(言路)를 넓힘으로써 여러 사람들의 계책(計策)을 모아야 하옵니다. 임금이란 작은 한 몸을 가지고 만백성 위에 처하고 있어서 청각(聽覺)은 모든 것을 다 듣기에 부족하고 시각(視覺)은 모든 것을 다 보기에 부족하기 때문입니다. 인심(人心)이 함께 옳다 하는 것을 '공론(公論)'이라 하며, 공론의 소재(所

在)를 '국시(國是)'라 합니다. 국시란 한 나라의 사람들이 모두 함께 옳다 하는 것이니 이익으로 유혹하는 것도 아니며, 위엄으로 무섭게 하는 것도 아니면서 삼척동자(三尺童子)도 그 옳은 것을 아는 것이 곧 국시입니다. 여항(閭巷)에 공론이 가득 차야 왕도 정치(王道政治)가 이룩될 수 있으며, 만약 공론 아닌 '중론(衆論)'이 세상을 돌아다니면 나라가 망하게 됩니다. 공론은 '겸선(兼善)'과 '공선(共善)'으로 뒷받침된 올바른 의견이요, 중론은 '자선(自善)'만 주장하는 잘못된 의견입니다.

마음으로는 옛날 법도(法道)를 사모(思慕)하고 몸으로는 유가(儒家)의 행실을 실천에 옮기고 입으로는 법언(法言)을 말함으로써 공론을 유지하는 자를 '사림(士林)'이라고 하옵니다. 사림이 조정(朝廷)에서 사업 수행에 참여하면 나라가 잘 다스려지고, 사림이 조정에 없어서 사업 수행이 '공언(空言)'에 좌우되면 나라가 어지러워지옵니다.

[라] '가' 신문(2003년 6월 3일자)

환경운동연합 부설 시민환경연구소가 지난 달 30, 31일 이틀 동안 여론 조사 전문 기관인 한길리서치에 의뢰해 전국의 성인 남녀 1,000명을 대상으로 전화 면접 조사를 한 결과, 전북도민은 새만금 간척 사업에 76.8%가 찬성 의사를 보인 반면 52.5%만이 방조제 공사를 마무리해야 한다는 의사를 보였다고 밝혔다. 그러나 나머지 국민은 대다수(84.6%)가 공사 중단을 지지해 전북도민의 의식과 여전히 큰 간극을 보였다. 간척 사업에 대해서도 67.7%가 반대 의사를 표시해 76.8%가 찬성하고 있는 전북도민과 대조를 보였다.

'나' 신문(2003년 6월 16일자)

매경인터넷이 지난 9일부터 16일 오전까지 실시한 인터넷 여론 조사에서 총 응답자 중 42.1%인 2,559명은 "새만금을 개발하되 용도 변경 등 절충안이 필요하다"고 응답했다. 또 응답자의 33.6%인 2,044명은 "새만금 간척 사업은 계속돼야 한다"고 답하는 등 새만금 간척 사업 중단에 반대하는 입장을 보였다. 참고로 "새만금 간척 사업은 백지화되어야 한다"는 응답은 24.2%에 불과했다.

[마] 다음 사진은 국립현대미술관 야외 조각장에 설치된 〈10개의 계량기〉라는 작품으로, '계량하는 것이 계량되고 있다'는 점을 표현하고 있다.

[질문 1] 제시문 가)의 핵심 어휘를 찾아보시오.

[질문 2] 제시문 [가]에 따를 경우 '일반 의지'는 단순한 '전체의 의지'와 어떻게 다른가?

[질문 3] 제시문 [가]에서는 입법 과정을 설명하고 있다. 입법자는 어떤 태도로 입법 과정에 임해야 한다고 주장하고 있는가?

[질문 4] 제시문 [가]에서 말하는 입법 과정의 최종 절차는 무엇인가?

[질문 5] 제시문 [나]에서 흑인들은 왜 선거에 참가하지 않았는가?

[질문 6] 제시문 [나]에서 문제되고 있는 상황은 무엇인지, 흑인과 백인이라는 사례를 빼고 추상화시켜 이야기해보시오.

[질문 7] 제시문 [다]의 글쓴이가 주장하는 내용을 짤막한 한 문장으로 정리해보시오.

[질문 8] 제시문 [다]의 글쓴이가 위와 같은 주장을 하는 이유는 무엇인가?

[질문 9] 제시문 [다]에 등장하는 개념 가운데 제시문 [가]에 등장하는 개념과 유비될 수 있는 것은 무엇인지 찾아보시오.

[질문 10] 제시문 [라]에서 두 신문 기사를 비교함으로써 말하고자 하는 바는 무엇인가?

[질문 11] 제시문 [마]에서 '계량하는 것'인 저울은 위의 제시문들에 등장한 개념 가운데 무엇을 상징하는 것이며, 그 이유는 무엇인가?

[질문 12] 제시문 [마]에서 사진을 통해 하고자 하는 주장은 무엇인지 한 문장으로 답해보시오.

[질문 13] 민주주의에서는 보편적으로 법치주의를 채택하고 있다. 그러나 다수결의 원칙에 의해 정책을 결정하는 민주주의의 원리와 법에 의한 지배라는 법치주의의 원리는 서로 모순되는 듯하다. 위에 나오는 다섯 개 제시문의 내용을 유기적으로 연결해서 민주주의와 법치주의 사이에 존재하는 듯한 모순에 대해 자신의 견해를 밝히시오.

〈유의사항〉

1. 글의 길이는 2,000자 내외로 할 것.
2. 글의 제목이나 자신의 인적사항에 관련된 표현을 일체 쓰지 말 것.
3. 연필은 사용하지 말고 흑색이나 청색 필기구를 사용할 것.
4. 모든 제시문의 내용을 반영할 것.
5. 제시문의 내용을 그대로 옮겨쓰지 말 것.
6. 제시문 내용에 대한 요약이 글 전체의 1/2 정도가 되도록 할 것.

민주주의 국가에서는 예외 없이 법치주의를 채택하고 있다. 그러나 다수결에 의한 정책 결정을 원칙으로 하는 민주주의와 법에 의한 지배를 원칙으로 하는 법치주의는 상호 모순되는 개념처럼 보인다. 다수가 원하는 행위라 하더라도 법에 의해 금지되어 있다면 실천에 옮길 수가 없기 때문이다. 법치주의는 다수의 횡포를 막고 소수의 권리를 보호하기 위한 장치라고 설명하기도 한다. 만약 그렇다면 다수결의 원리에 앞서는 다른 원리가 있는 것이며, 이는 민주주의에 반하는 것임에 틀림없다.

앞 장에서는 민주주의 사회에서 합리적이고 올바른 여론 형성이 이루어지기 위한 조건에 대해 논한 바 있다. 그렇다면 언제나 여론의 향배에 의해 정책의 방향을 결정하는 것이 올바른 것일까?

제시문 [다]에서 밝히고 있는 것처럼, 여론을 통한 정치가 필요한 이유는 한 사람의 통치자 혹은 소수 통치 집단의 이목만 가지고는 모든 것을 보고 들을 수가 없기 때문이다. 누구도 절대적인 지혜를 가지고 있지 못하므로, 더 많은 사람들의 지혜를 모아 결정을 내리자는 것이 민주주의의 정신인 것이다.

제시문 [라]에서는 보여주고 있는 것은 새만금 간척이라는 동일한 현안에 대해 서로 다른 두 신문에서 보도한 여론 조사 결과다. 여론 조사를 실시한 시점은 10일 정도밖에 차이가 나지 않지만, 여론 조사의 결과는 상당한 차이를 보이고 있다. 여론 조사의 주관 기관(환경 단체; 경제신문), 조사 방법(전화 면접; 인터넷 여론 조사), 표본의 크기, 문항의 내용 등이 달라짐에 따라 전혀 다른 결과가 나온 것이다. 게다가 '가' 신문에서는 전북도민의 의견을 나머지 국민의 의견과 나누어 통계를 내는 방식을 택하고 있는 반면, '나' 신문에서는 무차별적인 방식으로 통계를 내고 있다. 민주주의 운영의 근간인 여론의 향배에 대한 확인이 쉽지 않음을 보여준다.

제시문 [마]에서는 저울 위에 저울이 올려져 있는 사진이다. 그리고 그 작품에 대해 '계량하는 것이 계량되고 있다'는 설명을 덧붙이고 있다. 사실 저울이란 전통적으로 무언가를 평가하는 표준적인 도구를 대표해왔다. 정의의 여신이 한 손에는 저울을, 다른 한 손에는 칼을 들고 있다는 사실을 상기해보면 어렵지 않게 이해할 수 있을 것이다. 저울 위에 저울이 올라가 있다는 것은 무슨 의미일까?

민주주의 사회에서 어떤 정책의 타당성을 평가하는 가장 표준적인 방법은 그에 대한 여론을 수렴해보는 것이다. 저울이 무게를 다는 척도이듯, 민주 사회에서 여론은 정책 평가의 척도가 된다. 그러나 우리는 저울에 물건을 달기만 할 뿐, 저울 그 자체의 무게를 달 생각은 잘 하지 않는다. 마찬가지로 민주주의 사회에서는 여론에 기대어 정책을 평가하려는 노력은 많지만, 여론 자체에 대해 반성해보려는 노력은 잘 하지 않는다. 텔레비전의 뉴스나 신문 보도에서 시민 몇 사람과의 인터뷰 결과나 혹은 제시문에 나온 것과 같은 여론 조사 결과를 발표하면서 그것을 근거로 자신들의 주장을 내세우는 경우를 자주 보게 되는 것도 여론에 대한 일종의 '숭배'에서 비롯된 것이다.

그러나 제시문 [라]에서 볼 수 있는 것처럼 여론의 향배에 대한 확인이 쉽지 않음을 고려해볼 때, 아무런 견제나 여과 장치 없이 여론 자체를 숭배하는 것은 위험할 수 있다. 민주 사회 정책 결정의 척도인 여론에 대해서도 반성적인 척도를 들이댈 필요가 있는 것이다.

사실 앞 장에서 살펴본 것처럼 바람직한 여론 수렴은 결코 쉽지 않다. 앞 장에서는 바람직한 여론 수렴의 조건으로 언론의 자유를 보장함으로써 필요한 정보를 제공하는 것에 대해 설명한 바 있다. 그러나 그것만으로 끝나는 것일까? 우리는 양식 있는 사람들로 이루어진 집단도 쉽사리 집단의식에 휩싸일 수 있음을 목격한다. 제시문 [나]에서는 아무런 여과 장치 없이 단순히 다수의 여론에 근거할 경우 생겨날 수 있는 부작용을 보여주고 있다. 정의롭고 합리적인 법률이 제정되어 있다 해도, 사회의 구성원 대다수가 자신의 이해 관계에 따라 여론을 형성하고, 또 그러한 이해 관계에 따라 형성된 여론에 근거해 법을 위반할 권리까지 요구할 경우 그것이 민주주의의 근간이 다수결의 원칙을 따른 것이라는 이유만으로 정당화될 수 있는 것인가를 묻고 있다. 이는 이른바 다수에 의한 독재가 될 가능성이 있는 것이다.

"법치주의에서는 무조건적인 여론정치보다 법에 의한 지배를 원칙으로 한다"

몇 년 전 커다란 파문을 일으켰던 '스티브 유'(한국명 유승준)의 사례를 가지고 생각해보자. 그는 공인으로서 군대에 가겠다고 누차 약속했음에도 불구하고 미국 시민권을 획득하여 병역을 면제받았다. 우리나라 국민들은 분노하였고, 그에게 입국 금지라는 처분이 내려졌다. 그에게 일종의 법적인 제재가 가해진 것이다(사실 입국 금지 처분의 배경은 그리 간단치 않다. 스티브 유가 신청한 여권의 종류도 문제가 되고, 법률 해석에 대해서도 의견이 분분했다. 그러나 여기에서는 설명의 편의를 위해 아주 단순하게 표면적인 사실만 가지고 가상적으로 이야기를 진행시켜보겠다).

대다수 국민들은 그러한 처분에 찬성하였다. 법적인 제재가 마땅하다고 생각한 것이다. 우리나라 젊은이들에게 아주 민감한 문제였던 만큼 파장도 컸기 때문이다. 민주주의 사회에서 법치주의를 채택하지 않고 단지 그때그때 여론의 향배에 의해서만 움직인다면 어떤 일이 벌어지겠는가? 여기에서 가상적인 상황을 생각해보자. 이미 미국 시민이 되었기 때문에 가능하지도 않았겠지만, 만약 그에게 종신형이나 그 이상의 형벌을 내려야 한다는 의견이 제기되었다면 당시의 정서로 보아 그러한 의견이 승인되었을 가능성도 적지 않다. 그리고 그런 처벌이 가능했다면 실제로 처벌도 이루어졌을 것이다. 당시는 그를 묶어놓고 돌이라도 던질 분위기였던 것이다. 일부 양식 있는 지식인들의 목소리는 다수의 소리에 묻혀버렸다.

몇 년이 지난 지금은 어떠한가? 지금도 우리는 그렇게 흥분하고 있는가? 사실 스티브 유는 어떤 법도 어기지 않았다. 그는 미국 시민권을 얻을 수 있는 합법적인 자격을 가지고 있었고, 합법적인 절차에 따라 시민권을 획득했다. 미국인이 한국의 병역 의무를 행해야 할 까닭이 없으므로 그가 군대에 가지 않는 것도 또한 당연했다. 그는 무슨 잘못을 하였는가?

그는 '공인'으로서 거짓말을 했다. 공인이 거짓말을 하면 어떻게 되는가? 공인의 대표격이라 할 수 있는 정치인에 대해 생각해보자. A씨는 가정의 소중함을 역설하여 국회의원에 당선되었다. 그러나 실제로 그는 자신의 가정에 전혀 관심이 없는 사람이었으며, 외도까지 하였다. 이러한 상황이 벌어졌다면 우리는 그에게 법적인 제재를 가하는가? 그렇지는 않다. 우리가 택할 수 있는 가능하고도 합리적인 방법은 앞으로 절대 그에게 표를 던지지 않는 것이다. 이러한 선택지를 스티브 유에게 적용한다면 어떤 방법이 나올지 생각해보라.

어쨌든 스티브 유의 잘못은 도덕적인 비난의 대상이라고 말할 수는 있었을지언정, 법적인 제재의 대상은 아니었다. 당시에도 성난 국민들에게 이러한 말을 할 수 있었다. 필요한 정보를 제공해줌으로써 이른바 '무지에 의한 비자발적 행위'를 막을 수 있었던 것이다. 그러나 흥분한 여론이 그에 의해 진정되었을 듯하지는 않다. 중세에 동료를 마녀로 몰아 죽였던 사람들도 무지한 자들만은 아니었던 것이다.

여론은 일종의 '광기'에 빠질 수 있다. 순간의 감정 혹은 단기적인 이기심에 휩쓸려 일을 그르치는 것이 개인에게만 해당되는 문제는 아닌 것이다. 다시 제시문 [다]로 돌아가보자. 이 제시문에서는 중론(衆論)과 공론(公論)을 구분하고 있다. 중론이란 '자선(自善)만 주장하는 잘못된 의견'이며, 공론이란 '겸선(兼善)과 공선(共善)에 의해 뒷받침된 올바른 의견'이라고 정의하고 있다. 둘 다 집단적인 의견, 즉 여론임은 분명하지만, 그 성격에 따라 두 가지로 분류하여 그 가운데 하나는 배척하고 나머지 하나만 따라야 한다고 주장한다. 올바른 여론이란 각자의 이해 관계에 기반한 의견의 산술적 종합이 아니라, 자신의 이해 관계나 현실적인 조건의 압박에서 벗어난 합리적인 의견의 취합을 통해 이루어져야 함을 주장하고 있는 것이다. 그렇다면 올바른 여론과 그렇지 못한 여론을 구분해내는 방법은 무엇일까?

제시문 [가]에서는 '일반 의지'에 관한 루소의 주장을 소개하고 있다. 루소는 사회 제도나 개개인의 의지는 타락할 수 있지만, 일반 의지는 타락하지 않는다고 생각했다. 루소는 궁극적으로 인간에 대한 신뢰를 가진 사상가였다. 하지만 중요한 것은 자신이 가지고 있는 인간에 대한 신뢰를 현실에서 어떻게 확인할 수 있는지 보여주는 것이다. 다시 말해서 '일반 의지'를 어떻게 확인하고 제도화할 수 있는지 보여주어야 하는 것이다.

루소에 따르면 일반 의지란 '국가의 모든 구성원들의 지속적인 의지'다. 여기에서 중요한 것은 일반 의지가 단순한 '전체의 의지'와는 다르다는 사실이다. 어떤 한 시점에서 집단의 구성원 전체가 가지는 의지는 혼란된 것일 가능성이 있다. 위에서 언급한 스티브 유의 사례를 생각해보라. (가상적인) 당시의 여론에 따라 그에게 중벌을 내렸다면, 그것을 일반 의지에 따른 조치라고 할 수 있을까? 시간이 지나고 나면 사람들은 그때 모두가 감정적인 흥분 상태에 있었음을 깨닫는다. 그 조치는 단순한 '전체의 의지'에 입각한 행위에 불과하다. 일반 의지의 두 가지 조건 가운데 '지속성'

이라는 조건을 충족시키지 못했기 때문이다.

　일반 의지는 우리의 양심 속에 언제나 존재한다. 우리에게 개인의 이익과 공공의 이익 사이의 갈등이 있다면, 그것은 일반 의지가 존재한다는 증거다. 그러한 갈등조차도 할 수 없는 사람은 어쩌면 온전한 인간이라고 할 수 없다. 사회성이 전혀 갖추어지지 못한 '늑대 소년' 같은 존재이거나 정신병자라고 할 수밖에 없다. 일반 의지는 중론과 다른 공론이다. 일반 의지가 존재한다면, 우리는 그것을 통해 여론을 심의할 수 있다. 문제는 일반 의지를 어떻게 확인해내서 정책에 반영하는가에 있다.

　제시문에 따르면 일반 의지는 입법 과정에서 단순한 개인이나 집단의 의지와 공동의 선의지를 구분하는 기준이다. 어떤 법률이 제안되면, 법을 심의하는 사람은 자신이 개인적으로 그것을 찬성하는가 반대하는가를 생각해서는 안 되며, 자신의 머릿속에서 '전 국민의 지속적인 의지'가 그것을 찬성할 것인가 그렇지 않을 것인가를 상상해보고, 그 결과를 기준으로 법안을 심의해야 한다.

　새만금 사업을 예로 들어보자. 제시문의 보도에서도 볼 수 있듯이 전라북도 도민들은 새만금 사업을 통해 도의 발전이 이루어지기를 기대한다. 반면 많은 국민들은 새만금을 보존하여 환경 오염을 막아야 한다고 생각한다. 전라북도 출신 국회의원이 새만금 사업과 관련한 입법 활동을 할 때, 그는 일개 정치인으로서 혹은 전라북도라는 집단의 대표로서 법안 심사에 임해서는 안 된다. 그는 일반 의지의 대변자여야 한다. 전 국민이 시간이 흘러도 그 법을 찬성할 것인가 여부를 따져보아야 한다. 그는 개개인의 대변자가 아니라 합리적인 시민의 대변자다. 스티브 유의 사례에서도 동일한 원리가 적용된다.

"루소는 입법 과정이란 일반 의지를 확인하는 과정이어야 한다고 주장했다"

　그러나 그것만으로 법안이 결정되는 것은 아니다. 자신이 상상 속에서 일반 의지와 합치한다고 생각한 내용이 실제로는 자신의 착각에 의한 잘못된 결론일 가능성이 있기 때문이다. 일반 의지는 타락하지 않지만, 인간에게는 누구나 지적인 오류의 가능성이 있다. 따라서 법률을 심의하는 사람들 각자가 일반 의지라고 생각한 내용을 가지고 투표를 해서 서로가 일반 의지라고 생각한 내용에 대해 다시 한 번 검토를 거쳐야 한다. 그렇게 해서 더욱 많은 사람이 일반 의지에 합치한다고 생각한 내용이 법안으로 공표되어야 한다.

　구성원들 각자가 자신의 편견에서 벗어나서 중립적인 입장에서 판단을 하려는 노력을 기울일 때 일반 의지에 접근할 수 있다. 이러한 주장의 근저에는 시민들이 합리적으로 사고하고 행동해서, 심지어는 자신의 의지와 반하고, 자신이 위법을 저질렀을 때 자신을 처벌하게 될 법률에조차도 찬성할 것이라는 인간에 대한 낙관적인 견해가 자리잡고 있다. 만약 그런 낙관적인 견해가 잘못된 것이라면? 당연히 민주주의는 실현 불가능할 뿐만 아니라 무용하기까지 할 것이다.

우리는 각자 나름대로의 판단 기준을 가지고 있다. 그러나 각자의 판단은 언제나 오류의 가능성을 안고 있다. 민주주의란 토론과 합의를 통해 여론을 도출해내고, 그에 따라 스스로를 반성하여 자신의 오류 가능성을 최소화시켜나가는 것이다. 제시문의 사진에서 첫 번째 단계를 개인적인 판단 기준이라고 한다면, 두 번째 단계를 일반적이 여론이라고 할 수 있을 것이다. 여론의 수렴을 통해 개인적인 판단에 대한 시험을 거쳤다 하더라도 그것으로 끝나는 것은 아니다. 여론이 공론이 아닌 중론으로 흐를 위험, 다수에 의한 독재로 흐를 위험이 있다. 그러므로 여론에 대해서도 다시 한 번 검토와 시험을 거치는 과정이 필요하다. 중론이 아닌 공론을 모아낼 수 있는 절차와 제도가 필요함을 말하고 있다고 할 수 있다.

법은 일반 의지의 표현이어야 한다. 그것은 단순한 '중론'이 아닌 '공론'의 결정체(結晶體)다. 지적인 혼란이 최소화되고, 감정적으로 커다란 동요가 없는 상태에서 우리는 가상의 문제 상황에 대한 일반 의지를 도출해내고자 노력한다. 일단 그것이 제도화되면, 다수의 여론이 그와 다른 방향을 지향한다 하더라도, 그 여론은 여전히 법의 지배력 아래 놓이게 된다. 어떤 사람이 법에 정해져 있지 않은 잘못을 저지르면 어떻게 되는가? 법치주의에서는 '죄형법정주의'를 채택하고 있다. 아무리 다수가 그를 처벌하고자 해도 법으로 죄와 형벌이 규정되어 있지 않은 상태에서는 처벌을 금하고 있는 것이다. 여론 재판에 의한 무고한 피해자를 막기 위함이다.

이와 같은 경우 혹은 다수의 의견이 이전의 법률과 배치되는 경우, 우리는 다시 한 번 일반 의지에 대한 심의를 통해 새로운 법을 만들어낸다. 사회의 형태와 인간의 본성은 고정 불변의 것이 아니다. 따라서 법과 제도도 끊임없는 변화와 발전을 필요로 한다. 그러나 새로운 법이 만들어지기까지는 상당 기간 많은 노력이 필요하다. 그리고 성급하게 만들어진 혹은 잘못 만들어진 법률에 의해 억울한 내접을 받았다고 생각하는 사람은 언제나 상위법에 의거해서 항소할 수 있다. 현행법을 고치거나 현행법에 없는 새로운 죄형을 추가하는 데에는 시간이 필요하다. 그것은 인간 사회의 나태함과 노력 부족을 보여주는 것이 아니라 여론의 지속성을 시험하기 위한 장치인 것이다.

12

악법도 법인가?

12   악법도 법인가?

법은 사회를 지탱해 주는 최소한의 규범이다. 그러나 모든 법을 지켜야 한다면 인간이 법에 지배되는 상황을 맞이하게 될 것이다. 어떤 법을 지켜야 하고, 또 어떤 법에 대해서는 그렇지 않은지에 대해 다음 제시문에 기반하여 자신의 생각을 논해보시오.

[가] 크리톤 : 이제 한 가지 계획만이 남아 있을 뿐이네. 오늘 밤 안으로 일을 마쳐야 하네. 우리가 우물쭈물하고 있다가는 계획을 성사시킬 수 없을 걸세. 오, 소크라테스, 내 말을 들어주게. 제발 거절하지 말게.(……)

소크라테스 : 내 말에 대해 반론이 있다면 나를 설득해 보게. 그러면 나는 자네의 말을 따르겠네. 하지만 자네가 나를 설득하지 못한다면, 내가 아테네 사람들의 의사를 무시하고 이곳을 탈출해야 한다고 같은 말을 되풀이하지는 말게. 나는 무엇보다도 자네의 동의를 얻고 나서 행동에 옮겼으면 하네. 자네의 반대를 무릅쓰고 행동하기를 원치 않네. (……) 먼저 자네에게 한 가지 물어 보겠네. 어떤 사람이 어떤 것을 옳다고 동의하였다면 그것을 실천해야 하는가 아니면 그 동의를 번복해도 좋은가?

크리톤 : 자기가 동의한 것은 반드시 실천해야 하네.

소크라테스 : 그렇다면 내 말을 들어보게. 지금 우리가 당국을 설득하여 승낙을 받아 보려 하지도 않고 몰래 이곳을 빠져나간다면, 우리는 누군가에게 해를 끼치는게 되지 않겠는가? 그것도 절대로 그래서는 안 되는 상대에게 말일세. 그렇다면 우리는 옳다고 동의한 것을 지키는 것인가 아닌가?

크리톤 : 오, 소크라테스, 나는 자네의 질문에 대답할 수 없네. 도무지 이해가 잘 안되네.

소크라테스 : 그렇다면 이렇게 생각해 보세. 지금 내가 이곳을 탈출하여 도망치려 했을 때 국법이나 국가가 "소크라테스, 말해보게. 자네는 무슨 짓을 하려는가? 자네가 하려는 일은 우리 법률과 나라 전체를 자네 마음 내로 파멸시키려는 것이 아닌가? 자네는 한 나라에서 일단 내려진 판결이 아무 효력도 거두지 못하고 한 개인의 임의대로 무효가 되고 파괴될 경우, 그 나라가 멸망하지 않고 존속할 수 있다고 생각하는가?"라고 묻는다면 크리톤 나는 어떻게 대답해야 하는가? (……)이 경우 국법의 질문에 이렇게 대답해야 한다는 말인가? "그거야 나라가 내게 부당한 행위를 하고 올바른 판결을 내리지 않았기 때문이오."라고 말일세. 이렇게 대답해야 하는가?

크리톤 : 마땅히 그렇게 말해야 할걸세, 소크라테스.

소크라테스 : 국법이 다음과 같이 말한다면 어떻게 하겠나? "소크라테스, 그것이 자네와 나 사이의 약속이란 말인가? 국가가 내린 판결은 충실히 지키기로 되어 있는 것이 아닌가? (……) 자네는 싸움터에서나 법정에서나 그 밖의 어느 곳에서나 조국이 명령하는 것을 수행하지 않으면 안되네. 만일 그렇게 하지 않으려면 그 정당성에 대해 조국을 설득해야 하네." (……)이와 같은 물음에 대해 우리는 어떻게 답해야 한단 말인가? 오, 크리톤, 국법이 옳은 말을 했다고 인정해야겠는가, 그렇지 않다고 해야겠는가?

크리톤 : 옳은 말을 하고 있다고 생각하네.

소크라테스 : 국법은 또 이렇게 말할 걸세. "우리(국가와 법률)는 자네를 태어나게 했고, 길렀으며, 자네를 가르쳤고, 나아가 자네나 그 밖의 모든 국민들에게 우리가 할 수 있는 최선을 다하지 않았는가? 그리고 아테네

사람 누구나 국가가 마음에 들지 않으면 자기의 모든 소유물을 가지고 어디든지 가고 싶은 곳으로 갈 자유가 있다고 공표하지 않았는가? (……) 하지만 누구든 우리가 재판하는 방법이나 그 밖의 나라 일을 처리하는 것을 보고서도 이곳에 머물러 살고 있다면, 그는 이미 국가가 명하는 것은 무엇이나 따르겠다고 동의한 것이라고 우리는 주장할 수 있지 않겠나? 여기에 따르지 않는 사람은 세 가지 측면에서 죄를 짓는 것이라고 말할 수 있네. 첫째는 자기를 낳아준 우리에게 순종하지 않는 것이고, 둘째는 자기를 길러준 우리에게 순종하지 않는 것이며, 셋째는 우리에게 복종하기로 동의하고서도 그것을 지키지 않고, 그렇다고 우리의 잘못을 우리에게 설득하려 들지도 않았다는 것일세. 우리는 우리의 명령을 무조건 따르라고 강압적 방법으로 명령하지 않았고, 그것을 준수하거나 그렇지 않으면 우리를 설득하라는 선택의 자유를 주었네. 하지만 그대는 어느 것도 하지 않았네. 만일 자네가 자네 계획을 행동에 옮긴다면, 소크라테스, 그대는 이처럼 여러 죄를 짓는 것일세. 그리하여 자네는 아테네 시민 중 어느 누구보다도 더 큰 죄를 짓게 되는 걸세."

내가 "왜 그렇게 됩니까?"라고 질문한다면 국법은 내가 다른 어느 누구보다도 더 분명하게 국법을 따르겠다고 동의하지 않았느냐고 말할 걸세. (……) 국법은 또한 이렇게 말할 걸세. "소크라테스, 자네는 출정을 위해서 아테네를 떠난 일 외에는 어디에도 간 적이 없네. 그리고 다른 사람들처럼 외유한 일도 없고, 다른 나라 구경을 하고 싶어하지도 않았으며, 다른 나라의 법률을 알려고도 하지 않고, 오직 우리나라에 만족하고 있지 않았는가. 자네는 우리를 지지하고 또 이 나라법률 밑에서 살기로 동의했던 것일세. 그리하여 이 나라에서 가정을 이루었네. 그것은 이 나라가 자네 마음에 들었기 때문이 아니겠나? 뿐만 아니라 이번 재판에서도 만일 자네가 원했다면 국외추방의 형을 받을 수 있었을 것이며, 그렇다면 자네가 지금 국가의 동의 없이 행하려는 것을 허락 받을 수 있었을 걸세. 그러나 자네는 그때 사형을 받아도 상관없다고 태연스럽게 말하면서 스스로 국외추방보다 사형을 선택하지 않았는가? 그런데 이제 와서 자네는 그때 한 말을 잊어버리고, 파렴치하게 탈주하여 국법을 파괴하려는 것이 아닌가? (……) 그와 같은 행위는 자네가 이 국법에 따라 살기로 동의한 약속을 어기는 것일세. 그러니 바로 이 점에 대해 먼저 대답해 보게. 자네는 우리를 따라 생활해 나가겠다는 것을 행동으로 동의했다고 우리는 주장하네. 이것은 사실인가 아닌가?"

아, 크리톤, 우리는 이 질문에 대해 어떻게 대답해야겠는가? 우리는 이 사실을 인정하지 말아야 하는가?

크리톤 : 물론 인정해야겠지, 소크라테스.

소크라테스 : 그러면 국법은 또 다시 이렇게 말할 걸세. "그런데도 자네는 우리에게 동의하고 약속한 것을 파기하려 하지 않는가? 그 동의나 약속은 강요된 것이 아니며, 자네가 속아서 한 것도 아닌데 말일세. 짧은 시간에 결정하도록 강요당한 것도 아니지 않은가? 만일 자네가 우리를 싫어하거나 그 약속이 자네에게 옳지 않다고 생각했다면 70년 동안이나 신중하게 검토할 시간의 여유가 있었네. 자네는 그 동안에 이 나라를 떠날 수도 있지 않았나? 그러나 자네

는 라케다이몬이나 크레테의 법률이 훌륭하다고 칭찬한 일은 있지만 그곳이나 그리스 이외의 그 어느 나라
도 택하지 않았네. 자네는 절름발이나 장님, 불구자보다도 오히려 더 드물게 아테네 밖으로 나갔네. 자네는
아테네 시민 그 누구보다도 더 이 나라와 국법을 사랑한 것이 아닌가? 나는 분명히 그렇다고 생각하네. 왜
냐하면 국법은 빼놓고 나라만 마음에 든다는 것은 있을 수 없을 테니 말일세. 그런 자네가 이제 와서 자신
이 동의한 것을 지킬 의사가 없단 말인가? 오, 소크라테스, 자네가 우리 말을 듣는다면 이 나라를 버리고 달
아남으로써 사람들의 조소를 받는 일은 없을 걸세. (······) 오, 소크라테스, 자네를 길러준 우리의 말을 따르
게. 자네의 자식은 물론 목숨이나 그 밖의 어떤 것도 정의보다 소중히 여기지 말게. 그래야만 저 세상에 가
서도 그곳의 지배자들 앞에서 자신을 변호할 수 있을 것이 아닌가? 자네가 지금 계획하고있는 탈출을 실행
에 옮긴다면, 그것은 이 세상에서 자네나 자네 친구들을 위해서도 바람직하거나 옳거나 또는 경건한 일이
아니며, 저 세상에서도 자네를 위해 좋은 일이 아닐 걸세. 만일 자네가 이 세상을 떠난다면, 그것은 우리 국
법에 의해서가 아니라 인간들의 불의에 의해 희생된 것이네. 하지만 자네가 옳지 못한 방법으로 불의에 대
해 보복하고, 우리에게 약속하고 동의한 것을 깨뜨리고, 조금도 해를 끼치지 말아야 할 자네 자신과 친구들
과 조국과 법률에 해를 끼치고 도망간다면, 자네가 살아 있는 동안 자네에 대한 우리의 노여움은 가시지 않
을 것이네. 그리고 저 세상에서도 우리의 형제인 하데스의 법률이 자네를 호의적으로 받아들이지 않을 걸
세. 그들은 자네가 우리를 힘껏 파괴하려 했다는 것을 알고 있을 테니까 말이네. 아무튼 크리톤의 설득에
따라 행동해서는 안되네. 오히려 우리의 말을 듣게나." 이보게 나의 친구 크리톤, 내 귀에는 이와 같은 말이
들려오는 것 같네. 지금도 내 귀에는 이와 같은 말들이 줄곧 윙윙거리며 울려와 다른 소리는 하나도 들리지
않네. 그러니 자네가 어떤 반론을 펼친다 해도 아무 소용이 없을 걸세. 하지만 더 좋은 생각이 있다면 말해
보게.

크리톤 : 아, 소크라테스, 나는 더 이상 할 말이 없네.

[나]　로크는 다음과 같이 적고 있다; "그 정부가 통치하고 있는 지역 가운데 일부를 소유하고 있거나 향유
하고 있는 모든 사람들은, 그러한 소유와 향유를 통해 암묵적 동의를 하고 있는 것이며, 그러한 것을
향유하고 있는 동안은 그 정부의 통치 하에 있는 다른 모든 사람들만큼 그 정부의 법에 복종해야야 한
다: 토지를 소유하고 있어서 영원히 자손들에게 물려줄 수 있는 경우이든, 단지 일 주일 동안만 체재
하고 있는 경우이든, 혹은 겨우 큰 길을 자유롭게 여행하는 정도에 불과한 경우이든 말이다. 그리고 실
제로 이는 그 정부의 영토 내에 있는 모든 사람들에게 적용된다."

따라서 결론적으로 길 위를 전전하는 집시도 이미 그 정부의 권위에 동의한 셈이 되며, 정부는 합법
적으로 그들을 군대에 징집할 수 있게 된다. 로크의 학설이 중요한 까닭은 모든 근대 국가가 그에 기반
하고 있기 때문이다; 이들 국가들은 민주적임을 주장하지만, 모든 국가들이 그러하듯이 시민들을 강제
하고자 한다. 주어진 문제에 대해 시민들의 의견을 묻지 않았고, 시민들에게는 자신의 견해를 표시할
방법이 전혀 없다고 하더라도, 국가는 시민들이 이미 암묵적으로 정부의 조치에 동의했다고 주장한다.
나아가 우리는 근대 민주 국가들이 왜 이러한 학설에 의거할 수밖에 없었는지 알 수 있다; 로크가 지지
했던 휘그당 과두체제에서처럼, 근대 민주국가에 서도 또한 대중의 동의 이외에는 그 합법성의 근거가

전혀 없으며, 극도로 수동적인 방식을 제외하면, 대다수의 국민들에게 정치적 의사결정 과정에 참여할 수 있는 진정한 기회도 전혀 없기 때문이다.

결론적으로 이러한 국가의 정부가 주장하는 권위는 진정한 권위가 아니며, 따라서 그 국민들에게는 그에 복종할 의무가 전혀 없거나, 혹은 그 권위가 합법적인 것이 되기 위해서는 국민들이 어떤 형태로든 암묵적인 동의를 해야만 한다. 그러나 두 번째 대안이 타당하기 위해서는 당연히 '암묵적 동의'라는 주장이 의미있는 것이어야 한다. 불행히도('불행하다'는 것은 국가의 입장에서 보았을 경우이다) 사실은 그렇지가 않다: '동의'라는 말을 의미있게 사용할 수 있는 최소한의 조건에는 적어도 다음과 같은 것들이 포함되기 때문이다; 1) 동의했다고 말하여지는 사람은 어떤 식으로든 자신이 동의했음을 표시해야 하며, 2) 때에 따라서는 자신이 동의한 내용에 대해 이해하고 있음을 보여주어야 한다. 하지만 '암묵적 동의'라는 주장에서는 이러한 조건 가운데 어느 것도 충족되지 않는다.

[다]　오이디푸스의 두 아들이 왕위를 놓고 서로 싸우다가 둘이 함께 죽고 크레온이 오이디푸스의 백부라는 이유로 왕이 되었다. 죽은 왕자들의 장례가 문제가 된다. 크레온은 이에 관해 포고령을 내렸다. 동생 에테오클레스는 바르고 법도에 맞는 정당한 의식으로 땅에 묻어져 세상에서 고인들과 함께 영광을 누리게 한다. 그러나 형 폴류네이케스는 아테나이에 망명하였다가 조상님의 나라에 쳐들어와 불을 지른 불충한 자이므로 그 시체의 매장을 금하여 거리에 내놓아 까마귀나 들개의 밥이 되게 하고 장례식을 못하도록 한다. 만일 이 명령에 복종하지 않는 자는 백성들이 보는 앞에서 돌로 때려 죽인다고 했다. 그러나 안티고네는 법을 어긴다 하더라도 오빠의 장례를 치르겠다고 결심하고 동생 이스메네의 협력을 구한다. 그러나 그녀는 언니의 청을 거절하면서 그 이유를 이렇게 말한다.

"첫째, 우리가 법을 어기고 왕의 명령이나 권력을 훼손한다면, 그 누구보다도 비참하게 죽을 거예요. 우선 우리는 남자들과 싸워서는 안 되는 여자로 태어났다는 것을 잊지 말아야 해요. 둘째로 우리는 우리보다 강한 자의 지배를 받고 있기 때문에 이 일만이 아니라 이보다 더 쓰라린 명령에도 복종해야 합니다. 나는 강한 힘이 나를 억누르고 있기 때문에 지배자의 말에 복종하겠어요. 분수를 지키지 않는 것은 어리석은 일이에요."

안티고네는 자신의 결심을 굽히지 않고 강행하겠다고 말한다.

"강요하지 않겠다. 네 마음대로 해라. 그러나 나는 오빠를 묻어 주겠다. 그 일로 해서 죽는다면 얼마나 좋으냐? 죄 없는 죄를 짓고 사랑하는 오빠와 함께 잠들겠어. 산 사람보다는 죽은 사람에게 더 착실히 도리를 지켜야 하기 때문이다. 신께서 정해 놓은 숭고한 법을 어기고 싶거든 네 마음대로 해라."

이스메네는 "신께서 정해 놓은 법을 어기고 싶지 않았지만, 나라에 대항할 힘이 없다."고 말한다. 안티고네는 "그건 핑계에 지나지 않는다. 그러면 나는 가서 사랑하는 오빠를 묻어 주겠다."고 하면서 자리에서 일어났다.

안티고네는 오빠를 매장하다가 발각되어 크레온 앞에 끌려갔다.

크레온 : 매장을 금지하는 포고를 알고 있었느냐?

안티고네 : 네.

크레온 : 그렇다면 네가 정녕 그 법을 감히 위반했단 말이지?

안티고네 : 네. 그 법은 제우스신께서 만든 법이 아니니까요. 하계의 신들과 함께 계신 정의의 신도 이런 법을
세상에 반포하신 적이 없습니다. 인간의 글로 씌어지지는 않았으나 영원한 하늘의 법을 어길 수가 있을까
요? 저는 왕께서 정하신 법이 하늘의 법과 같은 힘을 지니고 있다고는 생각지 않습니다. 하늘의 법은 어제,
오늘에 생긴 것이 아니며, 아무도 그 법이 언제 생겼는지 알지 못합니다. 저는 신 앞에서 하늘의 법을 어겼
노라고 대답할 수는 없습니다. 왕은 이번의 제 행동이 어리석다고 하겠지만, 어리석은 재판관만이 저의 어
리석음을 탓할 수 있을 거에요.

크레온 : 공포된 법을 위반했을 때 이 계집애는 이미 건방지기 그지없었다. 그런데 또다시 무례한 말을 하는구
나. 만일 이 계집애가 아무런 벌도 받지 않는다면 정녕 내가 사내가 아니라 이 계집애가 사내다. 비록 이 계
집애가 내 누이의 딸이고 내 집 제단에서 제우스신을 예배하는 자 중에서는 나의 혈연상 가장 가까운 애이
긴 하지만, 이 계집애와 그 동생은 가장 무서운 운명을 면치는 못할 것이다.

안티고네 : 친오빠의 장례보다 더 고귀한 영광을 어디서 얻을 수 있겠습니까? 여기 계신 분들도, 두려움 때문에
침묵을 지키고 있을 뿐 저의 한 짓을 옳다고 인정할 겁니다.

(소포클레스,『안티고네』)

[라] 사람들은 자신의 정의관이야말로 유일하게 옳고, 절대적으로 타당한 것이라고 내세우는 경향이 있다.
감정적인 행위를 정당화해야 할 필요성은 너무나도 커다란 것이기 때문에, 우리는 자기 자신을 기만하
는 위험을 무릅쓰고서라도 그렇게 하고자 하는 것이다. 그리고 "모든 사람은 자유로워야 한다", "모든
사람은 평등하게 대접받아야 한다"와 같이 주관적인 가치관, 즉 자신의 희망에 의거해서 볼 때에나 자
명한 원리를 합리적으로 정당화하는 것은 자기 기만이며, (결국은 동일한 결론이지만)이데올로기이다.
이러한 류의 전형적인 이데올로기에서 주장하는 바에 따르면, 어떤 궁극적인 목적은 사물의 본성이나
인간의 본성과 같은 '자연스러운 것'으로부터 나오거나 혹은 신의 의지로부터 나오는 것이며, 따라서
인간의 행위를 통제하는 명확한 규칙도 또한 그로부터 나온다. 이른바 자연법 이론의 핵심적인 내용이
바로 그러한 생각이다. 자연법 이론에서 주장하는 바에 따르면, 실정법과는 다른, 그리고 실정법보다
고원하고 절대적으로 타당하며 정의로운 인간관계의 질서가 존재한다; 그것이 그러한 성격을 가지는 이
유는 자연, 인간의 이성, 혹은 신의 의지로부터 나왔기 때문이다. …(중략)…

그러나 여태까지 무수히 많은 자연법 이론 가운데 어떤 것도 이런 정의로운 질서의 내용을 규정하는
데 있어서는 자연과학에서 자연법칙의 내용을, 그리고 법학에서 실정법의 내용을 규정하는 정확성과
객관성에 전혀 미치지 못해 왔다. 여태까지 자연법 혹은 정의라고 제시되어 온 것은 대체로 "각자에게
각자의 몫을"과 같은 공허한 공식이거나 칸트의 정언명법-우리의 행위를 결정하는 원칙은 자신이 그것

제시문

을 모든 사람에게 구속력을 가지도록 보편화할 의지를 가질 수 있는 것이어야 한다−과 같은 무의미한 동어반복이었다. 그러나 "각자에게 각자의 몫을"이라는 공식은 "각각의 사람들에게 있어서 자신의 몫은 무엇인가?"라는 질문에 대답해주지 않으며, 정언명법은 "모든 사람에게 구속력을 가지도록 하겠다는 의지를 가져야 하는 것은 어떠한 원칙인가?"하는 문제에 대해 대답해주지 않는다. …(중략)…

자연법이라는 원리가 어떤 특정한 실정법을 옹호하기 위한 것이든 아니면 그것을 비난하기 위한 것이든 간에, 두 경우 모두에 있어서 그 타당성은 전혀 객관성이 없는 가치 판단에 의거한다. 비판적인 분석을 통해 보면, 우리는 언제나 자연법이 어떤 특정한 집단이나 계급의 이익을 표명하는 것임을 알 수 있다. 따라서 자연법 이론은 그 성격상 때로는 보수적이고 때로는 혁명적이다. 자연법 이론에서는 실정법이 자연스럽고 합리적이며 신적인 질서와 일치(이는 증명된 것이 아니라 주장되고 있는 것일 뿐이다)한다고 주장함으로써 그것을 정당화하거나, 실정법이 이른바 '절대적인 것'과 모순된다고 주장함으로써 그 타당성을 문제삼는다. 혁명적인 자연법 이론도, 보수적인 이론과 마찬가지로, 현실적인 법인 실정법을 인식하는데 관심이 있는 것이 아니라, 실정법을 옹호하거나 공격하는데 관심을 가진 것이며, 거기에는 학문적인 작업이 아닌 정치적인 작업이 수반된다. …(중략)…

자연법 이론의 두드러진 특징은 실정법과 자연법 사이에 근본적인 이원론을 상정한다는 사실이다. 불완전한 실정법 위에 절대적으로 정의롭고, 따라서 완벽한 자연법이 존재한다; 그리고 실정법은 오직 자연법과 일치하는 한에 있어서만 정당화된다. 이러한 측면에서 보면, 실정법과 자연법 사이의 이원론은 현실적 존재와 플라톤적인 이데아 사이의 형이상학적 이원론과 유사하다. …(중략)… 형이상학의 목적은, 과학의 목적과는 달리, 현실의 존재를 합리적으로 설명하는 것이 아니라, 그것을 감정적으로 받아들이거나 거부하는 것이다.

〈H. Kelsen, *General theory of law and state*〉

[마] 시민 불복종 운동의 목적은 악법을 개정하는 것이다. 그러나 민주주의 사회에서 최종적인 결정은 결국 다수결에 의거할 수밖에 없다. 따라서 시민 불복종 운동을 벌이고자 하는 사람이 목표하는 바는 자신이 악법이라고 판단하는 것에 대해 다시 한 번 다수의 관심을 촉구하는 것이다. 이 때 시민 개개인이 악법을 판단하는 기준은 자신의 '양심'이다. '양심적 병역 거부'라는 명칭도 바로 이에서 유래한 것이다.

시민 개개인은 자신의 양심에 의거해서 어떠한 법이 악법이라는 판단을 내릴 수 있다. 그러나 그 개인의 판단이 올바른 것임을 보장할 수 있는 방법은 공개적인 토론과 합의를 거쳐 다수의 동의를 이끌어내는 방법 뿐이다. 시민 불복종 운동이란 다수의 구성원들로 하여금 그 법에 대해 다시 심의해 볼 필요성이 있음을 알리기 위해 의도적으로 법을 어기는 행위를 가리킨다.

시민 불복종 운동을 하는 사람의 목적은 악법 개정이고, 위법자의 목적은 자신의 개인적인 이익 증대이다. 그러나 사람의 의도나 목적은 검증 불가능하다. 위법자도 겉으로는 좋은 목적을 가지고 위법 행위를 하였노라고 주장할 가능성이 크다. 따라서 두 가지를 경험적으로 검증할 수 있는 방법이 필요하며, 실제로 그러한 수단이 존재한다.

　시민 불복종 운동을 하는 사람은 어떤 법이 악법이라는 자신의 판단에 대해 다수의 동의를 이끌어내고자 한다. 그들이 다수의 동의를 이끌어내는 방법은 자기 희생이다. 자기 스스로가 그 악법의 희생자가 됨으로써 지켜보는 사람들로 하여금 그것이 악법이라는 생각을 가지도록 하는 것이다. 양심적 병역 거부의 사례를 통해서 보더라도 이 구분은 확연하다. 위법자에 해당하는 병역 기피자는 몰래 위법 행위를 함으로써 병역을 기피하면서도 처벌을 피하고자 하지만, 양심적으로 병역을 거부하는 자는 공개적으로 병역을 거부함으로써 자발적으로 병역법에 의해 처벌받는 희생자가 된다.

〈유의사항〉　1. 답안에는 자신을 드러내는 표현을 쓰지 말 것.
　　　　　　　2. 논술문의 제목은 쓰지 말 것.
　　　　　　　3. 제시문을 단순히 요약하거나 옮겨 쓰지 말 것.
　　　　　　　4. 분량은 띄어쓰기를 포함하여 총 2,000±100자가 되게 할 것.

주제강의 - 악법도 법인가?

1. 악법도 법인가?

"악법도 법인가?"라는 질문은 일견 어불성설인 듯하다. '악법'이라는 말 속에는 이미 '법'이라는 말이 들어가 있기 때문이다. 악법이란 정법(正法), 즉 올바른 법과 반대 개념이며, 이 두 가지를 포괄하는 범주가 '법'이라면 악법이란 보다 상위 범주, 즉 류개념인 법에 속하는 종개념이므로 그것이 법인가 여부를 묻는 것 자체가 무의미한 것이다. 그러나 이 질문에서 실질적으로 문제시되고 있는 것은 그것이 법인가 여부가 아니라 "어떤 법이 악법이라고 판단되더라도 그 법을 지키는 것이 마땅한가?"이다.

흔히 사람들은 법이란 그 정당성 여부에 대한 자신의 판단과 무관하게 지켜야 하는 것이라고 생각한다. 또한 법이란 소수 기득권층의 이익을 반영하는 도구일 뿐 정의나 다수의 의견과 무관하며, 그렇다 하더라도 법을 어겨서는 안된다고 생각하는 사람들도 적지 않다. 이러한 생각은 주로 경험으로부터 형성된 것이다. 역사적 혹은 현실적인 측면에서 볼 때, 정의나 여론을 제대로 반영한 법은 드물었다. 그럼에도 불구하고 그 법은 강제력을 가지고 있었으며, 그 강제력은 사람들의 판단 여부와 무관하게 관철되어왔기 때문이다.

그러나 위에서 살펴보았듯이 악법도 법인가라는 질문은 사실이 아니라 당위와 관련된 질문이다. 법이 현실적으로 어떠한 모습을 가지고 있는가를 묻는 것이 아니라 마땅히 어떠해야 하는가를 묻고 있는 것이다. 정의나 여론에 반하는 법이라도 지켜야 한다고 생각한다면 국가를 법에 의해 운영하는 것은 어리석은 일일 것이다. 법치주의, 즉 법에 의한 지배를 견지하고자 한다면 악법의 효력도 인정해야 한다는 생각을 버리지 않으면 안된다.

하지만 이에 앞서 논의해야 하는 것은 악법과 올바른 법을 구분하는 기준이 무엇인가 하는 점이다. 악법 여부를 판단할 기준이 분명히 정해지지 않는다면, 다시 말해서 어떤 법이 악법인지를 명백히 구분해낼 수 없다면 악법도 지켜야 하는가에 대한 질문 자체가 무의미해질 것이기 때문이다.

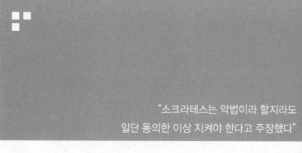

"소크라테스는 악법이라 할지라도
일단 동의한 이상 지켜야 한다고 주장했다"

2. 법치국가의 형성 과정

오늘날의 법치국가가 성립하기 이전에도 법은 존재했다. 그러나 법을 가지고 있던 역사상의 모든 국가를 법치국가라고 부르지는 않는다. 절대군주제 하에서도 법은 존재했지만, 그 법은 국민을 위해 국민 다수의 의견을 반영하여 제정된 것이 아니라 통치의 편의를 위해 존재했을 뿐이기 때문이다. 법치주의란 법에 의한 지배를 의미하는데, 그런 형태의 사회란 근본적으로 법에 의한 지배가 아닌 사람 혹은 종교에 의한 지배에 의해 운영되고 있는 것이다.

철인이나 종교가 아닌 법의 지배를 택해야 했던 이유를 이해하기 위해서는 역사에 대한 이해가 필요하다. 절대군주제를 극복하고 시민국가를 건설하고자 하는 과정에서는 국가, 즉 군주의 권력을 제한하고 시민의 권리를 보장받는 것이 필수적이었다. 프랑스는 시민혁명을 통해 절대군주를 제거하고 공화국을 수립했으며, 영국의 경우 군주를 제거하지는 않았지만 의회의 힘을 통해 군주의 자의적인 권력행사를 제한하고 시민의 권리를 보장받고자 했다. 시민들은 이러한 과정을 통해 쟁취한 권리를 법률로 문서화하고 보장받고자 했다. 이런 측면에서 법은 종래의 법과 전혀 다른 의미를 가지게 된다. 이것이 바로 근대적인 의미의 법이며, 법에 의한 지배를 의미하는 '법치국가'라는 개념은 이러한 형태의 법에 의거하고 있는 것이다.

당시의 시민들에게 주된 관심사는 의회를 통해 자신의 권리를 보장받는 것이었으며, 자신들의 힘으로 쟁취해 낸 의회 질서라는 새로운 제도가 자신들에게 해를 끼칠 수도 있다는 것은 상상도 할 수 없는 일이었다. 의회가 만든 법률에 의심을 품는 것은 불필요했으며, 모든 법이 효력을 인정받아야 한다는 생각이 당연시되었다.

그러나 세월이 흘러가면서 법에 의한 지배도 완전할 수 없다는 사실이 드러나기 시작했으며, 의회가 제정한 법률이라 할지라도 내용이 부당한 경우에는 효력을 부정해야 한다는 생각이 생겨나기 시작했다. 문제는 다시 한 번 법의 정당성 여부를 판단하는 기준이 무엇인가 하는 점이었다.

3. 암묵적 동의

"악법도 법이다"라는 말은 소크라테스가 한 것으로 여겨져 왔다. 만약 그렇다면 소크라테스는 국민 개개인이 법의 정당성 여부를 판단해서는 안되며, 모든 법은 무조건적으로 엄격하게 준수되어야 한다고 주장한 셈이다. 그러나 제시문에서 볼 수 있듯이 소크라테스는 그런 말을 하지 않았으며, 그의 주장은 훨씬 합리적이고 논리적이다.

물론 개인이 임의로 법을 어길 경우 궁극적으로는 국가 법질서의 파멸에 이를 수 있다는 소크라테스의 말로부터 모든 법을 지켜야 한다는 결론이 암시되어 있다고 말할 수도 있다. 그러나 소크라테스는 자신이 법을 어겨서는 안되는 이유를 명시적으로 밝히고 있다. 따라서 그가 법의 무조건적인 준수를 옹호한 것은 아니며, 역으로 어떤 조건이 충족되지 않는다면 법을 지키지 않아도 될 수 있다고 주장한 것으로 볼 수 있다. 그가 내세운 조건은 다음과 같다.

국민이 국가의 명령을 어기고자 한다면 그는 그 정당성에 대해 설득력 있는 주장을 내세워야 한다. 자신의 가족과 재산을 가지고 다른 나라로 떠날 수 있었음에도 불구하고 그렇게 하지 않았을 뿐만 아니라, 법의 부당함에 대해 알리고 그 법을 개정하려는 노력조차 하지 않았다면 그는 국가의 법체계에 암묵적으로 동의한 셈이 되며, 그 법을 지켜야만 하는 것이다. 그리고 소크라테스는 그 과정에서 강제성이나 속임이 없어야만 하며, 짧은 기간에 결정하도록 강요되어서도 안된다는 조건을 덧붙인다. 자발성의 요건을 충족시키고 있는 것이다(자발성의 요건에 대해서는 15강을 참고하라).

먼저 여기에서 우리는 두 가지를 간과해서는 안된다. 첫째, 다른 나라로 떠나는 것은 소크라테스가 살던 도시 국가에서나 용이한 것이지 근대 이후의 국가에서는 결코 쉽지 않은 것이다. 둘째, 다른 나라로 떠나지 않았다고 해서 반드시 그 나라의 모든 법에 동의한 것은 아니다. 자신이 그 나라에 살고 있는 이유가 그 나라의 모든 법에 동의해서가 아니라, 그 나라의 법 체계를 포함한 기타 조건들이 다른 나라보다 비교 우위에 있기 때문일 수도 있는 것이다.

어쨌든 그는 법의 정당성 근거를 국민의 암묵적 동의에서 찾고 있는 셈이며, 이는 근대 국가에서 권위의 근거로 내세우는 것이기도 하다. 근대 국가는 권위의 원천을 국민의 암묵적 동의에서 찾을 수밖에 없다. 중세처럼 신의 권위에 의존할 수 없다면 국가가 내세울 수 있는 유일한 권위의 원천은 대중의 동의밖에 없으며, 대중이 모든 사안에 대해 명시적으로 자신의 의사를 표명할 수는 없기 때문이다.

그러나 이러한 암묵적 동의 이론에는 중요한 문제점이 있다. '동의'라는 말이 유의미하기 위해서는 두 가지 조건이 필요하다. 동의의 당사자가 동의할 내용에 대해 충분히 이해하고, 그에 대해 동의했음을 표명해야만 한다. 어떤 나라에 살고 있다고 해서 그 나라의 모든 법 체계에 동의하는 것은 아니다. 그 나라에 잘못된 법이 있음을 모르기 때문일 수도 있고, 앞에서 지적한 것처럼 그 나라의 체계가 다른 나라의 그것보다 비교우위에 있기 때문일 수도 있는 것이다.

결국 근대 국가에서 법의 정당성과 국가의 권위를 국민의 암묵적 동의에 의거해서 구하기는 힘들어진다. 따라서 법의 정당성 여부를 확인할 수 있는 또 다른 방법이 필요해지며, 그 가운데 하나는 이른바 '자연법'에 비추어 보는 것이었다.

"자연법 이론은 시민 혁명의 사상적 근거가 되었다"

4. 자연법 이론

합법적인 절차에 따라 제정된 법률에 대해 정당성을 따진다는 것은 쉬운 일이 아니었다. 법치국가가 형성되던 시기에는 예상할 수 없는 상황이었기 때문이다. 이러한 문제에 대해 나름대로 설득력 있는 해결책을 제시한 것이 바로 자연법 이론이었다. 실정법의 정당성 여부는 자연법에 의거하여 판단해야 한다는 것이다.

'자연'이라는 말은 본래 '전통 (혹은 관습)'과 대비되어 사용되던 말이다. 고대 그리스인들은 페르시아의 침략, 식민화, 무역과 여행의 증가 등에 의한 충격 등을 통해 다양한 문화가 존재한다는 사실을 알게 되면서 다음 두 가지를 구분하게 된다: 1) 한 곳에서는 통용되지만 다른 곳에서는 통하지 않는 국지적인 것; 2) 어느 곳에서나 보편적으로 통하는 자연스러운 것. 그 결과 어떤 규범을 따라야 하는가를 내가 선택할 수 있는지, 아니면 보편적이고 자연스러운 무언가로 인해 내가 선택할 수 있는 것에는 한계가 있는지에 대한 고민이 생겨나게 된다.

이처럼 자연법이란 특정한 사회나 국가의 실정법보다 상위의 것으로 인정된다. 자연법 이론을 내세우는 사람들은 실정법이란 자연법의 하위 개념이므로 자연법에 반하지 않는 범위 내에서만 유효하다고 주장한다. 이러한 자연법 이론은 절대군주의 권위를 무너뜨리는 시민혁명의 슬로건으로 사용되었을 뿐 아니라 이후 성립한 시민국가에서도 실정법 체계를 평가하는 기준으로 여겨져 왔다.

그러나 자연법 이론은 여러 가지 문제를 내포하고 있다. 첫째, 수천 년에 걸쳐 자연법 이론이 지속적으로 제시되어 왔음에도 불구하고, 그 내용은 시대와 사회에 따라 달랐다. 예를 들어 시민혁명 당시에는 배타적인 소유권이 압도적인 다수에 의해 지지를 받음으로써 자연법의 지위를 차지하고 있었지만, 현대 복지국가에 들어와서는 배타적 소유권이 신성불가침의 것임을 주장하기란 쉽지 않다.

둘째는 자연법의 추상성에 대한 것이다. "정의" 혹은 "각자에게 각자의 몫을"이나 "보편화 가능성의 원리" 혹은 "인간의 존엄성"과 같은 것들은 누구도 부인할 수 없을 듯하며, 따라서 자연법의 지위를 가지는 것이 당연하다고 생각할 수 있을 듯하다. 그러나 누구도 이를 부인할 수 없는 이유는 그것이 실질적으로는 전혀 아무 내용도 가지지 못한 언명이기 때문이다. 그러한 말들은 실제로는 "잘 살자"라는 말과 거의 다를 바 없는 것이다.

빈부격차 문제를 어떻게 해결해야 하는가 묻는 사람에게 "정의롭게 해결하라"라는 대답은 아무 의미가 없다. 부자와 가난한 사람에게 정의라는 개념은 전혀 다를 것이기 때문이다. 사형제도를 어떻게 처리할 것인가에 대해 "인간의 존엄성에 의거해서 해결하라"라고 대답하는 것도 또한 마찬가지이다. 가해자와 피해자는 서로 다른 측면에서 존엄성을 주장할 것이기 때문이다. 구체적으로 어떻게 하는 것이 실질적인 정의이며 존엄성의 실현인가 하는 문제가 제기되는 것은 너무나 당연한 것이다.

이러한 이유로 인해 특정한 실정법에 반대하는 쪽과 찬성하는 쪽 둘 다 동일한 자연법 이론에 의거하는 것조차 가능해진다. 자연법이란 결국 절대적인 도덕적 진리에 의거한 것이어야 하는데, 인간이 가지고 있는 인식의 한계로 인해 절대적 진리를 파악하는 것은 언제나 난관에 부딪힐 수밖에 없기 때문이다. 사람들은 결국 자신이 정서적으로 옹호하는 것에 '자연'이라는 수식어를 붙여 권위를 부여하고자 할 뿐이다.

그렇다고 해서 자연법이 전혀 무의미하다고 말해서는 곤란하다. 플라톤의 이상국가론에 많은 문제가 있을뿐 아니라 그것은 현실적으로 불가능한 것임에도 불구하고 그것이 여전히 유의미한 이유는 현실적으로 존재하는 국가들에 대해 비판적으로 고찰해 보아야 할 필요성이 언제나 존재하기 때문이다. 마찬가지로 자연법 이론이 많은 문제를 가지고 있고, 자연법을 파악해 내는 것이 불가능하다 할지라도 실정법에 대해 비판적인 시각을 가지고 논의할 수 있는 기회를 제공해 준다는 것만으로도 자연법 이론은 커다란 의미를 가지고 있다. 인간 인식의 한계를 망각하지만 않는다면 말이다.

5. 시민 불복종 운동

자연법 이론에 대한 대안으로 제시될 수 있는 것이 바로 시민 불복종 운동이다. 시민 불복종 운동이란 민주주의 사회에서 시민들이 악법에 저항함으로써 자신들의 권리를 지키고 악법을 개정하고자 하는 운동이다. 우리에게 익숙한 대표적인 사례로는 양심적 병역 거부 운동을 들 수 있다. 시민 불복종 운동에 대해서는 다음과 같은 몇 가지 단계를 거쳐 이해할 수 있다.

1) 민주주의 사회에서 어떻게 악법이 있을 수 있는가?

완벽한 민주적 절차를 거쳐서 법이 만들어지는 사회가 존재한다 하더라도 악법이 존재할 가능성은 상존한다. 대표적으로 생각해 볼 수 있는 경우는 두 가지이다. 첫째, 직접 민주주의 사회에서도 악법은 존재할 수 있다. 법이란 시대와 사회에 따라 달라지기 마련이다. 직접 민주주의 하에서 성원들 전체가 만장일치로 합의한 법이라 하더라도, 시간이 흘러서 상황이 변한다면 악법이 될 수 있다. 예를 들어, 어느 마을에서 쌀이 부족해서 쌀 수입을 자유화하는 법을 만들었다고 해 보자. 그런데 수십 년 후 그 마을 주민들의 다수가 경작지를 개간해서 농사를 짓게 되어 쌀 생산이 소비를 초과하게 되었다면, 애초에 좋은 의도로 설계되었을 뿐 아니라 당시에는 훌륭한 법이었던 것이 악법이 될 수 있는 것이다.

두 번째는 우리가 직접민주주의가 아닌 대의민주제를 택하고 있다는 사실에서 기인한다. 대의민주제 하에서 시민들은 구체적이고 개별적인 법안 자체에 대해 자신의 의견을 개진하는 것이 아니라, 자신을 대표하는 인물들이 내세운 공약을 보고 대표자를 뽑음으로써 시민으로서의 권리를 행사한다. 따라서 시민들은 결국 법률 꾸러미에 투표하는 셈이 되며, 자신이 찬성한 법안 꾸러미 속에 자신이 반대하는 법률이 들어 있을 수도 있다. 예를 들어 지난 번 대선에서 노무현 대통령에게 표를 던진 사람이라 하더라도 노무현 대통령의 모든 공약에 찬성하는 것은 아닐 가능성이 높은 것이다.

2) 시민 불복종 운동의 목적은 무엇인가?

시민 불복종 운동의 목적은 악법을 개정하는 것이다. 그러나 민주주의 사회에서 최종적인 결정은 결국 다수결에 의거할 수밖에 없다. 따라서 시민 불복종 운동을 벌이고자 하는 사람이 목표하는 바는 자신이 악법이라고 판단하는 것에 대해 다시 한 번 다수의 관심을 촉구하는 것이다. 이 때 시민 개개인이 악법을 판단하는 기준은 자신의 '양심'이다. '양심적 병역 거부'라는 명칭도 바로 이에서 유래한 것이다.

시민 개개인은 자신의 양심에 의거해서 어떠한 법이 악법이라는 판단을 내릴 수 있다. 그러나 그 개인의 판단이 올바른 것임을 보장할 수 있는 방법은 공개적인 토론과 합의를 거쳐 다수의 동의를 이끌어내는 방법 뿐이다. 시민 불복종 운동이란 다수의 구성원들로 하여금 그 법에 대해 다시 심의해 볼 필요성이 있음을 알리기 위해 의도적으로 법을 어기는 행위를 가리킨다.

3) 시민 불복종 운동과 위법의 차이점은 무엇인가?

시민 불복종 운동을 하는 사람의 목적은 악법 개정이고, 위법자의 목적은 자신의 개인적인 이익 증대이다. 그러나 사람의 의도나 목적은 검증 불가능하다. 위법자도 겉으로는 좋은 목적을 가지고 위법 행위를 하였노라고 주장할 가능성이 크다. 따라서 두 가지를 경험적으로 검증할 수 있는 방법이 필요하며, 실제로 그러한 수단이 존재한다.

시민 불복종 운동을 하는 사람은 어떤 법이 악법이라는 자신의 판단에 대해 다수의 동의를 이끌어내고자 한다. 그들이 다수의 동의를 이끌어내는 방법은 자기 희생이다. 자기 스스로가 그 악법의 희생자가 됨으로써 그것을 지켜보는 사람들로 하여금 그것이 악법이라는 생각을 가지도록 하는 것이다. 양심적 병역 거부의 사례를 통해서 보더라도 이 구분은 확연하다. 위법자에 해당하는 병역 기피자는 몰래 위법 행위를 함으로써 병역을 기피하면서도 처벌을 피하고자 하지만, 양심적으로 병역을 거부하는 자는 공개적으로 병역을 거부함으로써 자발적으로 병역법에 의해 처벌받는 희생자가 된다.

"시민 불복종 운동의 일환인 양심적 병역 거부"

4) 자기 희생에도 불구하고 다수의 동의가 없다면?

스스로가 처벌받는 자기 희생적인 방법을 택했음에도 불구하고 다수의 동의가 없다면 이는 그 법에 대한 자신의 판단이 (최소한 잠정적으로나마)잘못되었음을 반증하는 것이다. 따라서 불복종 운동을 하던 사람이 택할 수 있는 대안은 두 가지이다. 첫째, 자신의 판단이 잘못된 것이 아니라는 확신을 계속해서 가지고 있다면 다수가 공감할 때까지 지속적으로 자기 희생을 감수할 있다. 양심적 병역 거부자들도 그러한 길을 택해 온 것이며, 오랜 기간의 노력 끝에 이제 어느 정도의 결실을 거두게 된 것이다. 둘째, 자신의 판단이 그른 것임을 시인하고 불복종을 포기한다.

6. 맺으며

악법의 효력을 인정할 경우 법치주의는 자기 모순에 빠지게 되지만, 그렇다고 해서 법의 정당성 여부에 대한 판단을 자연법과 같은 독단적이고 추상적인 이론에 의거할 수는 없다. 역으로 개인의 자의적인 판단을 통해 법의 정당성 여부를 결정하는 것도 결코 바람직하지 못하다. 사람들이 자신의 정서적인 판단에 권위를 부여하기 위해 '자연'과 같은 수식어를 사용해 왔음을 감안해 보면 위의 두 가지는 결국 동전의 양면이라 할 수 있다.

시민 불복종 운동은 민주주의의 원리를 악법에 대응하는 문제에 적용시킨 결과물이라 할 수 있다. 개인은 양심(루소의 표현에 따르면 '일반의지', 칸트의 표현에 따르면 '선의지'라고 할 수도 있다)에 의해 실정법의 정당성 여부에 대해 판단을 내린다. 그러나 개인적인 판단은 언제나 오류의 가능성을 가지고 있다. 어느 누구도 예외는 아니다. 우리가 택할 수 있는 최선의 방법은 공동의 지혜를 모으는 것이다. 보다 설득력 있는 의견을 도출해 냄으로써 절대적인 진리, 혹은 '자연법'에 접근할 수 있을 것이라는 희망을 걸고 말이다.

13

평등과 정의에 대한 이해

13 평등과 정의에 대한 이해

다음 제시문을 읽고 물음에 답하시오.

제시문

[가] 하늘이 인재를 내는 것은 본디 한 시대의 쓰임을 위해서다. 그래서 하늘이 사람을 낼 때 귀한 집 자식이라고 하여 풍부하게 주고, 천한 집 자식이라 하여 인색하게 주지 않는다. 그래서 옛날의 어진 임금은 이런 것을 알고 인재를 더러 초야에서도 구하고, 더러 항복한 오랑캐 장수 중에서도 뽑았으며, 더러 도둑 중에서도 끌어올리고, 더러 창고지기를 등용하기도 했다.

우리나라는 땅덩이가 좁고 인재가 드물게 나서 예부터 걱정거리였다. 더구나 조선시대에 들어와서는 인재 등용의 길이 더 좁아져서 대대로 명망 있는 집 자식이 아니면 좋은 벼슬자리를 얻지 못하고, 바위 구멍과 띠풀 지붕 밑에 사는 선비는 비록 뛰어난 재주가 있어도 억울하게도 등용되지 못한다. 동서고금에 첩이 낳은 아들의 재주를 쓰지 않는다는 말은 듣지 못했다. 우리나라만이 천한 어미를 가진 자손이나 두 번 시집간 자의 자손을 벼슬길에 끼지 못하게 한다.

[나] 오늘날 여성 노동자들은 판에 박히고 적은 보수를 받는 직업에 압도적으로 많이 집중되어 있다. 비서직이나 판매직과 같이 등급이 낮은 종류의 노동 영역이 확장되면서 많은 비율의 여성들이 거기에 편입되고 있다. 이러한 직업에 대해서는 상대적으로 낮은 보수가 주어지며 전망도 거의 없다. 어떤 직업이 주로 '여성의 직업'이라고 성적인 유형의 것으로 여겨지게 되면, 관성이 자리잡는다. 남성들은 좀더 상위의 지위를 차지하기 마련인 반면, 여성들은 종속적인 직업에 종사하기 마련이라는 생각과 더불어 직업에 관한 상하 위계 질서가 생겨난다. 고용주들은 미래에 사람들을 고용하는 결정을 내리는 데에서 성별을 지침으로 삼게 된다. 그리고 여성들의 직업 대부분의 바로 이러한 조건으로 인해서 여성 쪽에서도 그에 적응하는 반응이 생겨나게 된다—직업에 대한 헌신도가 낮고, 직업에 대한 야망도 거의 없으며, 이직률도 높아지고, 사회적 관계에서 그것을 대신할 만한 보상을 찾게 된다—그리고 그로 인해 여성들은 오직 낮은 수준의 직업에만 적합하다는 이미지가 강화된다. 많은 경우 이러한 사회적인 조건으로 인해 이전의 사회화에 의해 생겨난 생각들이 강화되는 경향을 띤다. 여성들은 성장하면서 자신의 직업보다는 남편의 직업을 중시해야 한다고 믿게 될 수 있는 것이다.

[다] 일부 백인계 미국인들이나 아시아계 미국인들이 불평해온 바에 따르면, 올 A학점을 받은 그들의 아이들이 U. C. 버클리에 들어가지 못한 것은 대학이 다른 사람에게 공간을 제공하기 때문이다. 그들의 주장에 따르면 유일한 공정한 접근법은 입학 자격을 학문적 자질에만 의거하는 것이다. 그러나 설사 차별 수정 조치가 없다 하더라도 평균 올 A학점을 받은 것만으로는 버클리대에 대한 입학이 보장되지 않는다; 그 대학에서는 시험 성적이나 등급과는 다른 입학 기준을 사용하며, 거기에는 컴퓨터에 대한 천재성, 음악적 재능, 지역적 다양성 등이 포함되기 때문이다. 그리고 공공 기관으로서 대학은 사회적 필요성을 좀더 광범위한 측면에서 바라볼 필요가 있으며, 거기에는 소수 집단에 대해 지도자 교육을 더

많이 시키는 것이 포함된다. 최근 중요한 시민권에 진전이 있었음에도 불구하고 심각한 인종 차별은 여전히 남아 있다. 바로 그러한 이유 때문에 대학에서는 특혜 입학 프로그램을 개발하여, 대학 입학에서 많은 다른 요소들과 더불어 인종, 민족, 성별을 고려하고 있다. 거기에 담긴 생각은 교육적, 사회적인 측면에서 기회를 결여한 소수 집단의 전도 유망한 학생들에게 문호를 개방하자는 것이었다. 차별 수정 조치는 일시적인 수단이어야 하지만, 아직 그것을 없앨 때는 되지 않았다. 도시 내부에 사는 소수 집단 학생들의 교육 기회는 여전히 많은 백인 가족들이 살고 있는 교외의 부유층 학생들의 교육 기회와 극적으로 대조된다.

[라] 현대에 들어와서는 사람들 사이의 선천적 차이의 중요성을 극소화시키고 모든 중요한 차이점들을 환경의 영향 탓으로 돌리는 것이 유행이다. 그러나 환경의 영향이 아무리 중요하다 하더라도, 개인들이 애초부터 매우 다르다는 사실을 간과해서는 안 된다. 설사 모든 사람들이 매우 유사한 환경에서 양육된다고 하더라도, 개인적 차이의 중요성은 덜해지지 않을 것이다. 사실, "모든 사람은 평등하게 태어난다"는 말은 참이 아니다. 우리가 이 공허한 말을 계속적으로 사용하는 것은 아마도 법적이고 도덕적인 측면에서 모든 사람은 동등하게 대접받아야 한다는 이상을 표현하기 위해서일 것이다. 하지만 평등이라는 이러한 이상이 무엇을 의미할 수 있는지, 혹은 무엇을 의미해야 하는지를 이해하고자 한다면, 첫 번째 요구 조건은 사실적인 평등에 대한 믿음으로부터 해방되어야 한다는 것이다. 사람들이 매우 다르다는 사실로부터 다음과 같은 결론이 따라나온다; 사람들을 똑같이 대한다면 결과적으로 실질적인 지위에서 불평등이 있을 것임에 틀림없으며, 그들을 평등한 입장에 둘 수 있는 유일한 방법은 그들을 다르게 대접하는 일일 것이다.

[마] 사람들이 널리 동의하고 있는 바에 따르면 과거에 행해진 인종적이고 성적인 차별은, 그것이 평등의 원리를 크게 어기고 있는 한 분명 정의롭지 못하다. 동일한 이유로, 소수자와 여성에 대해 현재 진행되고 있는 차별(별로 상관 없는 근거를 내세운 불평등한 대우) 또한 잘못된 것이다. 그러나 현재의 차별은 때로 너무나도 미세해서 차별하는 사람조차도 그것을 차별로 인식하지 못한다. 또한 과거의 차별이 오늘날 존재하고 있는 많은 인종적, 성적 차별에서 상당 부분 원인이 되었다는 것도 부인할 수 없을 듯하다.

인종적이고 성적인 차별이 영속화되는 데 특히 중요한 것은 다음 두 가지다: 현재 경제적, 교육적 측면에서 겪고 있는 불이익(이는 과거의 차별로부터 생겨난 것이다); 이러한 차별로부터 생겨난 다른 요소들('적절한 역할 모델의 부족'과 같은 것을 예로 들 수 있다.) 그러나 엄청난 논란거리가 되고 있는 문제는 다음과 같은 질문으로 표현해볼 수 있다: 사회는 과거의 차별로부터 생겨난 자기 영속적인 잘못된 관행들을 없애기 위해서, 그리고 여성과 흑인들과 다른 소수자들에게 성차별과 인종 차별 때문에 겪은 부담과 부정의한 처분

제시문

에 대해 보상하기 위해서 어떤 의무를 가지는가?

현대의 논쟁 가운데 많은 부분은 사업체와 교육 기관에서 채택하고 있는 고용, 승진, 입학 정책에 집중되어 있는데, 그러한 정책은 대체로 정부가 차별 수정 조치를 요구하는 데 대한 응답이다. 이러한 논쟁을 이해하기 위해서는 차별 수정 조치에 대한 요구가 고용, 승진, 입학 정책에서 어떻게 이해되고 반영되어 왔는지를 이해해야 한다.

[질문 1] 제시문 [가]의 궁극적인 주장을 짧은 한 문장으로 말해보시오.

[질문 2] 제시문 [가]는 두 단락으로 이루어져 있으며, 각 단락은 주장에 대한 근거를 한 가지씩 제시하고 있다. 그 두 가지를 말해보라.

[질문 3] 제시문 [나]의 주장을 "여성 차별은 (   )이다"라고 요약할 때, 괄호 속에 적당한 단어를 하나 집어넣어 보시오.

[질문 4] 제시문 [나]의 지은이는 자신의 주장에 대해 어떠한 논증 방식을 사용하고 있는가? 그러한 논증 방식에 어떤 반론이 가능하며, 실제로 이 제시문의 논변에 그러한 반론이 적용된다고 생각하는가?

[질문 5] 제시문 [다]의 주제문을 골라보시오.

[질문 6] 제시문 [다]의 '차별 수정 조치'란 어떠한 조치인지 설명해보시오.

[질문 7] 제시문 [다]의 백인들처럼 차별 수정 조치에 반대하는 사람들의 주장을 "그 조치는 (   )을 낳는다"고 요약할 때, 괄호 속에 어떤 단어를 넣으면 적절하다고 생각하는가?

[질문 8] 제시문 [다]의 필자는 자신의 주장을 옹호하기 위해 제시하고 있는 근거들을 설명해보시오.

[질문 9] 제시문 [라]의 주장을 짧은 한 문장으로 표현해보시오.

[질문 10] 제시문 [라]의 지은이는 자신의 주장을 어떻게 옹호하고 있는지 15자 이내로 설명해보시오.

[질문 11] 제시문 [마]에서는 문제의 원인과 해결책에 대한 전반적인 견해를 소개하고 있다. 제시문 [마]의 견해를 기반으로 앞의 네 제시문의 내용을 모두 포함해서, 사회적 불평등 해소의 바람직한 방향에 대해 논해보시오.

〈유의사항〉

1. 적절한 제목을 달 것.
2. 분량은 제한을 두지 않음. 단 시간은 150분으로 제한함.
3. 모든 제시문의 내용을 포함시킬 것.
4. 제시문 내용을 그대로 옮겨쓰지 말 것.

1. 차별 수정 조치

제17대 국회에서는 사상 유례 없이 많은 여성들이 의회에 진출하였다. 지역구 10명, 전국구 29명을 합하여 총 39명이 당선되었다. 거기에 의원직을 승계한 여성이 한 명 더 추가되면서 총 여성 국회의원은 40명에 달하게 되었다. 9대의 12명, 16대의 16명을 제외하면, 여성 국회의원 숫자는 언제나 한 자릿수에 머물러왔음에 비추어볼 때 획기적인 숫자다.

사상 유례없이 많은 숫자의 여성들이 국회에 진출하기는 하였지만, 전체 국회의원 가운데 여성이 차지하는 비율은 여전히 13%에 불과하다. 아시아 평균치가 14%임을 감안해보면, 여성의 정치 참여라는 측면에서 볼 때 우리나라는 아직까지 아시아에서조차도 후진국에 속한다고 할 수 있다.

그럼에도 불구하고 이번 국회가 여성 정치 참여의 물꼬를 트는 데 획기적인 전기가 될 것임은 분명한 듯하다. 그렇다면 이렇게 많은 여성들이 갑자기 국회에 진출하게 된 원인은 무엇일까? 여성들의 능력이 갑자기 향상되어서일까? 전체 여성 의원 가운데 75%인 30명이 전국구 의원이라는 점은 시사하는 바가 크다.

여성들이 국회에 대거 진출하게 된 원인은 여야 각 당에서 전국구 의원 후보자의 절반 가량을 여성들에게 '할당' 했기 때문이다. 여성할당제가 국회의원 선거에도 적용된 것이다. 이렇게 특정 분야에서 차별을 받아온 집단이나 계층에게 특혜를 주는 조치를 차별 수정 조치(Affirmative Action)라고 부른다. 차별 수정 조치는 대체로 입학, 고용, 승진 등에서 특혜를 주는 방식으로 적용된다. 특정 인종, 특정 지역, 특정 성별을 가진 사람들이 그 분야에서 받아온 차별을 철폐하기 위한 수단으로서 그들은 일정 비율을 정해놓고 선발하거나 그들에게 일부 가산점을 부여하는 제도인 것이다. 우리나라의 경우에는 여성할당제, 지역할당제 등이 논의 혹은 시행된 바 있다.

"17대 국회에서 여성들이 대거 의회에 진출한 것은 할당제의 결과였다"

2. 역차별

차별 수정 조치에 대해 제기되는 반론은 그것이 역차별적이라는 것이다. 미국 버클리대의 경우에서 볼 수 있는 것처럼 백인, 남성, 대도시 학생 등과 같은 기득권 계층은 차별 수정 조치를 통해 부여되는 특혜에 의해 반사적인 불이익을 받는다. 그들 기득권 집단은 자신들이 그 집단에 속해 있다는 이유만으로 역으로 차별을 당한다고 주장한다.

구체적인 예를 들어보자. X라는 남성과 Y라는 여성이 함께 입사 시험에 지원하였다. X는 85점을 받았고 Y는 80점을 받았다. 정상적인 경우라면 X가 합격하고 Y가 탈락하겠지만, 그 회사에서는 여성할당제를 도입하여 전체 신입 사원의 40%를 여성으로 선발하기로 하고 있다. X는 더 높은 점수를 받았음에도 불구하고 탈락하고 Y는 낮은 점수를 받았음에도 합격하게 된다. X는 자신이 단지 '남성이기 때문에' 부당한 대우를 받았다고 주장한다. 그는 균등한 기회가 부여되어야 하는 것은 사실이지만, 그렇다고 해서 특혜를 부여하는 것은 기회의 평등을 포기하고 결과의 평등을 달성하려는 공산주의적 발상이라고 반발한다. 이러한 주장에 대해 어떻게 생각해야 할까?

두 가지 대안이 있을 수 있다. 첫째는 역차별을 일종의 필요악으로 보는 것이다. 그가 역차별을 받은 것은 분명하지만, 그것은 '좀더 커다란 악'을 없애기 위한 '필요악'이라는 것이다. 그러나 이런 주장을 내세울 경우 그 유명한 논쟁에 휘말리게 된다: "100명의 목숨을 구할 수 있다면 아기 한 명의 목숨을 기꺼이 희생해도 좋은가?" 물론 필요악이라고 주장하는 입장에서는 "그렇다"고 대답하겠지만, 이는 논의가 새로운 국면으로 접어드는 것이다. (이 문제에 대한 자세한 논의는 16강을 참고하라) 그는 자신의 주장을 옹호하기가 쉽지 않아진다.

좀더 바람직한 반론은 역차별이라는 주장 자체를 받아들이지 않는 것이다. X에게 다음과 같은 두 가지를 물어본다고 생각해보라: ① 남성과 여성은 평등한 대접을 받아야 하는가?; ② 현재 여성에 대한 차별이 존재하는가? 만약 두 가지 모두를 인정한다면 반론은 너무나 쉽게 이루어진다. (두 번째 질문에 대해 "No"라고 대답하는 경우에는 위의 두 번째 제시문에서와 같이 여러 가지 사례를 제시하거나 통계 및 여론 조사 결과를 제시하는 등의 사회과학적인 방법을 통해 그 주장의 타당성이 결정될 것이다. 사실, 앞에서 언급한 것과 같은 여성 국회의원 비율만 보더라도 그 문제에 대해서는 쉽게 결론이 날 수 있을 듯하다. 참으로 철학적인 논의의 쟁점이 되는 것은 첫 번째에 대해 "No"라고 대답하는 경우로, 이에 대해서는 뒤에서 다시 살펴보기로 한다.)

먼저 쉽게 떠오르는 반론은 남성들이 차별의 가해자이므로, 당연히 그에 대해 보상해야 한다고 주장하는 것이다. 그러나 남성측에서는 "차별은 분명히 존재하지만, 가해자는 아버지와 할아버지 세대일 뿐, 나는 차별을 행하지 않았다. 보상의 책임을 져야 한다면 그것은 가해자들의 몫이다. 그 책임을 내게 미룬다면 이는 연좌제를 인정하는 것이다"라고 말할 것이다. 이 남성의 주장은 타당한가?

현재 여성에 대한 차별이 이루어지고 있다면, 역으로 생각해볼 때 그 사회에 사는 남성은 어떤 식으로든 우대를 받고 있다는 결론이 자연스럽게 도출된다. 그런데 남성과 여성이 평등한 대우를 받아 마땅하다면, 남성들이 받아온 우대는 정당하지 못한 것이다. 여성들이 받아야 할 몫을 가로채온 셈이다. 이는 법적으로 보더라도 자신의 소유물이 아닌 것을 부당하게 착복한 '횡령죄'에 해당한다. 횡령죄 자체를 인정하지 않는다면 모르겠지만(그런 주장을 한다면 개화된 인간 사회에서 살아갈 수 없을 것이다), 그렇지 않다면 남성들이 부당하게 우대를 받아온 만큼 돌려주어야 한다고 말할 수밖에 없다.

그렇다면 얼만큼을 돌려주어야 하는가? 그것은 어느 정도의 차별이 존재해왔고, 따라서 어느 정도의 부당한 우대를 받아왔는가에 따라 달라진다. 만약 X가 "여성들에게 일정 부분의 특혜가 주어져야 함은 인정한다. 사실상 그것은 특혜라고 할 수도 없는 것이다. 그러나 5점이나 되는 점수가 특혜로 주어진다면, 이는 보상의 차원을 넘어서서 부당 이익을 취하도록 해주는 것이다"라고 주장한다면, 이는 매우 타당하고 강력한 주장이며, 그 주장의 타당성 여부는 과연 그 사회에 실제적으로 어느 정도의 차별이 이루어져 왔는가에 대한 조사에 의해 결정될 것이다. 여성들이 받아야 할 보상이 3점 정도라면, X는 역차별을 당했다고 주장할 수 있다. 그러나 그 보상이 5점 이상이어야 한다면 역차별이라는 주장은 성립하지 않게 된다.

"전통적으로 여성들은 저급한 종류의 노동에만 적합한 것으로 인식되었다"

3. 평등과 정의

앞에서 "남성과 여성은 평등한 대접을 받아야 하는가?"에 대해 "No"라고 대답하는 경우야말로 진정한 논쟁거리가 된다고 말한 바 있다. 대다수의 사람들이 "남녀는 평등하다"(이 주장은 사실에 대해 말하는 형식을 취하고 있지만, 당위에 대한 진술임에 주의하라)고 말하고 있지만, 실제로는 그렇게 생각하지 않는 것도 사실이다. 이에 대해서는 몇 가지 경우에 대해서만 생각해 보더라도 쉽게 알 수 있다.

남녀 한 쌍이 차를 타고 가다가 자리가 하나 나면 대체로 여성이 먼저 앉는다. 그 이유에 대해 생각해본 적이 있는가? 이른바 "Lady First!"라는 구호를 적용할 수 있는 모든 행동이 동일한 부류에 속한다. 건물에 화재가 나거나 배가 조난을 당하면 여성과 어린이를 먼저 구한다. 여성과 어린이가 약자라는 인식에서다. 여성은 약자이고, 약자를 보호해야 한다는 생각이 "Lady First!"라는 구호 속에 담겨 있는 것이다.

많은 사람들은 "차이는 인정하지만 차별이 있어서는 안 된다"는 구호를 신주단지처럼 떠받든다.

그러나 많은 경우 구호는 구호일 뿐, 현실이나 진심과는 너무나 다르다. 그 구호는 사실과도 다를 뿐만 아니라 당위적으로도 설득력이 충분하지 못하다. 사실적으로 차이가 있으면서 차별을 하지 않는 사례를 얼마나 찾을 수 있을까?

내가 미국 프로야구 구단에 가서 공을 한 번 던지고는, "나와 박찬호는 분명 다르지만 차별 대우는 하지 말아달라"고 말한다면 어떻겠는가? 차별로 이어질 수 없는 차이가 있다고 주장할 수 있다. 어떤 사람은 순대국을 좋아하고 어떤 사람은 스테이크를 좋아하는 경우가 그런 경우에 해당할 것이다. 그러나 엄밀히 말해서 그 경우에도 차별은 존재한다. 순대국 집에서는 첫 번째 사람이 더 환영받을 것은 당연한 이치며, 음식이라는 측면만을 고려한다면 순대국을 좋아하는 사람에게는 스테이크를 좋아하는 사람보다 자신과 유사한 취향을 가진 사람을 더 환영하는 것이 자연스럽다.

차이가 있으면 그에 따라 다른 대우를 하는 것이 인지상정이자 상식이다. 당위적으로는 어떨까? 차이가 있어도 차별을 하지 않는 것이 마땅할까? 그렇다면 모든 사람을 획일적으로 대해야 한다. 보기에 따라서는 아주 이상적인 사회처럼 보이겠지만, 또 다른 관점에서 보면 아주 바람직하지 못한 사회라고도 할 수 있다. 벽돌을 하루에 2,000장 나르는 사람과 200장 나르는 사람을 다르게 대하지 않는다면 그것을 바람직하다고 할 수 있을까? 한 끼에 다섯 그릇을 먹어야 포만감을 느끼는 사람과 반 그릇만 먹어도 포만감을 느끼는 사람에게 똑같이 두 그릇씩 준다면 그것을 바람직하다고 할 수 있을까? 결국 평등이란 획일적인 대우가 아니라 각자의 능력과 노력에 맞는 대접을 하는 것이며, 이는 '정의'에 대한 전통적인 개념 정의이기도 하다.

4. 여성 평등에 대한 잘못된 주장들

이제 남성과 여성의 문제로 돌아가보자. 남성과 여성에 대해서도 무조건적으로 동등한 대우를 해달라고 요구하는 것은 설득력이 없다. 능력의 차이에 맞게 대우를 해야 한다. 남성과 여성의 전반적인 능력을 비교해보면 현실적으로 남성의 능력이 더 뛰어나다는 점에 대해서는 반론하기 어렵다. 일부 여성들은 "이성적 판단 능력은 남성이 더 뛰어나지만, 풍부한 감성이라는 측면에서는 여성이 월등하다"고 주장한다. 이는 스스로 함정을 파는 꼴이다.

전통적으로 이성적 판단 능력은 인간만의 고유한 영역이라고 여겨져 왔으며, 감성은 그보다 다소 열등한, 인간과 동물이 공유하고 있는 본능적인 측면에 가깝다고 여겨져 왔다. 그렇다면 그들의 주장은 "인간적인 측면에서는 남성이 더 우월하고, 동물적인 측면에서는 여성이 더 우월하다"는 것인가? 사실 그러한 주장은 고대부터 근대 말에 이르기까지 전 세계적으로 만연해 있었던 듯하다. 만약 그렇지 않다면, 여성들에게 투표권이 주어진 것이 불과 100여 년 전이라는 사실을 어떻게 설명할 수 있을까?(여성에게 세계 최초로 참정권을 부여한 나라는 뉴질랜드로, 1893년의 일이다.)

스스로 이러한 함정에 빠졌음을 알게 되면 어정쩡한 페미니스트들은 당황하기 시작한다. 그래서 "육체적 능력은 몰라도 정신적 능력은 남성과 여성이 차이가 없다"고 주장한다. 그러나 이 역시 스스로 함정을 파는 행위에서 벗어나지 못한다. 어떤 사람의 능력을 평가할 때 정신적 능력만 보는가? 예를 들어, 당신이 사장이라고 해보자. 사원을 뽑는데 두 사람의 지원자가 왔다. 두 사람의 정신적 능력은 정확히 똑같다고 하면, 당신은 육체적 능력이 뛰어난 쪽과 그렇지 못한 쪽 가운데 어느쪽을 뽑을 것인가? 육체적 능력이 뛰어난 쪽을 뽑는다고 대답하는 것이 당연하다(물론 일부는 그런 것은 보지 않겠다거나, 육체적 능력이 열등한 쪽을 뽑을 것이라고 항변하기도 하지만, 문제는 그러한 주장이 어느 정도의 설득력을 갖는가에 있다).

또 다른 주장도 있다. 여성들이 전반적으로 열등한 것은 사실이지만, 모든 여성들이 열등한 것은 아니므로, 일률적인 대우를 해서는 안 된다는 것이다. 이런 사례를 들어보자. 보통 원숭이들은 인간들보다 열등하므로, 인간보다 못한 대우를 받아도 마땅하다고 생각할 것이다. 그런데 어떤 원숭이 한 마리가 인간보다 뛰어난 능력을 보여준다. 물론 그 원숭이는 어떤 식으로든 특별한 대접을 받을 것이다. 하지만 이제 모든 원숭이가 인간보다 열등한 것은 아니라고 해서, 모든 원숭이를 인간과 동등하게 대우하지는 않는다.

여성들의 경우도 마찬가지다. 몇몇 여성이 남성보다 뛰어난 능력을 보여준다면, 그 여성들은 당연히 그에 걸맞는 대우를 받기 마련이다. 그러나 전반적인 능력이라는 측면에서 볼 때, 대다수의 여성들이 남성들보다 열등한 상황에서 일부 극소수 여성들이 뛰어난 능력을 보인다고 해서 모든 여성들을 남성과 동등하게 대우하는 것은 합리적이지 않아 보인다. 걸맞는 대접을 받기 위한 '증명의 책임'은 여성에게 있는 것이다.

심각하게 고려할 내용은 아니지만, 더 황당한 얼치기 페미니스트들도 있다. 그들의 주장에 따르면, 남성들은 이유 없이 공격적인 성향을 가진 부도덕한 존재며 여성들은 평화를 사랑하는 존재이므로, 남성들과의 이전투구를 피하고 있을 뿐이라는 것이다. 이러한 주장에 고개가 끄덕여지는 사람은 자신의 논리력을 의심해보아야 한다. 여성들은 언제나 남성들에게 지배받으면서도, 스스로가 도덕적인 존재라고 자위하면서 살 수밖에 없는 운명이라는 말이기 때문이다.

어쨌든 이러한 상식적인 주장들을 통해서는 완강하게 버티는 차별론자를 꺾을 수 없다. 그렇다면 남녀 평등이란 설득력 없는 무의미한 구호에 불과한 것일까?

5. 평등을 위하여

그렇다면 어떤 논변을 통해서 남녀 평등의 정당성을 주장할 수 있을까? 그 대답은 역사 속에서 찾아야 한다. 사실 남성과 여성의 능력을 정당하게 평가할 수 있는 기회는 역사상 한 번도 존재하지 않았다. 인류 역사상 여성들은 언제나 차별을 받고 살아왔기 때문이다. 애초에 차별이 어떻게 생겨났는가는 분명치 않다. 아마도 가족 제도와 생산 양식 같은 모종의 사회적인 변화가 원인이 되었을 것이다. 차별이 어떻게 시작되었는지 모르지만, 그것이 존재하게 되었다는 것 자체가 여성의 열등함을 보여주는 것이라고 강변해서는 안 된다. 흑인들에 대한 차별이 존재하고 있다는 사실 자체가 그들의 열등함을 보여주는 것은 아니기 때문이다. 흑인 차별이 역사적이고 사회적인 환경의 산물이듯이, 여성 차별도 또한 그러하다고 보는 것이 타당하다.

좀더 많은 기회가 주어질 때, 흑인들은 점점 더 백인들과 다를 바 없는 혹은 더 뛰어난 능력을 발휘한다. 여성들도 또한 그러할 것이다. 흑인이든 여성이든 아니면 소외된 지역의 학생이든 간에 자신의 능력 여부와 무관하게 무조건 평등한 대우를 해달라고 하는 것은 정의의 원칙에 어긋나며, 따라서 진정한 평등이라고 할 수 없다. 능력에 맞는 대우를 요구하고, 또 그렇게 대우해주는 것이야말로 진정한 평등의 이상에 부합하는 것이 아닐 수 없다. 그러나 여성들은 최소한 역사 시기 동안에는 진정한 자신의 능력을 검증받을 수 있는 기회를 가지지 못하였다. 남성들과의 경쟁 자체가 금기되는 경우도 허다했다.

현대에 들어 여성들을 차별하는 제도와 관습이 점점 타파되어 가고, 여성들에게도 많은 분야에서 남성과 동등한 기회가 주어지고 있지만, 그것만으로 충분하지는 않다. 한 가지 예를 들어보자.

귀족 X는 오랫동안 부당하게 Y를 노예로 지배해왔다. Y에게는 공부를 비롯해서 다양한 문화적 소양을 익힐 기회가 전혀 제공되지 않았다. 그리고 여기에는 골프나 수영, 승마 같은 운동, 다양한 악기 연주, 바둑이나 체스 같은 게임들까지도 모두 포함된다.

이제 신분제가 철폐되고, 오직 능력에 의해서만 대접받는 사회를 만들어야 한다는 주장이 지배적이 된다. X는 Y에게 이렇게 말한다: "너는 학문적인 소양, 여러 가지 운동, 나아가 심지어는 악기 연주 등에 이르기까지 나에 비해 열등한 능력을 가졌다. 그러므로 네가 평생 동안 나를 계속 섬기는 데 대해서 불만을 가져서는 안 된다. 너는 네가 가진 보잘것없는 능력에 따라 대우받는 것, 그것이 정의와 평등의 원칙에 합치하기 때문이다."

"미국에서는 일찍이 여성들도 남성과 동등한 의무를 수행할 수 있도록 해 달라는 주장이 제기되었다"

여성들이 처한 상황이 바로 이와 같다. 아니, 그보다 더 심하다고 해야 한다. 여성들에게는 신체와 정신적 능력을 사용하고 발전시킬 기회가 수천 년 동안 제한되어 왔다. 이제 기회를 균등하게 제공할 테니, 지금 당장 오직 능력만으로 각자의 몫을 결정하자고 주장하는 것은 정당하지 못하다. 오랫동안 다리에 부당한 고문을 받아온 사람에게, 지금 밖에 나가서 100미터 경주를 하자고 한다면 정당한 경주라고 할 수 없다. 정당한 경쟁을 위해서는 부당하게 고문을 가한 사람이 그에 대해 보상을 하고, 치료와 재활 훈련이 모두 끝날 때까지 기다렸다가 동일한 조건에서 출발을 해야 한다. 여성들에게도 보상과 시간적 여유가 주어져야 한다.

하지만 여성들에게 모든 경쟁에서 물러나서 능력을 기른 후에 다시 경쟁에 뛰어들라고 하는 것은 말도 안 된다. 그것은 인간 사회의 구성원이기를 포기하는 것이기 때문이다. 위에서 언급한 달리기의 경우를 생각해보라. 당장 경주를 해야 한다면 어떤 방법이 있겠는가? 대답은 어렵지 않다. 양자가 합의할 수 있는 선에서, 다리를 다친 사람이 앞에서 출발할 수 있도록 해주면 된다. 물론 어느 정도 앞에서 출발할 수 있도록 해야 정당한 경쟁인가는 그동안 얼마나 피해를 입어 왔는가에 의해 결정된다. 그러나 분명한 것은 동등한 기회를 주는 것만으로는 지금 당장 정당한 경쟁을 할 수 없다는 사실이다.

차별 수정 조치를 통해 특혜를 주는 것은 출발점을 앞당겨주는 것과 같다. 차별 수정 조치는 결과의 평등이 아니라, 진정한 기회의 평등을 보장하기 위한 조치다. 남성과 여성 가운데 어느 쪽이 어떤 분야에 대해 우월한 능력을 지녔는지, 따라서 어떤 분야에서는 더 나은 대우를 받아야 하고, 어떤 분야에서는 그렇지 않은지를 지금 당장 결정할 수는 없다. 다양한 형태의 보상을 통해 출발점을 맞추는 작업이 선행되어야 한다. 어느 정도에 이르면 출발점이 맞추어졌다고 할 수 있을까?

아마도 동등한 '역할 모델'을 가지는 지점에 이르면 정당한 경쟁을 할 수 있는 조건이 갖추어졌다고 말할 수 있을 것이다. 역할 모델이란 무엇인가? 개교 이래 30여 년 동안 서울대에 진학한 학생이 한 명도 없는 지방 학교를 생각해보자. 여태까지 역사상 가장 좋은 성적을 올린 학생이 그 지역의 국립대에 진학했을 뿐이다. 그 학교에서 전교 1등을 3년간 한 번도 놓치지 않은 학생이 있다 해도, 그는 서울대 진학을 꿈도 꾸기 힘들 것이다.(물론 아주 특출한 재능과 의지를 발휘해서 어려운 환경을 극복하고 역사상 유례없는 업적을 남기는 사람들이 있다. 그런 사람들을 '위인'이라고 부른다. 그러나 일반적으로 그런 일은 잘 일어나지 않는다.) 그 학교 학생들에게 서울 학생들과 같은 교육 환경을 제공한다고 해도, 그것만으로 출발점이 맞추어진 것은 아니다. 그 학교 학생들에게는 자신이 목표로 삼아야 하는 대상, 즉 '역할 모델'이 존재하지 않기 때문이다. 재능을 가진 학생이라도 자신의 선배들을 떠올리며 일찌감치 좌절감을 느끼면서 능력 발휘 자체를 포기할 수도 있다. 지역할당제라는 제도가 필요한 것은 바로 이런 이유 때문이다.

'역할 모델'의 의미가 아직 분명치 않다면 다음 사례를 생각해보자. 초등학교 때 우리나라의 대다수 남학생들이 공통적으로 갖는 꿈이 있다. 그것은 바로 대통령이다. 반면 여성들은 그러한 꿈을 꾸지 않는다. 이유는 역할 모델이 없기 때문이다. 조선시대와 같이 신분제가 존재하던 사회에서, 갑자스럽게 신분제가 철폐된 사회로 변화했다고 해보자. 사회가 변했다고 해서 여성들이 영의정을 꿈꾸고, 그렇게 되기 위해 노력하게 되는 것은 아니다. 첫 번째 여성 영의정, 두 번째 여성 영의정들이 계속 등장하면 여성들은 비로소 자신들도 영의정이 될 수 있음을 깨닫게 된다. 목표로 삼을 수 있는 전례가 있어야 꿈도 꿀 수 있는 것이다.

제17대 국회에서 정치를 지망할 많은 여성들에게 그러한 역할 모델이 되어줄 사람들이 유례없이 많이 등장하게 되었다. 그리고 그것은 상당 부분 차별 수정 조치 때문이다. 그러나 아직 멀었다. 대통령을 포함하는 모든 분야에 남성 못지 않은 비율의 여성들이 진출해서 활동하고 있는 상황이 되면, 비로소 남녀가 동등한 출발점에 섰다고 말할 수 있다. 그때가 바로 보상이 완료된 시점이며, 차별 수정 조치가 폐지되어야 하는 때다. 이후에는 어떤 대접을 하는 것이 정당할까? 경쟁의 결과에 따라야 할 것이다.

6. 의무와 권리

논의가 이쯤 되면 남성들도 억울함을 호소한다. 자신들은 남성이기 때문에 가정과 국가를 위해서 여성들에게는 부과되지 않는 많은 의무를 행한다는 것이다. 대표적인 사례가 바로 병역 의무다. 그래서 여성들에게 병역 의무를 함께 행하겠냐고 물으면 모두가 난색을 표한다. 그러나 그 이유를 물으면 쉽게 대답하지 못한다. 의무를 행하기 싫은 것이다.

가장 흔하면서도 그럴싸한 대답은 여성들이 일종의 '대체 의무'를 행한다는 것이다. 모두가 짐작하듯이 그것은 출산이다. 출산의 고통에 대해서는 굳이 말로 설명하지 않아도 좋을 것이다. 그러나 두 가지 측면에서 출산은 병역에 대비될 수 없다. 첫째, 출산은 선택적이다. 병역의 의무는 자신의 의사와 전혀 무관하게 수행해야 하는 그야말로 순도 100%에 가까운(군대에 가고 싶어하는 사람들도 있기는 하다. 그래서 '가까운'이라고 표현한 것이다.) 의무이지만, 출산은 그렇지 않다. 군대 가고 싶어서 안달난 사람을 보면 좀 이상하게 생각하지만, 몹시 아이를 가지고 싶어하는 여성을 보고 이상하게 생각하는 사람은 거의 없다.

그러나 이 첫 번째 반론은 그다지 강력하지 못하다. 외관상 출산이 선택적인 것처럼 보이지만, 남편과 시어머니 등 주변에서 무언의 압력을 가함으로써 사실상 선택지가 하나밖에 주어지지 않는다는 반론도 그럴싸하게 들리기 때문이다. 그러나 두 번째 측면을 고려해 보면 출산과 병역의 차이점이 좀더 확연히 드러난다. 군대에 갔다 온 사람들은 누구나 군대 이야기를 자랑스럽게 하지만, 다시 군대에 가겠느냐고 물으면 고개를 젓는다. 하지만 여성들의 경우에는 표현하기조차 힘든 고통을 겪고 나서도, 얼마간의 시간이 지나면 "하나 더 낳아 볼까?" 하는 생각을 가지는 경우가 허다하다.

물론 출산을 통해 여성들이 사회에 기여하는 부분에 대해서는 과소평가해서도 안 될 뿐만 아니라 충분한 대가도 주어야 한다. 출산 휴가를 100% 유급 휴가로 보장하고, 남성들에게 육아 휴가를 의무화하며, 국가와 사회에서 공동 육아를 위한 비용과 시설 등을 충분히 지원해야 한다. 그렇게 함으로써 여성들이 출산이라는 사회 기여 행위 때문에 스스로의 능력에 족쇄를 채우는 일이 없도록 해야 한다. 출산과 육아를 기피하지 않으면서도 자신의 능력을 발휘할 수 있는 여건을 만들어주어야 하는 것이다.

그럼 병역의 문제는 어떻게 되는가? 결론적으로 여성들도 병역의 의무를 수행해야 한다. 과거 서구의 여권 운동가들은 여성들도 남성들과 같이 군대에 갈 수 있도록 해달라고 투쟁해서 주장을 관철시켰다. 이후 여성도 남성과 동등한 훈련을 받게 해달라, 여성도 남성과 같이 실전에 참가할 수 있도록 해달라는 등의 요구는 계속되었으며, 현재는 여성들도 남성들과 같이 대부분의 전투 행위를 수행한다. 여기에서 우리는 다음과 같은 사실을 시사받을 수 있다.

한 사회 혹은 집단에서 어떤 구성원이 어느 정도의 권리를 가지는가는 그 사람이 그 사회에 핵심적인 의무를 얼마나 수행했는가에 달려 있다. 맞벌이 부부와 그렇지 않은 부부를 생각해보라. 부인의 발언권이 센 것은 어느 쪽이겠는가? 맞벌이를 하는 경우에는 두 가지 측면에서 여성의 발언권이 세질 수밖에 없다: 자신도 가족을 부양하기 위해 동등한 의무를 수행하였으며, 상대방에게 의

존하지 않고 독립된 생활을 영위할 수 있는 능력을 갖추고 있다. 남성들이 지켜주지 않으면 스스로를 지키지 못하는 여성, 남성에게 의존해야만 생존 가능한 여성들이 커다란 목소리를 낼 수는 없다. 이러한 사실은 양육권을 둘러싼 다툼에서 너무나 쉽게 볼 수 있다.

남성들은 군대에 가기 싫어하지만, 제대 후에는 누구나 군대 이야기를 자랑스레 한다. 의무는 일단 수행하고 나면 권리가 되기 때문이다. 여성들은 군대 이야기를 싫어하면서도 그만 하라고 큰소리치지는 못한다. "Lady First!"는 여성에 대한 배려가 아니다. 여성 차별의 마지막 보루인 것이다. 남성으로부터의 배려를 기대하지 않고, 남성과 동등한 의무를 수행하고자 하는 모습이야말로 진정한 남녀 평등을 외치는 올바른 페미니스트의 자세인 것이다.

분배정의에 대한 이해

14 분배정의에 대한 이해

다음 제시문을 읽고 공통 주제에 대한 자신의 생각을 2,500자 내외로 논하시오.

[가] 자유지상주의자들의 주장에 따르면, 사회 그 자체는 소득을 올리지 못한다. 오직 사회의 개별적 구성원들만 소득을 올릴 뿐이다. 자유지상주의자들에 의하면, 정부는 어떤 개인들로부터 빼앗아서 다른 개인들에게 줌으로써 특정한 소득 분배를 성취하고자 해서는 안 된다. 공리주의자들과 롤즈가 "사회에서 어느 정도의 불평등이 바람직한가?"를 판단하고자 하는 반면, 로버트 노직은 이러한 질문 자체의 타당성을 부인한다.

경제적인 결과를 평가하는 데 대해 자유지상주의자들이 내세우는 대안은 그러한 결과가 산출되는 과정을 평가하는 것이다. 소득 분배가 불공평하게 이루어지면—예를 들어, 한 사람이 다른 사람으로부터 도둑질을 한다면—정부는 그 문제를 치유할 권리와 의무를 가지고 있다. 그러나 소득 분배를 결정하는 과정이 정의롭기만 하다면 그 결과로 생겨나는 분배는, 아무리 불평등하더라도 공정한 것이다.

자유지상주의자들은 기회의 평등이 소득의 평등보다 중요하다고 결론짓는다. 그들은 정부가 개인의 권리를 강화하여, 모든 사람들이 자신의 재능을 발휘함으로써 성공을 이룰 수 있는 동등한 기회를 가질 수 있도록 보장해주어야만 한다고 믿는다. 이러한 게임의 규칙이 일단 확립되면, 정부는 그 결과로 생겨나는 소득 분배에 변화를 가할 이유가 전혀 없다.

[나] 자유와 평등의 권리에 대한 요구가 경제적 영역에까지 확대됨으로써 자유와 평등이라는 가치는 상호 대립적인 것이 되었다. 어느 한쪽도 다른 한쪽의 희생 없이는 완전하게 실현될 수 없다는 점에서 그러하다. 자유주의적 자유 방임 사회는 불평등할 수밖에 없으며 평등한 사회는 비자유주의적일 수밖에 없는 것이다. 자유지상주의와 평등주의는 인간과 사회에 대한 아주 다른 개념에 뿌리박고 있다. 자유주의의 경우는 개인주의적이고 상호 대립적이며 다원주의적인 반면, 평등주의의 경우는 전체 포괄적이고 상호 조화적이며 일원론적이다. 자유주의의 으뜸가는 목표는, 더 부유하고 더 능력 있는 사람이 더 가난하고 더 능력이 없는 사람을 희생시키는 경우가 있더라도 개인의 개성을 신장하는 것이다. 평등주의의 제일 목표는, 개인의 자유를 다소 위축시키더라도 공동체 전체를 고양시키는 것이다.

자유주의와 양립할 수 있을 뿐 아니라 자유주의의 자유관에 따라 실제 요청되는 평등의 형태는 오직 하나뿐이다. 그것은 자유를 누릴 권리를 평등하게 갖는 것이다. 자유권의 평등이란, 모든 사람은 다른 사람의 자유와 상충하지 않는 만큼의 자유를 누려야 하며, 다른 사람의 동등한 자유를 침해하지 않는 한 무슨 일이든 할 수 있음을 의미한다. 이러한 형태의 평등 사상은 자유주의 국가가 발달하는 과정에서 아주 일찍이 입헌적 규정으로 명시하였던 두 가지 근본 원리를 고취하였다. 하나는 '법 앞의 평등'이고 다른 하나는 '권리의 평등'이다.

좁은 의미에서 '법 앞의 평등'이란 말 그대로 모든 사람은 법 앞에서 평등하다는 뜻으로, 모든 법정과 재판소에서 통용되는 원칙을 재천명한 것이라 할 수 있다. 이런 의미로 이해할 경우 그것은 재판관

제시문

이 법을 공평하게 운용한다는 것 이상을 의미하지 않으며, 그 자체로서 법치국가의 입헌적 조치와 절차를 구성하는 핵심적인 부분이다.

좀더 넓은 의미로 이해할 경우 '법 앞의 평등'이란 모든 시민에 대하여 법을 보편적으로 적용한다는 원칙을 말한다. 그리하여 그것은 특수한 지위의 사람이나 그들의 상황에만 적용되는 그런 법은 폐지되어야 하며, 어떤 방식으로든 지속되어서는 안 된다는 점을 시사한다. 이 원칙은 과거의 차별을 제거한다는 점에서 평등주의적인 것이다.

한편, '권리의 평등'은 평등이 한 걸음 더 진전하였음을 보여준다. 그것은 옛 신분 사회의 차별을 전반적으로 제거한다는 의미로서, '법 앞의 평등' 사상을 능가하는 것이다. 그것은 입헌적으로 보장된 기본적 권리를 모든 시민이 동등하게 누리는 것을 의미한다. '법 앞의 평등'은 특수한 그리고 역사적으로 결정된 사법적 평등의 한 형태다. 예를 들면 그것은 누구나 출생에 상관 없이 동일한 법률 체계에 접근하거나 혹은 주요 공직에 종사할 수 있는 권리를 포함하는 것이다. 반면 '권리의 평등'은 헌법에 규정된 모든 기본적 권리들의 평등을 말한다. 그리고 그것은 계급, 성, 종교, 인종 등에 따른 차별 없이 모든 시민들이 누리는 그런 권리들 모두가, 또 그것들만이 기본적인 것으로 간주될 수 있음을 의미한다. 즉, 특정 헌법 체계 아래 모든 시민에게 차별 없이 귀속되는 권리들, 한마디로 말해 모든 시민에게 평등한 그런 권리들이 기본권이 되어야 한다는 것이다.

[다] 공리주의의 출발점은 '효용'—어떤 사람이 자신이 처한 상황에서 얻게 되는 행복 혹은 만족의 정도—이라는 개념이다. 공리주의자들에 따르면 '효용'이란 삶의 척도이며, 공적이고 사적인 모든 행동의 궁극적이면서도 객관적인 기준이다. 그들의 주장에 따르면, 정부의 적절한 목표는 사회에 있는 모든 사람들의 '효용'의 총량을 극대화시키는 것이다.

그 주장은 간단하다. 피터는 1만 달러를 벌고 폴은 2,000달러를 버는 것을 제외한다면 피터와 폴이 똑같다고 해보자. 이 경우 피터에게서 1달러를 가져다가 폴에게 준다면 피터의 '효용'은 줄어들고 폴의 '효용'은 늘어나기 마련이다. 그러나 한계 효용 체감의 법칙 때문에 피터의 '효용'이 줄어드는 것은 폴의 '효용'이 늘어나는 것보다 적다. 따라서 이렇게 소득을 재분배하면 총 '효용'이 늘어나게 되는데, 이것이 바로 공리주의자의 목표다.

얼핏 보기에 이러한 공리주의자의 논변에는 다음과 같은 생각이 담겨 있는 듯하다: 정부는 사회의 모든 사람들이 정확하게 동일한 소득을 가질 때까지 계속해서 소득을 재분배해야만 한다. 실제로 소득의 총량이 고정되어 있다면 그 생각은 참일 것이다. 그러나 사실은 그렇지 않다. 공리주의자들은 소득을 완전하게 균등화하는 데 반대하는데, 그 이유는 그들이 경제학의 한 가지 원칙을 받아들이기 때문이다: 사람들은 유인 동기에 반응한다.

피터에게서 가져다가 폴에게 주기 위해서 정부는 미국의 연방 소득세와 복지 제도 같은 소득 재분배 정책을 추구해야만 한다. 이러한 정책 아래에서 고소득자는 높은 세금을 내고 저소득자는 소득 이전을 받는다. 그러나 세금 때문에 유인 동기가 왜곡되고 순손실이 생겨

제시문

난다. 만약 정부가 더 높은 소득세를 통해 사람들이 벌어들이게 될지도 모르는 추가적인 소득을 빼앗아 간다면, 피터와 폴 두 사람 모두는 열심히 일할 동기를 더 적게 가지게 된다. 그들이 일을 더 적게 함에 따라 사회의 소득은 줄어들고 전체 '효용' 또한 줄어든다. 공리주의적인 정부는 좀더 평등해지는 데서 생기는 이득과 왜곡된 동기로부터 생겨나는 손실을 비교해서 균형을 잡아야만 한다. 따라서 전체 '효용' 을 극대화하기 위해 공리주의적인 정부는 사회가 완전 평등화되는 데 못 미쳐서 멈추게 된다.

[라]   롤즈는 사회의 제도와 법, 정책은 정의로워야 한다는 전제에서 시작한다. 다음으로 그는 다음과 같은 자연스러운 질문을 던진다: 그렇다면 사회의 구성원인 우리는 어떻게 정의가 무엇을 의미하는지에 대해 동의할 수 있는가? 모든 사람들의 견해는 필연적으로 자신의 특정한 상황에 기반할 수밖에 없을 듯하 다 ―재주가 있든 없든, 부지런하든 게으르든, 교육을 받았든 그렇지 않든, 부유한 가정에서 태어났든 가난한 가정에서 태어났든 간에 말이다. 우리는 정의로운 사회가 어떠할지에 대해 도대체 객관적으로 결정할 수 있는 것일까?

이러한 질문에 대답하기 위해 롤즈는 다음과 같은 사고 실험을 제안한다. 우리 중 누구도 태어나기 이전에 우리 모두가 사회를 다스릴 규칙을 설계하기 위해 모임을 가진다고 생각해 보라. 이 시점에서 우리는 모두 각자가 생후에 차지하게 될 지위를 알지 못한다. 롤즈의 표현에 따르면 우리는 '무지의 베 일' 뒤의 '원초적 입장'에 처해 있는 것이다. 롤즈의 주장에 따르면 우리는 사회를 위한 정의로운 일련 의 규칙을 선택할 수 있다; 그러한 규칙이 모든 사람들에게 어떠한 영향을 미칠지를 고려해야만 하기 때문이다. 롤즈가 말하듯이, "모든 사람이 유사한 상황에 처해 있고 어느 누구도 자신의 구체적인 조건 에 더 유리한 원칙을 설계할 수 없기 때문에, 정의의 원칙은 공정한 합의 혹은 계약의 결과다." 공적인 정책과 제도를 이런 식으로 설계한다면 우리는 어떤 정책이 정의로운가에 대해 객관적일 수 있다.

그리고 나서 롤즈는 이러한 무지의 베일 뒤에서 설계된 정책이 무엇을 성취하고자 할지를 고려해본다. 특히 그가 고려하는 것은 "자신이 소득 분배에서 결국 최상층에 있게 될지 아니면 바닥이나 중간층에 있 게 될지 알지 못할 경우, 사람들은 어떠한 소득 분배를 정의롭다고 생각할 것인가?" 하는 점이다. 롤즈의 주장에 따르면, 원초적 입장에 있는 사람은 자신이 소득 분배의 바닥에 있을 가능성에 대해 특별히 우려 를 표할 것이다. 따라서 공공 정책을 설계할 때, 우리는 사회에서 가장 가난한 사람의 복지를 증진시킬 것을 목표로 삼아야 한다. 다시 말해서 공리주의자들처럼 모든 사람의 행복의 총량을 최대화하기보다 롤 즈는 최소한의 행복을 최대화하고자 한다. 롤즈의 규칙은 '최소의 최대화 원리'라고 부를 수 있다.

〈『맨큐의 경제학』에서〉

〈유의사항〉 1. 답안에는 자신을 드러내는 표현을 쓰지 말 것.

2. 답안은 한글로 작성할 것.

3. 논술문의 첫머리에 내용을 잘 드러낼 수 있는 제목을 쓸 것.

4. 제시문의 내용을 그대로 옮겨 쓰지 말 것.

5. 제시문의 내용 요약이 글 전체 분량의 2/3를 넘지 않도록 할 것.

주제강의 - 분배정의에 대한 이해

1. 개인과 사회—자유주의와 사회주의

개인과 사회의 관계는 '닭이 먼저인가, 달걀이 먼저인가?'의 문제와 같은 것으로 여겨져 왔다. 개인과 사회의 문제에 대한 극단적인 두 입장은 자유주의와 사회주의다. 자유주의에서는 사회의 핵심적이고 기본적인 요소는 개인이며, 사회란 개인의 합의에 의해 이루어진다고 주장한다. 그들에 따르면 사회란 일종의 게임과 같다. 사람들이 모여서 게임을 할 때 가장 먼저 하는 일은 게임의 규칙을 정하는 일이다.

예를 들어 A와 B 두 사람이 일 대 일로 농구 게임을 한다고 하면, 먼저 몇 점 내기를 할 것인지, 공격이나 수비 리바운드 후에 바로 다시 공격을 허용할 것인지 등에 대해 규칙을 정해야 한다. 규칙에 합의가 되면 경기가 진행되겠지만, 그렇지 않으면 경기는 진행될 수 없다. 게다가 게임의 목적은 당사자들의 행복을 추구하는 것이다. 두 당사자 가운데 한 사람이 농구를 싫어하거나, 현재 몸 상태가 농구를 해서는 안 될 상태라서 게임을 하면 불행해질 경우 역시 게임은 진행될 수 없는 것이다.

자유주의자들은 사회가 구성되기 이전의 상태를 '자연 상태'라고 이름하고, 그런 상태에서 존재하는 인간을 '자연인'이라고 불러왔다. 『로빈슨 크루소』는 자연인에 대한 상상력의 표현인지도 모른다. 하지만 그 책이 자연인을 그리고자 한 것이라면 분명 그것은 실패였다. 로빈슨은 이미 사회 속에서 교육받고 자라난 상태였으며, 무인도에 표류하자마자 프라이데이를 노예로 삼아 또 하나의 새로운 사회를 구성한다. 자연인에 대한 상상력이 좀더 극단적인 상태에 이른 작품이 『정글북』이다. 그리고 그 주인공 모글리와 같은 인물이 실재했음이 밝혀짐으로써 그들의 상상력은 현실에 한 걸음 더 접근하게 된다.

그러나 『정글북』 역시 상상 속에서나마 자연인의 존재를 밝히는 데 실패하고 만다. 현실의 모글리는 사회로 편입된 후 적응하지 못하고 죽어버리는 것이다. 어떤 식으로든 자연인이 존재할 수 있음이 입증되지 않는다면 자유주의자들의 주장은 설득력을 얻기 힘들다. 이 문제는 현실적으로도 고찰해볼 수 있다. 스스로를 자유주의자라고 주장하는 사람에게 "일체의 사회 관계를 언급하지 말고 자신에 대해 설명해보라"고 요구한다면, 그는 어떤 설명도 할 수 없을 것이다. 사회 이전의 인간이란 어쩌면 환상이나, 인간이라고 할 수 없는 동물의 상태에 불과할지도 모른다.

그리고 이것이 바로 사회주의자들의 주장이다. 인간은 개체로서 존재하는 것이 아니라 사회의 일부로서 존재한다. 인간은 사회 속에서 태어나고 사회 속에서 인간으로 자라난다. 인간이 정체성을 획득하는 데에는 사회라는 존재가 결정적인 역할을 한다. 사회는 단순한 개인들의 집합 이상이며, 일종의 유기체와 같은 존재라고 볼 수 있을지도 모른다.

2. 분배정의에 대한 자유주의자의 입장

자유주의자는 사회가 개인의 행복을 추구하기 위한 도구에 불과하다고 주장한다. 행복에서 가장 중요한 요소는 자유다(독방 생활을 상상해 보라). 개인은 신체의 자유와 재산의 자유를 가지며, 국가든 사회든 아니면 다른 개인이든 간에 그 자유를 침해해서는 안 된다. 국가나 사회가 개인의 자유를 제한할 수 있는 것은 오직 한 가지 경우뿐이다. 한 개인이 다른 개인의 자유권을 침해하는 경우가 그것이다. 국가는 경찰과 같은 최소한의 역할을 하는 이른바 '야경국가론'이 등장하게 되는 것이다.

자유주의자들이 인정할 수 있는 평등이란 오직 '기회의 평등'뿐이다. 모든 사람에게 자신의 능력을 발휘할 기회가 동등하게 주어지기만 한다면 인위적으로 평등을 실현하기 위한 다른 조치는 필요 없다. 농구 게임을 마치고 나서 큰 점수 차로 진 팀이 이긴 팀에게 "너무 격차가 많이 벌어지니 점수를 조금만 나누어달라"고 요구하거나, 시험 성적이 발표된 후에 꼴등을 한 학생이 선생님께 찾아가 "선생님, 1등과 점수 차가 너무 많이 나니 조정을 해주세요"라고 말한다면 이상하지 않겠는가? 게임의 진행 과정에서 반칙만 없다면 어떠한 결과가 나오든 그 결과에 승복해야 한다. 그것이 바로 정의다.

이러한 자유주의자들의 평등 사상은 '법 앞의 평등'으로 정의할 수 있다. 좁은 의미에서 보면 이는 재판관이 모든 사람에 대해 법을 공평하게 운용한다는 뜻이며, 넓은 의미에서 보면 특정인 혹은 집단만을 차별하거나 혹은 특혜를 주는 법은 폐지되어야 한다는 뜻이다. 동등한 기회가 주어졌으므로, 부유함과 가난함은 모두 개인의 노력 여하에 달린 일이며, 그 결과를 인위적으로 조정하고자 한다면 이는 정의롭지 못한 획일적 평등에 불과한 것이다.

오해해서는 안 되는 것이 두 가지 있다. 먼저 자유주의자들도 세금의 필요성 자체를 부인하지는 않는다. 그들에게 국가란 일종의 보안 업체와 같으며, 보안 업체에게 일을 맡기는 정도의 대가는 그들도 받아들일 용의가 있다. 그들이 거부하고자 하는 것은 소득 재분배를 위한 누진세다.

다른 한 가지는 자유주의자들도 보수 일변도는 아니라는 사실이다. 하지만 이야기를 진행시키기 전에 먼저 보수와 진보라는 개념을 확실히 해둘 필요가 있다. 보수란 기존의 사회 질서를 유지하고자 하는 집단이고, 진보란 그 반대를 추구하는 집단이다. 따라서 보수와 진보의 정체성은 고정된 것이 아니라 처한 사회 상황에 따라 다르게 정의될 수 있다. 예를 들어 자본주의 사회에서는 사회주의 사상을 가진 사람이 진보가 되겠지만, 반대로 사회주의 사회에서는 자본주의 사상을 가진 사람이 진보가 되는 것이다. 여기에서 보수와 진보라는 개념을 각각 '우익'과 '좌익'으로 바꾸어 써도 큰 무리는 없다.

자유주의자들이 보수 일변도가 아니라는 것은, 그들이 경제적인 측면에서는 보수적이지만 사회 정치적인 측면에서는 진보적이라는 뜻이다. 일반적으로 사회 전통에 보수적인 사람들은 호모 섹슈얼이나 낙태 등의 문제에 대해 부정적인 견해를 표하기 마련이다. 그러나 자유주의자들은 그러한 것들이 단지 '개인적인 선택'일 뿐이며, 타인의 신체와 재산의 자유에 분명한 피해를 주지 않는 한 간섭해서는 안 된다고 말한다.

3. 분배정의에 대한 사회주의자의 입장

반면 앞에서 말한 것처럼 사회주의에서는 각 개인이 인간이 되는 것은 사회라는 환경 속에서만 가능하다고 주장한다. 사실 사회주의의 원칙을 견지할 경우, 인간의 정신이 독립적인 영역을 가지기 힘들어진다. 마르크스는 "하부 구조가 상부 구조를 지배한다"고 말했다. 여기에서 하부 구조란 물질적 여건을, 상부 구조란 도덕이나 종교와 같은 정신적 영역을 가리킨다. 정신적 영역은 독자적인 운행 법칙을 가진 것이 아니라 물질적 환경의 변화에 종속되어 있다. 사회주의는 존재론적으로 유물론에 기반하고 있다.

사회주의자들의 주장이 옳다면 개인이 가진 능력을 전적으로 그 개인의 몫이라고 할 수 없다. 그 사람이 그런 능력을 가지게 된 것은 자신이 노력한 결과라기보다는 그런 상황이 도출될 수밖에 없었던 환경 탓이다. 이 환경에는 사회적 조건뿐만 아니라 생물학적인 조건도 포함된다(생물학적 조건 역시 물질적 환경인 것이다). '차두리'라는 축구 선수를 생각해 보라. 그가 축구를 잘하게 된 것이 순전히 그의 노력 덕이라고 말하는 경우와, '차범근'이라는 세계적 축구 선수의 자식으로 태어나 축구를 하기에 아주 우호적인 환경 속에서 자랐기 때문이라고 말하는 경우 가운데 어느 쪽이 더 설득력이 있겠는가?

다른 한편으로, 어떤 사람이 다른 사람보다 생존을 위해 훨씬 더 많은 물질을 필요로 한다고 해도 그것 역시 그의 탓은 아니다. 예전 한 씨름 선수가 매 끼니를 라면으로 해결한 적이 있다. 그는 끼니마다 라면 20개 분의 식사를 해야만 했는데, 그 돈으로 다른 음식을 그만큼 먹을 수는 없었기 때문이다. 그는 생물학적 조건 때문에 어려운 삶을 살게 되었다. 이것이 그가 노력을 게을리한 탓이라고 말해야 하는가? 식비가 다른 사람보다 최소한 열 배 이상 든다고 해서 다른 사람보다 열 배 이상의 벌이를 하기란 쉽지가 않다.

따라서 사회주의에서는 '능력에 따른 노동, 필요에 따른 분배'를 원칙으로 한다. 모든 사람들이 능력을 발휘해서 일을 하되, 그것을 개인의 소유로 삼는 것이 아니라 전체의 소유로 삼아서 필요한 만큼씩 분배를 한다는 것이다. 사회는 일종의 가족과 같은 것이며, 가족 가운데 능력이 부족한 구성원을 나머지 구성원들이 부양해야 마땅하듯이, 사회에서도 동일한 원리가 적용된다는 것이다.

"세금을 내지 않는 사람들에게 자비의 원칙을 적용시켜 보면
그들의 사상적 기반은 자유주의라고 할 수 있다."

4. 극단적 자유주의와 사회주의의 문제점

극단적 자유주의에서는 철저하게 자유 방임적인 시장 경제를 옹호하게 된다. 빈부 격차가 발생하고 또 더욱 커져가지만, 자유주의자들에게 이것은 문제가 되지 않는다. 기회의 평등이 보장되고 게임의 반칙에 해당하는 부정한 행위만 없다면, 그 빈부 격차도 당연히 받아들여야 하는 문제다. 그러나 그들은 빈부 갈등이라는 현실적인 문제뿐 아니라 이론적인 문제점도 이미 가지고 있다.

첫 번째로 지적할 것은 재산의 자유에 관한 문제다. 자신의 노동력을 투여해서 생산한 상품은 신체의 일부와 마찬가지로 자신의 배타적인 소유로 본다 해도 특별한 이견이 있기 힘들 듯하다. 그러나 자본을 통해 타인의 노동력을 고용해서 생산한 상품에 대해 어느 정도의 소유권을 인정하는 것이 옳은가에 대해서는 합의하기가 쉽지 않다. 그럼에도 불구하고 자본주의 사회에서는 일정 부분의 임금을 지급하는 것 이외에는 모두를 자본가의 소유로 돌려버리고 만다.

둘째로 진정한 기회의 균등이 이루어지는지가 확실치 않다. 부당한 법적인 제재만 없다면 기회의 균등이 보장된 것으로 보아야 한다는 자유주의자들의 주장에는 무리가 있다. 부잣집 자식으로 태어나 좋은 환경에서 비싼 개인 교사를 두고 공부한 사람과 가난한 집에 태어나 스스로 학비를 마련해가면서 공부한 사람에게 동등한 기회가 주어졌다고 말하기는 힘들다. 플라톤의 철인국가에서처럼 어린아이가 태어나면 국가에서 모두 데려가다 동등한 환경에서 교육시키면서 능력의 우열 여부를 판단하지 않는다면 말이다. 게다가 훌륭한 유전자를 가진 부모를 만나는 것과 그렇지 못한 것도 기회의 균등에 장애가 되지는 않을까?

어쨌든 사회주의에서는 자유주의를 비판한다. 물론 그들도 자유를 부인하지 않는다. 누군가 말했던 것처럼, 인류에게 '자유'라는 개념은 너무나 고귀한 것이어서 결코 그 가치를 부인할 수 없을지도 모른다. 다만 사회주의에서 추구하는 자유는 자유주의의 자유와는 개념이 다르다. 예를 들어, 가난한 사람에게 "너는 왜 고급 승용차를 타지 않니? 어떤 법도 네가 고급 승용차를 탈 자유를 제한하지 않잖아? 너는 그럴 자유가 있어"라고 말하는 것은 아무 의미가 없다. '제한이 없음'이란 큰 의미가 없는 자유의 소극적 개념에 불과할 수 있다. 사회주의에서 보기에 진정한 의미의 자유란 자신이 원하는 것을 이룰 수 있는 조건이 충족될 때 성취되는 것이다. 그리고 그 자유를 그 사회의 구성원들 모두에게 공평하게 나누어 주자는 것이 사회주의의 주장이다.

그러나 사회주의를 표방했던 국가들은 현재 대부분 몰락한 상태다. 훌륭한 이념에도 불구하고 그들이 간과했던 부분이 있었기 때문이다. 인간은 명령을 입력하기만 하면 그것을 수행하는 기계가 아니다. 인간이 능력을 발휘하기 위해서는 노동의 동기가 주어져야 한다. 장작 100개를 만들어낸 사람과 10개를 만들어낸 사람에게 주어지는 결과물이 별 차이가 없다면 두 사람 모두 능력을 다해 열심히 일해야 할 이유를 찾기 힘들 것이다. 사회주의 사회는 전체적으로 자본주의 사회보다 빈곤해지기 마련이다.

물론 절대 빈곤 상태가 아니라면 빈곤 자체보다 빈부 격차가 행복에 더 큰 영향을 미친다. 마르크스는 전 세계가 공산화되리라고 믿었지만, 세계는 자본주의와 공산주의로 양분됨으로써 공산주의 사회에서는 언제나 자본주의와의 '비교'를 통해 격차를 실감해야 했다. 게다가 사회주의적 이념을 운영하는 주체가 오류를 범하기 마련인 인간이었다는 점도 간과할 수 없는 일이었다. 평등을 추구하는 사회에도 특권층은 존재했던 것이다.

5. 새로운 이상—복지 국가

자유와 평등은 어느 하나도 포기할 수 없는 인류의 이상이다. 그러나 두 가치는 서로 조화되기 힘든 듯 보였다. 여전히 진행중이기는 하지만 '법 앞의 평등'이라는 형식적인 평등을 넘어서서 '권리의 평등'이라는 실질적인 평등이 실현되면서 둘의 조화 가능성이 높아지고 있다. 모든 사람들에게 교육, 의료 등의 기초 생활 분야에서 최소한의 조건을 충족시켜줌으로써 능력을 발휘할 수 있는 기회를 제공해주되, 동기 부여라는 측면도 무시하지 않는 복지 국가라는 새로운 이상이 등장한 것이다.

그러나 모든 사람에게 최소한의 조건을 '권리'로 규정하여 충족시켜주기 위해서는 재원이 필요하다. 자유주의자들의 주장처럼 최소한의 경비만을 내는 것으로는 부족하다. 많이 가진 자들에게는 그러한 조건이 이미 충족되어 있다. 그러나 그들이 돈을 내놓지 않으면 가지지 못한 자들에게 그러한 조건을 충족시켜주는 것은 불가능하다. 결국 국가가 더 많이 개입하여 많이 가진 자들에게 더 높은 세금을 부과하는 '누진세' 제도를 시행해야 한다.

"복지국가에서는 최소한의 인간다운 생활을 보장하고자 하며, 이를 위해서는 많은 세금이 필요하다"

사실 복지 국가란 자본주의와 공산주의를 합쳐놓은 것이다. 순수 자본주의를 고집하는 사회는 빈부 격차의 심화로 인해 아래로부터의 저항에 직면하여 혁명이 발생할 위기에 빠지게 된다. 이 위기로부터 자본주의를 구한 것은 아이러니컬하게도 공산주의 자신일지도 모른다. 노동자들이 궐기하여 자본가 계급을 타도함으로써 공산주의 사회가 도래할 것이라는 예측은 허황된 것만은 아니었다. 자본가들의 입장에서는 모든 것을 한꺼번에 잃기보다는 작은 부분을 양보하는 것이 옳다는 판단을 내리게 되었고, 그것이 복지 국가의 시작인지도 모르는 것이다. 역사가 공산주의를 향해 직선으로 진보하리라는 예언이 역사의 방향을 바꾸었다고도 말할 수 있다.

그것이 사실이든 아니든 간에, 스스로 합리적이고 이성적인 존재임을 자부하는 인간들로서는 복지 국가가 투쟁의 부산물이라기보다는 인류가 마땅히 추구해야 할 이상이었고, 또 그 결과물이라고 주장할 필요가 있었다. 복지 국가의 이론적 기초를 마련할 필요가 있었던 것이다. 이제 자유주의자들은 복지 국가가 불가피한 선택이라기보다는 자신들 스스로가 그 필요성을 인정하고 자발적으로 추구하게 된 이상이라고 주장한다. 선구적인 이론은 공리주의자들에게서 시작된다.

6. 공리주의자들의 분배정의관

, 공리주의자는 인간 삶의 궁극적 목적이 '행복'이며, 좋은 삶의 판단 여부는 그 기준에 의거하여 이루어져야 한다고 주장한다는 점에서 '목적론자'다. 이기주의자나 이타주의자도 또한 윤리학적으로 목적론자라고 할 수 있다. 그러나 이기주의는 표면적으로 그럴싸한 사회를 도출해낼 수 있음에도 불구하고, 합리적인 인간들의 사회라고 보기 힘들다. 모든 상황에서 서로를 전혀 신뢰할 수 없는 사회는 기본적으로 인간 사회일 수가 없는 것이다.

인간 사회가 동물의 사회와 구분되는 지점은 말을 사용한다는 것이다. 동물들도 말을 사용하는지 알 수 없지 않느냐고 반문할 수도 있다. 그러나 말이라는 것이 기본적으로 정보의 전달 기능을 하고 있고, 결과적으로는 집단적인 지혜를 축적하여 발전하는 문화를 창출해내는 기능을 함을 고려해볼 때, 확인할 수 있는 문화를 가지지 못한 동물이 말을 사용한다고 보기는 힘들다.

그런데 말을 사용하는 사회는 최소한의 규칙을 수반한다. 그것은 '진실 말하기'다. 진실 말하기라는 규칙이 없다면 말을 하는 것 자체가 무의미해진다. 따라서 진실 말하기란 어떤 인간 사회에서도 부인할 수 없는 최소한의 형식적 규칙이다. 그런데 이기주의자들로 이루어진 사회에서는 그 표면적인 모습이 어떠하든 간에 서로가 서로를 믿을 수 없다. 상대방의 말은 오직 자신의 이익을 추구하는 것임을 알기 때문이다.

이타주의에 대해서는 달리 설명하지 않더라도 현실적으로 불가능함이 분명해 보인다. 그래서 목적론자들이 추구할 수 있는 가장 그럴싸한 대안은 합리적인 존재인 인간들이 그 구성원 최대 다수가 가장 행복해지는 길을 선택하는 것이다. 따라서 공리주의는 목적론을 대표하게 되며, 그들에게 모든 정책이나 행위를 판단하는 근거는 그것이 '최대 다수의 최대 행복'에 기여하는가 여부다.

이를 분배 문제에 적용시키면 적절한 재분배가 필요하다는 결론이 논리적으로 도출된다. 빈부 격차는 사회 전체의 행복 총량을 감소시킨다. 쉽게 예를 들어보자. 갑돌이는 빵 10개를 벌었고 철수는 빵 1개를 벌었다. 다소 작위적이지만, 지금 현재 갑돌이와 철수의 행복 지수를 각각 100이라고 해보자. 이제 갑돌이의 빵 하나를 가져다가 철수에게 준다고 해보자. 갑돌이의 행복 지수는 90이 되고, 철수의 행복 지수는 200이 된다.(계산의 정확성에 문제가 있지만 이해의 편의를 돕기 위해 다소의 오류를 감수하고 단순한 계산법을 쓴다면 말이다.) 하나를 줌으로써 사회 전체의 행복 지수가 200에서 290으로 늘어난 것이다. 이러한 단순 계산법에 따르면 사회 전체의 행복 지수는 두 개를 줄 경우 380, 세 개를 줄 경우 470이 된다. 결국 사회 전체의 행복 총량을 최대화시키는 방법은 각각 5.5개씩 가지도록 하는 것이라는 결론이 나올 듯하다.

이러한 결과가 나타나는 것은 한계 효용 체감의 법칙 때문이다. 한계 효용이란 소비자가 재화나 용역을 추가로 1단위 구매함으로써 얻는 추가적인 만족을 나타내는 경제학적 개념이다. 한계 효용 체감의 법칙이란, 많이 가질수록 총 효용은 늘어나지만 한계 효용은 줄어들기 마련이라는 것이다.

그러나 문제는 그리 간단치 않다. 위와 같은 방식으로 분배를 할 경우, 분배의 정당성을 주장하는 방식은 다르지만, 실질적으로 사회주의 사회와 다를 것이 없어진다. 두 사람은 모두 노동 동기를 상실하게 된다. 다음날 갑돌이는 5개만큼만 일하고, 철수도 반 개만큼만 일한다. 그 날 각자의 몫은 2.25개로 줄어든다. 그 다음날도 마찬가지다. 결국 최대 다수의 최대 행복을 위해 추구한 분배 정책이 사회를 전체적으로 빈한하게 만들게 된다.

결국 최대 다수의 최대 행복을 위해서는 한계 효용 체감의 법칙뿐만 아니라 노동 유인 동기의 문제 또한 고려해야 한다. 어느 정도의 격차를 둠으로써 두 사람 모두가 노동 동기를 잃지 않도록 하는 상태에서 한계 효용을 극대화시킬 수 있는 지점을 찾아 재분배를 이루는 것이 공리주의의 목표다.

7. 롤즈의 분배정의관

공리주의에서 복지 국가를 추구하는 것은 사실이지만, 전통적으로 공리주의의 약점으로 지적되어 온 것은 '인권'이나 '정의'가 무시될 수 있다는 점이다. 이론적으로 한 사람을 죽여서 나머지 사람들이 더욱 행복해지고, 그렇게 함으로써 행복의 총량이 더 커질 수 있다면 당연히 공리주의에서는 그 길을 택해야 한다. 옳고 그름의 유일한 판단 기준은 '최대 다수의 최대 행복'뿐이기 때문이다. 그리고 이러한 견해를 인간의 양심과 정의를 믿는 상식적인 견해로 받아들이기는 힘들다. 공리주의는 소수를 짓밟아서 다수의 행복을 추구할 수도 있는 체제인 것이다.

이러한 문제점을 극복하고자 한 사람이 바로 롤즈다. 롤즈에 따르면 우리 사회가 정의로워야 한다는 것은 누구도 부인할 수 없다. 부자든 가난한 사람이든, 남성이든 여성이든 말이다. 그러나 문제는 그들이 생각하는 '정의'의 내용이 서로 다르다는 사실이다. 부자는 재분배를 하지 않는 것이 정의라고 할 것이고, 가난한 사람은 그 반대일 것이다. 누구나 자신에게 유리한 정의관을 받아들이고자 노력한다. 그것이 인지상정이다.

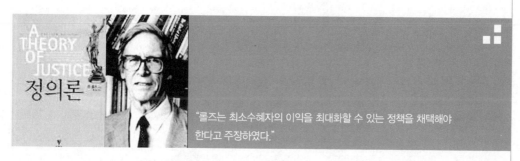

"롤즈는 최소수혜자의 이익을 최대화할 수 있는 정책을 채택해야 한다고 주장하였다."

따라서 누구나 동의할 수 있는 '정의'의 개념을 확립할 수만 있다면 그에 따라 정의로운 사회 규칙을 만들어낼 수 있을 것이다. 여기에서 롤즈가 착안한 것은 '모든 사회, 정치, 경제적인 지식은 가지고 있되, 자신의 편견으로부터 자유로운 사람'이다. 롤즈는 우리 모두가 자신이 부자인지 가난한지, 남성인지 여성인지, 흑인인지 백인인지 등의 조건을 잊을 수 있다면, 다시 말해서 '무지의 베일' 뒤의 '원초적 입장'에 있을 수 있다면 더욱 쉽게 합의를 이끌어낼 수 있으리라고 생각한다.

우리는 여기에서 중요한 사실을 감지할 수 있다. 롤즈는 '자연인'을 꿈꾸고 있으며, 사회를 계약에 의한 일종의 게임으로 본다는 점에서 여전히 자유주의의 전통에 서 있다. 그러나 롤즈 자신은 고전적 자유주의자들로부터도 공격을 받을 정도로 분배 문제에서는 진보적인 입장을 취하게 된다.

무지의 베일 뒤의 원초적 입장에서 우리는 부자보다는 가난한 사람을 배려하는 규칙을 선택하게 될 것이다. 합리적인 개인이라면 그런 선택을 내릴 수밖에 없다. 경우의 수를 생각해 보라. 먼저 부자로 태어날 확률은 가난한 자로 태어날 확률보다 적다. 부자를 위한 규칙을 만들 경우 부자로 태어나면 본전이지만, 가난한 사람으로 태어나면 아주 좋지 못한 상황에 처하게 될 것이다. 이 경우 자신에게 유리할 확률은 50%도 되지 않는다.

문제는 여기에서 그치지 않는다. 가난한 사람을 위한 법을 만들었을 경우를 생각해보라. 부자로 태어나면 조금 아쉽기는 하겠지만, 부자를 위한 법을 만들었다가 가난한 사람으로 태어났을 때처럼 상황이 나쁘지는 않다. 그냥 조금 아쉬울 뿐이다. 가난한 사람으로 태어난다면 그야말로 가슴을 쓸어내리면서 안도의 숨을 내쉴 것이다. 이렇게 모든 경우의 수를 고려해본다면 가난한 자를 위한 규칙을 만드는 것이 확률상 합리적인 행위임을 깨닫게 된다.

따라서 롤즈는 사회의 규칙을 제정할 때 그 사회에서 가장 적은 혜택을 받고 있는 사람을 고려하는 규칙을 만들어야 한다고 생각한다. 최소 수혜자에게 많은 혜택이 돌아가도록 하는 사회야말로 우리가 객관적인 입장에서 합의할 수 있는 사회이기 때문이다.

그러나 롤즈는 자유주의자들에게 가해지는 비판에서 자유롭지 못하다. '자연인'은 존재하지 않는다는 것이다. 게다가 과연 모든 사람이 그런 합리적인 선택을 할지도 의문이다. 인생을 걸고 도박을 하는 사람도 있다. 하지만 이런 난점에도 불구하고 롤즈의 이론은 다른 이론들보다 훨씬 설득력 있는 이론이며, 복지 국가의 이론적 기반을 훌륭하게 제공해준다. 롤즈가 존경받는 위대한 학자인 이유가 바로 이것이다.

책임과 처벌 – 자유의지와 결정론

15 책임과 처벌−자유의지와 결정론

다음 제시문을 읽고 물음에 답하시오.

제시문

[가] 없는 사람이 살기는 겨울보다 여름이 낫다고 하지만, 교도소의 우리들은 없이 살기는 더합니다만, 차라리 겨울을 택합니다. 왜냐하면 여름 징역의 열 가지, 스무 가지 장점을 일시에 무색케 해버리는 결정적 사실―여름 징역은 자기의 바로 옆 사람을 증오하게 한다는 사실 때문입니다. 모로 누워 칼잠을 자야 하는 좁은 잠자리는 옆 사람을 단지 37도의 열 덩어리로만 느끼게 합니다.

이것은 옆 사람의 체온으로 추위를 이겨 나가는 겨울철의 원시적 우정과는 극명한 대조를 이루는 형벌 중의 형벌입니다. 자기의 가장 가까이에 있는 사람을 미워한다는 사실, 자기의 가장 가까이에 있는 사람으로부터 미움받는다는 사실은 매우 불행한 일입니다. 더욱이 그 미움의 원인이 자신의 고의적인 소행에서 연유된 것이 아니고 자신의 존재 그 자체 때문이라는 사실은 그 불행을 매우 절망적인 것으로 만듭니다.

그러나 무엇보다도 우리 자신을 불행하게 하는 것은 우리가 미워하는 대상이 이성적으로 옳게 파악되지 못하고 말초 감각에 의하여 그릇되게 파악되고 있다는 것, 그리고 그것을 알면서도 증오의 감정과 대상을 바로잡지 못하고 있다는 자기 혐오에 있습니다.

자기의 가장 가까운 사람을 향하여 키우는 '부당한 증오'는 비단 여름 잠자리에만 고유한 것이 아니라 없이 사는 사람들의 생활 도처에서 발견됩니다. 이를 두고 성급한 사람들은 없는 사람들의 도덕성의 문제로 받아들여 그 인성을 탓하려 들지도 모릅니다. 그러나 우리는 알고 있습니다. 오늘내일 온다온다 하던 비 한 줄금 내리고 나면 노염(老炎)도 더는 버티지 못할 줄 알고 있으며, 머지 않아 조석의 추량(秋凉)은 우리들끼리 서로 키워왔던 불행한 증오를 서서히 거두어가고, 그 상처의 자리에서 이웃들의 '따뜻한 가슴'을 깨닫게 해줄 것임을 알고 있습니다.

그리고 가을비처럼 정갈하고 냉철한 인식을 일깨워줄 것임을 또한 알고 있습니다.

(신영복, 『감옥으로부터의 사색』)

[나] 가장 일반적인 생각은 다음과 같다: 우리가 사람의 행동을 바라보는 이유는 누군가가 마땅히 받아야 할 대접이란 그 사람이 하는 일에 달려 있는 듯하기 때문이다. 아마도 사람의 행동은 그 사람에 대해 도덕적으로 평가를 내릴 만한 기초뿐만 아니라 그 사람을 어떻게 대접해야 할지에 대한 지침도 제공해주는 듯하다. 렉스 탤리오니스(lex talionis) 또는 '눈에는 눈'이라는 원칙에 따르면, 우리가 사람들을 대할 때는 그 사람이 다른 사람들을 대하는 것과 같이 해야 한다. 상이나 벌의 수혜자로서 사람들이 마땅히 받아야 하는 대접은 행위자로서 그들이 하는 일에 의해 결정된다.

이는 강력하고도 매력적인 견해로, 도덕적 상식뿐만 아니라 전통과 철학적 사유에 의해서도 뒷받침되는 듯하다. 이러한 견해를 철학적으로 지지해주는 가장 유명한 말은 임마뉴엘 칸트로부터 나온다; 그는 그 견해를 사형 제도를 찬성하는 주장과 직접적으로 연결시켰다. 처벌의 문제는 논하면서 칸트는 다음과 같이 적고 있다.

> 법적인 정의에서는 어떤 종류 그리고 어느 정도의 처벌을 원칙과 기준으로 채택하는가? 다름 아닌 평등의 원칙이다; 그것은 한편을 다른 한편보다 더 우호적으로 대하지 않는 것이다. 따라서 당신이 사람들 중의 누군가에게 끼친 부당한 해악은 당신 스스로에게 행하는 것인 셈이다. 당신이 중상모략을 한다면 스스로를 중상모략하는 것이고, 그로부터 도둑질을 한다면 스스로에게서 훔치는 것이다; 당신이 그 사람을 죽이면 스스로를 죽이는 것이다. 오직 응보의 법칙을 통해서만 처벌의 종류와 정도를 정확히 결정할 수 있다.

칸트의 견해는 여러 가지 이유로 매력적이다. 먼저, 그의 견해는 사람들이 마땅히 받아야 하는 대접이 그 사람이 하는 행동과 관련되어 있다는 우리의 믿음과 일치한다. 둘째로, 칸트의 견해는 오직 도덕적 기준에만 의거하고 있을 뿐, 어떤 특정한 법적 혹은 정치적 제도에 의존하고 있지는 않은 듯하다. 셋째로, 칸트의 견해는 법을 만들고 처벌을 제도화하는 지침으로서 사용할 만한 적절한 처벌의 척도를 제공해주는 듯하다. 칸트의 견해에 따르면 처벌은 범죄와 동일해야만 한다. 범죄자가 희생자에게 한 일은 무엇이든 다시 범죄자에게 되돌려주어야 한다.

[다] 인간은 생각할 수 있는 '정신적 존재'며 '윤리적 존재'다. 짐승은 필요한 만큼 먹고 마시며 과식하지 않으나, 인간은 과음 과식하여 소화 불량에 걸릴 수도 있다. 짐승은 본능에 따라 욕구를 쉽게 자동 조절할 수 있으나, 인간은 그때 그때마다 자기 반성, 즉 정신적 활동을 통해서 자기를 제어해야 한다. '사람이 된다'는 우리말 속에 이미 윤리성이 들어 있다. '사람다운 사람'이라는 말은 인간이 본질적으로 윤리적 존재임을 보여주고 있다. …(중략)… 인간은 대체로 육체적 욕구를 가진 점에서는 동물과 비슷하지만, 도덕적·정신적인 면에서는 동물의 범주를 벗어난다고 할 수 있다. 다시 말해서, 모든 동물은 본능적으로 행동하는 데 비하여 인간은 의식적으로 행위하며, 스스로 가치를 추구하고 정신적으로 행동할 수 있다.

[라] 진화에 개입하려는 인류의 의지가 최근에 와서 생긴 것은 아니지만 오늘날에는 인간의 정체성을 일정한 방향으로 유도하기 위한 처치의 가능성이 좀더 구체화되고 개별화되었다. 예컨대, 성범죄자의 사회적인 위험성이 실제 수술이 가능한 뇌의 어떤 성분에서 기인한다면, 종신 감금과 재범 사이에서 선택하느니 차라리 왜 수술을 택하지 않겠는가? …(중략)… 정말 매력적인 것은 태어나기도 전, 심지어 수태도 되기 전에, 23쌍의 염색체가 실어나

제시문

르는 수천만 개의 유전자 중의 어떤 것들을 미리 조작할 수 있는 가능성이 점점 커지고 있다는 점이다. 그로부터 한편으로는 '멋진 신세계'에 대한 소름끼치는 비전이 생겨난다. 유전자 복제를 통해 각기 특수한 임무를 만족스럽게 수행할 수 있는 인간 부류를 미리 결정하는, 그래서 모두가 행복해지는 그런 세계에 대한 비전 말이다. 또는 부모들이 자기들의 이상에 맞는 아이를 선택할 수도 있을 것이다. 다른 한편으로는, 결함 있는 유전자를 건강한 유전자로 대체하는 방법을 써서 끔찍한 유전병들을 줄여나가고, 궁극적으로는 사라지게 만든다는 목표가 등장한다.

[질문 1] 각 제시문의 내용을 110~140자로 요약해보시오.

[질문 2] 제시문들 간의 연관 관계를 300~400자로 가능한 한 자세히 밝혀보시오.

[질문 3] 위의 제시문에 근거해서 '책임과 처벌'이라는 주제로 한 편의 완성된 논술문을 써보도록 하시오(단, 사형 제도 폐지 논란을 사례로 사용할 것).

〈유의사항〉

1. 글의 길이는 1,701~1,800자로 할 것.
2. 글의 제목이나 자신의 인적 사항에 관련된 표현을 일체 쓰지 말 것.
3. 연필은 사용하지 말고 흑색이나 청색 필기구를 사용할 것.
4. 모든 제시문의 내용을 반영할 것.
5. 제시문의 내용을 그대로 옮겨 쓰지 말 것.
6. 제시문 내용에 대한 요약이 글 전체의 1/2정도가 되도록 할 것.

주제강의 – 자유 의지와 결정론

1. 인간과 동물

앞에서 자세히 설명한 바 있듯이, 전통적으로 인간은 동물과 달리 이성을 소유하고 있는 존재로 인식되어 왔다. 동물은 주어진 상황의 조건에 따라 본능적으로 반응한다. 그 반응 양식은 오직 한 가지로 정해져 있다. 예를 들어, 배가 고픈 상황에서 음식이 눈앞에 보이면 반드시 먹는다. 발정기가 되면 반드시 짝을 찾아 교배 행위를 하고자 한다. 동물의 본능적 행위는 인과 관계에 따라 기계적으로 이루어진다. 따라서 동물은 기계와 같다.

이와는 달리 인간은 이성을 가지고 있으므로 본능에서 벗어나는 행동을 할 수 있으며, 이성을 통해 본능을 지배할 수 있다. 이성은 상상력이라는 기능을 통해 제한된 조건 아래에서도 다양한 선택지를 제공하고, 그 가운데 스스로 선택을 할 수 있는 의지를 가지고 있다. 인간은 자신의 의지에 의해 도덕적인 행위를 선택할 수도 있고 그렇지 않을 수도 있다.

인간이 윤리적 존재라고 해서 반드시 도덕적으로 옳은 행위만을 한다는 것은 물론 아니다. 제시문에서 볼 수 있는 것처럼 동물은 정상적인 상황에서 과식하지도 비만에 걸리지도 않지만, 인간에게는 그런 사례를 쉽게 발견할 수 있다. 인간이 윤리적 존재라는 것은 자신의 행위에 대해 책임을 져야 하는 존재라는 의미다. 이러한 인간관은 이원론적인 인간관과 잘 들어맞는다. 인간은 육체와 영혼이라는 두 부분으로 이루어져 있으며, 육체는 물리적 법칙의 지배를 받지만 영혼은 자유롭다. 그리고 바람직한 것은 육체의 충동을 극복하고 영혼의 의지에 따르는 것이다.

그러나 이러한 전통적 인간관은 또 다른 한편에서 볼 때 상식적인 견해와 잘 들어맞지 않는다. 어느 날 당신과 친한 친구 한 명이 당신의 반가운 인사에 대해 짜증 가득한 표정과 목소리로 응대했다고 해보자. 당신은 그 사람이 '자유로운 선택과 의지에 의해' 그런 행위를 했다고 생각할 것인가, 아니면 "저 친구에게 무슨 일이 있는 모양이로군"이라고 생각할 것인가? 당연히 후자라고 생각할 것이다. '그냥', '자유롭게' 선택한 행위라고 생각하기보다는 어떤 이유를 통해 행위를 설명하려고 한다는 것 자체가 인간을 달리 이해할 수 있음을 암시한다. 자유 의지를 중시하는 입장이 이원론적 인간관과 잘 어울리는 것처럼, 이렇게 원인을 강조하는 사고는 유물론의 인간관과 잘 어울린다.

유물론자들은 인간에게 정신적인 영역이 따로 존재하는 것은 아니라고 주장한다. 유물론에서는 '하부 구조가 상부 구조를 지배한다'고 주장한다. 상부 구조란 정신을 의미하고, 하부 구조란 물질적 조건을 의미한다. 정신이라는 영역이 독자적으로 존재하는 것이 아니라, 모든 것은 물질적 조건의 부산물이라는 것이다. 인간에게는 정신이라는 독립적인 영역이 있어서 동물과 구별된다는 주장과 정신은 물질적 환경의 부산물일 뿐이라는 주장 가운데 어느 쪽이 옳은 것일까? 이들의 주장에는 어떠한 결론이 함축되어 있는 것일까?

2. 자발성과 책임

1) 응보론

전통적인 응보의 법칙에 따르면 우리는 행위에 대한 책임을 전적으로 행위자에게 묻는다. 어떤 행위에 대해 그만큼의 책임을 행위자에게 묻는다는 것은 그 행위가 자발적인 것이었음을 전제한다. 그렇다면 전통적인 견해에서는 '자유로운' 영혼이 육체를 완전히 지배해야 하고, 또 그렇게 할 수 있음을 전제하고 있다. 그렇지 않다면 책임의 일부 혹은 전부는 행위자가 아닌 환경적 요소에 물어야 할 것이기 때문이다.

도둑은 타락한 영혼의 소유자며 살인범은 악마다. 그들은 의지에 의해 그렇게 하지 않을 수 있었음에도 불구하고 그렇게 행동했다. 사실 우리 모두는 의지에 의해 어떤 행동을 할지 스스로 결정할 수 있다. 그러므로 행위의 모든 책임을 그들 스스로가 져야 한다. 처벌의 원칙은 너무나도 간단하다. 그 사람이 저지른 과오와 동일한 만큼의 책임을 물으면 된다(물론 칭찬의 경우도 마찬가지다).

도둑질을 한 사람에게는 그만큼을 빼앗는다. 타인을 해친 사람에게는 그만큼의 해를 가한다. 타인의 목숨을 빼앗았다면 목숨으로 보상해야 한다. 대구 지하철 방화범이나 유영철 같은 연쇄 살인범에게 자신의 목숨으로 책임을 지는 것 외에는 다른 속죄 방법은 없다.

2) 면책 사유로서의 비자발적 행위

그러나 교통 사고를 냈다고 해서 차에게 책임을 묻지 않는다. 그 차를 운전한 사람에게 책임을 묻는다. 그 차에게는 의지가 없었으며, 그 차는 운전자의 의지에 의해 움직인 도구에 불과하기 때문이다. 길을 가다가 바람이 불어 벽의 타일이 떨어져서 머리를 다치더라도 바람이나 타일에 화를 내지는 않는다. 역시 의지를 가지지 못한 존재이기 때문이다. 그저 재수가 없었다고 생각한다.

이러한 상황은 사물에 대해서만 적용되는 것이 아니다. 인간이 행위를 했다 하더라도 의지가 반영되어 있지 않다고 생각되는 경우에는 그 당사자를 비난하지 않는다. 이에 대해서는 크게 세 가지 범주를 생각할 수 있다.

첫째는 강제에 의한 경우다. 갑돌이는 갑순이의 팔을 힘껏 잡아다가 철수의 뺨을 때렸다. 철수는 갑돌이에게 화를 낼까, 갑순이에게 화를 낼까? 당연히 갑돌이에게 화를 낼 것이다. 직접적으로 자신을 때린 것은 갑순이의 손이지만, 그 순간 갑순이는 자신의 손에 대해 어쩔 수 없는 상황이었다. 다시 말해서 갑순이의 손은 나무 막대기와 같은 도구에 불과한 존재였던 것이다. 이러한 경우는 얼마든지 더 생각해볼 수 있다.

두 번째는 모르고 행동하는 경우다. 길을 가다가 세 살 정도 되는 조그만 꼬마아이가 다가와서 당신의 정강이를 걷어차면서 "덤벼 짜샤!"라고 소리를 질렀다고 해보자. 당신은 그 아이에게 어떻게 반응할 것인가? 같이 달려들어서 마구 때려줄 것인가? 정상적인 사람이라면 그렇게 하지 않을 것이다. 웃으며 그냥 지나가거나, 그 아이의 부모를 비난하는 정도의 반응을 보일 것이다.

그러나 세 살이 아니라 일곱 살짜리라면 어떻겠는가? 열두 살이나 열다섯 살짜리라면 또 어떠하겠는가? 분명 다른 반응을 보일 것이다. 행위는 동일한데 책임을 묻고 있는 정도는 같지 않은 것이다. 10강에서 설명했듯이, 무지의 상태에서 행한 행위는 강제로 행한 행위에 준하는 것으로 간주된다. 그 상황에서도 행위자는 정상적인 행위자라 볼 수 없다. 정신병적 상태에 있는 사람이 범죄를 저질렀을 경우 처벌하지 않는 것도 같은 맥락이다.

마지막으로 고려할 것은 환경적인 요소다. 환경적인 요소는 다시 두 가지로 나눌 수 있다. 사회적인 환경과 생물학적인 환경이 그것이다. 어떤 사람이 자신의 제과점에서 빵을 훔쳤다고 해보자. 그는 타인에게 위협을 받는 상태도 아니었고, 사리 판단을 못할 정도로 어린 나이이거나 정신병적 상태도 아니었다. 물론 당신은 그를 비난하고 경찰에 알려서 처벌하고자 한다.

그런데 한 가지 사실을 추가적으로 알게 되었다고 해보자. 그는 가난에 시달린 나머지 벌써 다섯 끼니째 굶은 상태였던 것이다. 그를 대하는 당신의 마음은 어떠한가? 상식적으로 이전과 똑같이 그를 비난하지는 않을 것이다. 그를 측은히 여기는 감정이 생기고, 경찰에게 선처를 부탁할 수도 있다. 경우에 따라서는 빵을 몇 개 더 집어주기도 할 것이다. 겉으로 드러난 행동은 똑같이 '도둑질'인데, 이렇게 다른 반응을 보이는 것은 무엇 때문일까? 그 역시 자신의 의지보다는 상황적이고 환경적인 요소에 의해 '어쩔 수 없이' 그렇게 했다고 생각하기 때문일 것이다.

3) 범죄자를 위한 변명

행위의 원인으로서 행위자의 의지 이외의 요소가 존재함을 인정한다면, 모든 책임을 행위자에게만 물을 수는 없다. 철수를 때린 책임은 갑순이가 아니라 그녀의 팔을 끌어다가 강제로 사용한 갑돌이가 져야 할 것이다. 무지의 상태에 있는 어린아이가 저지른 잘못에 대해서는 그 책임을 아이에게 묻지 않고 아이의 부모에게 묻는다. 어린아이가 창문을 깨뜨린 경우, 그 아이에게 창문 값을 물어내라고 하지는 않는 것이다.

이는 환경적인 경우에 대해서도 예외가 아니다. 어떤 사람이 극단적인 가난 상태에서 범죄를 저질렀다면 범죄의 책임을 가난에게도 물어야 한다. 물론 그 가난이 어디에서 유래된 것인지 따져보는 작업은 계속되어야 한다. 가난이 행위자의 게으름에서 비롯된 것이라면 행위자는 자신의 가난과 그 가난으로 말미암아 생겨난 범죄, 양자 모두에 대해 책임을 져야만 한다.

그러나 가난이 일종의 악순환에 의해 생겨난 것이라면 이야기는 달라진다. 행위자의 집안이 매우 가난하여, 어린 시절부터 학교에 다닐 처지가 못되었다고 해보자. 그는 남들과 같은 배움의 기회를 가질 수 없었을 뿐만 아니라 어릴 때부터 가족 부양의 의무를 나누어 져야만 했다. 그가 특별한 지식이나 기술을 가질 수 없었던 것은 노력이 부족해서가 아니었다. 그렇다면 가난과 범죄의 책임이 그에게만 있다고는 할 수 없다.

이를 대구 지하철 화재 사건에 적용해보자. 피해의 원인을 밝히는 작업은 사건에 대한 대책과 재발 방지책을 내포한다. 먼저 당시의 유력한 주장 가운데 하나는 그 사람의 영혼에 이상이 있는 것으로 보아야 한다는 것이었다. 만약 그렇다면 행위의 책임을 그가 질 이유는 없다. 그는 자신의 행위에 책임을 질 수 있을 정도의 '앎'을 가진 상태에서 행동한 것이 아니며, 사회든 가족이든 누군가가 그를 보호할 책임을 가지고 있었을 것이기 때문이다.

그러나 원인을 이렇게 분석한다면 해결책은 한 가지로 귀결될 수밖에 없다. 사회가 보호할 책임을 져야 할 사람들을 좀더 분명하게 밝혀내어, 확실하게 보호의 책임을 다하는 것이다. 정신적으로 문제가 있는 사람들을 시설에 강제로 수용하는 것이 그것이다. 물론 이러한 해결책은 현실적이지도 바람직하지도 않다. 그렇다면 원인 분석 또한 건전한 것이었다고 볼 수는 없을 것이다.

당시 수많은 유족들은 방화범인 그를 사형에 처하기를 원했었다. 그렇다면 합리적으로 생각해볼 때, 그 유족들은 다음과 같은 전제를 깔고 있는 것이다: "그는 얼마든지 달리 행동할 수 있었다; 그의 행위는 그가 스스로 선택한 자발적인 것이다; 그는 의지에 의해 수많은 사람들을 살해했다; 그는 악마다; 그를 이 사회에서 영원히 추방시켜 마땅하다."

그러나 이후에 밝혀진 것처럼 그렇게 많은 사람이 죽은 것은 그의 탓만이 아니었다. 열차의 객석을 불연재로 만들지 않은 것도, 문을 제때 열지 않은 것도, 방화벽이 제대로 작동하지 못한 것도 그의 탓은 아니었다. 운명을 달리한 수많은 사람들의 목숨에 대해 그 혼자서만 책임을 져야 하는 것은 아니다. 하지만 그에게도 변명의 여지는 없다. 그런 부분을 모두 인정한다 하더라도 불을 지른 것은 그였으며, 백 명 이상은 아니더라도 최소한 여러 명의 목숨에 대해서는 책임을 져야 할 것이기 때문이다.

이러한 설명 방식을 따를 경우, 우리는 그를 사형시킴으로써 과거의 행위에 대한 책임을 물어야 한다. 그것은 죽은 이들에 대해서 뿐만 아니라 유족들이나 범죄자 자신에 대해서도 응보의 법칙에 맞게 정의를 실현하는 일이다. 책임과 처벌은 언제나 일치해야 하기 때문이다. 결국 그는 죽어야 하며, 최소한 이런 경우 사형 제도는 반드시 필요하다.

그러나 우리가 고려하지 못한 다른 요소들이 있지는 않을까? 원인을 다른 곳에서 찾아야만 좀더 바람직한 해법을 발견해낼 수 있는 것이 아닐까? 이곳에서는 가상적인 상황에서 방화범을 위해 가능한 변명 한 가지를 제시해보고자 한다. 그는 이렇게 말할 수 있다:

"저는 평범하고도 성실한 한 가정의 가장이었습니다. 풍요롭지는 않았지만, 제가 열심히 일해서 벌은 수입으로 우리 가족은 나름대로 행복하게 살았습니다. 조금만 더 고생하면 아이들도 성장해서 독립하고, 그들이 새로운 가정을 꾸려 2세를 낳는 모습을 보면서 인생을 평화롭게 정리할 수 있을 듯했습니다.

그런데 어느 날 갑자기 상황이 변했습니다. 우리나라에 외환 위기라는 상황이 닥친 것입니다. 국가 전체의 경제가 어려워졌습니다. 실업자도 기하급수적으로 늘었습니다. 특별한 재산과 기술을 가지지 못한 저도 예외는 아니었습니다. 저는 직장을 잃었습니다. 다른 직장을 구하고자 노력했습니다만, 직장은 커녕 막노동 자리조차 얻기 힘들었습니다. 아이들의 학비도 내기 힘들었습니다. 아내가 돈을 벌기 위해 나섰습니다만, 평생 살림만 해온 그녀가 할 수 있는 일이라고는 거의 없었습니다.

결국 그녀는 몹쓸 상황을 겪게 되었고, 마음의 상처를 이기지 못한 나머지 집을 나가버리고 말았습니다. 어머니조차 잃은 아이들은 이런 상황을 이해하지 못하고, 무능한 아버지를 탓하며 문제아로 변해갔습니다. 가정은 풍비박산이 났습니다.

그래서 저는 목숨을 버리기로 결심했습니다. 하지만 저는 이해할 수 없었습니다. 제가 게을러서가 아니었습니다. 저는 열심히 노력해왔고, 또 여전히 그렇게 하려는 의지를 가지고 있었습니다. 아무리 생각해 보아도 이런 상황이 닥친 것은 제 탓이 아닙니다.

그런데 이해할 수 없는 점은 그것만이 아니었습니다. 저와 같이 성실하게 일하고자 했던 많은 사람들은 어려움을 겪고 있는 반면, 또 어떤 사람들은 더욱 부자가 되어가는 것이었습니다. 세상은 의지와 노력만으로 되는 것이 아니었습니다.

저는 억울했습니다. 누군가에게 책임을 묻고 싶었습니다. 그러나 그것이 누구의 탓인지를 알 수는 없었습니다. 그래서 저는 누구인지 알 수 없는 익명의 사회에 복수하기로 마음먹었습니다. 제가 택한 방법이 바로 그것이었습니다."

그의 변명을 듣고 나서, 그의 모든 책임을 면하게 해 줄 수는 없다 하더라도 그런 상황에 서라면 그렇게 행동할 수도 있겠다는 공감을 느낄 수 있다면, 전적으로 모든 책임을 그에게 물어야 한다고 주장할 수는 없을 것이다. 그에게 극도로 고통스러운 상황을 가져다준 사회에 대해서도 책임을 물어야 한다.

문제의 원인을 이렇게 파악한다면, 합리적인 해결책을 찾아내는 데에도 도움이 된다. 사회에서 소외당하고 최소한의 생계와 가정을 유지할 수 없는 사람들이 많아진다면 익명의 다수에 대한 증오감으로 인해 사회는 위험에 빠지게 될 수도 있다는 결론이 나오게 되는 것이다. 해결책은 복지 제도를 강화하고 사회 안전망을 구축하는 것뿐이다.

유영철과 같은 연쇄 살인범을 바라보는 바람직한 방식 또한 이에서 크게 벗어나지 않는다. 정상적으로 교육받고 자라난 정상적인 인간이라면 그러한 끔찍한 짓을 저지르기가 쉽지 않을 것이다. 그 문제 역시 사회의 어두운 곳에서 비정상적인 상황에 방치되는 일들이 없도록 하는 것이 실행 가능한 가장 합리적인 대안일 것이다.

"모든 행동에 행위자에게 대해 전적으로 책임을 물을 수 있는 것은 아니다. 사형제 존폐 논쟁에서도 이와 같은 측면을 충분히 고려해야 한다."

3. 결정론의 문제―인간은 기계인가?

자유 의지의 역할을 강조하는 사람들은 모든 행위의 책임을 개인에게 돌린다. 이러한 생각은 일견 상식적인 견해와 합치하는 듯하지만, 사람들에게 도덕 이상의 것을 요구할 수 있다. 한 노인이 지하철역 선로 위로 떨어진 상황에서 지하철이 50미터 앞에서 달려오기 때문에 그 노인을 구하지 못한 경우를 생각해보라. 칸트는 "당위는 가능함을 함축한다"고 말했다. 그에 따를 경우 노인을 구하지 못한 것에 대해 죄책감을 전혀 느끼지 않는다면 모르지만, 죄책감을 조금이라도 느낀다면 자신의 의무를 다하지 못한 것이다.

그러나 그런 상황에서 자신의 생명을 지키고자 하는 본능을 무시하고 노인을 구할 수 있는 사람이 얼마나 되겠는가? 그렇게 하지 못했다고 해서 비난을 한다면 너무 심한 처사가 아니겠는가? 일본에서 다른 사람을 구하려 목숨을 잃은 이수현과 같이 살신성인의 정신을 실천에 옮기는 사람이 없는 것은 아니지만, 그것은 보통 사람에게 요구할 수 있는 도덕의 수준을 넘어서는 것이다.

그것은 성인에게나 적용될 수 있는 이른바 '슈퍼 모럴(supermoral)'이다. 물론 슈퍼 모럴이 무의미한 것은 아니다. 도덕적 행위와 그렇지 못한 행위를 구분하기 위해서는 기준이 필요하며, 슈퍼 모럴은 언제나 상위의 기준으로 작용할 수 있다. 그러나 거기에서 그쳐야 한다. 모든 사람에게 신과 같은 행위를 요구할 수는 없다.

환경적인 요인을 고려할 경우 문제에 대해 좀더 현실적이고 합리적인 해결 방안을 찾을 수 있다. 사회 구조를 변화시킨다거나 교육에 의해 문제의 소지를 미연에 방지할 수 있다. 그러나 인간의 정신이 환경에 의해 결정된다는 생각을 극단적으로 밀고 나가면 심각한 문제가 생겨나게 된다. 인간은 동물이나 기계와 다를 바 없는 존재가 되는 것이다.

"인공지능이 발전하게 되면 인간과 기계를 구분하는 것이 무의미해질지도 모른다."

인간의 모든 행위가 반드시 어떤 요인에 의해 결정되는 것이라면, B가 아니라 A라는 행위를 선택한 데에는 반드시 X라는 어떤 이유가 있어야 하며, 그 X에 대해서도 Y라는 다른 이유가 있어야 한다. 그런 식으로 무한히 계속되어 나간다면 인간에게 선택의 여지란 없다. 모든 행위는 이전의 원인에 의해 필연적으로 결정되는 것이다. 이는 미래에 대해서도 마찬가지다.

생물학적 결정론은 이러한 문제점을 잘 보여준다. 유전공학의 발달로 유전자 조작을 통해 바람직한 인간상을 만들어내는 것이 현실화되고 있다. 그러나 인간의 성향이나 성격이 유전자와 같은 생물학적 요소와 환경적 요소 두 가지에 의해 전적으로 결정된다면, 인간의 정신적인 영역은 사라져버리고 만다. 인간은 결국 동물이나 기계와 같은 존재가 되어버리고 만다.

컴퓨터에 새로운 프로그램을 입력해서 자신이 원하는 방향으로 작동하도록 할 수 있는 것처럼, 인간에게도 그러한 조작이 가능하다. 인공 지능의 개발로 이러한 전망은 더욱 현실감을 얻게 되었다. 인간과 같은 인공 지능의 개발이 성공한다면, 결국 정신의 영역은 독립적으로 존재하는 것이 아니라 물질적 영역에 의해 좌우되는 부수적인 것임이 반증될 것이기 때문이다.

그렇게 된다면 노력이나 책임 추궁의 필요성은 사라져버린다. 어떤 목표를 설정해놓고 노력한다는 것은 자신의 의지력을 통해 미래를 변화시킬 수 있음이 전제되지 않으면 무의미하다. 그러나 과거에서 현재, 미래로 이어지는 모든 행동이 꽉 짜여진 인과 관계에 의해 결정되어 있다면, 목표를 설정하고 그것을 성취하기 위해 노력할 필요성은 사라져버릴 것이다. 모든 행동이 인간의 의지가 아닌 인과 관계의 산물이라면 책임을 물을 수도 없어져버린다.

4. 바람직한 인간관—성숙의 문제

극단적으로 자유 의지를 강조하는 입장도, 극단적인 결정론적 입장도 바람직하지 못한 것임은 분명하다. 더 합리적이고 바람직한 인간관을 찾아야만 좀더 바람직한 사회를 향해 나아갈 수 있다. 위에서와 같은 문제가 발생하는 것은 인간이 '태어나는' 것이라고 생각하기 때문이다.

우리는 인간으로 태어나는 것이 아니라 "인간이 되어간다." 이성이라는 독립된 기관을 가지고 태어나서, 혼자의 힘만으로도 동물과 다른 우월한 존재가 되는 것은 아니다. 모글리처럼 태어나면서부터 사회와 격리되어 살아간다면 인간이 아니라 동물과 같은 존재가 될 수밖에 없다. 인간이 되는 것은 사회 속에서만 가능하다.

태어날 때 우리는 동물과 다를 바 없는 존재다. 사회 속에서 언어를 통해 '축적된 지혜', 즉 문화를 학습하는 과정에서 우리는 여러 가지 선택지를 배우고 그에 따른 책임감을 배운다. 동물과는 다른 인간이 되어가는 것이다. 다양한 선택지와 책임감을 배우게 되면, 자신의 행위에 대해 책임을 져야 함은 당연하다. 동물과 같은 존재에서 인간으로 상승하게 되는 것이다.

이러한 견해는 현실과도 부합한다. 어린아이에게는 책임을 묻지 않다가, 성숙한 어른이 되면 책임을 묻는 것은 그에게 사회화 과정을 통해 인간다운 삶을 살 기회가 충분히 주어졌음을 전제한다. 물론 여기에는 바람직한 사회와 국가의 역할이 필요하다. 책임을 묻기 위해서는 인간으로서의 교육이 선행되어야 한다. 모든 사회 구성원들은 그러한 교육을 향유할 수 있어야 하며, 그렇지 않은 상황에서는 책임을 물을 수 없다. 무조건적으로 책임을 묻기보다는 책임을 질 수 있는 인간으로의 교육이 선행되어야 하는 것이다.

16

윤리에 대한 이해

다음 제시문을 읽고 제시문 [가]에 기반하여 제시문 [나]와 [다]에 등장하는 문제에 대한 해결책을 제시하는 한 편의 완성된 논술문을 작성하되, 반드시 반대편 이론에 대한 설명과 비판을 포함하도록 하시오.

제시문

[가] 우리는 평소에 일상적인 사회의 규범과 관습에 따라 행동한다. 그러나 규범 간의 충돌이 발생할 때, 혹은 욕구의 대상을 규범이 허용하지 않을 때, 서로 상충하는 두 가지 가운데 어느 쪽이 옳은지를 결정할 필요가 생기게 된다. 이러한 갈등 상황에서 어떻게 하면 올바른 결정을 내릴 수 있는가를 결정하는 전통적인 방식으로는 목적론과 의무론이 있다.

목적론자들은 옳고 그름이란 궁극적인 목적과의 연관 속에서 결정된다고 주장한다. 대다수의 사람들이 거부할 수 없는 궁극적인 목적은 바로 '행복'이다. 문제는 그것이 '누구'의 행복인가 하는 점이다. 이 문제에 대한 대답 여하에 따라 목적론은 이기주의, 이타주의, 공리주의 등으로 나뉘게 된다. 이기주의는 현실성과 그 이론의 강력함에도 불구하고 도덕적인 문제점 때문에, 그리고 이타주의는 현실적인 문제점 때문에 많은 지지를 받기 힘들다. 따라서 목적론의 대표는 공리주의라고 할 수 있다.

공리주의자는 '최대 다수의 최대 행복'을 추구한다. 행위나 정책의 정당성 여부는 그것이 얼마나 많은 사회 구성원들의 행복을 어느 정도나 증진시켜주는가에 의해 결정된다. 공리주의에서는 과거의 윤리를 추상적이고 미신적인 것이라고 비판한다. 공리주의자는 윤리를 좀더 현실적이고 구체적으로 설명한다고 자부하는 것이다. 하지만 다수를 위해 소수가 희생될 수도 있다는, 다시 말해서 전체주의로 흐를 수 있는 위험성도 또한 내포하고 있다.

반대편에는 의무론자들이 있다. 의무론자들은 인간이라면 기본적으로 행해야 할 '의무'가 존재하며, 그에 기반하여 행위나 정책이 결정되어야 한다고 주장한다. 의무론자들에 따르면 그 '의무'는 너무나 명백해서 인간이라면 누구나 직관적으로 알 수 있다고 주장한다. 의무론의 대표자로는 칸트를 꼽을 수 있다. 칸트는 모든 인간이 존엄하다고 말한다. 인간이라면 누구나 그 자체로 목적으로 여겨져야 하며, 어느 누구도 다른 목적을 위한 수단이 되어서는 안 된다는 것이다.

이러한 주장은 우리의 상식적인 도덕관과 부합하는 장점을 가지고 있다. 그러나 직관이란 서로 일치하지 않을 수도 있으며, 따라서 상충하는 의무 가운데 어느 한쪽으로의 결정 자체가 사실적으로 불가능하다는 문제점 또한 안고 있다.

[나] 제2차 세계대전 중에 무차별 집중 포격의 문제가 논란이 되었다. 동맹군의 지도자들은 주축국들이 제기한 군사적 도전에 대처하려는 노력의 일환으로 주축국들의 주요 인구 집중 지역에 포격을 할 것을 제안했다. 이렇게 하면 전체 인구의 사기를 저하시킴으로써 주축국의 군사력을 분쇄하리라는 것이다. 이런 주장을 하는 사람들은 이 정책이 죄 없는 시민들의 커다란 살상을 초래하리라는 것을 알고 있었다. 그러나 그들은 이를 옹호하기 위한 여러 가지 논증들을 내놓았다. 우선 그들은 전시에는 어떤 것이

제시문

나 다 정당하다는 주장을 폈다. 그리고 집중 포격이 전쟁 기간을 줄일 것이고, 그래서 장기적으로 보면 실제로 많은 생명을 구하리라고 주장했다. 게다가 현대전에서 죄 없는 시민이란 사실상 없다는 것이다. 모든 시민이 어떤 방식으로든 전력에 기여를 한다. 마지막으로 그들은 군사 시설에 대한 조준 포격도 부근에 사는 죄 없는 시민들의 살상을 초래한다는 것을 생각한다면, 집중 포격과 조준 포격 사이에는 실제로 아무런 차이가 없다는 주장을 폈다. 이 논쟁은 미국이 히로시마와 나가사키에 대한 원폭 결정을 내림으로써 격화되었다. 그리고 베트남에서 채택된 전술들과 관련해서 이런 논쟁은 계속 되었다.

이 문제는 다음과 같은 시각에서 볼 때 가장 잘 이해될 수 있다. 전투원들은 죄 없는 비전투원들이 살 권리를 존중해야 된다는 도덕률은 널리 받아들여지고 있다. 이 도덕률은 국제법의 일부가 되었다. 그래서 1949년의 제네바협약은 이 원리를 국내의 무장 충돌에까지 연장해서 다음과 같이 말하고 있다.

> "무기를 내놓은 무장 요원들을 포함해서, 적대행위에 적극적으로 참여하지 않는 사람들은…어떤 상황에서라도 인종, 피부색, 종교나 신앙, 성별, 출생이나 재력 또는 이와 비슷한 다른 어떤 기준에 입각한 어떤 종류의 적대적 차별도 없이 인간적인 대우를 받아야 된다. 이 목적을 위해서 어느 때 어느 곳에서라도 위에서 언급한 사람들에 대한 다음과 같은 행동들은 금지되어 있고, 또 영원히 금지될 것이다. …생명과 인격에 대한 침해, 특히 모든 종류의 살해, 신체의 손상, 잔인한 행위, 그리고 고문."

이 도덕적·법률적 원리는 우리가 이야기하고 있는 그런 종류의 포격을 분명히 금지하고 있다. 그런데 집중 포격을 옹호하는 논증들을 살펴보면, 이 논증들이 여러 가지 종류로 되어 있음을 알 수 있다. 전시에는 어떤 것이나 다 정당하다는 논증은 우리의 도덕 원리의 타당성에 대한 직접적인 도전이다. 나머지 논증들은 그렇지 않다. 어떤 집중 포격은 이 도덕률의 적당한 예외라는 것이 그것들이 주장하는 모든 것이다. 집중 포격은 더 많은 생명을 구할 것이므로, 시민들이 가까운 곳에 사는 군사 시설에 대한 조준 포격과 마찬가지로 적당한 예외이므로 또는 적당한 예외로 간주되어야 한다는 것이다.

[다] 1841년 리버풀에서 필라델피아로 가는 배 윌리엄 브라운이 빙산에 부딪혀서 가라앉았다. 두 척의 구명정이 내려졌고, 이 두 척의 배는 서로 떨어지게 되었다. 그 중 한 척은 승객들을 너무 많이 태워서 간신히 움직일 수 있는 처지였다. 그러나 이 구명정은 물이 새기 시작했고, 곧 스코올도 불기 시작했다. 선장은 하중을 줄이지 않으면 모두 죽을지 모른다는 것을 깨달았다. 그러나 아무도 자발적으로 뛰어내리지 않았다. 그는 어떻게 했어야 되는가? 그가 어떤 사람들을 배 밖으로 밀어 던진다면, 그들을 죽이는 것이 된다. 그가 만약

그렇게 하지 않는다면, 아마 더 많은 사람의 죽음이 초래될 것이다. 하여간에 어떤 사람을 배 밖으로 밀어 던지는 것이 필요한 일이었다면, 누가 그런 일을 당해야 되는가? 선장이 제비뽑기를 시켰어야 되는가? 아니면 더 힘센 사람들, 즉 시련을 견뎌낼 수 있는 가망이 더 많은 사람들을 구했어야 되는가?

선장의 딜레마는 여기에 관한 도덕률이 두 개가 있다는 사실에서 온다. 그는 이 도덕률들이 둘 다 타당함을 받아들였다. 그러나 두 도덕률은 상반되는 결론을 내리고 있었다. 한편으로 살인을 금하는 기본 규칙은 아무도 배 밖으로 던져서는 안 된다고 명하는 것 같았고, 다른 한편으로는 가능한 한 많은 생명을 구할 수 있는 행동을 택해야 된다는 도덕률이 있었다. 이 도덕률은 사람들 가운데 일부를 배 밖으로 던질 것을 명하는 듯했다. 그래서 선장이 직면한 첫 번째 문제는 자신에게 타당성과 정당성이 받아들여지고 있는 두 가지 도덕률 사이의 충돌을 어떻게 해소할 것인가 하는 문제였다.

〈유의사항〉 1. 글자 분량은 1,800(±100)자 안팎으로 하시오. 제한 시간은 150분임.
2. 원고지 작성법과 교정법을 준수하시오.
3. 적절한 제목을 달도록 하시오.
4. 반드시 검은색이나 파란색 볼펜 혹은 만년필을 사용해서 작성하시오.
5. 제시문의 내용을 그대로 인용하지 마시오.
6. 제시문의 내용 요약이 글 전체의 1/2이 넘지 않도록 하시오.

주제강의 – 의무론과 목적론

1. 딜레마 상황과 윤리 이론

우리는 평소에 관습과 규칙에 따라 아무 고민 없이 살아간다. 그러나 관습이나 규칙으로 인해 자신의 욕구가 좌절을 겪을 때, 그리고 더욱 심각하게는 관습이나 규칙이 서로 상충할 때, 그러한 상황을 해결하기 위해서는 일종의 기준이 필요하게 된다. 몇 가지 사례를 들어보기로 하자.

사례 1 철수의 집 앞에는 왕복 2차선 도로가 있다. 철수의 집에서 가장 가까운 비디오 대여점은 그 도로 바로 맞은편에 있다. 그러나 불행히도 철수의 집 앞에는 횡단보도가 없다. 그냥 건너면 30초도 안 걸릴 거리인데, 횡단보도는 200미터나 지나가야 있다. 왕복 400미터의 거리를 무의미하게 걸어야 하는 것이다. 차가 많이 다녀서 위험할 때라면 모르지만, 그렇지 않다면 그냥 건너도 무방하지 않겠는가?

사례 2 나는 고등학교 2학년 학생이다. 나는 가수가 되기를 원한다. 하지만 부모님께서는 내가 법대에 진학해서 변호사가 되기를 바라기 때문에 가수가 되는 것에 극구 반대하신다. 그러나 나는 법학은 커녕 공부 자체에 흥미가 없다. 부모님에게 내 의견을 솔직히 말할 수도 있지만, 부모님과 의견이 조율될 가능성은 없다. 불행하게 소질도 흥미도 없는 공부를 하다가 실패하느냐, 부모님 몰래 가수의 꿈을 키워가느냐의 선택만이 남아 있다. 한 연예기획사에서는 내 재질을 인정하고, 열심히 노력해서 실력을 키우면 고등학교 졸업과 동시에 데뷔할 수 있는 기회를 주겠다고 한다. 거짓말은 나쁘지만, 졸업할 때까지 학원에 다닌다고 거짓말을 하고 노래를 연습하러 다닐 생각이다.

사례 3 내 가장 친한 친구 민수는 성격이 불같이 급하다. 어느 날 민수가 씩씩대면서 찾아와 자신이 맡겨놓은 칼을 달라고 한다. 이유를 물어보니 오는 길에 상점 주인과 말다툼 과정에서 커다란 모욕을 당했다는 것이다. 민수의 성격으로 보아 지금 칼을 돌려주면 무슨 짓을 저지를지 모른다. 칼을 다른 사람에게 빌려주었노라고 거짓말을 해야 할 듯한데, 나는 거짓말이 옳지 않다는 것을 누구보다 잘 알고 있으며, 실제로 거짓말을 잘하지도 못한다. 어떻게 해야 할까?

사례 4 테러범이 비행중인 비행기 안에 시한 폭탄을 장치했다. 경찰은 범인의 애인을 찾아내었다. 범인은 가까운 곳에 은신중임이 확실하다. 범인을 찾아내면 폭탄을 제거할 수 있다. 그러나 범인의 애인은 범인을 보호하기 위해 입을 열지 않는다. 한 시간 후면 비행기는 공중에서 폭발할 것이며, 그렇게 되면 수백 명의 승객과 승무원이 죽게 된다. 비행기는 바다 위를 날고 있기 때문에 비상 착륙도 불가능하다. 그녀에게 커다란 육체적 고통을 가하면 범인이 있는 곳을 알아낼 수 있다. 범인이 묵비권을 행사하더라도 그에게 모진 고문을 가하면 많은 생명을 구할 수 있을 듯하다. 어떻게 해야 할까?

[사례1]과 [사례2]는 규칙과 욕구가 충돌하는 상황이다. 사람들은 대개 규칙을 지키는 것이 옳다고 말하겠지만, 왜 그런지 물으면 대답은 쉽지 않다. 그것이 규칙이기 때문이라고 말하는 것은 무의미하다. 왜 그것이 규칙이어야 하는지 물을 수 있기 때문이다. 규칙이 존재하는 것은 결국 우리의 행복을 위한 것이 아닌가? 규칙을 지켜서 불행해진다면, 차라리 규칙을 어기고 행복해지는 것이 낫지 않은가? 게다가 내가 규칙을 어긴다고 해도 아무에게도 피해가 되지 않는다면 말이다.

이에 반해 [사례3]과 [사례4]는 두 가지 규범이 충돌하는 사례다. [사례3]의 경우는 거짓말을 해서는 안 된다는 규범과 인명에 대한 살상을 막아야 한다는 규범이, 그리고 [사례4]에서는 고문을 해서는 안 된다는 규범과 위험에 빠진 많은 생명을 구해야 한다는 규범이 충돌하고 있다.

이러한 딜레마 상황에서는 윤리(도덕) 규범의 근거에 대한 반성이 필요하다. 도덕 규범을 왜 지켜야 하는가를 알면, 서로 상충하는 두 가지 가운데 어느 쪽이 그 당위적인 이유에 좀더 합치하는가를 판단할 수 있을 것이기 때문이다. 전통적으로 도덕 규범의 근거를 제시한 대표적인 이론으로는 의무론과 목적론이 있다.

2. 목적론

의무론과 목적론 가운데 더 오랜 역사를 가진 것은 의무론이라고 할 수 있다. 그러나 논의의 편의상 목적론부터 설명하는 것이 좋을 듯하다. 현대인들에게 더 이해 가능하고 설명 가능한 이론이 목적론이기 때문이다.

목적론은 결과주의적 윤리설이라고도 한다. 어떤 행위나 정책의 옳고 그름은 결과에 의해 결정된다고 주장하기 때문이다. 예를 들어 체육대학에 입학하고자 하는 학생이 있다고 하자. 그 학생이 종합체육센터에 가서 여러 가지 운동을 배우는 것이 좋겠는가, 음악학원에 가서 플루트나 바이올린을 배우는 것이 좋겠는가? 전자가 좀더 합리적이고 바람직한 선택임에는 이론의 여지가 없다. 그 이유는 무엇인가? 그것이 체육대학 입학이라는 목적에 더 바람직한 결과를 산출해낼 수 있는 방법이기 때문이다.

어떤 행동이 합리적인가를 판별하는 방법은 대개 이와 같다. 행위의 목적으로 설정되어 있는 것을 성취하는 데 얼마나 도움이 되는가에 의해 그 행위의 타당성이 결정되는 것이다. 목적론자들에 따르면 도덕도 예외는 아니다. 도덕이란 더 바람직한 삶을 목표로 한다. 그렇다면 삶에서 궁극적으로 성취하고자 하는 목표가 무엇인가에 따라 어떤 행위가 바람직하고 옳은 행위인지 그렇지 않은지를 판결할 수 있다.

그렇다면 먼저 삶의 궁극적 목표가 무엇인지를 따져보아야 한다. 우리가 가치 있게 여기는 것들은 크게 두 가지로 구분할 수 있다. 하나는 다른 무언가를 성취하기 위한 수단이나 도구로써 가치를 갖는 것이고, 다른 하나는 다른 것을 위한 수단이 아니라 그 자체로써 가치를 갖는 것이다. 후자를 '목적 가치'라고 부르며, 그에 대해서 "왜 그것을 원하는가?"라고 묻는 것은 무의미하다.

논술 공부를 예로 들어보자. 아무 이유 없이 논술을 공부하는 사람은 없다. (물론 논술 공부 자체가 좋다고 말하는 사람도 있을 수 있다. 그렇다고 해서 논술이 목적 가치가 되지는 않는다. 그 이유는 뒤에서 밝혀질 것이다.) 논술을 공부하는 이유는 대개 좋은 대학이나 직장에 가기 위해서다. 좋은 대학이나 직장에 가는 것 또한 그 자체가 목표는 아니다. 왜 그렇게 하고 싶으냐고 물으면 돈을 많이 벌기 위해서라든지, 좋은 배우자를 만나기 위해서라든지 하는 대답을 할 것이다.

이런 식으로 계속 물어나가면 대개는 한 가지 결론에 도달하게 되며, 그것은 바로 '행복'이다. 우리가 하는 모든 행위의 궁극적 목적은 행복이다. "그렇게 해야 행복하니까"라고 말하는 사람에게 "행복해서 뭐 하려고?"라고 묻는다면 이상한 질문이 될 것이다. 논술 자체가 좋아서 공부한다고 말하는 사람도 사실은 "논술을 공부하면 행복하기 때문에"라고 말하는 것과 같다. 논술 자체가 목적 가치라고 하려면, "단기적인 관점에서든 장기적인 관점에서든 논술 공부를 하는 것은 괴롭지만, 나에게는 논술 공부 그 자체가 목적이다"라고 주장해야 한다.

목적론에 따르면 모든 행위의 옳고 그름은 결국 그 행위가 행복의 증진에 도움이 되는지 여부에 의해 결정된다. 여기에서 다시 문제가 되는 것은 '누구의 행복 증진에 도움이 되는 것이 옳은 행위인가?' 하는 점이다. 목적론자는 이 질문에 대한 대답에 따라 다시 이기주의자, 이타주의자, 공리주의자로 나뉜다. 오직 남을 위해서만 살아야 한다는 것은 극단적으로 비현실적인 주장이므로, 이타주의는 일단 논의에서 제외시키고 이기주의와 공리주의에 대해서만 살펴보기로 한다.

1) 윤리적 이기주의

이기주의자는 행위나 정책 결정의 궁극적 기준을 '자신의 이익'에 둔다. 일단 모든 인간의 심리가 현실적으로 이기적이라는 주장은 매우 설득력 있어 보인다는 점에서 이기주의는 강력하다. 사회계약론자의 주장도 이러한 심리학적 이기주의에서 출발한다.

규범에 저촉을 받지 않는 인간의 심리가 실제로 이기적임을 보여주기 위해서 고안된 것이 바로 '투명 인간'이다. '기게스의 반지'에 대한 전설에서 〈할로우 맨〉이라는 영화에 이르기까지, 투명 인간에 대한 이야기는 긴 역사를 가지고 있다. 그러나 상상 속의 투명 인간들은 언제나 이기적으로 행동하며 그를 부인하기도 힘들다.

"사회 규범으로부터 자유로운 인간이 이기적임을 보여주기 위한 시도는 다양한 형태의 '투명인간'에 대한 상상으로 구체화되었다."

행위의 옳고 그름은 자기 자신에게 얼마나 이익이 되는가에 의해 결정되어야 한다는 이기주의는 일견 직관적으로 거부될 수 있는 천박한 이론처럼 보인다. 그러나 그 내면을 깊이 살펴보면 그렇지 않다. 당신이 차를 타고 가는데 노인 한 분이 타셨다고 하자. 당신은 자리를 양보할 것이다.

그렇게 하는 이유는 무엇인가? 노인의 고통이 느껴졌기 때문이라고 대답한다면 당신은 진정으로 이타적인 행위를 한 것이다. 그러나 대개의 경우 속마음은 그렇지 않다. 주위의 시선을 의식해서 그렇게 한 것이다.

그런 동기에서 자리를 양보했다면, 엄밀히 말해서 당신은 이기적인 행동을 한 것에 불과하다. 그러나 그런 행위가 반드시 비난받아야 하는 행위라고 할 수는 없다. 당신은 장기적인 관점에서 사려 깊게 생각한 끝에 이기적인 행위를 한 것이고, 사회의 많은 구성원들은 실제로 그렇게 행동한다. 그렇게 사려 깊은 이기주의자들로 이루어진 세상이 있다면, 최소한 외관상으로 볼 때 그 세상은 아주 도덕적인 것처럼 보이는 멋진 세상일 것이다.

그러나 윤리적 이기주의는 인간 사회의 도덕이 될 수 없다. 인간 사회의 핵심적인 특징은 언어를 사용한다는 것이며, 따라서 인간 사회에서는 최소한 한 가지 규칙을 기본적으로 전제하고 있다. 거짓말을 해서는 안 된다는 것이다. 거짓말이 용인되는 사회를 상상해보라. 사람들이 하는 말이 대체로 거짓말이라면 누구도 다른 사람의 말을 듣고자 하지 않을 것이며, 역으로 그 사실을 안다면 자신도 말을 하지 않게 될 것이다. 이 책을 읽는 독자 여러분들도 이 책에 담긴 내용이 거짓이라면 지금처럼 머리 아파하면서 읽지는 않을 것이다.

그런데 윤리적 이기주의자들이 모인 사회에서는 이 최소한의 규칙이 유지되지 못한다. 당신이 친구에게 조언을 구하는 경우를 상상해보라. 당신은 자신이 처한 문제의 해결에 가장 도움이 되는 방법을 찾고자 조언을 구하고 있다. 하지만 윤리적 이기주의자인 친구는 당신이 아니라 자신에게 이익이 되는 방식으로 조언을 한다. 거짓말을 하고 있는 것이다. 당신 역시 윤리적 이기주의자이므로 그 사실을 알고 있다. 거슬러 올라가보면 애초부터 조언을 구할 필요가 없었으며, 실제로 모든 대화는 단절되고 만다. 윤리적 이기주의는 인간 사회에 어울리는 도덕일 수 없는 것이다.

2) 공리주의

윤리적 이타주의나 이기주의가 바람직한 대안이 될 수 없으므로, 마지막으로 살펴보아야 할 것은 공리주의다. 공리주의에서는 '나' 나 '남' 이 아니라 '우리 모두' 의 행복 증진을 목표로 한다. 가능한 한 많은 수의 구성원들에게 가능한 한 많은 행복을 가져다주는 정책이 올바른 정책이다. 공리주의에서 행동이나 정책의 정당성을 판단하는 기준은 그것이 이른바 '최대 다수의 최대 행복' 에 도움이 되는가 하는 것이다.

공리주의자는 윤리적 문제를 해결할 때 상상 가능한 대안들을 먼저 설정하고, 그 가운데 어떤 것이 가장 많은 사람에게 최대한의 행복을 가져올 수 있는가를 묻는다. 예를 들어 제시문에 등장하는 구명정 사건의 경우, 목적론자들은 40명 전원이 탑승했을 경우에 살아남을 확률, 35명, 30명, 25명, 20명이 탑승할 경우의 확률 등을 계산하여 사람 수에 확률을 곱하면 몇 명이 탑승해야만 하는지를 구할 수 있다.

40명을 태웠을 경우에 생존 확률이 30%, 35명의 경우는 40%, 30명의 경우는 50%, 25명의 경우는 60%, 20명의 경우는 85%라고 해보자. 공리주의자는 탑승자 수에 생존 확률을 곱하여 가장 높은 수치가 나오는 경우를 선택해야 할 것이다. 각각의 경우를 수치로 나타내면 1,200; 1,400; 1,500; 1,500; 1,700이므로, 공리주의자는 20명을 포기하고 20명만 태워야 할 것이다. 집중 포격 여부도 얼마나 많은 피해와 이익이 발생하는가를 따져서 결정할 수 있다.

공리주의는 계산을 통해 문제를 해결하기 때문에 문제 해결이 명쾌하게 이루어지며, 기존의 관습과 전통에 구애받지 않으므로 합리적이고 개혁적인 해결책을 찾을 수 있다는 장점을 가지고 있다. 또한 도덕에 근거를 신비적인 종교나 직관이 아닌 행복에서 찾는다는 점에서 가장 현실적인 이론이기도 하다. 그러나 공리주의도 또한 나름의 한계를 가질 수밖에 없다.

가장 핵심적인 비판은 공리주의가 소수의 인권을 무시하는 전체주의적인 이론이라는 것이다. 예를 들어 당신의 학급에서 영철이를 노예로 삼자는 제안이 나왔다고 해보자. 그 제안의 타당성은 영철이가 노예가 됨으로써 나머지 급우들이 얻게 될 이익에서 영철이가 겪을 고통을 빼봄으로써 결정할 수 있게 된다. 영철이가 500의 고통을 받는다고 말하고, 나머지 30명의 급우들이 평균 20의 이익을 얻을 수 있다면 영철이는 노예가 되어야 하는 것이다. 과연 영철이를 포함한 모든 사람들이 그러한 방식의 해결책에 찬성할 수 있을까?

이와 밀접하게 관련이 있는 또 다른 중요한 문제는 계산과 관련된 것이다. 구명정 사건의 경우로 다시 돌아가보면 즉각적으로 두 가지 문제를 지적할 수 있다. 먼저 어떤 경우에도 100%의 확률은 존재하지 않는다는 것이다. 인간이 신이 아닌 이상, 완벽한 대안을 선택해낼 수는 없다. 게다가 불완전한 대안들을 선택하는 과정에서 실시되는 계산마저도 언제나 논란의 여지가 있는 것일 수밖에 없다. 영철이는 자신의 고통이 다른 사람의 이익 전체를 합친 것보다 크다고 주장할 수 있을 것이다. 행복과 고통이란 상대적인 것이기 때문에, 객관적인 계산 자체가 불가능한 것이다.

"공리주의에서는 미신적인 도덕감보다 계산에 의해 최선의 결과를 도출해내는 것이 도덕적이라고 본다. 따라서 구명정 탑승에서 노약자보다는 생존 가능성이 높은 건장한 젊은이에게 우선순위를 줄 수도 있다."

마지막으로 제기될 수 있는 문제는 공리주의가 철저한 상황 윤리일 수밖에 없다는 사실이다. 공리주의에서 어떤 법칙이나 규범을 미리 정해놓고 행동하는 것은 불가능하다. 궁극적인 기준은 행복이므로, 상황 상황마다 행복의 양을 계산해야 한다. 모든 행위에 대해 사전적인 계산이 필요하다면 정상적인 일상 생활마저도 불가능해질 뿐만 아니라 모든 사람은 극단적인 신경쇠약증에 걸리게 될 것이다.

3. 의무론

의무론에서는 '옳음'이 결과와는 무관하다고 주장한다. 행복에 보탬이 되는 행동만 하면서 살 수는 없다. 나쁜 결과가 예상되더라도 해야 하는 행동이 있으며, 그 이유는 그것이 의무이기 때문이다. 쾌락과 행복에 도움이 되는 것만 선택하자는 목적론자들의 주장은 '돼지의 철학'에 불과하다.

의무론 가운데 가장 긴 역사를 가진 것으로는 신명론(神命論)이 있다. 도덕적인 행동을 해야 하는 이유는 신이 그것을 명령했기 때문이다. 신의 명령은 자신의 욕구나 행위의 결과와 무관하게 따라야만 한다는 것이다. 그러나 신명론을 의무론의 대표자로 받아들이기는 힘들다. 크게 두 가지 문제를 제기할 수 있다.

첫째, 옳은 행위는 신이 명령하기 때문에 옳은 행위가 되는 것인가, 아니면 옳은 행위이기 때문에 신이 그것을 명령하는 것인가? 신명론자들은 첫 번째를 택할 수밖에 없다. 옳은 행위이기 때문에 신이 명령한다면 옳고 그름의 기준은 신과 무관하게, 신보다 먼저 존재해야만 하기 때문이다. 그렇다면 무고한 사람을 죽이는 것도 신이 명령하기만 한다면 옳은 행위가 되는가? 신명론자는 그렇다고 대답하며, 신의 명령에 따라 자신의 아들 이삭을 죽이려 했던 아브라함의 사례를 거론한다. 여기에서 등장하는 것은 인식론적인 문제다. 누가, 어떻게 신의 명령을 올바르게 알아낼 수 있는가?

둘째, 신명론은 중세에서처럼 광활한 지역 사회 전체가 하나의 신을 믿고 따를 때는 성립할지 모르나, 현대의 다원주의 사회에서는 성립하기 힘들다. 다양한 종교가 존재함에 따라 서로 다른 신을 믿는 경우가 비일비재하며, 그 신들이 명령하는 내용 또한 달라질 수밖에 없기 때문이다. 따라서 의무론자는 다른 방식을 취할 수밖에 없다. 사회에서 전반적으로 행해지는 관습을 따르는 것도 올바른 방법은 되지 못한다. 사회마다 관습이 다를 것이기 때문이다.

결국 의무론자들에게 남은 것은 "인간은 직관적으로 옳은 것을 파악할 수 있다"고 주장하는 것이다. 인간은 동물과 달리 이성을 가진 존재다. 동물은 오직 본능에 의해 선택의 여지 없이 한 방향으로만 행동하지만, 인간은 이성을 통해 옳은 행위와 그렇지 않은 행위를 구분할 수 있으며, 선의지에 의해 그것을 실천에 옮길 수 있다. 올바른 행위를 해야 하는 이유는 자신이 인간으로서 그것을 의무로 인식했기 때문이다. 그렇게 행동하지 않는다면 그는 동물과 다를 바 없다.

"칸트에게 도덕이란 선의지의 명령에 따르는 것이었으며, 그것은 결과와 무관한 절대적인 '정언명법'이었다."

의무론자들 가운데 일부에 따르면 우리에게 도움이 되는 것은 "지금은 X라는 상황이므로 나는 Y를 행해야 한다"와 같은 개별적인 판단일 뿐이라고 주장한다. "약속은 반드시 지켜야 한다"와 같은 일반적인 의무에 대한 판단은 개별적 판단으로부터 파생된 것이거나 아니면 무용한 것이라고 주장한다. 이들을 행위 의무론자라고 부른다.

반면, 규칙 의무론자들은 옳고 그름을 판별하는 기준이 규칙으로 구성되어 있다고 주장한다. 그 규칙은 "언제나 진실을 말해야 한다"와 같은 구체적인 것일 수도 있고, "네가 하려는 행위를 보편화했을 때 네가 그것을 받아들일 의지가 있다면 그것은 옳은 행위다"와 같은 추상적인 것일 수도 있다. 규칙 의무론자들에 따르면 이러한 일반적인 규칙은 개별적인 판단들로부터 귀납적인 형식에 의해 도출된 결론이 아니라, 그 자체로서 일차적으로 기본적 의무로 인식되는 것이다.

의무론자들은 옳고 그름이 행위의 결과에 의해 결정된다는 목적론자들의 주장에 반대한다. 도덕적인 행위는, 그것이 옳기 때문에 행하는 것이지, 좋은 결과를 낳았기 때문에 옳은 행위가 되는 것은 아니라는 말이다. 결국 도덕적 평가에서는 결과보다 동기가 중요한 것이다.

의무론자의 대표자는 칸트다. 칸트에 따르면, 인간은 누구나 인간이라면 지켜야 하는 무조건적인 의무를 인식할 수 있다. 그는 그것을 '정언명법'이라고 불렀다. '네가 취직을 하고 싶다면 열심히 공부를 해야 한다'와 같은 것은 조건적인 명령, 즉 '가언명법'이다. 그러한 의무는 오직 취직을 하고 싶은 사람에게만 유효하며, 그러한 명령을 어기고 싶은 사람은 언제나 앞의 조건을 부인해버리면 그만이다.

그러나 정언명법의 경우는 사정이 다르다. 그것은 어떠한 경우에도 무조건적으로 지켜야 한다. 오직 그 경우에만 행위자는 자신이 동물과 구별되는 이성적인 존재임을 보여줄 수 있다. 우리가 무조건적으로 지켜야 하는 의무, 즉 정언명법은 '모든 인간을 수단이 아닌 목적으로 대하라'는 것이다. 인간의 존엄성이란 모든 인간을 그 자체로서 소중한 목적으로 대할 때만 실현된다.

이러한 규정에 따라 딜레마 상황을 해결해보자. 이 경우 판단은 매우 단순해진다. 집중 포격은 절대로 허용될 수 없다. 집중 포격의 희생자들은 전쟁을 조기 종식시키고 더 많은 사람을 구하기 위한 수단이 되었기 때문이다. 구명정의 경우에도 몇 사람을 물 속에 빠뜨리는 것은 인간이라면 해서는 안 되는 행위다. 나머지 사람의 목숨을 구하기 위해 그 사람들이 도구화되어버렸기 때문이다.

그렇다면 더 많은 사람을 구할 수 있는데도 손놓고 있어야 한단 말인가? 의무론자들은 이렇게 대답한다: "행위의 결과는 오직 신만이 안다; 더 많은 사람을 구할 수 있다는 것도 개연성에 불과하다. 인간이 할 수 있는 것은 묵묵히 자신의 의무를 다하고 결과를 기다리는 것이다." 이른바 '진인사대천명(盡人事待天命)'이라고 할 수 있다.

직관에 의해 파악된 의무가 보편적인 내용을 가지지는 못한다. 한 사회에서 의무라고 여겨지는 것은 대체로 그 사회의 관습과 부합하는 측면이 많다. 사람들의 양심 혹은 도덕감이란 교육에 의해 형성되기 때문이다. 따라서 의무론은 일반인의 도덕 정서와 잘 들어맞는다는 장점을 가지게 된다.

그러나 다른 측면에서 보면 이는 의무론이 매우 보수적인 성격을 띠고 있음을 보여주는 것이다. 서로 다른 두 가지 직관, 다시 말해서 서로 다른 두 가지 의무가 상충할 때 그 사이의 갈등을 어떻게 해결할 것인가 하는 문제도 쉽게 해결되지 않는다. 또한 적절한 근거를 설명해줄 수 없으므로 독단적이라는 비난도 피할 수 없다. 의무론에서 무엇보다 중요한 문제점은 그 보수적인 성격으로 인해 많은 경우 문제를 해결하기보다는 방치하는 경우가 많다는 점이다.

집중 포격과 구명정의 경우를 다시 한 번 상기해보라. 한 사람은 '모든 인간을 수단이 아닌 의무로 대하라'는 것이 보편적 의무임을 내세우고, 다른 한 사람은 '더 많은 사람을 구해야만 한다'는 의무를 내세울 수 있다. 나아가 한 사람이 두 가지를 동시에 의무로 인식할 수도 있다. 윤리적 딜레마 상황을 해결하기 위해 출발한 논의가 의무론을 통해 다시 딜레마 상황으로 귀결될 수 있는 것이다.

4. 맺으며

이상의 결과만 놓고 보면 목적론이 의무론보다 훨씬 합리적인 해결책이라고 생각하기 쉽다. 그러나 목적론자가 친구를 사귀고자 하는 경우를 생각해보자. 그 목적론자는 어떤 경우에도 자신과의 약속은 지키는 친구를 사귀고자 할 것인가, 아니면 경우에 따라 약속을 어길 수도 있는 친구를 사귀고자 할 것인가?

대부분의 사람들은 어떤 경우에도 최소한 자신과 한 약속만은 지키는 사람을 친구로 사귀고 싶어한다. 그러나 목적론자는 '약속은 어떤 경우에도 반드시 지켜야 한다'는 식의 주장을 해서는 안 된다. 자신은 목적론적인 삶의 방식을 견지하면서, 다른 사람들은 의무론을 따르기를 바란다면, 결국 그는 위선자에 불과할 것이다.

의무론은 모호하고 신비적인 모습을 가지고 있음에도 불구하고, 진정한 인격자에게 어울리는 도덕처럼 보인다. 목적론은 명쾌한 대안을 제시해주는 합리적인 이론처럼 보임에도 불구하고, 소위 '계산기를 굴리는' 약삭빠른 자들의 철학처럼 보인다. 결론적으로 의무론과 목적론은 어느 쪽이 더 나은 이론이라고 섣불리 말할 수 없다.

두 가지를 조화시킬 수 있는 방법이 있다면 좋겠지만, 불행히도 아직까지는 그러한 이론은 제시되지 못하였다. 많은 사람들은 두 가지 이론의 장점만을 취하고자 하겠지만, 문제는 이 두 가지 기준을 상황에 따라 적용하겠다는 주장이 절대로 성립할 수 없다는 사실이다. 우리는 도덕적 딜레마 상황을 해결하기 위한 기준을 구하는 데에서 출발하였다. 그런데 이제 이 두 가지를 상황에 따라 적용하기 위해서는 어떠한 상황에서 어떠한 기준을 적용해야 하는가를 결정할 기준이 또 필요하고, 그 기준을 결정하는 기준이 또 필요하며, 그 기준을 결정하는 기준이 또 필요하다. 결국 우리는 무한퇴행에 빠져버리고 만다.

대개의 논술 문제가 그러하듯이, 이곳에서 올바른 행위의 결정 기준에 대한 정답을 제시할 수는 없다. 다만 전통적인 두 가지 해결 방식을 살펴봄으로써 더 논리적이고 일관된 주장을 펼칠 수 있기를 바랄 뿐이다.

생명의료 윤리의 이해

17

생명의료 윤리의 이해

1 인공 임신 중절(낙태)

다음 제시문을 읽고 물음에 답하시오.

제시문

[가] 한국주부연합회의 조사에 따르면, 한국 여성 중 약 10% 이상이 임신 중에 태아의 성별을 조사한다. 20세에서 50세 사이의 812명을 대상으로 조사가 이루어졌다. 이 조사에 따르면, 약 13.4%에 해당하는 116명이 태아의 성별을 알기 위해 초음파 검사를 했다. 그 절반은 스스로 초음파 검사를 요구했고 나머지는 친척이나 남편의 종용 때문이었다. 초음파 검사를 경험한 응답자 중에서 44.8%는 태아가 여아로 밝혀졌을 경우 낙태를 했다. 보고서에 따르면, 초음파 검사 이후에 여자 태아를 살해하는 것이 법적으로 금지되어 있지만, 임신한 많은 여성들은 여전히 관습에 의존하고 있음을 알 수 있다.

주부연합회에 따르면 여아 태아의 낙태 비중이 높은 것은 남아 선호 사상이라는 한국의 전통 탓이다. 조사 대상자 가운데 57%는 그들이 임신을 한다면 여전히 남아를 선호할 것이라고 대답했다. 35%만이 여아를 원한다고 대답했다. 49%는 만일 그들이 다시 태어난다면 남자로 태어나고 싶다고 말했다. 설문 조사에 따르면, 여성들이 여아를 원하지 않는 이유 중 43.8%는 유교와 관련된 뿌리 깊은 신념에 근거한다. 다른 22.4%는 여성들에게 부과되는 사회적 불평등과 연관되어 있다고 대답했다.

[나] 여성들은 왜 낙태를 하는가? 다음의 목록은 철저한 조사 결과를 제공하기 위해 의도된 것은 아니지만, 낙태에 광범위한 잠재적인 이유가 존재함을 보여주기에 충분하다.

ⓐ 어떤 극단적인 경우, 태아가 정상적으로 성장해서 일정 시기에 이르도록 놓아둔다면 산모 자신이 죽게 될 것이다.

ⓑ 다른 경우에, 임신이 지속되도록 놓아둘 때 심각한 위험에 처하는 것은 산모의 생명이 아니라, 육체적 혹은 정신적인 측면에서의 건강이다.

ⓒ 또 다른 사례는 임신으로 인해 아마도 혹은 확실히 심각한 기형아가 태어나게 될 경우다.

ⓓ 임신이 강간이나 근친 상간의 결과인 경우도 있다.

ⓔ 산모가 미혼이어서 사회적으로 적법하지 못하다는 비난이 있게 될 경우가 있다.

ⓕ 또 다른 사례로는 아이를 하나 낳거나 혹은 하나 더 낳을 경우 견딜 수 없는 경제적인 부담이 될 경우가 있다.

ⓖ 확실히 아주 흔한, 그리고 아마도 가장 흔한 사례는 아이를 가지는 것이 여성의 행복, 혹은 부부 공동의 행복, 혹은 이미 아이가 있는 가족 단위 공동의 행복에 방해가 되는 경우다. 여기에는 거의 무한한 가능성이 있다. 여성이 전문 직업을 원할 수도 있다. 부부가 이미 함께 만족하고 행복을 느껴 아이가 침입하면 (생기면) 그들의 관계가 손상될 것이라고 느낄 수도 있다. 부모에게 큰아이가 있어서 아이를 하나 더 길러야겠다는 마음이 생기지 않을 수도 있다.

[다]　우리는 낙태와 관련한 세 가지 주제를 구분했다. 첫째로 태아는 생명권을 가진 사람인가? 보수주의자들의 주장에 따르면 태아도 사람이다: 태아는 유전적으로 인간이며, 사람임을 확인할 선을 그을 수 있는 자의적이지 않은 유일한 곳은 임신 때이고, 태아도 가치 있는 미래에 대한 전망을 가지고 있다는 점에서 다른 사람들과 똑같기 때문이다. 자유주의자들의 주장에 따르면 태아는 사람이 아니다: 사람에게는 합리성이나 자각과 같은 특징이 있는데, 태아는 그렇지 않기 때문이다. 중도론자들은 임신과 독자 생존 가능성 사이의 지점에서 사람과 사람 아닌 존재 사이의 구분선을 긋는다; 대신 그들은 분명한 경계선은 절대로 그을 수 없으며, 태아도 부분적인 도덕적 지위(사람만큼은 아니지만 약간의 도덕적 가치)를 가진다고 주장한다.

　두 번째 문제는 태아의 권리와 여성의 자율권 간의 상충이다. 태아의 생명권이 여성의 자율권과 신체에 일어날 일에 대한 결정권과 비교해서 어떻게 평가될 수 있는가? 보수주의자들은 태아의 권리가 가장 중요하다고 생각하는 반면, 자유주의자들은 여성의 권리를 가장 중요하게 생각한다. 중도론자들은 구체적인 사례와 맥락을 조사해야 한다고 주장하면서, 모두는 아니지만 일부 낙태는 도덕적으로 정당하다고 믿는다.

[질문 1] 제시문 [가]에서 말하고자 하는 바를 50자 정도의 한 문장으로 정리해보시오.

[질문 2] 제시문 [다]에서 제시된 입장들을 각각 50자 내외의 한 문장으로 요약해보시오.

[질문 3] 제시문 [다]에서 제시된 각각의 입장에 따를 경우, 제시문 [나]의 사례들에 대해 어떻게 대응하게 될까 설명해보시오.

[질문 4] 위의 제시문들에 기반해서 완성된 한 편의 글을 쓰기 위한 개요를 작성해보시오.

[질문 5] 위의 제시문들을 이용하여 낙태 문제를 바라보는 바람직한 관점에 대해 한 편의 완성된 논술문을 작성해보시오(반드시 유의사항을 지킬 것).
　〈유의사항〉
　1. 제목이나 이름을 쓰지 말 것.
　2. 글의 길이는 1,101~1,200자가 되도록 할 것.
　3. 필기구는 반드시 검은색이나 파란색을 사용할 것(연필 사용시 감점됨).
　4. 제시문의 내용을 그대로 옮겨쓰지 말 것.
　5. 제시문 각 단락의 핵심어나 핵심 어구를 포함시킬 것.
　6. 제시문 내용에 대한 요약이 글 전체 분량의 2/3가 넘지 않도록 할 것.

주제강의 - 인공 임신 중절(낙태)

1. 낙태와 관련된 쟁점

다음은 2005년 1월 25일자 『한겨레』 신문 기사다. 낙태와 관련한 미국의 정치적 논쟁의 역사를 다루고 있는 이 기사는 낙태와 관련된 쟁점이 무엇인지, 낙태 관련 논쟁이 어떠한 역사를 가지고 진행되어 왔는지 잘 보여준다.

조지 부시 행정부 집권 2기를 맞은 미국이 심상찮다. 지난해 11월 대선에서 붉은 색(공화당 우세 지역)과 파란색(민주당 우세 지역)으로 갈려 극단적으로 맞섰던 여론은 선거가 끝난 지 두 달이 넘도록 요지부동이다. 오히려 이제부터 본격적인 '색깔 논쟁'이 벌어질 기세다. 낙태를 여성의 권리로 인정한 미 대법원의 역사적인 판결인 '로 대 웨이드' 사건에 대한 지난 18일의 재심 청구는 그 서막인 셈이다.

AP 통신은 20일 "낙태를 금지한 텍사스 주 법률이 위헌이라며 헨리 웨이드 당시 텍사스 주 법무장관을 상대로 소송을 내 1973년 1월 미 대법원의 낙태권 인정 판결을 이끌어냈던 '로 대 웨이드' 사건의 핵심 원고 노마 맥코비(58, 가명; 제인 로)가 판결이 난 지 32년 만에 이에 대한 재심을 미 대법원에 정식으로 요청했다"고 보도했다. 미 연방법은 사실 관계나 법률의 변화가 있을 경우 소송 원고가 판결의 번복을 요구할 수 있도록 규정하고 있는데, 맥코비는 "낙태가 여성의 건강을 심각하게 해친다는 새로운 증거가 속출하고 있다"며 1,000여 명의 증언과 함께 대법원에 탄원서를 냈다.

중학교 3학년 때 중퇴한 뒤 재판 당시 20대 초반의 나이에 이미 세 번째 아이를 임신했던 맥코비는 낙태권 인정 판결 뒤 7년여 동안 자신의 존재를 숨긴 채 살았다. 그러다 1980년 한 지역 방송을 통해 '커밍아웃'을 하고 정열적인 낙태 찬성 운동가로 나서더니, 1995년 낙태 반대 운동가 필립 벤험 목사한테서 세례를 받고 기독교인이 된 뒤 '개심'해 낙태 반대 운동에 뛰어들었다. 1997년 가톨릭으로 개종한 그는 이듬해 '로 노 모어'(더는 '로'가 아니다)라는 단체를 결성하고, 자신의 사건에 대한 재심을 줄기차게 요구해왔다.

'로 대 웨이드' 사건에 대한 대법원의 판결이 나온 뒤 낙태에 대한 찬반 양론은 미국 사회에서 보수와 진보를 가르는 '리트머스 시험지'가 됐다. 인터넷 백과사전 『위키피디아』를 보면, 2002년 여론 조사 결과 민주당 지지자 가운데 84%가 낙태권을 인정한 반면, 공화당 지지자는 88%가 반대했을 정도로 정치적 성향에 따라 극단적인 대립 양상을 띠고 있다. 낙태권 인정 판결이 나온 직후부터 보수 진영에서는 이를 '유아 살해를 용인할 꼴'이라며 강력히 반대하고 나섰고, 일부에서는 이 판결이 "기독교 우파 정치 운동의 시발점이 되었다"는 평가가 나올 정도다.

보수적인 주 정부들은 지난 30여 년 동안 대법원의 판결을 피할 수 있는 예외 조항 찾기에 분주

했다. 낙태를 원하는 청소년들에게 부모의 동의를 받게 하거나 법원 청문회에 출석해 자신들이 낙태를 결정할 만큼 충분히 '성숙'하다고 판사를 설득하도록 제한하는 일부 주 정부 법률이 1979년 합헌 판결을 받았다. 또 저소득층 여성을 겨냥해서는 낙태 시술을 의료 보호 대상에서 제외하는 '하이드 개정안'이 논란 끝에 1980년 대법원에서 5 대 4로 합헌 판결을 얻기도 했다.

반면 캘리포니아, 미시건, 버몬트, 미네소타, 뉴욕 등 5개 주에서는 일찌감치 '로 대 웨이드' 사건을 지지하는 주 의회 차원의 결의안을 내거나, 낙태 여성과 낙태시술소 보호 법률안을 내놓기도 했다. 이들 주는 2000년에 이어 지난해 대선에서도 민주당 후보의 지지율이 높았던 이른바 '블루 스테이트(파란색 주)'들이다.

공화당이 의회를 장악한 1990년대 중반 이후에는 낙태권 논쟁이 이른바 '부분출산(임신 중반기 이후)낙태 금지법'을 중심으로 벌어졌다. 공화당은 1995년 이후 이 법안 통과를 여러 차례 시도했으나, 빌 클린턴 당시 대통령이 1996년 4월과 1997년 10월 두 차례에 걸쳐 거부권을 행사해 뜻을 이루지 못했다. 하지만 부시 대통령 취임 이후 상황이 반전되면서 임신 중반기 이후 여성에게 낙태 시술을 한 의사에게 최고 징역 2년형까지 처할 수 있는 내용을 뼈대로 한 법안이 2003년 10월 상하 양원을 통과해 그해 11월 5일 부시 대통령의 서명을 거쳐 발효되었다.

진보 진영도 즉각 반격에 나서 전미인권연맹(ACLU)을 비롯한 각 단체에서 대통령이 법안에 서명한 당일부터 이 법의 위헌 소송을 제기하면서, 일부 주에서는 법 집행에 제동이 걸렸고, 관련 소송이 지금도 이어지고 있다. 전미낙태권연맹(NAF)이 지난 21일 내놓은 자료를 보면, 지난 한 해만도 44개 주에서 500여 건 이상 낙태 제한 법률안이 논의되었다.

기독교 우파 세력의 전폭적 지원에 힘입어 재선에 성공한 부시 대통령은 집권 2기 동안 낙태, 동성 결혼 등 이른바 '도덕적 가치'에 대한 대대적인 공세를 지난 해 선거 운동 기간부터 일찌감치 예고한 바 있다. 특히 낙태권의 운명을 결정할 대법관 가운데 일부가 부시 대통령의 임기 동안 고령 등으로 은퇴할 가능성이 높아, 후임 인선 과정에서 낙태를 둘러싼 논쟁이 더욱 치열해질 것으로 보인다.

위의 기사를 통해 몇 가지 중요한 사항을 알 수 있다. 미국의 경우, 보수적인 성향의 공화당 지지자들은 낙태를 반대하는 반면, 진보적인 성향의 민주당 지지자들은 낙태를 찬성하고 있다. 기사 자체만으로 보면 민주당 지지자들이 낙태를 찬성하는 이유는 분명치 않은 반면, 공화당 지지자들은 낙태를 허용할 경우 '유아 살해를 용인하는 꼴'이라고 반발하고 있다

"낙태 허용 여부는 미국 대통령 선거의 핵심 이슈 가운데 하나가 될 정도의 중요한 사안이다."

낙태 허용 여부와 관련된 법안은 어느 당이 다수 의석을 차지하는가에 따라 변화를 겪어왔다. 클린턴 대통령이 공화당의 부분 낙태 금지 법안에 대해 두 차례에 걸쳐 거부권을 행사했으며, 그 법안이 부시 대통령 취임 이후 통과되었다는 사실은 두 당 지지자들이 이 사안을 놓고 얼마나 첨예하게 대립하고 있는지를 잘 보여준다.

2. 현행 낙태 관련법의 문제

중국에서는 어린아이들을 '소황제(小皇帝)'라고 부른다. 외동 자식으로 태어나 어릴 때부터 집안에서 사랑을 독차지하며, 물질적인 풍요 속에 자라난 세대를 일컫는 말이다. 이는 중국 정부가 지난 1979년 이후 인구 억제 차원에서 한 가정당 한 자녀 이상을 둘 수 없도록 법으로 규정하고 있는 데에서 기인한 현상이다.

위의 기사에서 살펴본 것처럼 미국의 경우 이른바 '로 대 웨이드' 사건을 계기로 낙태가 합법화되었다. 이후 보수 진영의 끊임없는 공세 속에 부분적인 낙태 금지 법안이 통과된 상태며, 뜨거운 논란이 여전히 진행중이다.

우리나라에서는 낙태 문제가 중국이나 미국에서 만큼 극단적인 이슈가 된 적은 없었다. 태어나는 아기보다 임신 중절에 의해 세상을 보지 못하는 태아의 숫자가 더 많다는 충격적인 통계를 접하고 나면, 우리나라 낙태 관련 법안의 내용이 궁금해지지 않을 수 없다. 낙태 관련 법안은 크게 헌법, 형법, 모자보건법 및 시행령, 의료법 등에서 찾아볼 수 있다.

▶헌 법

제10조【인간의 존엄성과 기본 인권 보장】 모든 국민은 인간으로서의 존엄과 가치를 가지며, 행복을 추구할 권리를 가진다. 국가는 개인이 가지는 불가침의 기본적 인권을 확인하고 이를 보장할 의무를 진다.

▶형 법

제27장 낙태의 죄
제269조【낙태】
① 부녀가 약물 기타 방법으로 낙태한 때는 1년 이하의 징역 또는 200만 원 이하의 벌금에 처한다.〈1995. 12. 29 개정〉
② 부녀의 촉탁 또는 승낙을 받아 낙태하게 한 자도 제1항의 형과 같다.〈1995. 12. 29 개정〉
③ 제2항의 죄를 범하여 부녀를 상해에 이르게 한 때는 3년 이하의 징역에 처한다. 사망에 이르게 한 때는 7년 이하의 징역에 처한다.〈1995. 12. 29 개정〉

제270조【의사 등의 낙태, 부동의 낙태】

① 의사, 한의사, 조산사, 약제사 또는 약종상이 부녀의 촉탁 또는 승낙을 받아 낙태하게 한 때는 2년 이하의 징역에 처한다.〈1995. 12. 29 개정〉

② 부녀의 촉탁 또는 승낙 없이 낙태하게 한 자는 3년 이하의 징역에 처한다.

③ 제1항 또는 제2항의 죄를 범하여 부녀를 상해에 이르게 한 때는 5년 이하의 징역에 처한다. 사망에 이르게 한 때는 10년 이하의 징역에 처한다.〈1995. 12. 29 개정〉

④ 제3항의 경우에는 7년 이하의 자격 정지를 병과한다.

▶모자보건법

제14조【인공 임신 중절 수술의 허용 한계】

① 의사는 다음 각 호의 1에 해당되는 경우에 한하여 본인과 배우자(사실상의 혼인 관계에 있는 자를 포함한다. 이하 같다)의 동의를 얻어 인공 임신 중절 수술을 할 수 있다.

  1. 본인 또는 배우자가 대통령령이 정하는 우생학적 또는 유전학적 정신 장애나 신체 질환이 있는 경우

  2. 본인 또는 배우자가 대통령령이 정하는 전염성 질환이 있는 경우

  3. 강간 또는 준강간에 의하여 임신된 경우

  4. 법률상 혼인할 수 없는 혈족 또는 인척 간에 임신된 경우

  5. 임신의 지속이 보건 의학적 이유로 모체의 건강을 심히 해하고 있거나 해 할 우려가 있는 경우

② 제1항의 경우에 배우자의 사망, 실종, 행방 불명 기타 부득이한 사유로 인하여 동의를 얻을 수 없는 경우에는 본인의 동의만으로 그 수술을 행할 수 있다.

③ 제1항의 경우에 본인 또는 배우자가 심신 장애로 의사 표시를 할 수 없는 때는 그 친권자 또는 후견인의 동의로, 친권자 또는 후견인이 없는 때는 부양의무자의 동의로 각각 그 동의에 갈음할 수 있다.

제28조【형법의 적용 배제】이 법의 규정에 의한 인공 임신 중절 수술을 받은 자와 수술을 행한 자는 형법 제269조 제1항, 제2항 및 동법 제270조 제1항의 규정에 불구하고 처벌하지 아니한다.

▶모자보건법 시행령

제15조【인공 임신 중절 수술의 허용 한계】

① 법 14조의 규정에 의한 인공 임신 중절 수술은 임신한 날로부터 28주 이내에 있는 자에 한하여 할 수 있다.

② 법 제14조 제1항 제1호의 규정에 의하여 인공 임신 중절 수술을 할 수 있는 우생학적 또는 유전학적 정신 장애나 신체 질환은 다음과 같다.

　　이상의 법령을 통해 보면, 우리나라에서는 낙태 금지를 원칙으로 하되 몇 가지 예외 조항을 두고 있음을 알 수 있다. '강간당하여 임신한 경우'(윤리적 사유), '임신의 지속이 산모의 건강에 해를 주는 경우'(의학적 사유), '태아의 부모에게 전염성 질환이 있는 경우'(우생학적 사유), '태아가 나쁜 유전질환을 가지고 태어날 것이 예상되는 경우'(우생학적 사유), '법률상 혼인할 수 없는 남녀 사이에 임신된 경우'(윤리적 사유) 등에 대하여 낙태를 허용하고 있는 것이다. 이는 제시문 [나]의 A~D에 해당하는 사유다.

　　일반적으로 사람들은 법에 규정되어 있는 것에 대해서는 의심을 품지 않는 경향이 있다. 그리고 법이란 순수하게 논리적이고 이론적인 측면만을 고려하지는 않는다. 일차적으로 국민의 법 감정이 중요한 고려 대상이 되는 것이다. 이 두 가지가 서로 상승 작용을 일으켜 불합리한 법의 존재를 용인하는 경우가 생긴다.

　　낙태와 관련된 문제에서도 많은 사람들은 현행법과 같이 낙태를 부분적으로만 허용하는 데 찬성한다. 역으로 현행법은 이러한 법 감정의 반영이기도 하다. 그렇다면 우리나라의 낙태 관련 법안은 과연 합리적인 것일까?

3. 낙태와 관련된 입장들

낙태 문제와 관련해서 고려해보아야 할 중요한 입장은 보수주의, 자유주의, 절충주의 세 가지다. 보수주의자들은 어떠한 경우에도 낙태를 허용해서는 안 된다고 주장하고, 자유주의자들은 낙태란 전적으로 산모의 의지에 달린 문제라고 주장한다. 산모의 자발성만 확보된다면 어떤 경우에도 낙태를 금지할 이유란 없다는 것이다. 반면 절충주의자들은 그 중간 입장을 취한다.

우리나라의 현행법은 보수주의적인 입장을 근간으로 하되, 절충주의적인 입장을 제한적으로 수용하고 있다고 할 수 있다. 현행 법령이 일관성과 합리성을 견지하고 있는지 살펴보기 위해서는 세 입장을 구분하는 기준은 무엇이며, 각각의 입장에는 어떠한 장점과 한계가 있는지 살펴보아야 한다.

세 입장을 구분하는 가장 중요한 기준은 태아를 인간으로 보는가 여부다. 태아를 인간으로 간주한다면 어떤 경우에도 낙태를 허용해서는 안 될 것이다. 보수주의자들이 내세우는 근거가 이것임을 쉽게 알 수 있다. 반면 태아를 인간이 아닌 존재로 인정한다면 상황은 달라질 것이다. 이러한 측면에 주목해서 세 입장을 차례로 살펴보도록 하자.

1) 보수주의

가장 먼저 살펴보아야 하는 것은 보수주의자의 입장이다. 보수주의자들은 수태가 되는 순간부터 인간으로 간주해야 한다고 주장한다. 보수주의자들 가운데 상당수는 종교적인 이유 때문에 현재와 같은 입장을 취하고 있지만, 종교적인 측면을 배제하더라도 그 논리는 강력하다.

보수주의자들에 대해 일차적으로 내세울 수 있는 반론은 태아를 인간으로 보기 힘들다는 것이다. 인간의 형체를 갖추지도 않았고, 생각하고 판단할 수 있는 능력도 없으며, 독자적으로 생존할 능력도 없는 유기체를 인간이라고 주장하는 것은 무리가 있어보이기도 한다.

그러나 보수주의자들에 따르면, 일단 수태가 된 이후에는 어느 순간에 인간이 되는지 결정한다는 것이 사실상 불가능하다. 자의적으로 인간이 되는 선을 결정하고, 그 선에 근거해서 낙태 허용 여부를 결정한다면 억울한 피해자가 생길 것은 명약관화하다. 따라서 그들은 어떠한 경우에도 낙태를 허용해서는 안 된다고 주장한다.

통념적으로, 그리고 우리나라의 현행 법체계에서 낙태를 인정하는 상황들에 대해서 보수주의자들은 어떻게 대답할 수 있을까? 인간이 생명권과 행복추구권이라는 두 가지 기본적인 권리를 가지고 있음을 부인할 수는 없다. 그리고 행복추구권보다 생명권이 더 중요함은 말할 나위도 없다. 만약 반대로 생각한다면 자신의 행복을 위해 다른 사람의 생명을 빼앗는 일도 정당화될 수 있을 것이기 때문이다.

현행법에서 낙태를 허용하는 경우들을 한 가지씩 살펴보자. 먼저 강간과 같이 자신의 의사에 반해서 임신을 하게 된 경우는 어떠할까? 많은 사람들은 산모의 불쌍한 처지, 아이의 불행할 미래 등을 생각해서 낙태를 허용해야 한다고 주장한다. 그러나 아이를 낳을 경우 산모가 불쌍한 처지에 놓이게 되는 것은 행복추구권과 관련된 문제이고, 낙태를 허용할 경우 침해되는 것은 태아의 생명권이다. 행복권을 보장하기 위해 생명권을 빼앗는다는 것은 논리적으로 모순되는 것이다.

통념을 옹호하는 사람들은 아이를 낳는 것이 아이의 행복에도 도움이 되지 않기 때문에 낙태를 허용해야 한다고 주장한다. 그러나 행복과 불행이란 타인이 결정할 수 있는 객관적인 성질의 것이 아니다. 사지가 없는 일본인 오토 다케도 행복하게 산다. 온갖 조건을 갖추고도 불행한 사람도 있다. 아이가 불행할 것이라는 판단 아래 낙태를 허용하고자 한다면, 정박아나 치매 노인 등을 살해하는 것도 동일한 논리에서 정당화될 수 있을 것이다.

이러한 논리를 잘 이해했다면, 다른 경우에 대해서도 보수주의자의 논변이 손쉽게 적용될 수 있음을 알 수 있다. 근친 상간이나 산모의 건강이 위험한 경우 역시 위협받는 것은 행복추구권이며, 그것을 보장하기 위해 생명권을 무시할 수는 없다. 기형아 출산 가능성의 경우는 타인의 행복 여부를 자의적으로 판단하는 문제와 관련이 있다.

판단이 쉽지 않은 것은 산모의 생명이 위험한 경우다. 생명권 대 생명권의 충돌이 일어났기 때문이다. 하지만 두 생명권이 충돌할 때 어느 쪽을 희생해야 할지 결정하는 데에서 태아의 의사를 반영하는 것은 불가능하다. 결국 태아는 일방적인 의사 결정의 희생자가 될 수밖에 없는 것이다.

이 경우에 판단이 더욱 쉽지 않은 것은 이러한 경우의 낙태를 일종의 정당 방위로 간주할 수 있는가 하는 것 때문이다. 흔히 타인이 자신의 생명을 위협하는 부득이한 경우 자신의 생명을 지키기 위한 살인은 자연권의 일부로 용인되어 왔던 것이다. 그러나 태아가 살인자와 같이 고의적으로 생명을 빼앗고자 하는 것은 아니므로, 태아의 생명을 손상시키는 행위에 대해 면책이 이루어질 수는 없을 듯하다.

보수주의자들의 주장은 논리적으로 강력하다. 그러나 현실적으로는 쉽지 않은 문제가 있다. 중국의 경우를 생각해보라. 공식적인 인구 집계마저 거의 불가능한 상황에서 낙태가 금지된다면 인구 폭발은 불을 보듯 뻔한 일이다. '그것'이 인간일지 모르는 가능성 때문에 다른 많은 사람들이 더불어 생존할 수 있는 기회를 줄여야만 하는 것일까?

2) 자유주의

앞에서 이미 공부한 바 있는 것처럼, 자유주의란 사회보다 개인이 우선적이고 핵심적인 요소라고 주장하는 입장이다. 따라서 그들은 개인의 자유를 무엇보다 중시하며, 타인에게 해가 되지 않는 한 어떠한 경우에도 개인의 자유에 침해가 있어서는 안 된다고 주장한다. 자유주의자들은 대체로 낙태 여부가 전적으로 산모의 의지에 의해 결정되어야 한다고 주장한다. 출산 전의 태아를 인간으로 인정하지 않기 때문이다. 인간이 되기 위해서는 합리적인 사고 능력과 같이 인간임을 보여줄 수 있는 핵심적인 요소를 갖추어야 하는데, 태아는 그렇지 못하다. 심하게 말하면 태아는 맹장이나 종양과 커다란 차이가 없다고도 할 수 있다. 자기 신체의 일부분에 대해 개인이 결정권을 가지는 것은 당연하다. 따라서 낙태는 정당하다는 것이다.

앞에 나온 신문 기사에서 볼 수 있듯이, 자유주의자들에게 가해질 수 있는 치명적인 비판 가운데 하나는 '유아 살해를 정당화한다'는 것이다. 태어난 지 얼마 되지 않는 영아들, 그리고 나아가 유아들에게 합리적인 사고 능력이 있다고 자신 있게 말하기는 어렵다. 자유주의자들처럼 합리적인 사고 능력을 인간성 판단의 기준으로 볼 경우, 갓난아이는 인간이라고 말할 수 없으며, 따라서 그 소유권자라고 할 수 있는 부모가 마음대로 '처리'할 수 있게 된다는 것이다.

물론 자유주의자들도 이러한 비판에 대해 무방비인 것은 아니다. 이론적으로 합리적인 사고 능력이 없는 영아나 유아를 살해하는 것은 정당하다. 그러나 출생 이후 언젠가 그는 합리적인 존재가 된다. 그리고 합리적인 존재와 비합리적인 존재를 구분하는 선은 분명치 않을 뿐만 아니라 사람마다 다르기도 하다.

"낙태의 천국인 우리 나라에서 정작 낙태 문제에 대한 논의는 심각하고 진지하게 이루어지고 있지 않다."

영아 혹은 유아 살해는 이론적으로 볼 때는 부분적으로 허용할 수 있다. 그러나 현실은 그렇지 못하다. 그것을 언제까지 허용할 것인가 명확하게 규정해야 하는데, 그것이 불가능하다. 사람마다 합리적 이성이 갖추어지는 시기가 다르기 때문이다. 권리의 침해를 막기 위한 법은 엄격해야 한다. 허용선을 조금이라도 잘못 정한다면 무고한 희생자를 낳을 수 있다. 결국 출산 이후에는 절대로 살인이 허용되어서는 안 된다.

출산이 인간 여부를 결정하는 선이 아니라는 비판도 가능하다. 7개월이나 8개월째에 태어난 조산아의 경우, 발달된 현대 의학에 의해 생명을 유지할 수 있다는 그 이유 하나만으로 10개월째 뱃속에서 성장하고 있는 태아보다 더 많은 권리를 가졌다고 할 수 없다는 것이다. 출산을 인간 여부 판단의 기준으로 삼을 경우 모든 사람들의 동의를 얻기는 쉽지 않을 듯하다.

물론 이러한 주장이 자유주의자들에 대한 결정적인 비판이 되지는 못한다. 자유주의자들은 조산아가 10개월째의 태아보다 합리적인 사고 능력을 더 가지고 있다고 주장하는 것은 아니기 때문이다. 다만 출산을 기준으로 보는 자유주의자들의 시각에 모호함이 있을 수 있음을 암시할 수는 있다. 결국 자유주의자의 입장도 완전한 것일 수는 없는 것이다.

3) 절충주의

마지막으로 살펴보아야 할 것은 절충주의자들의 입장이다. 절충주의자들의 생각은 간단하다. 태아는 임신과 출산 사이의 어느 시점에선가 인간이 된다. 따라서 낙태는 전적으로 금지할 것도, 전적으로 인정할 수 있는 것도 아니다. 언제부터 인간이 되는가를 결정한다면 낙태 허용 여부는 쉽게 결정될 것이기 때문이다.

그러나 인간인지 아닌지 여부는 무엇으로 결정하며, 그 시기는 어떻게 정할 것인가 하는 문제가 새로이 부각된다. 신체 기관이 완성되면 인간으로 볼 수 있다거나, 뇌가 생겨나면 인간으로 볼 수 있다는 등의 주장은 '그것이 과연 인간의 핵심적인 부분인가?' 라는 문제에 명쾌한 답이 될 수 없다는 점에서 의문의 여지가 충분하다.

절충주의적 입장 가운데 강력하게 제기될 수 있는 것 중 하나가 체외 생존 가능성이다. 그러나 이에 대해서도 결정적인 반론이 존재한다. 태아가 산모의 몸 바깥에서 살아남을 수 있는 시점은 의료 기술 상태에 따라 변한다. 30년 전에는 두 달 이상 먼저 태어난 아기는 살아남을 수 없었다. 요즈음은 6개월된 태아도 진보된 의료 기술 덕분에 흔히 살아남을 수 있게 되었고, 5개월 반밖에 뱃속에 들어 있지 않았던 태아도 살아남은 적이 있다. 게다가 체외생존 가능성이란 선진국과 후진국, 도시와 농촌 등에 따라서도 크게 달라진다.

그러나 절충주의자들의 치명적인 약점은 그런 것이 아니다. 구체적인 사안에서 낙태를 허용해야 하는지 말아야 하는지에 대해 합의를 도출해내는 것이 절충주의자들 사이에서조차도 쉽지 않다. 우리는 낙태 허용 여부를 결정할 기준을 정하고자 하는데, 절충주의자들은 상황에 따르자고 주장한다. 그야말로 논란의 여지가 많은 자의적인 주장이 될 수밖에 없는 것이다.

4. 맺으며

낙태 허용 여부를 판단하는 문제는 어쩌면 인간과 도덕에 대한 근본적인 물음과 관련된 것일지도 모른다. 모두가 동의할 수 있는 명쾌한 해답을 기대하기란 어렵다. 우리나라의 현행법에도 논리적인 일관성이 결여되어 있음을 쉽게 발견할 수 있다. 그러나 논의가 진행되는 과정 및 각 주장의 논거에 대해 깊이 있는 이해가 수반된다면 좀더 합리적이고 일관된 입장을 가질 수 있을 것이다.

 ② 안락사

다음 제시문을 읽고 물음에 답하시오.

[가]　안락사는 치유 불가능한 고통을 겪고 있는 환자들을 위해 의사의 힘을 빌리는 자살의 한 가지 형태다. 따라서 안락사를 '의사 조력 자살'이라고 부르는 것이다. 안락사에 반대하는 사람들은 대체로 인간의 생명은 신에 의해 부여된 것으로 인간이 자의적으로 좌지우지할 수 없다거나, 어떤 식으로든 인간의 생명을 해치는 것은 인간의 존엄성에 반하는 것이라고 말한다. 그러나 현대 사회에서는 과거와 같이 종교가 보편적인 영향력을 행사하고 있지 못하기 때문에 신에 의거해서 안락사에 반대하는 것은 그다지 설득력이 없다. 인간의 존엄성을 주장하면서 안락사에 반대하는 데 대해서도 반론의 여지가 충분하다. 극도의 고통을 감내하면서 생명을 유지하도록 하는 것과, 자신의 의지에 의해 생명을 마감하도록 하는 것 중 어느 것이 더 인간의 존엄성에 기여하는 것이라고 말할 수 있을까? 따라서 안락사에 대해서는 좀더 긍정적인 관점에서 접근이 이루어져야 하는 것이다.

　문제는 안락사의 허용 범위를 어느 정도로 제한할 것인가 하는 점이다. 안락사는 흔히 적극적 안락사(active euthanasia)와 소극적 안락사(passive euthanasia)로 나뉜다. 명칭 그 자체에서 알 수 있듯이 적극적 안락사란 의사로 대표되는 타인이 적극적인 행위를 개입시켜서 생명을 마감함으로써 고통을 중단시켜주는 것을 말하며, 소극적 안락사란 행위를 개입시키지 않고 치료를 중단함으로써 환사가 죽음에 이르도록 하는 것을 말한다. 적극적 안락사는 타인의 행위가 개입된다는 점에서 일종의 살인이라고 간주할 수 있지만, 소극적 안락사의 경우는 행위 자체가 개입되지 않는다는 점에서 자연사라고 할 수 있다. 자연사에 대해서는 도덕적 비난의 여지가 생기지 않는다. 그러므로 적극적 안락사는 금지하되 소극적 안락사에 대해서는 긍정적으로 검토해야 할 필요성이 생기는 것이다.

[나]　사람들은 적극적 안락사와 소극적 안락사의 구분이 너무나도 중요하다고 생각한다. 그 속에 담긴 생각은, 최소한 몇 가지 경우에서는 치료를 중단해서 환자가 죽음에 이르도록 해주는 것은 용납될 수 있지만, 환자를 죽일 목적으로 고안된 직접적인 행동을 취하는 것은 절대로 용납할 수 없다는 것이다. 대부분의 의사들도 이러한 주장을 받아들이는 듯하다. …(중략)…

　일단 우리에게 익숙한 유형의 상황 한 가지를 생각해보자. 치료 불가능한 후두암으로 죽어가고 있는 환자가 극도의 고통을 겪고 있으며, 그 고통을 만족스러울 만큼 경감시키는 것은 더 이상 불가능하다. 현재의 치료를 계속하더라도 그는 며칠 후면 죽을 것이 분명하다. 그러나 그 고통이 참기 힘든 것이기 때문에 그는 그 시간 동안 삶을 유지하기를 원치 않는다. 따라서 그는 의사에게 고통을 끝내달라고 요청하고, 그의 가족도 그러한 요청에 동의한다.

제시문

전통적인 주장에서 말하는 것처럼 의사가 치료를 중단하는 데 동의했다고 해보자. 그가 치료를 중단하는 정당 근거는 환자가 끔찍한 고통을 겪고 있으며, 어쨌든 그는 죽을 것이기 때문에 고통을 불필요하게 연장시키는 것은 옳지 않다는 것이다. 하지만 다음과 같은 사실에 주목해 보라. 그저 치료를 중단하기만 한다면 아마도 환자가 죽음에 이르는 데 더 오랜 시간이 걸릴 것이며, 직접적인 행동을 취해서 치사량의 독극물을 주사하는 것보다 더 많은 고통을 겪을 것이다. 이러한 사실은 "애초에 고통을 연장시키지 말자고 결정을 내린 이상, 실제로는 적극적 안락사가 소극적 안락사보다 더 나으며, 그 반대는 아니다"라고 생각할 만한 강력한 근거가 된다. 다른 말을 하는 것은 더 많은 고통을 낳게 되는 선택에 찬성하는 것이며, 애초에 그의 삶을 연장하지 않기로 결정을 내리게 된 박애주의적인 동기와 반하는 것이다.

[다] 모든 자살을 비난해야 한다는 주장에는 설득력이 없다. 이른바 '영웅적 자살'도 존재하며, 자살이라는 행위 자체에 대해 타인이 충분한 공감을 느낄 수 있는 경우도 많다. 생명권은 행위자 자신에게 속한 고유한 권한이며, 따라서 불합리한 방식만 아니라면 그 처분권 또한 자신에게 있다.

그렇다고 해서 자신의 생명을 아무렇게나 좌지우지해도 좋다는 말은 아니다. 인간은 사회적 존재며, 온전하게 개인적인 행위란 존재하지 않는다. 충동적인 방식으로, 혹은 지나치게 근시안적으로 자신의 생명에 손상을 입히거나 그것을 포기한다면 가족을 비롯한 주변 사람들, 그리고 나아가 사회 전체에도 손실을 가져오게 된다.

그렇다면 우리가 용인할 수 있는 자살이란 단 한 가지 부류인 듯하다. 그 사람의 입장이 되어 장기적인 안목에서 생각해보더라도 그 이상의 선택지가 없을 경우가 그것이다. 극도의 고통을 겪고 있으며 아무리 생각해보아도 개선의 여지가 없다면, 가족을 비롯한 타인에게 손실이 된다는 이유로 삶을 유지해야 한다고 강요할 수는 없다.

선택에서 중요한 것은 완전한 자발성을 확보하는 것이다. 단순히 타인의 강요를 배제하는 것만으로 완전한 자발성이 확보되는 것은 아니다. 무지의 상태에서 행한 행위도 또한 자발적인 행위라 할 수 없다. 따라서 자살이 용인될 수 있다 하더라도, 장기적인 안목에서 모든 가능성을 고려할 수 있어야 한다는 전제가 필수적인 것이다.

[질문 1] 제시문 [가]를 바탕으로 적극적 안락사와 소극적 안락사에 대해 구체적인 예를 들어 설명해보시오.

[질문 2] 제시문 [가]에서 안락사에는 반대하는 사람들의 의견이 두 가지 소개되고 있다. 글쓴이가 이에 대해 어떤 반론을 제시하고 있는지 각각 50자 이내로 간략하게 말해보시오.

[질문 3] 제시문 [나]의 주장을 30자 이내의 한 문장으로 표현해보시오.

[질문 4] 제시문 [나]에서 이와 같은 주장을 하는 근거는 무엇인지에 대해 자세히 설명해보시오

[질문 5] 위의 제시문에 기초해서 안락사를 바라보는 바람직한 관점에 대해 한 편의 완성된 논술문을 작성하되,
제시문 [다]를 문제 해결의 실마리로 삼도록 하시오.

〈유의사항〉

1. 제목이나 이름을 쓰지 말 것.
2. 글의 길이는 1,101~1,200자가 되도록 할 것.
3. 필기구는 반드시 검은색이나 파란색을 사용할 것(연필 사용시 감점됨).
4. 제시문의 내용을 그대로 옮겨쓰지 말 것.
5. 제시문 각 단락의 핵심어나 핵심 어구를 포함시킬 것.
6. 제시문 내용에 대한 요약이 글 전체 분량의 2/3가 넘지 않도록 할 것.

주제강의 - 안락사 ⊖

1. 안락사란?

1) 안락사의 정의

안락사에 대해서는 다양한 개념 정의가 가능하다. 안락사를 '의사 조력 자살(physician assisted suicide)'이라고 부른다면, 그것은 자살의 한 가지 형태라고 볼 수 있다. 그러나 안락사를 '자비롭게 죽여줌(merciful killing)'이라고 부르기도 한다는 사실을 통해 볼 때 안락사가 과연 자살인가 하는 점에 대해서는 의문의 여지가 있을 수도 있다. 그것은 단순한 자살과 달리 다른 사람의 손을 빌어 생명을 마감하는 것이기 때문이다.

하지만 생명의 위협 때문에 어떤 행위를 하는 경우처럼, 전적으로 다른 사람의 의도에 의해 움직이는 사람을 정상적인 행위자라고 볼 수는 없다. 그 경우에는 행위에 대한 책임이 면제되어야 마땅하기 때문이다. 그러한 경우라면 그 사람은 위협한 사람의 도구 정도에 불과하다.

안락사에서도 당사자의 의지가 전적으로 관철될 수만 있다면, 안락사를 행하는 사람, 즉 의사는 안락사 당사자의 도구에 불과하다고 볼 수 있다. 이러한 면에서 볼 때, 안락사를 자살로 간주하는 것도 무리는 없어보인다. 제시문에서 안락사를 '치유 불가능한 고통을 겪고 있는 환자들을 위해 의사의 힘을 빌리는 자살의 한 가지 형태'라고 정의하는 것도 그러한 이유다.

2) 자살과 안락사

안락사가 자살의 일종이라면, 안락사에 올바로 접근하기 위해서는 먼저 그 류개념(類槪念)인 자살에 대한 판단이 선행되어야 한다. 모든 형태의 자살이 부도덕하다면, 안락사 또한 허용되어서는 안 되며, 자살 가운데 일부가 허용 가능하다면 안락사가 그에 포함될 수 있는지를 살펴보아야 할 것이기 때문이다.

모든 형태의 자살이 부도덕하다고 주장하는 사람들이 제시하는 근거는 크게 두 가지다. 첫 번째는 종교에 기반한 것으로, 인간은 신에 의해 창조되었기 때문에 자기 마음대로 생명을 좌지우지해서는 안 된다는 것이다. 앞에서 이미 한 차례 언급한 바 있는 것처럼, 이 주장은 다음과 같은 삼단논법의 형식을 띠고 있다. 소전제는 숨겨져 있다.

대전제 : 인간은 신에 의해 창조되었다.

소전제 : 자신이 만들어내지 않은 것을 마음대로 좌지우지하는 것은 옳지 못하다.

결 론 : 그러므로 모든 형태의 자살은 부도덕하다.

논쟁의 여지가 있기는 하지만, 이 삼단논법에서 소전제는 받아들일 만하다. 어떤 사람이 노동을 투여하여 산출해낸 것은 그 사람의 소유물이라고 볼 수 있으며, 따라서 자신이 만들어내지 않은 것을 마음대로 하는 것은 타인의 소유권을 침해하는 행위이기 때문이다.

문제가 되는 것은 대전제다. 기독교도라면 인간이 신에 의해 창조되었음을 인정하겠지만, 도교나 불교와 같은 종교를 믿는 사람들은 이를 인정하지 않을 것이다. 결국 이 주장은 '선결 문제의 오류'를 범하고 있는 것이다.

또 다른 하나는 인간의 존엄성에 의거하는 것이다. 그러나 '정의', '사랑', '자비', '인(仁)' 같은 개념들이 그러하듯이, '인간의 존엄성'이라는 개념 또한 애매하기 그지없는 개념이다. 그러한 개념들은 귀에 걸면 귀걸이, 코에 걸면 코걸이가 될 수 있다. 예를 들어 사형 제도 존폐 문제를 논할 때, "그 문제는 정의롭게 해결하면 된다"고 말한다면 실질적으로 아무런 지침도 제시해주지 못한 셈이다. "어떻게 하는 것이 정의로운가?"를 다시 물을 수 있기 때문이다.

시한부 인생을 선고받은 상태에서 극도의 고통을 겪고 있는 환자에게 "당신은 존엄한 인간이기 때문에 스스로 목숨을 끊어서는 안 된다"고 말하는 것은 그다지 설득력이 없다. 오히려 고통뿐인 인간 이하의 삶을 마감하여 고통도 행복도 없는 상태, 즉 죽음에 이르도록 하는 것이 인간의 존엄성을 좀더 존중하는 것이라고 할 수 있다.

잘 생각해보면 최소한 두 가지 자살에 대해서는 비난하기 힘들다. 그 가운데 첫 번째는 비난이 아니라 오히려 찬양을 받아야 하는 경우다. 예전에 비행기 조종사가 고장난 비행기와 더불어 산화한 사건이 있었다. 조종사는 탈출할 수도 있었지만, 무고한 시민들의 피해를 줄이기 위해 야산으로 비행기를 몰고 갔던 것이다. 그것은 분명 자살의 일종이다. 아무런 강요가 없는데도 자발적으로 죽음을 선택했기 때문이다. 이와 같은 경우를 '영웅적 자살'이라 부를 수 있다.

두 번째로 찬양까지는 아니더라도 비난하기 힘든 경우가 있다. 로미오와 줄리엣의 경우를 생각해보자. 로미오와 줄리엣은 분명 자살을 했지만, 그에 대해 비난하는 사람은 많지 않다. 그들의 고통에 대해 충분히 공감할 수 있기 때문이다. 많은 사람들은 입장을 바꾸어 생각한다면, 자신도 그렇게 행동했을 것이라는 판단을 내린다. 안락사는 바로 이런 범주에 포함된다.

비난받아 마땅한 것은 일시적인 충동을 이기지 못하고 근시안적인 안목에서 자살을 행하는 경우다. 입장을 바꾸어, 좀더 장기적인 측면에서 생각해보더라도 더 나은 대안을 제시할 수 없다면 그 자살을 반대하거나 비판해서는 안 된다.

2. 일반적 구분—적극적 안락사와 소극적 안락사

일반적으로 안락사는 적극적 안락사와 소극적 안락사로 구분된다. 적극적 안락사란 영어 표현 'active euthanasia'에서 알 수 있듯이 타인의 행위(act)가 개입된 안락사를 말한다. 반대로 소극적 안락사(passive euthanasia)란 타인의 행위가 개입되지 않는 안락사를 일컫는 말이다. 적극적 안락사는 특정한 조치를 취함으로써 환자를 죽음에 이르도록 해주는 것이고, 소극적 안락사는 단순히 치료를 중단함으로써 생명 연장을 꾀하지 않는 것이다. 흔히 적극적 안락사는 살인이고 소극적 안락사는 자연사이므로, 적극적 안락사는 금지하고 소극적 안락사만 허용해야 한다고 생각한다. 이는 대다수의 의사들도 신봉하는 견해며, 신문이나 방송에서도 자주 접할 수 있다. 그러나 이는 매우 중요한 몇 가지 측면을 간과한 주장이다.

첫째, 적극적 안락사와 소극적 안락사의 구분 자체가 모호하다. 흔히들 산소 호흡기를 떼어내는 조치는 소극적 안락사에 속한다고 생각한다. 독극물 투여와 같은 행위가 있어야만 적극적 안락사에 해당한다고 생각하는 것이다. 그러나 호흡기를 떼어내는 것도 치료 중단에 해당하지만, 행위가 개입된다는 측면에서 보면 적극적 안락사라고 보아야 한다. 독극물을 투여해서 죽음에 이르도록 하는 것과, 산소호흡기를 떼면 죽음에 이를 것이 명백한 환자의 산소호흡기를 제거하는 것에 큰 차이가 있다고 말할 수는 없다.

둘째, 행위가 개입되지 않았다고 해서 반드시 자연사라고는 할 수 없다. 갓난아이의 부모가 그 아이를 방치해 둔 채 며칠간 아무런 행위도 하지 않았다고 해보자. 그 아이는 죽고 말 것이다. 이 경우 아무 행위가 없었다고 해서 그 아이가 자연사했으며 부모에게는 아무 책임이 없다고 말할 수는 없다. 아이의 부모에게는 아이를 돌볼 책임이 있었기 때문이다.

유사한 사례는 얼마든지 생각해낼 수 있다. 수영 강사가 유치원생들을 데리고 호수에 놀러 갔다. 한 아이가 물에 빠져 허우적거리고 있는데, 수영 강사는 그것을 보고도 아무 조치를 취하지 않았다. 강사가 아이를 물에 빠뜨린 것이 아니므로 아이는 자연사한 것이고 강사에게는 아무 책임이 없다고 말할 수 있을까?

강사와 아무 관계도 없는 사람이 물에 빠져 죽어가는데 강사가 그것을 보고도 모른 체했다면 상황은 달라질 것이다. 그 강사를 도덕적으로 비난할 수는 있을지언정 법적인 책임을 물을 수는 없다. 그러나 위의 경우에 강사는 자신이 보호할 책임이 있고, 또 보호할 수 있는 능력과 여건이 되는데도 그 책임을 방기한 것이다. 그것을 자연사라고는 볼 수 없다.

안락사도 이와 다르지 않다. 부모에게는 아기를 돌볼 책임이 있고, 수영 강사에게는 수강생의 안전을 책임질 의무가 있듯이, 의사에게는 환자를 돌볼 책임이 있다. 환자의 생명이 위험에 처할 것을 알고 있으면서도 자신의 적극적인 행위가 개입되지 않았다고 해서 그것을 자연사라고 변명한다면 그 변명은 정당한 것이라고 볼 수 없다.

산소호흡기를 떼어내는 경우를 다시 한 번 생각해보자. 분명치는 않지만, 논의의 편의를 위해 산소호흡기를 떼어내는 것이 적극적 안락사에 속한다고 해보자. 따라서 의사인 나는 살인이라는 누명을 피하기 위해 그런 행위를 하지 않는다. 그런데 어느 날 정전이 되어 산소호흡기가 작동을 중지했다. 그리고 몇 초 후에 다시 전기가 들어왔다. 산소호흡기의 스위치를 다시 누르기만 하면 호흡기는 재가동되고 환자는 생명을 유지할 수 있다.

그러나 나는 지금이야말로 살인의 누명을 쓰지 않고 안락사를 행할 좋은 기회라고 생각한다. 그래서 산소호흡기의 스위치를 누르지 않은 채 방치해 둔다. 이런 경우라면 내가 적극적인 행위를 개입시켜 산소호흡기를 떼어낸 것과는 다르기 때문에 비난의 여지가 없다고 말할 수 있을까? 두 경우는 전혀 달라보이지 않는다.

　무엇보다도 중요한 점은 적극적 안락사를 금지하고 소극적 안락사만 인정할 경우 애초에 안락사를 인정하고자 한 취지와 모순된다는 사실이다. 안락사를 인정하는 것은 환자가 고통으로 인해 인간 이하의 삶을 살게 되는 것을 막아줌으로써 환자의 존엄성을 보장하기 위함이다. 그런데 적극적 안락사에 따를 오해를 두려워해서 그것을 금지하고 소극적 안락사만 허용한다면 실제로는 환자에게 더 오랜 시간 고통을 감수할 것을 요구하는 것이다.

　의사는 결국 환자에게 다음과 같이 말하는 셈이다. "제가 지금 당장 독극물을 주사해서 당신을 죽음에 이르게 해준다면, 당신은 죽음에 이르게 되고 극도의 고통에서 벗어날 수 있을 것입니다. 하지만 그렇게 한다면 나는 살인을 했다는 누명을 쓰게 됩니다. 그러므로 몹시 고통스럽더라도 당신이 자연적으로 죽음에 이를 때까지 꾹 참고 기다려주세요. 길지는 않을 겁니다. 기껏해야 3~4개월이겠지요." 이것이 과연 안락사를 인정하고자 한 본연의 취지와 맞는다고 할 수 있을까?

　적극적 안락사와 소극적 안락사의 구분은 분명하지도 유용하지도 않다. 소극적 안락사만 허용해야 한다는 주장은 안락사의 근본 취지와 모순되기까지 한다. 따라서 일단 안락사에 대해 긍정적으로 검토하기로 결정했다면, 그렇게 결정한 근본적인 이유에 주목해서 그 목적을 달성할 수 있는 좀더 합리적인 대안이 필요할 것이다.

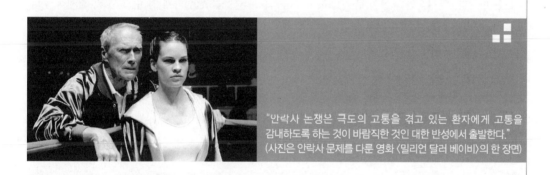

"안락사 논쟁은 극도의 고통을 겪고 있는 환자에게 고통을 감내하도록 하는 것이 바람직한 것인 대한 반성에서 출발한다." (사진은 안락사 문제를 다룬 영화 〈밀리언 달러 베이비〉의 한 장면)

3. 바람직한 대안—자발적 안락사와 비자발적 안락사

　안락사에 대해 긍정적으로 검토하기로 하였다면, 그리고 적극적 안락사와 소극적 안락사의 구분이 무의미하다면 안락사를 허용할 다른 기준을 찾아야 한다. 안락사란 자살의 종개념이라고 할 수 있으므로, 류개념에 해당하는 자살의 용인 기준을 찾는다면 안락사의 허용 기준을 찾는 데 커다란 도움이 될 수 있을 것이다.

　앞에서 모든 자살이 비난의 대상은 아니라는 사실에 대해 말한 바 있다. 비난받아야 하는 것은 충동적으로 생명을 포기하는 경우다. 근시안적이고 편협한 시각에서 성급하게 자신의 생명을 버린다면, 그것은 자기뿐만 아니라 가족을 비롯한 타인에게도 손실과 아픔을 주었다는 비난을 면할 수 없는 것이다.

그러나 타인이 자살 당사자의 입장이 되어서 생각해보더라도 그것이 최선의 방법이라고 공감할 수 있다면 그 자살에 대해서는 비난이 불가능하다. 여기에서 중요한 것은 가능한 모든 경우의 수를 생각해보는 것이다. 따라서 자살을 결심하기까지 많은 사람들에게 조언을 구하는 과정이 필수적이다. 결정 과정에서 타인의 강요가 개입되어서는 안 됨은 물론이다.

이를 안락사에 적용해본다면, 안락사를 선택하는 사람의 자발적인 의지를 존중하는 것이 무엇보다 중요하다. 그리고 자발성을 보장하는 데에는 무지의 상태에서 더 나은 대안을 고려해보지 못한 채 성급하게 행위하지 않도록 하는 것이 포함된다. 이러한 점을 고려해본다면 적극적 안락사와 소극적 안락사라는 애매하고도 불합리한 구분 대신, 자발적 안락사와 비자발적 안락사라는 구분 방식을 도입하는 것이 더 바람직해보인다.

자발적 안락사는 대상자가 의사 표현을 할 수 있는 경우, 그리고 자발적으로 안락사를 선택한 경우에 해당한다. 생명권을 포함한 모든 권리는 당사자의 의사에 의해 포기할 수 있으며, 그에 대한 타인의 부적절한 개입은 온당치 못하다. 당사자의 의지가 분명하다면, 고통보다는 생명권의 포기를 택하는 것도 부당하다고 할 수 없다. 그리고 그러한 결정을 실행에 옮기는 데 협조했다고 해서 그 사람에게 비난을 가해서는 안 된다.

그러나 환자 스스로가 고통보다 죽음을 선택했다고 해서 무조건 자발성이라는 요건이 충족되는 것은 아니다. 일시적인 고통이 너무 심해서 충동적으로 죽음을 결심하게 될 수도 있고, 경제적 부담을 져야 하는 가족들의 눈길이 부담스러워서 죽음을 결심하게 될 수도 있기 때문이다. 첫 번째 경우, 정신적인 이상 상태에서 살인을 저지르는 경우와 마찬가지로 그 사람을 정상적인 성숙한 행위자로 보기 어렵다. 자신의 행위에 대해 책임을 질 수 없기 때문이다. 두 번째 경우도 예외는 아니다. 강요에 의해서 행위를 하게 된 경우에도 그 사람을 행위자로 보기 어려운 것은 마찬가지다. 강요 아래 행위한다면 그 사람은 정상적인 행위자라기보다는 타인의 도구에 불과하다. 따라서 안락사에서 충동적인 결심과 타인의 강요를 배제할 수 있다면 합리적인 결정을 내릴 수 있을 것이다.

"충분한 견제장치만 갖추어진다면, 자발적인 안락사를 허용하는 것이 바람직하다."

네덜란드와 같은 선진국의 사례를 보면 안락사 허용의 요건으로 ① 치유 불가능함과 극도의 고통이 수반됨을 확인할 수 있어야 하고, ② 여러 차례에 걸쳐 안락사 의사를 표명해야 하며, ③ 정신과 의사를 포함한 여러 명의 의사와 상담을 거쳐야 하는 등의 요건을 명시하고 있다. 여러 차례 환자의 의사를 확인하는 것은 일시적인 고통에 의해 성급하게 안락사를 결심하는 것을 막기 위한 장치며, 정신과 의사를 포함한 여러 명의 의사와 상담하는 절차를 규정하는 것은 무형의 강요를 막기 위한 장치다. 또한 의사와 상담함으로써 더욱 바람직한 대안이 존재하는지 여부를 확인할 수도 있다. 그 시행 주체도 의사로 제한하고 있음은 물론이다.

더욱 어려운 것은 환자 스스로가 의사를 표명할 수 없는 경우다. 식물인간, 악성 치매, 중증 정박아 등의 경우가 이에 해당한다. 이 경우 자발성을 완전하게 보장할 수 없으므로 무조건 생명을 유지시켜야 할 듯하지만, 여기에서 좀더 어려운 문제와 부딪히게 된다. 그것은 바로 의료 자원의 재분배와 관련된 문제다. 사회적으로 충분한 양의 재화가 확보되어 있다면 모든 환자들에게 최대한 생명 유지의 기회를 제공해야 할 것이다. 그러나 현실은 그렇지 않다. 우리는 언제나 재화의 부족 상태에 있는 것이다.

한 가지 구체적인 사례를 들어보자. 오랫동안 의식 불명 상태에 빠져 있으며, 회생의 기미가 거의 없는 한 환자의 생명을 유지하기 위해 하루에 100만 원의 비용이 든다고 해보자. 그리고 다른 한편에는 10만 원짜리 약을 구입할 수 없어서 죽어가는 100명의 환자가 있다고 해보자. 여기에 사용 가능한 예산이 한 달에 수억 원 이상이라면 아무 문제없이 양측 모두 살릴 수 있다. 그러나 1,000만 원밖에 사용할 수 없다면, 국가와 사회는 당연히 의식 불명 환자의 생명을 10일 더 유지시키기보다는 환자 100명의 생명을 살리는 쪽을 택해야 할 것이다.

따라서 일차적으로 그 비용을 환자 자신 혹은 그 가족이 부담할 수 있고, 또 그렇게 할 의지가 있을 경우에만 환자의 생명이 유지되어야 한다. 비용은 부담할 수 있고 또 그렇게 할 의지도 있지만, 환자의 가족이 다른 대안을 선택하길 원한다면 그 선택을 존중해야 한다. 환자의 직접적인 의사를 확인할 수는 없지만, 그렇다고 해서 언제가 될지도 모르면서 환자의 의사를 확인할 수 있을 때까지 기다릴 수는 없는 것이다. 물론 이 경우에도 가족이 선택에 다른 이유를 개입시키는 것을 막기 위한 여러 가지 장치가 필요하다.

또한 안락사를 허용하는 정책이 일상적인 삶을 살아가는 사람들에게 불안감을 조성해서는 안 된다. 안락사를 원하지 않는 사람의 입장에서 보면, 교통 사고를 당해 식물인간이 될 경우, 자신에게 선택의 기회도 주어지지 않고 안락사가 행해지지 않을까 하는 불안감을 가지게 될 수도 있다. 이에 대해 바람직한 해법이 없는 것은 아니다. 현대에는 전산 관리가 일반화되어 있을 뿐 아니라 접근도 매우 용이하기 때문에, 안락사를 원치 않는 경우 미리 정부 전산망에 등록을 받는 방법이 있다. 어떤 사람이 교통 사고 등으로 의식을 잃었을 뿐만 아니라 소생 불능이라는 판단이 서면, 병원에서는 정부의 데이터베이스를 조회해본 후 가족과 상의하여 안락사 여부를 결정할 수 있을 것이다.

이상과 같은 설명에도 불구하고 안락사에 대한 해법이 명쾌하게 주어지지는 않았으리라고 본다. 그러나 모든 논의가 그러하듯이 이러한 내용을 충분히 고려하여 결정을 내린다면 좀더 합리적인 선택이 이루어질 수 있을 것이다.

18

인간의 본성에 대한 이해

18 인간의 본성에 대한 이해

인간의 본성에 대해 어떤 입장을 취하는가에 따라 사회를 바라보는 관점 또한 바뀌게 된다. 다음 제시문을 기반으로 인간의 본성을 바라보는 관점과 제도를 바라보는 관점이 어떻게 연관될 수 있는지를 논하고, 그에 대한 자신의 생각을 서술하시오.

[가]　맹자가 말하였다: 모든 사람에게는 타인에게 잔인하게 하지 못하는 마음이 있다. 선왕(先王)도 타인에게 잔인하게 못하는 마음이 있었기 때문에 남에게 잔인하게 못하는 정치를 할 수 있었다. 남에게 잔인하게 못하는 마음으로 남에게 잔인하게 못하는 정치를 행한다면 천하 다스리기를 손바닥 위에서 움직이듯이 할 수 있다. 모든 사람에게 타인에게 잔인하게 하지 못하는 마음이 있다고 말하는 이유는 다음과 같다: 이제 갑자기 어린아이가 우물에 기어 들어가려고 하는 것을 본다면, 누구나 깜짝 놀라 측은히 여기는 마음을 가지게 될 것이다. 그것은 어린아이의 부모와 친교를 맺고자 해서도 아니고, 마을의 벗들에게 칭찬을 받고자 해서도 아니며, 욕을 먹기 싫어서도 아니다. 이를 통해 보건대, 측은히 여기는 마음이 없으면 사람이 아니요, (자신의 잘못을) 부끄러워하고 (남의 잘못을) 미워하는 마음이 없다면 사람이 아니요, 사양하는 마음이 없다면 사람이 아니요, 시비를 가리는 마음이 없다면 사람이 아니다. 측은히 여기는 마음은 인(仁)의 단초이고, (자신의 잘못을)부끄러워하고 (남의 잘못을)미워하는 마음은 의(義)의 단초며, 사양하는 마음은 예(禮)의 단초이고, 시비를 가리는 마음은 지(智)의 단초다. 사람에게 이 네 가지 단초가 있는 것은 마치 사지가 있는 것과 같다. 이 네 단초를 가지고 있으면서도 스스로 못한다고 말한다면 스스로를 해치는 것이고, 자신의 임금이 못한다고 말한다면 자신의 임금을 해치는 것이다. 무릇 나에게 있는 네 가지 단초를 넓혀 채워나갈 줄 안다면, 이는 마치 불이 처음 타오르는 것과 같고 샘물이 처음 솟아나는 것과 같다. 그것을 채울 줄 안다면 사해(四海)를 보존할 수 있을 것이고, 그것을 채우지 않는다면 부모조차 섬길 수 없다. …(중략)… 사람은 누구나 요순(堯舜)이 될 수 있다. …(중략)… 그대가 요의 옷을 입고 요의 행동을 하면 요일 뿐이다.

[*요순(堯舜): 전설상의 성군(聖君). 훌륭한 임금의 대명사로 쓰인다.]

[나]　사람의 본성은 악하다; 선한 것은 인위적인 노력의 결과다. 이제 사람의 본성이란 나면서부터 이익을 좋아하는데, 이를 따르면 투쟁이 생겨나고 사양하는 마음은 없어진다. 나면서부터 시기하고 미워하는 마음이 있는데, 이를 따르면 서로 해치는 일이 생겨나고 충성스럽고 믿음직스러운 행위가 없어진다. 나면서부터 감각적인 욕구가 있어서 좋은 음악과 미색(美色)을 좋아하는데, 이를 따르면 음란한 상황이 발생하고 예의와 절도가 없어진다. 그렇다면 사람의 본성과 자연스러운 감정을 따를 경우 반드시 투쟁으로 나아가게 되고 질서를 해치는 결과가 생겨나게 되어 결국에는 폭력적인 상황으로 귀결된다. 그러

므로 반드시 스승과 법도로 교화하고 예의로 이끌어준 후에야 사양하는 마음이 생겨나서 절도에 맞게 되고, 결국에는 잘 다스려지는 상황으로 귀결된다. 이를 통해 보건대 사람의 본성이 악함은 분명하며, 선한 것은 인위적인 노력의 결과인 것이다. …(중략)… 그러므로 길거리의 사람도 (이상적인 임금인)우 임금처럼 될 가능성이 있다는 것은 사실이다. 그러나 길거리의 사람이 반드시 우 임금처럼 될 수 있는 것은 아니다. 우 임금처럼 될 수 없다 하더라도 우 임금처럼 될 수 있는 가능성과는 모순이 되지 않는다. 발로 천하를 두루 여행할 수 있는 가능성이 있다고 하더라도 여태까지 천하를 두루 여행한 사람은 아직 없었다.

[다] 아도르노 : 나는 이렇게 말하고 싶습니다. 인간을 지배하는 제도로부터 비롯된 이 권력은 철학의 용어로 '타율적'이라고 불립니다. 제도는 인간과 맞닥뜨려 있는 낯설고 위협적인 권력입니다. 당신은 불안정한 인간의 본성 때문에 그와 같은 불행을 운명적인 것으로 받아들이는 것 같습니다. 그러나 우리 인간들이 서로를 믿지 못하여 제도의 권력을 용납하게 된 것은 비판되어야 합니다. 그리고 제도가 변경될 수 있는 것인지, 아니면 인간에게 엄청난 중압이 되어 개인을 말살하는 위협적인 것이 되고 마침내는 인간의 자유로운 활동을 더 이상 용납하지 않는 것이 되는지 물어야 할 것입니다. 또한, 제도가 인간의 본성으로부터 필연적으로 생겨날 수밖에 없는 것인지, 아니면 경우에 따라서 변경될 수도 있는 역사적 발전의 산물인지 물어야 할 것입니다.

겔렌 : 동감입니다. 가족, 법, 결혼, 사유 재산 등과 같은 인간의 근본적인 제도나 경제는 역사상 다양한 모습을 보여주고 있습니다. 이러한 제도는 언젠가 해체되어 버릴지도 모릅니다. 아마 계속 바뀌겠지요. 그러나 당신은 그 이상으로 묻고 있습니다. "왜 겔렌은 제도를 옹호하느냐"라고 말이죠.

아도르노 : 오해하지 마십시오. 나 역시 어떤 점에서는 제도를 옹호합니다. 오늘의 상황에서 우리가 당면한 문제 해결의 열쇠는 인간을 지배하는 제도라고 믿기 때문입니다. 그러나 우리는 서로 다른 결론에 도달하는 것 같습니다.

겔렌 : 좋습니다. 어디 봅시다. 우리는 어쨌든 논쟁점을 찾아야 합니다. 나는 아리스토텔레스와 마찬가지로 안전의 관점을 중요시하는 편입니다. 제도는 인간이 스스로 멸망할 수도 있는 것을 막고 인간이 서로 해치는 것으로부터 보호해주는 장치라고 생각합니다. 물론 자유는 제한되지요. 그러나 혁명가들은 계속 있었습니다.

아도르노 : 당신이 강조하는 것처럼, 인간이 제도 아래에서 갖는 책임이란 순응과 복종의 형태를 띨 수도 있습니다. 그러나 내가 강조하듯이, 인간이 자기 실현의 가능성에 따라 살아가는 것이 책임이 될 수도 있습니다. 달리 말하면, 잠재해 있는 인간 실현의 가능성을 방해하는 것에 맞서는 것이 책임일 수도 있습니다. 오늘날 제도에 대한 순응은 인간을 심각하게 기형화하는 결과를 초래하고 있지요. 인간의 잠재력은 제도에 의해서 억압되고 불구가 되었다고 말할 수 있습니다.

겔렌 : 나는 그렇게 생각하지 않습니다. 우리는 비슷한 연배이고, 다같이 네 번의 정부 형태, 세 번의 혁명, 두 번의 전쟁을 겪었지요. 그동안 많은 제도가 무너지고 없어졌습니다. 그 결과는 인간의 전반적인 내적 불안 정입니다. 내적인 동요지요. 이 사실은 이제 명백하고 공개적인 것이 되었지요. 제도를 보존해야 한다는 것에 나는 찬성입니다. 인간은 제도를 어느 정도 개선할 수는 있지만 새로 시작할 수는 없다는 것을 누구나 알 수 있습니다. 우리는 제도 안으로 들어가지 않으면 안 되고, 그 대가로 상당히 많은 제약을 감수하지 않으면 안 됩니다.

아도르노 : 그건 나도 인정합니다. 내 견해는 다만 그로부터 얻은 성과가 별로 없다는 것입니다. 인간은 오늘날 기계 장치의 한 부속품이지 자신을 지배하는 주체가 아닙니다. 제가 원하는 것은 인간이 더 이상 쓸모 없는 부속품이 되지 않도록 세계가 이루어지고, 인간을 위해서 제도가 존재하고, 인간이 만든 제도를 위해서 인간이 존재하지 않도록 하는 것입니다. 제도가 인간 본성을 반영하고 있다는 말만으로는 별로 위안이 되지 않습니다.

겔렌 : 엄마의 앞치마에 몸을 숨기는 아이는 불안과 동시에 다소간의 안전을 느낍니다. 당신은 물론 성숙의 문제를 논하려 하겠지요. 우리가 자유롭기 위해, 당신은 기본적 문제에 대한 결정을 제도에 맡기기보다 인간 스스로 하게 하고, 그로 인해 불가피하게 제기되는 시행착오와 삶의 과오를 감수하도록 모든 인간에게 요구해야 한다고 생각합니까?

아도르노 : 그렇습니다. 나는 객관적인 행복과 객관적인 절망에 대한 생각을 갖고 있습니다. 인간이 스스로 결정하고 그에 대한 책임을 지지 않는 한, 이 세계 안에서의 안녕과 행복은 하나의 허상임을 나는 말하고 싶습니다. 이것이 깨어질 때는 심각한 결과가 초래될 것입니다.

겔렌 : 이제 우리는 분명히 당신은 '예', 나는 '아니오'라고 말하는 지점에 도달했습니다. 지금까지 말한 것에 비추어보면 당신은 인간 중심적이며 이상주의적입니다.

아도르노 : 나는 그렇게 이상주의적이지 못합니다. 인간이 처한 곤경은 제도에 의해서 지워진 부담입니다. 이것이 오늘날 인류의 근원적인 문제로 보입니다. 인간은 그들에게 재앙을 가져온 바로 그 권력의 품안으로 도망치려 합니다. 심층 심리학의 표현을 빌린다면, 자기 자신을 '공격자와 동일화하는 것'이라고 말할 수 있습니다. 당신은 모든 사람과 마찬가지로, 당신 자신도 두려워하는 바로 그 권력과 자신을 동일화하고 있습니다.

겔렌 : 나는 반대 견해를 피력하고자 합니다. 당신은 아직 인간의 손에 남아 있는 약간의 것마저도 인간으로 하여금 불만스럽게 여기도록 만들고 싶어합니다. 그것은 위험한 일입니다.

아도르노 : 그렇다면 그것에 대하여 바로 이런 말을 인용하고 싶습니다. "오직 절망만이 우리를 구원할 수 있다."
(프리드리히 그렌츠, 『아도르노의 철학』 중 「A. 겔렌과 T. 아도르노의 논쟁」).

[라] 맹자에 대해 다음과 같은 점에 주목해볼 수 있다.

ⓐ 그는 우리 모두에게 출발점으로서 도덕적 동기 부여가 되어 있으며, 그것은 실제로 옳고 선한 것을 향한 내재적 방향성을 가지고 있다고 주장함으로써 '덕의 패러독스'를 해결하고 있다.

ⓑ 나아가 그것이 올바르게(정상적으로) 길러진다면, 그것은 자라나서 올바른 형태를 가지게 될 것이다: 행위가 올바른 것일 때, 우리는 '마음속의 만족'이라는 자기 강화 장치를 통해 도덕적으로 더 강해질 것이다.

ⓒ 맹자가 말하고 있듯이, 우리 모두는 다 같은 도덕적 '기호'를 가지고 있다. 도덕적 규칙을 제정한 성인들은 단지 "우리 모두가 마음속에 공통으로 가지고 있는 것을 남들보다 앞서 알아차렸을 뿐이다."

그리고 나서 다음과 같은 질문을 던질 수 있다.

① 일단 내가 어떠한 상태에 있는지를 알게 된 후에도, 내 손을 잡아 이끌어줄 스승이 필요한가?

② 그리고 성인들은 내 마음속에 있는 것을 먼저 알아차렸을 뿐인데, 나는 내 스승으로서, 다시 말해서 내가 배워야 할 규칙을 제정한 사람으로서 그들을 필요로 하는가? 나 자신이 책을 직접 쓸 수는 없는가?

따라서, 맹자의 설명에 따른다면 덕은 스스로 배울 수 있는 것이 아닌가? …(중략)…

스승과 그의 가르침에 주목하기 위해서는 스승과 성인의 가르침인 예(禮)에 대한 사랑과 존경이 필요하다. 이러한 태도는 어떻게 얻어지는가? 순자는 이러한 점에서 약점을 가지고 있다. 그는 두 가지 방식으로 말한다. 때로는 묵자처럼, 시간이 걸리기는 하겠지만 의지에 의해 이러한 태도를 획득할 수 있다고 말한다. 사랑과 미움은 의지에 의해, 특히 자신에 대해 비판하는 가운데 조절될 수 있다. …(중략)…

더욱 심각한 문제는 순자가 성인의 독특한 지위를 설명해야 한다는 데 있다. 그는 성인도 다른 모든 사람과 같다고 말한다. 여기에서 그는 맹자를 따르고 있다; 그러나 순자는 어쨌든 초자연적인 모든 것을 거부하고, 지속적으로 자연주의적인 근거에 가치를 두고자 하는 가운데 이러한 견해에 이르게 되었을 것이다. 분명 우리는 묻고 싶다; 나와 동일한 능력을 가진 성인이 이 모든 것을 이해해낼 수 있다면, 왜 나는 할 수 없나?

〈유의사항〉 1. 답안에는 자신을 드러내는 표현을 쓰지 말 것.
2. 논술문의 제목은 쓰지 말 것.
3. 제시문을 단순히 요약하거나 옮겨 쓰지 말 것.
4. 주어진 제시문의 내용을 모두 반영할 것.
5. 분량은 띄어쓰기를 포함하여 총 2,000(±100)자가 되게 할 것.

주제강의 – 성선설과 성악설

　성선설(性善說)은 말 그대로 인간의 본성이 선하다는 주장이다. 성선설의 대표자는 맹자로 알려져 있으며, 실제로도 그러하다. 성선설에 대해서는 오해의 소지가 많다. 가장 대표적인 것은 성선설이 현실과 유리된 지나친 낙관론이라는 것이다. 성선론에 따르면 인간의 본성은 선하기 때문에 별다른 노력이 필요하지 않아야 하는데, 실제로는 그렇지 않다. 성선론은 현실을 제대로 설명하지 못하는 이론이라는 것이다. 반면 순자에 의해 대표되는 성악설(性惡說)의 경우도 상황이 더 낫지는 않다. 성선설과 성악설에 대한 올바른 이해를 위해서는 중국 철학 전반에 대한 이해가 필요하다. 어떤 이론을 올바로 이해하기 위해서는 그 역사적 맥락을 살펴보지 않을 수 없기 때문이다.

1. 동양 사상의 전반적 성격과 배경

　먼저 다음 한 가지를 지적해두어야 한다. ‘동양 철학’ 이라는 말에는 크게 중국의 사상과 인도의 사상이 포함된다는 점이다. 하지만 이곳에서는 편의상 인도의 사상은 제외하고 중국의 사상만 다루기로 하겠다. 따라서 앞으로 ‘동양 철학’ 이라는 말을 사용할 경우, 그것이 중국의 사상을 가리킨다는 점을 염두에 두어야만 한다.

　동양 사상과 서양 사상이 반드시 이분법적으로 나뉘는 것은 아니다. 그러나 그 대체적인 특징에 대해서는 다음과 같이 말해볼 수 있다. 동양의 사상은 기본적으로 윤리적인 측면에 중점을 두고 있다. 서양 철학에서도 윤리가 매우 중요한 부분을 차지하고 있기는 하지만, 서양의 사상은 기본적으로 존재하는 것의 성격을 규명하고자 하는 ‘존재론’ 과 우리 인식의 기능과 한계에 대해 밝히는 ‘인식론’ 이 윤리학과 더불어 커다란 범주를 형성하고 있는데 반해, 동양에서는 존재론과 인식론이 윤리학에 종속되는 경향을 가지고 있다.

　그리고 도덕에 관한 학설에서도 큰 틀에서 차이가 난다. 서양의 윤리 사상은 서로 다른 도시국가(폴리스) 간에 관습이 충돌하는 문제를 어떻게 해결할 것인가 하는 문제 의식에서 출발한다. 따라서 그 서로 다른 규범을 조화시킬 수 있는 기준, 다시 말해서 이상적인 윤리란 무엇이며 그것을 어떻게 찾아야 하는가에 초점이 맞추어져 있다고 할 수 있다. 반면, 동양의 윤리 사상은 그렇게 다양한 관습을 전제하지 않는다. 중국인들은 예나 지금이나 ‘하나의 중국’ 이라는 생각이 매우 강했으며, 중국이 여러 개의 나라로 분열되어 있던 시기에도 분열된 모습을 매우 비정상적인 것으로 생각했다. 따라서 중국에서 문제가 되었던 것은 서로 다른 윤리 규범을 조화시키는 문제보다는, 어떻게 이상적인 인간상을 실현할 수 있는가 하는 문제였다.

　물론 서양에서 문제가 되었던 것이 동양에서는 문제가 되지 않았다거나 그 반대라고 말하는 것은 아니다. 두 문화 간에 차이가 있었기 때문에 그들이 핵심으로 생각한 문제가 서로 달랐다는 것뿐이며, 나머지 문제들은 부수적으로 다루어졌다는 것이다.

2. 공자 이전의 중국 사상

중국 철학의 출발점은 흔히 공자라고 하지만, 그렇다고 해서 공자 이전에 아무런 중요한 내용이 없었다는 말은 아니다. 고대로 올라갈수록 이용할 수 있는 자료와 해석상의 문제가 더 심각해지는 것은 사실이지만, 공자 이전의 시대도 인간이 자신의 삶에 대해 고민하면서 살았던 시대인 만큼, 다양한 문제가 생겨나고 그에 대해 해결책을 제시하는 것이 자연스러운 삶의 모습이었다. 다만 그 모습을 자세히 정확하게 재구성해내는 것이 힘들 뿐이다. 하지만 그 모습을 간략하게 재구성해보면 다음과 같다.

요순(堯舜)이라는 이름을 들어본 적이 있을 것이다. 그들은 전설상의 성군(聖君)이다. 물론 요 임금 이전의 전설도 있지만, 그것은 그야말로 후대에 만들어진 전설일 뿐이다. 중국의 전설은 후대에 갈수록 더욱 더 고대로 거슬러 올라가는 경향이 있다. 예를 들어, 공자는 주로 주공(周公)이라는 성인을 찬양했는데, 묵가에서는 그보다 훨씬 이전의 우(禹)라는 임금을 찬양했고, 맹자는 요순(堯舜)을, 도가에서는 황제(皇帝)를 찬양하는 식이다. 자신의 전통이 더 오래되었음을 주장함으로써 권위를 얻고자 하는, 어찌 보면 유치한 대응이다. 하지만 우리는 이야기를 요순에서부터 시작해야 할 듯하다. 그 이전의 인물들은 그야말로 순수한 전설이기 때문이다.

요순 시대는 태평성대의 전형으로, 장자(長子)가 아닌 현명한 사람에게 왕위를 물려주는 선양(禪讓)이라는 제도가 있었다고 한다. 순은 요의 신하였는데, 그가 매우 훌륭한 인격을 갖추고 있어서 자신의 아들이 아닌 순 임금에게 왕위를 물려주었다는 것이다. 순도 요처럼 우(禹)라는 훌륭한 신하에게 왕위를 물려주었다. 하지만 이후에 상황은 바뀐다. 우도 훌륭한 신하에게 왕위를 양도하고자 하였으나, 국민들이 우의 아들을 찬양하여 그가 왕이 되기를 바랐으므로 장자상속제가 시작되었다는 것이다.

이 일화는 분명 장자상속제를 정당화하기 위한 것에 불과하며, 요순 시대의 선양이라는 것도 여러 부족의 부족장들이 순번제로 돌아가면서 지도자의 지위를 차지했음을 보여주는 것이라고 할 수 있지만, 후대에 이러한 일화는 중요한 의미를 가지게 된다. 먼저 요순의 선양을 통해 '지도자는 훌륭한 인격을 갖추어야 한다'는 조건이 규범화된다. 백성의 요구에 의해 장자상속제가 시작되었다는 것은 정치란 백성을 위한 것임을 의미하는 것일 수도 있다.

어쨌든 우의 후손이 세운 나라는 하(夏)라는 나라이고, 그 뒤를 이어 상(商)[혹은 은(殷)]과 주(周)라는 나라가 생겨나게 된다. 하나라를 멸망시킨 상나라와, 상나라를 멸망시킨 주나라는 자신들의 반역 행위를 정당화할 명분을 필요로 하게 된다. 신하가 임금을 죽이고 왕이 되었으니 정당한 명분이 없다면 자신들은 역적이 되고 말 것이고, 자신들보다 힘이 센 자가 있다면 언제든지 자신들이 그들의 희생양이 되고 말 수밖에 없을 것이기 때문이다.

이러한 필요성에 의해 등장한 것이 '천명(天命)'이라는 이데올로기다. 하나라와 상나라의 마지막 왕은 백성들에게 포악한 정치를 했으므로, 하늘이 더 이상 그들에게 제왕의 지위를 허락하지 않고, 점령자들에게 그들을 멸하고 백성들에게 은혜로운 정치를 베풀 것을 명령했다는 것이다. 이러한 이데올로기는 자신의 혁명을 정당화하기 위한 핑계에 불과했지만, 애초에 예상치 못한 결과가 생겨나게 된다. 백성들에게 은혜로운 정치를 펼치지 못한다면 왕좌는 언제라도 다시 이른바 '천명(天命)'을 받은 자로 대체될 수 있는 것이다. 통치자의 자격 조건으로 훌륭한 인격과 더불어 '천명'이라는 조건이 추가된 셈이다. 문제는 누가 어떻게 천명을 알아볼 수 있는가 하는 것이다.

3. 공자—보수주의자인가 혁명가인가?

우리가 주목해야 하는 첫 번째 사상가는 공자다. 공자에 대해 이해하기 위해서는 먼저 당시의 시대상을 간략하게나마 이해할 필요가 있다. 공자는 주나라 말기에 활동했던 사람이다. 주나라 말기의 혼란 시대를 춘추전국(春秋戰國)시대라고 하는데, 공자는 이 시기에 활동했던 것이다. 주나라는 종법제(宗法制)를 사용했다. 왕은 자신의 친척들에게 땅을 나누어주고, 그 친척들은 조세 및 군역의 의무를 지기로 했던 것이다. 세대가 지나고 혈연적 유대 관계가 약해지면서 종법제는 무너지게 된다. 이전에 제후들은 천자가 제정한 예(禮)를 따랐으나, 종법제의 붕괴로 제후들이 이 예를 무시하고 서로에 경쟁적인 토벌을 통해 세력 확장에 나서게 된다. 일반 백성들의 입장에서 보면 천하가 전쟁터가 되어버린 것이다.

사회가 혼란해지면 그에 대한 해결책이 나오기 마련이다. 이러한 해결책을 경쟁적으로 내놓은 사람들을 제자백가(諸子百家)라고 부르는데, 공자는 그 시조뻘 되는 인물이다. 공자 자신은 아마도 무너져가는 종법 제도와 예를 부활시킴으로써 혼란을 종식시키고자 했던 듯하다. 그러나 공자 자신의 의도가 어떠했든 간에 과거의 제도를 부활시키는 노력에는 언제나 해석자 자신의 입장이 개입될 수밖에 없으며, 공자의 위대성은 바로 거기에 있다. 공자가 나름대로 과거의 제도를 부활시키고자 하는 가운데 과거와 획기적으로 단절되는 몇 가지 특징이 드러나게 된 것이다. 공자에게서 분명히 볼 수 있는 혁명가적인 측면은 다음 몇 가지로 말해볼 수 있다.

"공자는 도덕과 인간의 본성 문제에 대해 진지한 질문을 던진 최초의 중국 철학자였다."

첫째, 공자는 이상적인 인격자를 표현하는 말로 '군자(君子)'라는 말을 썼다. 군자란 원래 말 그대로 임금[君]의 아들[子], 즉 귀족 계급의 통치자를 의미하던 말이었다. 공자가 이 말을 인격자의 의미로 사용함으로써 세습적으로 이어지던 통치자의 자격에 한 가지가 더해지게 된다. 통치자는 인격자여야 한다는 것이다. 물론 이는 과거의 전통에도 내재하던 사상으로, 요순의 신화에서도 이미 볼 수 있었다. 그러나 장자상속제가 일단 확립되고 나면 설사 어느 정도의 악행(惡行)이 있다 하더라도 천명을 받았다고 주장할 수 있는 사람이 나타나지 않는 한 군주의 현실적인 지위는 유지될 수 있다. 그러나 공자가 이러한 자격 규정을 첨가함으로써 군주에게는 '인격 수양'이 실질적인 과제가 되었고, 앞으로 살펴보게 될 몇 가지 놀라운 변화가 있게 된다.

둘째, 공자는 최초의 과외 교사다. 그리고 그는 자신의 학생이 되는 데 배우고자 하는 마음 말고는 어떠한 제한 조건도 두지 않았다. 얼핏 보기에는 별 것 아닌 듯하지만, 여기에는 매우 중요한 의미가 담겨 있다. 당시에 교육을 받을 수 있었던 것은 귀족의 자제들뿐이었다. 그런데 공자가 차별 없는 교육을 하기 시작한 것이다. 더구나 그가 가르친 것은 '군자가 되는 법'이었다. 공자의 가르침에는 누구나 배워서 군자, 즉 통치자가 될 수 있다는 의미가 담겨 있었던 것이다. 중국에서는 이처럼 고대에서부터 만민 평등 사상이 잉태되어 있었다.

셋째, 공자는 올바른 정치란 힘이나 강제력을 동원하는 것이 아니라 통치자가 훌륭한 인격, 즉 덕(德)을 수양함으로써 백성들이 자발적으로 따르게 하는 것이라고 주장한다. 공자 자신의 표현에 의하면 훌륭한 정치란 "덕으로 다스려서 뭇 별들이 북극성 주위에 모여들듯이", "바람이 풀 위로 불면 풀이 바람 부는 방향으로 눕듯이" 하는 것이다. 이것이 이른바 '덕치(德治)'다.

마지막으로 공자는 인간의 본성, 천(天), 귀신 등과 같은 형이상학적인 주제들에 대해 이야기하지 않았을 뿐만 아니라, 그렇게 노력을 통해서 알 수 없는 주제에 관해 연구하는 것을 비판했다. 물론 그러한 주제들에 대한 언급이 전혀 없는 것은 아니다. 예를 들어 귀신에 대해서는 "귀신을 공경하되 멀리하라", "사람도 섬기지 못하는데 어찌 귀신을 섬길 수 있겠는가?"라고 말했고, 죽음에 대해 물었을 때는 "삶도 알지 못하면서 어찌 죽음을 알겠는가?"라고 말했다. 이전의 통치자들은 자기 스스로가 '천명을 빈은 자'임을 자처했다는 사실을 감안할 때, 이러한 형이상학적인 이론을 거부했다는 것은 진정한 인문주의의 시작이며, 자의적인 독재 정치에 대한 대항이라고 할 수 있다.

공자의 사상은 전혀 체계적이지 않으며, 그의 사상을 담은 유일한 책인 『논어(論語)』는 제자들과의 평범한 대화로 이루어져 있다. 『논어』를 읽어보면 정말로 공자의 인격이 느껴지고 가슴이 따스해짐을 느낄 수 있지만, 공자의 사상이 무엇인지 말해보라고 하면 정말 난감함을 느끼게 된다. 공자 사상의 핵심은 '인(仁)'이라고 일컬어지며, 공자 자신도 그렇게 생각한 듯하지만, 중요한 것은 '인'이 무엇인지가 분명치 않다는 사실이다. 이후 2,000여 년 유학의 역사는 이 '인'에 대한 주석의 역사라고 해도 과언이 아니다. 유학에 다양한 사상이 섞여 있음에도 불구하고 '유학'이라는 이름으로 불리게 되는 것은 '인'이라는 공통의 목표가 있었기 때문이다. 다시 말해서 공자의 '인'을 추구하는 사람들은 모두 스스로를 '유가'라고 생각한 것이다.

공자의 '인'이 난해한 개념임에는 틀림없지만, 그냥 넘어갈 수도 없다. 『논어』 자체에서 '인'에 대해 해석할 수 있는 열쇠가 없는 것은 아니다. 무엇보다도 공자가 "평생 동안 신조로 삼아야 할 한 가지"를 묻는 제자에게 "그것은 아마도 서(恕)일 것이다"라고 대답하는 부분이 중요하다. 아마도 공자는 '서'라는 태도를 견지함으로써 '인'에 도달할 수 있다고 믿었던 듯하다. 그리고 전통적으로 공자가 "나의 도(道)는 하나로 관통하고 있다"고 한 말에 대해 공자의 제자인 증자(曾子)가 "선생님의 도는 충서(忠恕)일 따름이다"라고 대답한 것이 '인'을 해석하는 중요한 단서로 여겨져 왔다. 그렇다면 '서'란 무엇이고, '충'은 '서'와 어떠한 관련을 맺고 있는 것일까?

'서(恕)'는 글자 그대로 마음[心]을 같이[如]하는 것이다. 내 마음을 상대방의 마음으로 대치시켜 놓고 생각하는 것, 다시 말해서 역지사지(易地思之)의 태도를 가지는 것을 '서'라고 할 수 있는 것이다. 공자는 "자신이 원하지 않는 것을 남에게 행하지 않는 것"이 '서'라고 했다. 그리고 공자는 그러한 태도가 실제 생활에서 드러난 것이 '예(禮)'라고 생각한 듯하다. 사람들은 누구나 다른 사람이 자신에게 예의바른 태도로 대해주기를 바란다. 다른 사람들이 자신에게 예의바른 태도로 대해주기를 바라는 그 마음을 다른 사람을 대할 때 행동으로 옮기는 것, 그것이 바로 '서'의 기본적인 내용이다.

그렇다면 그것을 어떻게 '충서'로 나누어서 설명할 수 있을까? 그것은 상하 위계 질서로 이루어진 사회를 통해 설명할 수 있다. 크게 보면 '충서' 두 가지 모두를 '서'라고 할 수 있겠지만, 그것을 구분해서 본다면 아랫사람을 대하는 태도를 '서'라 하고 윗사람을 대하는 태도를 '충'이라 할 수 있다.

아랫사람에게 예를 적용해야 할 경우, 전통적인 규범에서 규정하고 있는 내용을 있는 그대로 엄격하게 적용한다면 아랫사람의 입장에서는 바람직한 일이라고 할 수 없다. 나는 윗사람이 내게 예를 어떻게 적용해주기를 바랄까? 아랫사람인 내가 다소 실수를 범하더라도 내 입장을 이해하고 관대하게 대해주기를 바랄 것이다. 그렇다면 내가 아랫사람을 대할 때도 역지사지로 생각해보고 아랫사람을 너무 엄중하게 추궁하지 않는 것이 바로 '서'라고 할 수 있다.

반대로 윗사람을 대할 때는 어떨까? 내가 하기 싫어하는 어떤 일이 의무로 주어진 경우를 생각해보자. 나는 인내심을 발휘해서 그 일을 해야 할까, 아니면 나 자신의 감정에 충실해서 그 일을 대충해야 할까? 이 경우 내가 윗사람일 경우 아랫사람이 어떻게 해주기를 바랄지 생각해보면 된다. 내가 윗사람의 자리에 있다면 아랫사람이 자신의 감정을 절제하고 자신의 의무를 충실하게 이행해주기를 바랄 것이다. 이러한 마음을 헤아려서, 자신의 욕구를 억제하고 윗사람을 향해서 규정된 의무를 충실히 이행하는 것이 바로 '충'이라고 할 수 있다.

그러나 많은 문제가 아직 풀리지 않은 채로 남아 있다. '예(禮)'란 무엇일까? 우리는 무조건적으로 '예'를 준수해야만 하는 것일까? 그렇게 하면 도덕적이고 이상적인 인간상이 될 수 있는 것일까? 이러한 문제들은 뒤에 다른 사상가들에 의해 서로 다른 방향으로 설명된다.

공자에게서 주목해야 할 점 가운데 하나는 공자의 제자 가운데 공자의 가르침을 "좋아는 하지만 힘이 부족해서 따를 수 없다"고 말하는 제자가 있었다는 사실이다. 공자는 이런 제자를 꾸짖었을 뿐, 다른 적절한 조치를 취해줄 수 없었다. 이 문제는 맹자에 의해 해결된다. 맹자 시대의 제후들은 공자의 그 제자처럼 맹자의 가르침이 옳기는 하지만, 자신이 실천하기에는 너무나 고차원적인 것이라고 주장했다. 이러한 난관에 대한 대응책이 바로 성선설이었던 것이다.

4. 양주와 묵적─극단적 이기주의와 공리주의

공자와 맹자 사이에도 다른 중요한 사상가들이 존재한다. 그 가운데에서 특히 중요한 사람은 양주(楊朱)와 묵적(墨翟)이라는 사람이다. 묵적은 보통 묵자(墨子)라고 알려져 있다. 이 두 사람은 자체로도 중요하지만, 두 사람을 이해해야만 맹자를 이해할 수 있다는 점에서 더욱 중요하다. 맹자는 "양주와 묵적의 이론이 천하에 가득 차 있다"고 하면서, 자신의 사명이 양주와 묵적의 이론을 물리치는 것임을 분명히 하고 있기 때문이다.

양주는 "다리의 털 한 올을 뽑아서 세상을 이롭게 할 수 있다고 하더라도 그렇게 하지 않겠다"고 말한 것으로 유명하다. 일견 극단적인 이기주의자인 듯하지만, 양주가 그렇게 근시안적인 이기주의자는 아니다. 양주라는 사람에 대한 자료가 그리 많지 않아 정확한 내용을 알 수는 없지만, 양주의 주장에 따르면 당시 혼란의 원인은 많은 사람들이 저마다 세상을 이롭게 하겠다고 말하면서 명예욕과 이익욕을 추구하는 것이었다.

양주가 보기에는 사람들이 주장하는 도덕이라는 명분도 결국은 명예와 이익을 위한 것에 불과했다. 따라서 양주는 명예나 이익과 같은 외적인 것을 가볍게 여기고 자신의 생명을 중시해야[경물중생(輕物重生)] 한다고 주장한다. 그래서 흔히 양주는 도가(道家)의 선구자로 여겨진다. 이와 같은 주장의 문제점은 명백해 보인다. 무엇보다도 양주는 인간의 사회성, 그 가운데에도 특히 사회를 이루어 생활해나가는 데 필수불가결한 요소인 예의와 도덕의 존재 가치를 부인했다. 하지만 도덕[예의(禮義)]이 본질적으로 자신의 명예나 이익을 가장하기 위한 도구에 불과하다는 양주의 비판은 분명 도덕의 효용성을 주장하는 사람들이 넘어야 할 장애물임에 틀림없다.

묵자는 이와 정반대의 해법을 내놓는다. 묵자는 당시 혼란의 원인이 사람들의 차별적인 마음가짐에 있다고 보고, 모든 사람을 차별 없이 사랑할 것[겸애(兼愛)]을 주장한다. 묵자는 유가를 염두에 두고, 자신의 친구를 자기 자신만큼 사랑하고 친구의 아버지도 자신의 아버지와 똑같이 사랑해야 한다고 주장한다. 그렇게 하면 남의 나라를 자신의 나라처럼 위하게 될 것이니, 천하에 전쟁은 없어질 것이다. 오직 그러한 방법을 통해서만 천하에 최대의 이익을 가져올 수 있다. 결국 묵자 주장의 핵심은 "천하에 가장 큰 이로움을 줄 정책을 실행해야 하는데, 그것이 바로 겸애"라는 것이다. 묵자는 근본적으로 공리주의에 뿌리를 두고 있다.

묵가 집단은 원래 전문적인 무사들로 이루어진 집단이다. 하지만 다른 용병들과는 달리 수비 전쟁을 주로 하는 집단이었다. 재미있는 일화가 하나 있다. 당시의 유명한 무기 제작자인 공수반(公輸盤)이라는 사람이 초(楚)나라에 기용되어 송(宋)나라를 공격하고자 했다. 묵자는 초나라로 건너가 전쟁을 막고자 했다. 묵자는 왕에게 자신이 모든 공격을 막아낼 수 있다고 말한다. 그래서 묵자와 공수반은 왕 앞에서 모형을 통해 가상 전쟁을 펼치게 된다. 공수반은 자신의 온갖 기구와 기술로 공격을 시도했으나 묵자는 이를 모두 막아낸다. 그러자 공수반은 "나는 그대를 물리치는 방법을 알고 있다. 그러나 나는 그것을 말하지 않겠다"고 말한다. 묵자는 "나는 그대가 무슨 말을 할지 알고 있다. 그러나 나도 그것을 말하지 않겠다"라고 말한다. 왕이 까닭을 묻자 묵자는 "공수반의 뜻은 신을 죽이는 데 지나지 않습니다. 그러나 신의 제자 금활리 등 300여 명이 신이 만든 방어 무기로 무장하고 송나라의 성 위에서 초나라가 쳐들어오기를 기다리고 있습니다"라고 말하여 초나라 왕으로 하여금 공격을 포기하게 만들었다.

유가가 주로 학문에 종사할 수 있을 만큼 어느 정도의 여유를 갖춘 사람들의 집단이었던데 비해, 묵가 집단은 주로 서민층으로 이루어져 있었다. 그래서 묵자는 유가 집단의 허례허식이 세상에 이익이 안 된다고 비판하면서, 유가의 호사스런 장례 의식과 가무 등을 비판하였다.

묵가의 철학은 어찌 보면 진정한 도덕성의 발현인 것처럼 보인다. 그러나 여기에는 커다란 문제점이 있다. 과연 인간이 남을 자기 자신처럼 사랑하는 것이 가능한가 하는 점이다. 실제로 묵자의 제자는 "겸애(兼愛)가 인의(仁義)임은 알겠습니다만, 그것을 어떻게 실천할 수 있습니까?"라고 묻는다. 이에 대해 묵자는 다만 "옛날의 성왕(聖王)들은 그것을 행했다"라고만 답한다. 다시 말해서 그것을 행한 사람이 있으므로 누구나 그렇게 할 수 있다는 말이다. 그러나 도덕이 그렇게 실천되지는 않을 듯하다. 누구에게나 슈바이처나 테레사가 되라고 요구하는 것이 과연 도덕일까? 모든 사람들이 슈바이처나 테레사를 숭상하는 것은 그 사람들이 극히 드문 사례이고, 모두가 그렇게 될 수는 없기 때문 아닐까?

5. 맹자—성선설 : 대책 없는 낙관론인가?

맹자는 성선설을 주장한 것으로 유명하다. 이 주장에 대해서는 많은 오해가 있다. 인간의 본성이 선하다면 우리는 아무런 노력을 하지 않더라도 선한 존재라는 말인가? 그렇다면 성선설은 세상의 현실과 너무 동떨어진 대책 없는 낙관론 아닌가?

맹자의 성선설은 그렇게 단순한 주장이 아니다. 맹자는 어떻게 해서 이상적인 인간상에 이를 수 있는가에 대해 공자의 입장을 계승했음을 자처하면서, 양주와 묵자에 의해 제기된 문제점을 공자 사상의 틀 안에서 해결하려고 노력하고 있다. 그 과정에서 제시된 것이 바로 '성선(性善)'이라는 주장이다. 맹자가 그러한 주장을 하게 된 배경과 성선설의 내용을 이해하게 된다면 위와 같은 오해는 사라질 것이다.

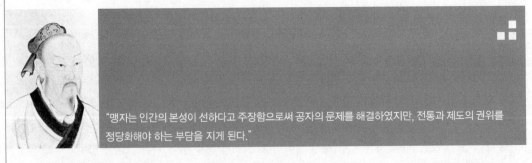

"맹자는 인간의 본성이 선하다고 주장함으로써 공자의 문제를 해결하였지만, 전통과 제도의 권위를 정당화해야 하는 부담을 지게 된다."

맹자의 문제 의식은 두 가지다. 첫째는 양주학파의 주장, 다시 말해서 도덕은 명예욕과 이익욕을 가장하기 위한 도구에 불과하다는 주장을 물리치는 것이다. 도덕이 그러한 허위 의식에 불과한 것이라면 사람들에게 도덕적이 되라고 말하는 것이 설득력이 없을뿐더러, 자기 자신도 그러한 마음이 들지 않을 것이다. 둘째는 도덕이란 자신에게 아무리 힘들더라도 인내심을 발휘해서 행해야만 하는, 본질적으로 고달픈 것이라는 묵자의 주장을 물리치는 것이다. 맹자에 따르면 묵자는 "겸애를 행했는데, 머리끝에서 발끝까지 닳아 없어지더라도 천하를 이롭게 할 수 있다면 행했다." 도덕이 그렇게 괴로운 것이라 하더라도 설득력이 없기는 마찬가지일 것이다. 맹자는 '성선(性善)'이라는 주장을 통해 이 두 가지 모두를 물리칠 수 있다고 생각한 것이다.

일단 주목해야 할 것은 맹자가 도덕적 실천과 수양의 문제를 설득력 있게 설명하고자 한다는 사실이다. 그렇다면 '성선(性善)'은 단순한 선언이 아니다. 맹자는 모든 사람에게 누구나 성인이 될 수 있음을, 그것도 허위 의식이나 고달픈 과업을 수행함으로써 그렇게 되는 것이 아님을 설득력 있게 설명하고자 한다. 여기에서 맹자는 또한 공자가 풀지 못했던 문제를 해결한다. 공자의 제자가 "힘이 없어서 못하겠습니다"라고 말했을 때, 공자에게는 그를 물리치는 것 이외에 다른 방법이 없었다. 그러나 맹자는 누구나 실제로 그런 힘을 가지고 있음을 설득력 있게 보여줌으로써 그런 핑계를 댈 수 없게 만든다.

성선설을 이해하기 위해서는 '본성[性]'이라는 개념을 제대로 이해하는 것이 중요하다. 당시 맹자의 논적이었던 고자(告子)라는 사람은 "먹는 것에 대한 욕구[식(食)]와 이성에 대한 욕구[색(色)]"를 본성[性]으로 규정한다. 식욕과 성욕은 인간에게서 자연스럽게 발현되는 것이기 때문에 본성을 그렇게 규정하는 것이 일반적이었다.

그러나 맹자는 이러한 개념 규정에 반대한다. 본성을 '자연스럽게 발현되는 것'이라고 규정하는 것은 옳지만, 그렇다고 해서 식욕과 성욕을 본성이라고 규정하는 것은 옳지 못하다는 것이다. 맹자는 "그렇다면 인간의 본성과 개의 본성이 같다고 말해야 한다는 말인가?"라고 반문한다. 맹자에 따르면 우리가 '~의 본성'이라고 말할 때, 그것은 당연히 종차(種差)를 의미해야 한다. 다시 말해서 '자연스럽게 드러나는 것 가운데 다른 것과의 차이점을 분별할 수 있게 해주는 것'이 바로 '본성'의 개념이라는 것이다. 그렇다면 인간에게서 발견할 수 있는 그러한 요소는 무엇일까?

맹자는 우리에게 사고 실험을 해볼 것을 요구한다. 당신이 길을 가고 있는데 뒤에서 교통 사고가 나는 소리를 들었다고 해보라. 깜짝 놀라 뒤를 돌아보니 어떤 사람이 다리가 부러져 하얀 뼈가 튀어나오고 피가 이리저리 튀고 있다. 당신은 어떠한 반응을 보일까? 아마도 마음이 철렁하고 내려앉으면서 마음에 아픔을 느낄 것이다. 다시 말해서 당신은 '내 뼈가 튀어나오고 피가 튄다면 얼마나 아플까?' 하는 생각을 부지불식간에 하게 되고, 그 사람의 아픔을 나의 아픔으로 느낀 것이다.

그 사람은 당신과 아무런 관련도 없는 사람인데 어떻게 그런 일이 일어난 것일까? 그 반응은 아무 경황이 없는 가운데 일어난 일이기 때문에 인위적인 것이라고 볼 수는 없다. 나중에 확인해 보았더니 그 사람이 당신이 원수처럼 여기는 사람임을 알게 되어서 통쾌한 마음을 느낄 수도 있다. 하지만 그것은 자연스러운 반응이라고 보기 힘들다. 당신의 선입견이 개입된 것이기 때문이다. 누군지 모르는 상황에서 생겨난 반응, 그것이야말로 자연스러운 반응이라고 할 수 있다.

그렇다면 다른 동물들도 그러한가? 〈동물의 왕국〉 같은 프로그램에서 육식 동물이 초식 동물 집단을 공격해서 사냥하는 장면을 본 적이 있을 것이다. 한 마리가 사냥을 당하면 다른 동물들이 그 주위에서 가슴 아픈 표정을 짓는가, 아니면 전처럼 평화롭게 풀을 뜯고 있는가? 맹자는 바로 이 점이 인간과 동물의 종차라고 판단한 것이다. 인간은 기본적으로 다른 구성원과 의사 및 감정의 소통을 매개로 할 수밖에 없는 사회적 동물이라고 생각한 것이다. 인간에게는 동물과 달리 자기 성원들의 기쁨과 아픔을 공감할 수 있는 능력이 주어져 있다. 인간에게는 자연스럽게 자기 일신의 이익만을 지향하는 이기심을 넘어설 수 있는 성향이 갖추어져 있다는 것, 이것이 바로 '성선(性善)'의 내용이다.

여기에서 빠뜨려서는 안 되는 것이 있다. 우리는 개나 닭이 치어 죽어도 어느 정도의 아픔을 느낀다. 하지만 동류인 인간이 죽은 것보다는 덜할 것이다. 또한 전혀 모르는 타인인 경우와 자신의 가족인 경우를 비교해보자. 당연히 자기 가족의 경우가 더 공감이 잘될 것이다. 사회적 존재인 인간에게는 일신의 한계를 벗어날 수 있는 성향이 주어져 있지만, 그러한 성향은 자신과 가까운 부분에서부터 발휘되는 것이 자연스럽다. 그렇다면 자신과 먼 사람의 경우에는 어떨까? 자신과 가까운 사람이 경우를 '미루어서' 혹은 '확장해서' 추론해야 한다.

눈치챘을지 모르겠지만, 맹자는 공자의 '서(恕)'를 좀더 분명하고 설득력 있게 설명하고자 한다. 그 첫 단계로 위와 같은 사고 실험을 제안한 것이다. 우리에게 다른 사람의 기쁨과 고통을 공감할 수 있는 능력이 자연스럽게 갖추어져 있음을, 그리고 그 능력이 무차별적으로 발현되는 것이 아니라는 것을 인정한다면 그 다음은 좀더 쉽다. 아주 피곤한 상태에서 버스를 타고 가는 상황을 생각해보자. 당신이 자리에 앉아 있는데, 연세가 드신 어른이 한 분 타셨다. 일단 그냥 무시하고 앉아서 가고 싶은 욕구가 생긴다. 그 욕구에 따라 행동한다면 당신은 인간다움을 발휘하지 못하고 동물과 같은 삶을 사는 것이다. 인간다움은 다른 사람의 기쁨과 고통을 공감하는 데 있기 때문이다.

물론 자신과 전혀 면식이 없는 타인에게 공감이 쉽게 일어나지는 않을 것이다. 그러나 연로하신 자신의 부모님이나 조부모님과 함께 차를 타고 가는 상황을 생각해보라. 당연히 자리를 양보하고 일어날 것이다. 그러면 지금 내 앞에 서 있는 저 분도 누군가의 소중한 부모님 혹은 조부모님이라고 생각해보라. 과연 마음 편히 앉아 있을 수 있을까? 관절이 좋지 않아 고생하시는 부모님을 위해 자리를 마련해드릴 수 있다면 마음의 아픔이 사라지고 즐거움이 생길 것이다. 잘 생각해서 행동한다면 내 앞의 어른에 대해서도 그러한 마음을 가질 수 있다.

타인들에게 자연스럽게 공감이 되는 상황이 있다. 그 상황에 대해 존재론적인 설명은 힘들지만, 어쨌든 앞의 교통 사고 사례에서처럼(맹자가 이용한 사례는 우물에 빠지려는 어린아이를 보고 놀라는 것이다) 공감이 생겨나는 경우가 있음을 경험적으로 확인할 수 있다. 이렇게 자신이 아닌 타인에 대한 공감이 자연스럽게 드러나는 경우를 '표준적인 상황'이라고 불러보자. 맹자는 이러한 표준적인 상황에 생겨나는 공감을 '단서[端]'라고 부른다. 그리고 네 가지 도덕적인 단서[四端]는 마치 사지와 같이 우리에게 자연스럽게 존재하는 것이라고 말한다.

타인에게 공감이 발휘되지 않는 상황이 생기면, 그 상황이 어떤 '표준적인 상황'과 유사한가를 생각해보고자 노력해야 한다. 도살장에 끌려가는 소를 보고 불쌍히 여기는 감정을 느낀 왕이 있었다. 그에게 그 감정은 그냥 생겨난 것이었다. 맹자는 왕에게 말한다: "동물에게는 연민의 감정을 느끼면서 그 감정을 백성들에게 확장하지 못하는 것은 단지 노력하지 않을 뿐이지 못하는 것이 아닙니다.", "생각하면 얻을 수 있고, 생각하지 않으면 잃는 것입니다."

맹자는 성선설을 통해 양주와 묵자의 문제점을 동시에 해결하고자 한다. 앞에서 살펴보았다시피 양주는 도덕이 명예욕과 이익욕을 숨기기 위한 것에 불과하다고 주장했다. 실제로 그러한 측면이 있는 것이 사실이다. 우리는 도덕적인 행위를 행할 때 다른 사람에게 도덕적인 사람이라는 칭찬을 받기 위해서, 혹은 그로 인해 생겨나는 이익을 얻기 위해서 그러한 행위를 하는 경우가 적지 않다. 맹자는 그러한 행위를 도덕적 행위라고 여겨서는 안 된다고 주장한다. 타인의 기쁨과 고통을 진정으로 공감할 때만 도덕이라고 부를 수 있다. 공자는 마을에서 모든 사람에게 칭찬 받는 사람을 향원(鄕愿)이라고 부르면서 비난한다. 그런 사람은 결국 자기 기만적인 행위를 하고 있는 것일 수밖에 없기 때문이다. 맹자는 이러한 자기 기만적인 행위, 다시 말해서 적절한 동기 부여 없이 이루어진 행위는 도덕이 아니라고 말하고 있는 것이다.

여기에서 이른바 '덕(德)의 역설(Paradox of Virtue)'이 해결된다. 남에게 덕을 베풀면 그 사람이 자신에게 빚을 지게 되고, 나는 결국 그 사람에게 영향력을 행사할 수 있게 된다. 하지만 그것을 목적으로 하게 된다면 그것은 진정으로 유덕한 행위, 도덕적 행위가 될 수 없다. 외관상 도덕적인 행위를 함으로써 행위자는 더욱 비도덕적이 되는 문제가 생겨난 것이다. 맹자는 자신이 자발적으로 원해서 하는 행위만 도덕적 행위라고 주장함으로써 이 문제를 해결한다.

결국 양주의 주장처럼 진정한 도덕적 행위는 자기 보존과 대립되는, 다시 말해서 자신을 해치게 될 가능성이 높은 것이 아니라 오히려 자신을 확장하게 되는 것이다. 부모님을 생각해보라. 자식의 기쁨과 슬픔을 끊임없이 자신의 것으로 느끼는 가운데 자신과 자식을 하나로 느끼게 된다. 물론 자식도 부모님에 대해 그렇게 될 수 있다. 공감을 느끼고자 하는 노력을 계속해 나간다면 공감을 느낄 수 있는 범위가 점점 넓어지게 될 것이고, 그것은 결국 내가 커지는 것이라고 말할 수 있다. "인(仁)한 자는 천지 만물과 일체"라는 말의 의미는 바로 이것이다.

도덕은 묵자가 주장한 것처럼 뼈를 깎는 고통을 감수하면서 해야 하는 그런 것도 아니다. 어떤 사람에게 도덕적 행위를 하는 그 순간 나는 그 사람과 공감을 하고 있는 것이고, 그 사람을 나의 일부로 여기고 있는 것이다. 그 사람에게 도덕적 행위를 한 것은 그렇게 하지 않았을 경우 그 사람이 받을 고통이 내게 전해졌기 때문이다. 역으로 내가 도덕적 행위를 하게 되면 그 사람의 기쁨이 내게 전해진다. 결국 내가 도덕적 행위를 하는 것은 '현재의 나보다 큰 나', 즉 사회적인 나의 입장에서 고통을 피하고 기쁨을 누리기 위한 것이다. 인간의 우월성은 이렇게 육체적인 자아의 한계를 극복하고 자신을 키워나갈 수 있는 데 있다고 본 것이다.

물론 이런 과정은 그냥 자동적으로 생겨나는 것이 아니라 앞에서 말한 것과 같은 '유추를 하고자 하는 노력'을 필요로 한다. 맹자는 이것을 그 상황에서의 '마음 보존[존(存)]'이라고 부른다. 우리의 마음은 '서(恕)', 즉 타인의 상황에 대해 자신의 상황으로부터 유추해서 이해할 수 있는 능력을 가지고 있다. 하지만 그 마음이 항상 작동하는 것은 아니다. 마음을 '놓아버리면[방심(放心)]'

마음은 작동을 못하게 된다. 그래서 맹자는 우리에게 요구한다: "기억하라. 너에게도 부모(아들, 형제, 친구 등)가 소중하겠지만, 저 사람도 누군가의 소중한 부모(자식, 형제, 친척 등)이다. 어찌 함부로 대하겠는가? 어찌 그들의 아픔을 무시하겠는가?" 따라서 이상적인 인격자의 사랑도 묵가에서 주장하는 것처럼 무차별적인 것은 아니다. 사랑의 확장이 가능한 것은 가족 간의 사랑이 전제되어 있기 때문이다. 그러한 자연스러운 사랑이 없다면 유추의 근거조차 없어질 것이기 때문이다.

맹자는 이러한 공감의 능력을 완전히 배양해서 백성들 모두의 아픔을 공감할 수 있는 자가 왕이 되어야 한다고 주장한다. 맹자는 '천명(天命)'을 재해석한 것이다. 하늘은 말이 없으며, 백성의 귀를 통해서 듣고 백성의 입을 통해서 말한다. 백성들의 기쁨과 고통을 공감해주는 통치자는 천명을 받은 셈이 되며, 그렇지 못한 통치자는 결국 통치자의 자격을 가지지 못한 것이다. 진정한 인격자가 왕좌에 있게 되면 천하는 가족과 같은 유대를 유지하게 될 것이며, 그에 대적할 수 있는 자는 없다. 자신의 부모와 같은 사람을 죽이려 하는데 누가 거기에 호응하고 따르겠는가? 그렇다면 왕의 덕목을 가지지 못한 자가 왕위에 있을 때, 다시 말해서 백성들의 지지와 존경을 받지 못하는 왕이 왕위에 있다면 어떻게 될까? 맹자는 "그러한 사람은 이미 왕이 아니라 일개 필부(匹夫)에 불과하기 때문에 (그의 죄를 물어) 죽여야 한다"고 말한다. 이것이 이른바 역성혁명론(易姓革命論)이다.

맹자 역시 공자의 노선을 따라 누구나 도덕적 수양을 통해 인자(仁者)가 될 수 있다고 한다. 누구나 성인이 될 수 있다는 것이다. 도덕적 수양을 통해 인자가 된다면 자연스럽게 왕위에 올라 천하를 통일할 수 있다. 그리고 백성의 존경과 신망을 얻어 왕위에 오르는 것이 바로 천명을 획득하는 과정이라고 풀이한다. 맹자의 사상은 지나치게 이상적이긴 하지만, 군주의 권위를 일반 백성들의 자발적인 복종에 두었으며, 백성들의 욕구야말로 권위의 근원이라고 주장함으로써 군주가 갖추어야 할 자격을 더욱 엄격히 제한하고, 민본주의 사상의 초석을 다졌다고 할 수 있다. 결국 맹자는 성선설이라는 주장을 통해 도덕 이론적 문제와 정치적 문제를 동시에 해결하고자 한 것이다.

6. 순자-성악설 : 인간의 본성은 악마와 같은 것인가?

맹자는 한편으로 공자가 봉착한 난관을 극복하는 방법을 제시했다. 그러나 다른 한편으로 맹자에게서는 새로운 문제가 잉태되고 있었다. 그 문제에 대한 나름의 해답을 제기한 사람이 바로 순자며, 맹자가 인간의 본성에 대한 나름의 이론을 제시함으로써 문제를 해결했듯이 순자 또한 그렇게 한다. 그러나 순자가 내세운 주장은 맹자와 정반대의 것이었다. 순자는 도발적으로 "인간의 본성은 악하다"고 주장한다.

흔히들 '성악(性惡)'이라고 하면 인간의 본성이 악마와 같다는 말로 이해한다. 만약 인간의 본성이 악하다면 어떻게 선한 존재가 될 수 있다는 것일까? 결론부터 말하자면 순자의 '성악'이라는 주장은 인간의 본성이 악마와 같다는 말이 아니다. 따라서 'Human nature evil'이라는 영어번역은 전혀 적절치 못한 것이다. 맹자의 목표가 양주와 묵자에 의해 제기된 유학에 대한 도전을 넘어서는 것이라면 순자의 문제 의식은 맹자와 장자의 문제점을 극복하는 것이었다.

맹자의 노선을 따를 경우 사회적 규범, 즉 '예(禮)'란 과거의 성인, 즉 이상적인 인격을 성취한 사람들이 구체적인 상황에서 '서(恕)'한 내용을 정리해놓은 것이다. 그리고 우리는 그 규범을 자신이 처한 상황에서 적용하는 데에서도 '서'를 발휘해야 한다. 그렇다면 만약 자신이 '서'를 통해 도달한 결론과 규범이 상충된다면 어떻게 해야 할까? 맹자의 논리를 밀고 나가면 당연히 자신이 '서'를 통해 도달한 결론을 따라야 한다. 규범을 폐기하고 새로운 규범을 만들어야 하는 것이다.

결국 최종적인 권위는 전통이나 규범에 있는 것이 아니라 행위의 주체에게 있다. 이는 인격을 수양하고자 하는 개인에게는 적절한 이론일지 모르지만, 전통을 옹호하고 국가와 사회의 질서를 유지하고자 하는 사람에게는 위험천만한 것이다. 더구나 개인의 자율성을 극단적으로 옹호했던 장자라는 사람도 있었다. 순자는 그러한 위험성을 감지하고, 전통과 사회의 질서를 유지하고자 했던 사람이다.

순자의 출발점은 "욕구는 끝이 없고 재화는 적다"는 것이다. 순자에 따르면 "본성이란 하늘에 의해 부여받은 것으로 우리가 어찌할 수 없는 것"이다. 그리고 순자는 욕구야말로 우리의 본성이라고 주장한다. 우리는 여기에서 순자가 다시 고자의 입장을 반복하고 있음을 볼 수 있다. 의식적이든 무의식적이든 간에 순자는 인간에게 다른 사람과 공감할 수 있는 능력과 성향이 주어져 있음을 부인한다. 그리고 순자는 악(惡)을 무질서 상태로 규정하고, 모든 선(善)은 인간의 "인위적이고 후천적인 노력[위(僞)]"에서 나온다고 주장한다.

재화가 부족한 상태에서 인간의 자연적 성향인 욕구를 방치해두면 필연적으로 '만인 대 만인의 투쟁' 상태인 무질서가 초래될 수밖에 없다.(여기에서 우리는 순자가 장자의 무위(無爲)를 의식하고 있음을 볼 수 있다. '위(僞)'는 '인위'라는 뜻보다는 주로 '거짓', '허위'의 뜻으로 사용되며, 그것은 당시에도 예외는 아니었다. 순자는 이러한 부정적 용어를 자기 이론의 핵심 개념으로 사용함으로써 장자의 '무위'에 대한 주장을 물리치고자 한 것이다.)

맹자에게 도덕이 타인에 대한 배려인데 반해, 순자에게 도덕이란 사회적 질서다. 맹자는 사람들이 인격적인 수양을 통해 도덕적인 인간이 됨으로써 조화롭고 행복한 사회를 만들어갈 수 있다고 생각했다. 맹자에게 사회의 도덕은 구체적인 행위 주체들 사이의 도덕이 확대된 것이다. 사회 자체가 가족의 확장이기 때문이다. 물론 중요한 설득 대상은 당시에 백성들의 고통을 무시하고 전쟁을 통해 자신의 야욕만을 채우고자 했던 통치자들이었으며, 역성혁명론은 그들에 대한 경고였지만 말이다.

반대로 순자는 사회적 질서를 회복하는 것이야말로 도덕적인 사회를 만드는 것이라고 생각했다. 도덕적인 개인은 질서 있는 사회의 규범을 내적으로 체화한 사람이다. 그렇다면 순자의 중요한 설득 대상은 누구였을까? 이 문제는 이야기의 진행 과정을 따라가면서 생각해보기로 하자.

어쨌든 인간의 내부에 질서 있는 사회를 만들기 위한, 도덕적인 인간이 되기 위한 실마리가 존재하는 것은 아니라고 주장했으므로, 순자는 그것을 인간의 외부에서 찾아야 한다. 그리고 순자는 그것을 '예(禮)'라고 주장한다. '예'란 성인(聖人)이 무질서한 사회를 질서 있게 만들기 위해 만들어낸 일종의 '역할 분담 체계'다.

순자에 따르면 인간은 말보다 빠르지도 못하고, 호랑이나 사자보다 힘이 세지도 않으며, 새처럼 날지도 못하지만 다른 모든 동물을 지배하는데, 그것은 인간이 사회[군(群)]를 이루어서 살기 때문이다. 그리고 사회를 이루기 위한 필수 조건은 역할 분담이다. 사회가 존재하는 한 계급과 지위의 구분은 필수적이다. 이러한 계급과 지위에 따라 각자의 역할을 해내고, 또 그에 따라 부족한 재화가 차등적으로 분배될 때 사회는 질서를 이루게 된다는 것이다.

"어릴 때 종아리를 쳐서 전통적 지혜를 익히게 하는 것은 순자의 성악설과 깊은 연관이 있다."

인간들이 동일한 욕구를 가지고 있는 한 재화는 항상 부족하다. 인간의 욕구는 변수이기 때문에 인간은 자신이 처한 상황에 따라 충족 가능한 욕구를 계산하고 그에 만족한다. 낮은 지위에 있는 사람은 더 많은 것을 바라지 않고, 높은 지위에 있는 사람도 자신의 지위에 걸맞게 주어지는 것에 만족한다. 그렇게 함으로써 재화도 부족하지 않고 욕구도 좌절되지 않는 상태가 올 수 있다고 생각한 것이다. 그러한 역할 분담 체계를 규정해 놓은 것이 '예'이며, 그것은 성인이 만든 것이므로 '예'의 조목을 철저히 학습해서 마침내 그 정신까지 깨닫게 되는 순간 완전한 인간이 된다.

순자도 맹자처럼 자신이 진정으로 공자를 계승한 사람이라고 생각했다. 그리고 실제 그렇게 생각하는 것도 충분한 설득력을 가지고 있다. 맹자가 공자의 '서'를 강조했다면, 순자는 공자의 '예'를 강조한다. '충서(忠恕)' 가운데 순자가 강조한 것은 '충'의 측면이라고 말할 수 있다. 자신의 욕구가 기존의 사회 규범과 모순될 때 순자는 자신을 통제해서 사회의 규범을 엄격하게 지켜야 한다고 주장하는 것이다.

여기에는 몇 가지 문제점이 존재한다. 첫째, 성인도 우리와 똑같은 인간이라면, 그들의 본성 또한 악할 텐데, 다시 말해서 그들의 본성 속에도 도덕적이고 질서 있는 사회를 향한 욕구란 존재하지 않을 텐데 그들은 어떻게 예의를 창조해낼 수 있었을까? 그리고 성인이 그렇게 할 수 있었다면, 우리도 그렇게 할 수 있는 것 아닐까? 이 문제에 대해서 순자는 명시적인 대답을 하지 않는다. 순자라면 어떻게 대답할까? 한 번 생각해보기 바란다.

두 번째로 전통적 규범인 '예'를 체화해야만 도덕적인 사람이 될 수 있다면, 전통적 규범에 대한 비판이나 개정은 불가능해진다. 그에 대한 비판과 개정을 할 수 있는 사람은 그 '예'를 완전히 외우고 그 '예'를 자신과 동일시하는 사람일텐데, 그 사람이 다시 그것을 비판한다는 것이 과연 가능할까? 자신과 예를 동일시하는 사람이 되는 것조차 불가능할 것이다.

순자도 이 두 번째 문제를 분명히 의식하고 있었다. 순자는 그래서 이렇게 말한다. "모든 인간이

성인이 될 수 있는 가능성은 있지만, 실제로 모든 인간이 성인이 될 수 있는 것은 아니다. 이는 마치 우리가 온 세상을 걸어서 일주할 수 있는 가능성은 있지만, 실제로 그렇게 할 수 있는 사람은 극소수인 것과 같다."

사실 맹자의 입장에서 보면, 우리는 항상 성인, 즉 진정하게 인간다운 삶을 사는 사람과 범인(凡人), 즉 동물과 별 차이 없이 사는 사람 사이를 왔다갔다한다. '서(恕)'를 실천에 옮기고 있는 순간 나는 성인과 다를 바 없다. 그리고 방만한 방심의 상태에 있을 때 나는 범인의 삶을 살고 있는 것이다. 역사적인 성인은 '서'를 실천하려는 노력을 매 상황마다 해서, 결국은 그 노력이 없이도 '서'가 자연스럽게 발휘되는 지경에 이른 사람이다. 그러므로 내가 완전한 인격에 이르지 못했다고 해서 잘못된 규범을 비판하지 못할 이유는 없다.

하지만 순자에게 성인이란 '예(禮)'의 모든 조목을 외우고 체화한 사람이다. 그 전에는 그에 대한 비판이 불가능하다. 실제로 그러한 상태에 도달하는 것도 거의 불가능하다. 여기에서 우리는 '예'가 비판과 개정의 영역을 넘어서는 신성한 지위를 가질 수도 있음을 짐작할 수 있다. 실제로 순자 자신도 '예'란 천지 운행의 질서와 같은 필연적인 법칙이라고 주장한다. '예'는 예외를 허용하지 않는 법칙[法]으로 여겨지기 쉬운 것이다.

순자 이후에 법가(法家)라는 집단이 세상을 풍미한 바 있다. 진시황의 천하 통일에 사상적 기반을 제시한 것도 그들이다. 법가는 부국강병을 목표로 국가를 엄격한 법의 지배 아래 두어야 한다고 주장한다. 법가의 인성론은 기본적으로 순자의 그것과 유사하다. 그러나 그들은 순자보다 한 발 더 나아가 백성들은 법을 알 수도 없고 알 필요도 없다고 생각했다. 백성들은 그저 당근과 채찍에 의해 움직이는 존재일 뿐이다.

우리는 이러한 법가 사상의 뿌리가 순자에게 있음을 쉽게 알 수 있다. 순자에게도 백성들이란 법을 알 수 없는 존재다. 백성들에게는 그저 예 혹은 법이 있어야만 사회적 질서가 유지될 수 있음을 주입시키고, 자신들의 욕구를 통제하고 전통적 규범에 따를 것을 권유할 뿐이다. 이론적으로는 권유이지만 실제로는 강요다. 법가의 대표자인 한비자와 이사(李斯)가 순자의 제자라는 사실은 결코 우연이 아니다.

7. 인성론에 담긴 문제

인간 본성에 대한 이론은 기본적으로 개인과 사회의 관계를 어떻게 바라볼 것인가의 문제와 맞물려 있다. 본성이 선함을 주장하는 사람은 규범이 기본적으로 개개인의 내적인 본성에서 유래한 것으로 본다. 전통이나 규범보다는 개인의 자율적이고 양심적인 판단이 우선한다. 이 경우 개인이 사회에 매몰되는 현상은 막을 수 있지만, 문제가 되는 것은 전통의 권위다.

반면 본성이 악하다고 주장하는 사람은 전통과 규범의 권위를 지키고자 한다. 개인의 자율성을 다소 희생하는 한이 있더라도 질서와 안정을 추구하는 것이다. 본성이 악하다고 주장하는 사람은 인간이 처한 문제의 해결에 모든 사람들이 동등하게 참여할 수 있다고는 생각하지 않는다.

관습과 전통, 사회적 규범이란 인간에게 필수불가결하다. 이러한 사회적 규범에 어느 정도의 권위를 부여할 것인지, 나아가 어떤 사회를 목표로 삼아야 하는지는 인간의 본성에 대해 어떤 입장을 채택하는가에 의해 결정된다.

물론 극단적인 입장은 바람직하다고 할 수 없다. 인간 개개인에게 선의 씨앗이 있다고 할지라도 그것을 길러주는 사회와 전통이 없다면 개개인은 완성된 인격체가 될 수 없을 것이다. 사회와 규범은 인간의 도덕성에 양분을 제공하는 요람과 같은 것일 수도 있다. 그러나 그것이 인간을 위해 존재하는 것이지, 인간이 그것을 위해 존재하는 것은 아니다. 어쩌면 전통이 개인의 판단보다 존중받아야 하는 이유는 초인적인 성현에 의해 이루어졌기 때문이 아니라 축적된 지혜이기 때문일지도 모른다.

교육 관련 문제-교육의 목적과
교사의 역할

우리나라 교육법에서는 제한된 범위에서 체벌을 허용하고 있다. 교육부에서는 교사들의 실추된 권위 회복과 사기 진작을 위해 체벌을 제한적으로 허용하기로 하고, 그 세부 지침을 각급 학교에 시달한 바 있다. 다음 제시문을 읽고, 체벌이 교사의 권위 회복과 교육적 목적에 기여할 수 있다고 생각하는지 논해보시오.

제시문

[가] 제54조【학생 체벌】초중등 교육법 시행령 제31조 제7항의 '교육상 불가피한 경우'를 체벌 규정으로 정하고, 이를 특수하고 예외적인 상황으로 제한 해석하여야 하며 학생에게 체벌을 주고자 할 때는 각 호의 사항을 준수해야 한다.

1. 교사는 감정에 치우친 체벌을 해서는 안 되며, 체벌 기준에 따라야 한다.

2. 교사가 체벌할 때는 사전 학생에게 체벌 사유를 분명히 인지시킨다.

3. 체벌 시행은 다른 학생이 없는 별도의 장소에서 반드시 제 3자(생활지도부장이나 교감 등)를 동반하여 해당 학생을 체벌해야 한다.

4. 체벌하기 전에 교사는 학생의 신체적, 정신적 상태를 점검해서 이상이 없는지를 반드시 확인해야 하며, 이상이 있다고 판단되는 경우 체벌을 해서는 안 되며, 이때 체벌을 연기하여 실시할 수 있다.

5. 체벌 도구는 지름 1.5cm 내외, 길이는 60cm 이하의 나무로 하며, 직선형이어야 한다.

6. 체벌 부위는 둔부로 한다. 단, 여학생의 경우는 대퇴부로 제한한다.

7. 1회 체벌봉 사용 횟수는 10회 이내로 하고, 해당 학생에게 상해를 입혀서는 안 된다.

8. 해당 학생이 대체 벌을 요구할 수 있으며, 해당 교사는 학교장의 허가를 얻어 학생의 보호자를 내교토록 하여 학생 지도 문제를 협의할 수 있다.

제55조【체벌의 기준】체벌은 교육상 필요하고 다른 수단으로는 교정이 불가능한 경우에 한하며, 다음 각 호의 기준에 따른다.

1. 교사의 훈계나 반복적인 지도에 변화가 없는 경우

2. 남의 권리를 침해하거나 신체, 정신, 인격적 피해를 입히는 행위

3. 다른 학생을 이유 없이 괴롭히는 경우

4. 남의 물건 및 물품을 의도적으로 손상시키는 행위

5. 학습 태도가 불성실한 경우

6. 본교에서 운영하는 벌점 규정에 의하여 벌점 기준을 초과했을 경우

7. 선도 규정상 징계 사항이지만 그 정도가 경미하여 생활선도협의회에 회부하기가 곤란한 경우

[나] 토론자 A : 우리 전통에서 체벌은 미움이 아니라 사랑의 표현입니다. 잘못에 대한 대가로서 매는 맞는 사람이 자신 스스로 진정으로 잘못을 뉘우치라고 주는 사랑의 매인 것입니다. 따라서 작금의 몇몇 좋지 않은 사건들 때문에 교사의 체벌 자체를 폭력으로 매도하는 것은 도저히 있을 수 없는 일입니다. 체벌은 인격적으로 아직

성숙되는 과정에 있는 어린 학생들을 올바른 방향으로 이끌어가기 위해 필요하고, 동시에 매우 효과적인 방법입니다. 저희 '회초리보급 운동본부'에 보내온 한 편지의 일부를 읽어드릴까 합니다.

"이제는 알 것 같습니다. 그 선생님의 깊고 크신 사랑을. 선생님께서 무서운 얼굴을 하시고 회초리로 종아리를 그렇게 심하게 내리치지 않았다면, 제가 그 악의 구렁텅이에서 빠져나오기에는 얼마나 많은 시간을 소모해야 했을까요?

아니, 그것이 가능하기나 했을까요? 당시에는 그 일 이후로 그 선생님에 대해 적개심과 동시에 공포심을 함께 가지고 있었지요. 앞에서 상세히 말씀드린 것과 같은 비행을 하지 않게 되었던 것은 처음에는 순전히 매에 대한 두려움 때문이었지요. 그러나 차츰 그래서는 안 되겠다는 자각을 하게 되었습니다. 그리고 이제는 그 선생님에 대해 마음속 깊은 곳에서 은혜를 느끼고 있습니다."

토론자 B : 체벌은 한마디로 전근대적이고 야만적인 교육 방법입니다. 아니, 정확히 말하면 반교육적인 방법입니다. 체벌이 과연 어떤 교육적 효과를 가져올 수 있을까요? 사실 교육적 효과란 전무합니다. 오히려 역효과만 있을 뿐입니다. 교사에 대한 학생들의 존경심도 없어지고, 불량 학생은 더욱 불량한 학생이 될 뿐입니다. 비행을 줄이는 효과가 있다고요? 천만의 말씀입니다. 더욱 교묘하고 더욱 은밀하게 비행이 이루어지도록 조장할 뿐입니다. 저희 '학교 폭력 근절을 위한 시민 모임'에 보내온 한 교사의 편지 중 일부를 읽어드리겠습니다.

"발령 받은 학교에 첫 출근하는 날, 학생들 사이에 '몽둥이'라는 별명으로 불리고 있는 선배 교사가 그러더군요. '애들은 때리면 듣게 되어 있어'라고요. 그 분은 학생들을 하나의 인격으로 대하는 적이 결코 없고 항상 가르치고 훈계하는 대상으로만 보고 있었지요. 그런데 이상한 것은 인간으로서 매우 모욕적이다 싶은 벌을 받고도 학생들은 직접적으로는 전혀 반응이 없었다는 것입니다. 학생들이 비굴하게 보이기까지 할 정도였어요. 그러나 뒤돌아서는 학생의 얼굴에서 조소와 반감을 읽어내기란 어렵지 않았지요. 그리고 몇 달 동안 유심히 관찰한 결과, 체벌을 많이 당한 학생일수록 학교나 그 주변에서 폭력을 일삼는 일이 많아지고 비행 학생이 되어간다는 사실을 알게 되었습니다. 폭력적이지 않았던 학생도 체벌을 자주 받게 되면 폭력을 아무렇지 않게 즐기는 학생이 된다는 사실도 말씀드려야겠군요. 결국 체벌이란 무용한 것이고 유해한 것이라는 평소 생각을 더욱 확신하게 된 셈입니다. 조만간 그 선배 선생님과 자리를 같이하여 조용히 체벌 문제에 대해 논의해볼 생각입니다."

[다] 권리와 권위, 그리고 덕은 유사한 메커니즘에 의해 생성된다. 그 가운데 가장 표준적인 것이 권리다. 한 사람이 다른 한 사람에게 권리를 가지기 위해서는 두 가지 조건이 필요하다. 먼저 두 사람 사이에 명시적인 계약이나 합의가 존재해야 한다. 그리고 권리를 요구하고자 하는 사람은 자신의 계약 내용을 먼저 이행했음을 보여줄 수 있어야 한다. 오직 그 경우에만 그 사람은 상대방에게 계약 내용의 이행을 요구할 권리를 가지게 된다.

제시문

　권리를 요구할 수 있는 것은 위의 두 가지 조건이 모두 존재할 때뿐이다. 두 가지 조건 가운데 첫 번째가 부재할 경우 권리를 요구할 수는 없지만, 타인에게 득이 되는 특정한 행위를 행한 것이 무효화되는 경우는 거의 없다. 어떤 사회에서든 한 사람이 다른 사람에게 베푼 이로운 행위는 수혜자의 입장에서 보면 일종의 '빚'으로 남게 된다. 행위자는 수혜자에 '덕'을 베푼 것이며, 수혜자는, 동일한 양은 아닐지라도, 행위자에 빚을 갚아야 한다. 우리나라의 '품앗이'나 일본의 '기리'와 같은 관습은 모두 이러한 사고에 기반한다.

　권리는 두 가지의 중간 단계라고 할 수 있다. 명시적 계약이 존재하는 것은 아니지만, 그 지위에 대한 사회적 합의가 암묵적인 형태로 존재할 경우, 그 합의를 잘 이행하는 사람에게는 존경과 복종이 따르게 되고, 결과적으로 그는 '권위'를 획득하게 된다. 물론 힘을 통한 강압에 의해서도 권위를 얻을 수 있지만, 암묵적 계약의 이행을 통해 생겨나는 권위는 강압적인 권위와 달리 자발적인 복종을 수반한다는 점에서 차이가 있다.

〈유의사항〉　1. 글의 길이에는 제한이 없음. 단 시간은 150분으로 제한함.
　　　　　　2. 글의 제목이나 자신의 인적 사항에 관련된 표현을 일체 쓰지 말 것.
　　　　　　3. 연필은 사용하지 말고 흑색이나 청색 필기구를 사용할 것.
　　　　　　4. 모든 제시문의 내용을 반영할 것.
　　　　　　5. 제시문의 내용을 그대로 옮겨 쓰지 말 것.

주제강의 - 교사의 권위와 체벌

1. 체벌 허용 여부에 포함된 문제들

체벌 허용 여부 문제는 대다수 학생들의 관심이 집중되어 있는 문제다. 그럼에도 불구하고 학생들에게 체벌 문제에 대한 견해를 물으면 극소수를 제외하고는 체벌 찬성에 표를 던진다. 이유는 크게 두 가지다. 첫째, 논술을 공부하는 학생들은 대체로 상위권에 속하기 때문에 극단적인 체벌에 대한 경험이 많지 않다. 둘째, 학생들 스스로가 체벌이 없으면 교사에 대한 복종심이 극도로 낮아져 교육 자체가 불가능할 것이라고 생각한다.

사실 이 문제는 단순히 학생을 때리는 것을 허용하는가 여부를 묻는 것이 아니다. 체벌을 통해 교사의 권위가 회복되어 교육적 목적에 긍정적으로 기여할 수 있는지를 묻고 있는 것이다. 이 문제의 해결을 위해서는 교육의 바람직한 목적과 방향, 방법 등에 대해서 뿐만 아니라 교사의 권위란 무엇이며 어디에서 오는가에 대한 고찰까지도 필요한 것이다.

먼저 짚고 넘어가야 하는 것이 있다. 체벌을 찬성한다고 해서 모든 형태의 체벌에 무조건적으로 찬성하지는 않을 것이라는 사실이다. 역으로 말하면, 체벌 반대론을 펼치기 위해서는 모든 체벌에 반대해야만 한다. 체벌 찬성론자가 반대론자를 공격하기는 너무나 쉽다. 반대론자에게 체벌이 필요한 경우를 한 가지만 받아들이도록 하면 논변은 끝난다. 따라서 얼핏 보기에 이 문제는 너무나 뻔한 것처럼 보인다. 많은 사람들이 깊은 생각 없이 체벌 찬성론 쪽에 서는 것도 이와 같은 이유 때문일 것이다.

체벌 허용 여부에 포함된 문제는 다음과 같은 것들이다: ① 체벌 반대론자들은 조선시대 훈장님이나 부모님의 '사랑의 매'까지도 부인할 것인가?; ② 선진국에서는 (일부 사립 학교를 제외하면) 체벌이 허용되지 않을 뿐 아니라 실제로 체벌이 이루어지지 않고 있다. 체벌 찬성론자들은 이를 어떻게 설명할 것인가?; ③ 체벌 논란의 직접적 원인이 된 '교사의 권위'와 체벌은 어떤 관계가 있는가?

2. 체벌론의 논리적 구조

제시문에 나온 법조문에서 알 수 있듯이, 그리고 체벌 찬성론자들 대부분이 인정하듯이 무조건적인 체벌을 허용하자는 사람은 거의 없다. 법조문에서 명시하고 있는 것처럼 '교사가 체벌할 때는 사전 학생에게 체벌 사유를 분명히 인지'시켜야 하며, '교사의 훈계나 반복적인 지도에 변화가 없는 경우'에만 체벌을 행해야 한다. 제시문의 토론자가 말하고 있는 것처럼 "우리 전통에서 체벌은 미움이 아니라 사랑의 표현"이며, "잘못에 대한 대가로서의 매는 맞는 사람이 자신 스스로 진정으로 잘못을 뉘우치라고 주는 사랑의 매인 것"이다. 그리고 "체벌은 인격적으로 아직 성숙되는 과정에 있는 어린 학생들을 올바른 방향으로 이끌어가기 위해" 행해지는 것이다.

그런데 잘 살펴보면 이 주장은 자체 모순적이다. 체벌 사유를 학생이 분명하게 인지하면, 다시 말해서 자신이 무엇을 잘못해서 체벌을 받는지 안다면 체벌의 필요성은 사라진다. 자신의 잘못을 이미 깨우친 학생에게 덧붙여 체벌을 가할 필요성은 없다. 법조문에서 명시하고 있는 '교사의 훈계나 지도에 변화가' 있는 경우에 해당하기 때문이다. 따라서 법조문에서도 체벌은 교사의 지도에도 변화가 없는 경우로 한정하고 있다. 그런데 매는 때리는 자체가 목적이 아니라 맞는 사람이 잘못을 뉘우치도록 하는 것이 목적이다. 교사의 반복된 훈계나 지도에도 변화가 없는 학생이 매를 맞는다고 잘못을 뉘우칠 수 있을까? 잘못을 스스로 알았다면 때려서는 안 되고, 스스로의 잘못을 이해하지 못했다면 때릴 필요가 없는 것이다.

3. 사회의 변화와 교육의 변화─수요자 중심의 교육으로

전통 사회에서 훈장님이나 부모님이 들었던 사랑의 매를 욕할 수는 없을 듯하다. 그 매는 그야말로 피교육자가 스스로 잘못을 뉘우치도록 함으로써 올바른 방향으로 이끌어가기 위한 것이었다. 그러나 현대 사회에서 동일한 논리가 적용되지는 않는다. 교육은 사회의 목표를 반영한다. 전통 사회와 현대 사회는 너무나도 크게 변했으며, 따라서 교육의 지향점도 더불어 변하지 않으면 안 된다.

무엇보다 중요한 변화는 전통 사회가 수직적이고 상명하복적인 절대주의적 권위주의 사회라면, 현대 사회는 수평적이고 다원주의적인 민주주의 사회라는 점이다. 절대주의적 권위주의 사회에서는 사회의 구성원들이 어떠한 역할을 수행해야 하는지가 구성원 각자의 의견과 무관하게 정해져 있다. 그것이 바로 도(道)다. 양반 집 여성으로 태어나면 마땅히 현모양처가 되어야 하고, 남성으로 태어나면 과거를 통해 입신양명해야 한다. 백정 집안에 태어났으면 백정이 되어야 하고, 서자로 태어났으면 서자의 삶을 살아야 한다.

자신에게 주어진 삶의 방식을 거부하면 그 사회에서 내쳐지는 수밖에 없다. 홍길동이나 임꺽정 같은 인물이 되어야 하는 것이다. 전통 사회에서 내쳐진다는 것은 정상적인 인간으로서의 삶을 포기하는 것과 같다. 스승이나 부모로서는 매를 쳐서라도 올바른 길[道]을 가도록 할 수밖에 없다. 길은 정해져 있으며, 그 길을 가는 것 외에는 선택의 여지가 없었던 것이다.

시대는 달라졌다. 앞에서 설명했듯이 민주주의는 인식론적 회의주의를 기반으로 한다. 절대적인 진리의 존재에 대해 어느 누구도 확실히 알 수 없음을 전제하는 것이다. 그렇기 때문에 대화와 타협을 통한 다수결의 원리에 의해 사회가 운영된다. 사회의 민주화와 더불어 교육의 목표도 달라진다. 권위주의 사회에서 교육의 목표가 기존의 질서를 주입하여 그 질서에 순응하는 인간을 길러내는 것이었다면, 민주주의 사회에서 교육의 목표는 민주적인 시민을 양성하는 것이어야 한다.

민주적인 시민은 스스로가 주인임을 자각해야 한다. 민주적인 시민은 차이와 다양성을 인정할 줄 알아야 한다. 상호 비판과 견제를 통해 사회의 균형은 유지된다. 누구나 자신의 목소리를 낼 줄 알아야 한다. 권위주의 사회에서 민주 사회로의 변화는 '힘으로 하는 사회'에서 '말로 하는 사회'로의 변화다. 대화를 통해 공통의 목적지를 모색하되, 대화로 문제가 해결되지 않을 경우에는 그 문제를 잠시 보류해둘 줄도 알아야 한다. 삶의 목적과 방법을 스스로 선택하고, 다른 사람들의 선택도 존중할 줄 아는 시민의 양성이 민주 사회에서 교육 목표다.

사회의 변화는 교육 형태의 변화를 수반한다. 과거의 사회에서 피교육자가 수동적인 교육의 객체였다면, 현대 사회에서 피교육자는 능동적으로 참여하는 교육의 주체여야 한다. 현대 사회 교육의 이념을 한마디로 정의한다면 '수요자 중심의 교육'이라고 할 수 있다. 교육의 목표 및 방향 설정에서 피교육자가 능동적으로 참여하여 주체가 되는 교육이야말로 민주 사회에서 바람직한 교육의 모습이다. 옛날의 선생이 주입을 통해서라도 올바른 길을 전수해주는 역할을 담당하였다면, 현대의 선생은 스스로가 길을 찾아갈 수 있도록 도와주는 조언자의 역할을 해야만 한다.

수요자 중심의 교육에서 무엇보다 중요한 것은 동기 부여다. 교육의 목표와 방향 설정에 적극적으로 참여함으로써 피교육자는 교육 과정에 의욕을 가지고 자발적으로 참여하게 된다. 피교육자의 선택은 정당하고도 분명한 이유를 제시할 수 없는 한 일단 존중되어야 한다. 그러한 이유를 제시할 수 있는 경우라 하더라도 그 이유를 제대로 납득시키는 것은 선생의 역할이자 책임이다. "내 이야기를 왜 못 알아듣는 거야? 바보 같은 녀석!"이라는 태도를 가진 자는 현대 사회에서 선생의 역할을 수행할 수 없다. "학생들이 못 알아듣다니…. 내 설명이 잘못되었거나 너무 어려웠나보군!"이라고 생각하는 태도를 가진 사람만이 훌륭한 선생이 될 수 있는 것이다.

수요자 중심의 교육이 쉽지 않음을 보여주는 대표적인 문제를 두 가지만 거론해보겠다. 첫 번째 문제의 전형적인 사례는 '자신이 담임 선생님이라면 급훈을 무엇으로 정할 것인가?' 하는 것이다. 문제는 얼마든지 변형 가능하다. '자신이 교장 선생님이라면 교복 및 두발 문제를 어떻게 할 것인가?' 등으로 말이다. 급훈 문제로 돌아가보자. 대다수의 응답자들은 '언제나 최선을 다하자!', '최후에 웃는 사람이 되자!' 등 자신이 가장 훌륭하다고 생각하는 내용을 찾고자 애쓴다. 그러나 급훈에서 가장 중요한 조건이 무엇인가를 물으면 바로 대답이 달라질 수밖에 없다. 급훈이란 학생들에게 가장 절실하고 필요한 내용이어야 하며, 그 결정은 학생들 스스로가 해야만 한다.

그렇다고 해서 학생들의 결단에 그저 맡겨두기만 하는 것으로는 선생의 역할을 충분히 했다고 할 수 없다. 우리는 앞에서 민주 사회에서 전문가나 언론의 역할에 대해 공부한 바 있다. 그들의 역할이란 정답을 제시하는 것이 아니라 필요한 정보를 충분히 제공함으로써 그 구성원들이 합리적인 판단을 내릴 수 있도록 돕는 것이었다. 민주적인 교육 현장에서 선생의 역할도 이와 크게 다르지 않다. 급훈의 결정 문제로 돌아가보면, 선생의 역할은 학생들이 지식과 정보의 부족으로 인해 고려하지 못하는 측면이 없도록 도움을 주는 것이다. 물론 자신도 학급의 일원이자 선배로서 의견을 제시할 수 있다. 그러나 선생의 의견이 곧바로 급훈이어서는 안 된다.

민주적인 시민을 양성해낼 수 있는 훌륭한 선생은 학생들로 하여금 자신에게 묻고 따질 수 있게 해야 한다. 합리적으로 납득할 수 있는 것만 받아들이고, 불합리하거나 이해되지 않는 것이 부과되면 그 이유를 끝까지 캐물을 수 있는 시민을 양성해야 하는 것이다. 자신이 이해할 수 없는 부당한 권위 앞에 굴복하는 인간상은 민주 사회에서 지향하는 인간상이 아니다.

이제 두 번째 사례는 간단히 언급하고 넘어가도 될 듯하다. 전형적인 사례는 '연로하신 부모님이나 조부모께서 인터넷을 배우고자 하신다. 어떤 순서에 따라 가르쳐드릴 것인지 우선 순위에 따라 설명해보라' 같은 문제이다. 이 문제도 또한 얼마든지 변형 가능하다. 그리고 바람직한 응답도 대다수의 사람들이 대답하는 그 순서는 아니다—대개의 사람들은 "컴퓨터 켜는 법을 먼저 가르쳐드리고, 그 다음에는 마우스 사용법과 키보드 사용법…"이라고 대답한다. 그에 대한 반론은 한마디로 충분하다. "당신은 그렇게 배웠나요?", "당신이 그런 순서로 배운다면 잘 배울 수 있을 것 같은가요?" 이제 이 문제에 대한 답은 상상에 맡기기로 하자. 그리고 체벌과 관련된 문제도 다음 단계로 넘어가도 좋을 듯하다.

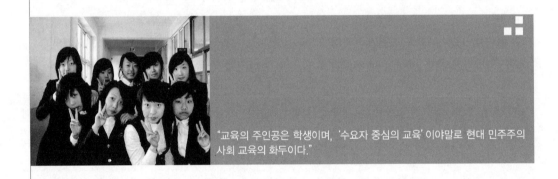

"교육의 주인공은 학생이며, '수요자 중심의 교육' 이야말로 현대 민주주의 사회 교육의 화두이다."

4. 권 위

흔히 '권위' 라는 말은 이중적인 의미로 사용된다. '권위주의적 대통령' 이라고 할 경우에는 부정적인 의미를 가지고 있지만, '권위 있는 학자' 의 경우에는 긍정적인 의미를 지닌다. 두 가지 경우에 대해 동일한 '권위' 라는 말이 사용되는 것으로 보아, 두 경우의 공통점을 추출해보면 그 말의 의미를 잘 이해할 수 있을 것이다. 그리고 조금만 생각해보면 공통점을 추출하기란 어렵지 않다. 그것은 바로 '복종' 이다. 그것이 강제로 이루어지는가, 자발적으로 이루어지는가에 따라 긍정적, 부정적의 구분이 이루어진다.

'권위' 는 '권리' 나 '덕' 과 비슷한 메커니즘을 거쳐 형성된다. 그 메커니즘의 표준적인 경우는 '권리' 다. 권리는 다음과 같은 과정을 거쳐 얻어진다.

① A와 B는 서로에게 ~ 한 일이 생기는 경우 서로 —하기로 계약을 맺었다.
② B에게 ~ 한 일이 생겼고, A는 —해줌으로써 계약의 내용을 이행했다.
③ 오직 그 경우 A는 B에게 —를 요구할 권리를 가진다.

너무 추상적이라 이해가 쉽지 않을 것이므로, 좀더 구체적인 사례를 들어보기로 하자. 수민이와 수연이는 상대방이 곤경에 처했을 때 재산의 반을 나누어주기로 계약하였다. 수민이가 먼저 곤경에 빠졌다. 그렇다면 수민이는 수연이에게 재산의 반을 요구할 권리가 있을까? 얼핏 보기에는 그럴 것 같지만, 좀더 현실적인 사례를 들어보면 그렇지 않음을 알 수 있다.

아파트 매매 계약의 경우를 보자. 수민이는 자기 소유의 아파트를 수연이에게 2억 원에 매도하기로 계약하고, 2,000만 원의 계약금을 받았다. 수연이와 수민이가 계약을 했다는 이유만으로 아파트를 넘겨주기로 한 날짜에 아파트의 소유권이 자동으로 수연이에게 넘어가는 것은 아니다. 먼저 잔금을 치러야 한다. 만약 여기까지라면 그리 복잡할 것이 없다. 수연은 잔금을 치르고 아파트 소유권을 넘겨받고자 하지만, 수민의 마음이 변하였다. 아파트를 팔고 싶지 않아진 것이다. 이 경우 수연은 아파트에 대한 소유권을 주장할 수 있을까? 법적으로 그렇지 않다. 수민은 계약 위반의 책임을 지고 계약금의 두 배를 물어주면 되는 것이다.

다시 위의 사례로 돌아가보자. 수민이가 곤경에 빠지기는 했지만, 수연이가 단순히 계약을 지키지 않기로 마음먹을 수 있다. 그 경우 수민은 계약을 했다는 이유만으로 수연의 재산 2분의 1에 대한 권리를 주장할 수는 없다. 하지만 수연이가 먼저 곤경에 빠지고 수민이가 이미 계약 내용을 이행했다면 문제는 달라진다. 아파트의 사례로 치환해보면, 이미 잔금을 다 받은 후에 해당하는 것이다. 이제 아파트의 소유권은 수연에게 넘어온 상태다.

권리 습득의 메커니즘에서 ①의 계약 부분이 없을 경우, A는 B에게 '덕'을 획득하게 된다. 어떤 사회에서든 다른 사람에게 무언가를 베풀어주면 그 사람에 대해 일정 정도의 영향력을 행사하게 된다. 수민이가 아무 이유 없이 수연이에게 매일 햄버거를 하나씩 사준다고 해보자. 수민이와 수연이의 관계는 햄버거를 사주기 이전과 같을 수 없다. 비록 계약은 없었지만 수연이는 수민이에게 심리적인 빚을 진 상태며, 동등한 내용과 양은 아닐지라도 어떤 식으로든 그 빚을 갚아야 한다는 부담을 가지게 된다. 만약 그런 형태의 부담을 갖지 않는 사람이라면 사회 생활이 불가능해질 것이다. 그렇다면 '권위'란 이러한 메커니즘과 무슨 관련을 가진 것일까?

'권위' 형성의 메커니즘은 '권리'와 '덕'의 중간 정도에 해당한다. ①의 계약이 명시적으로 존재하지 않지만 그렇다고 해서 계약이 전혀 없는 것도 아니다. 계약은 암묵적으로 존재한다. 권위 있는 의사의 경우를 생각해 보라. 의사가 우리와 계약을 맺은 것은 아니다. 그러나 의사가 어떤 일을 하리라는 것에 대해서는 암묵적이나마 사회적인 합의가 존재한다. 의사는 병을 고쳐야 하는 것이다. 그 암묵적인 계약을 잘 이행할 경우 그 의사는 권위 있는 의사가 된다. 권위 있는 학자, 권위 있는 정치가 등의 경우에도 모두 그러하다.

암묵적인 계약을 기대 이상으로 잘 이행함으로써 최소한 그 분야에서 사람들로부터 권위를 얻게 되고, 사람들은 기꺼이 그에게 복종하고자 하는 마음을 가진다. 암묵적인 계약 자체가 존재하지 않거나 혹은 그 계약을 이행하지 않은 상태에서 강제로 사람들을 복종시키고자 한다면 그것은 부정적인 권위에 해당하게 된다.

5. 교사의 역할과 권위 그리고 체벌

체벌 문제가 논란이 되는 것은 교사의 권위가 실추되었기 때문이다. 다시 말해서 학생들이 교사에게 복종하지 않기 때문이다. 체벌의 목적을 '실추된 교사의 권위 회복을 위해'라고 규정하고 있는 데에서 알 수 있듯이, 체벌이란 교사의 가르침에 학생들이 따르도록 하는 수단이다. 문제는 회복하고자 하는 교사의 권위가 '부정적인 권위'인가 하는 점이다.

권위에 두 가지 측면이 있음은 앞에서 살펴본 바와 같다. 사회의 변화가 교육에서 어떤 변화를 요구하고 있는가에 대해서도 마찬가지다. 교사의 역할은 학생 스스로가 주체적인 민주 시민으로 성장할 수 있도록 조언자의 역할을 해주는 것이다. 학생과 교사의 관계가 주종 관계가 아니라면, 교사가 학생으로 하여금 자신의 조언에 대해 긍정적인 태도를 가지고 접근하도록 하는 방법은 무엇일까를 고민해보아야 한다. 그리고 교사의 권위가 실추된 원인이 무엇일까에 대해서도 반성이 필요하다.

권위란 암묵적 계약의 이행에서 얻어진다. 교사가 학생 및 학부모, 그리고 사회와 맺고 있는 암묵적 계약은 무엇일까? 너무도 쉽게 '지식의 전수'라고 대답해서는 안 된다. 학교의 목적이 단순한 지식 전수에 있다면, 학교가 아니라 학원에 다니는 편이 훨씬 낫다. 검정고시 과정을 거치면 고등학교 3년 과정을 1년 내에 1등급으로 마치기도 그리 어렵지 않다.

지식의 전수는 물론 교사의 역할이다. 그러나 교사는 학원 선생과 달리 또 다른 역할을 가지고 있다. 이른바 '전인 교육'이 그것이다. 학생의 지식뿐만 아니라 인격적인 측면까지 책임지는 것이 교사다. 어린아이들이 잘못을 저지르면 부모가 책임을 진다. 보호자이기 때문이다. 학교에서 보호자는 교사다. 학생에게 잘못이 있다면 학생을 때리기 전에 보호의 의무를 다했는가 생각해보아야 한다.

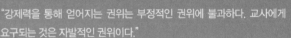
"강제력을 통해 얻어지는 권위는 부정적인 권위에 불과하다. 교사에게 요구되는 것은 자발적인 권위이다."

보호의 의무는 어떻게 이루어지는가? 지식의 전수로 끝나는 것이 아님은 물론이다. 언제나 관심과 애정을 가지고 자상한 대화로 학생들 하나 하나의 문제를 파악하고 조언을 해주어야 한다. 훌륭한 부모는 자식을 행동만 가지고 판단하고자 하지 않는다. 예상에서 벗어나는 행동을 하면 무슨 고민이 있어서 저러는 것일까 알고자 노력한다. 이는 교사의 경우에도 마찬가지다.

암묵적 계약을 완수하는 교사에게 권위는 저절로 주어진다. 몇 가지 경우를 생각해보자. 먼저 지식 전수는 완벽하게 하지만 인격적인 측면에서 도움이 되지 않는 교사를 생각해볼 수 있다. 그 교사의 수업을 들으면 학원에 갈 필요도 없고 다른 참고서를 살 필요도 없다. 그러나 그는 학생들을 무시하기 일쑤다. 학생들은 그 교사에게 어정쩡한 태도를 취한다. 완전히 복종하지도 않고, 그렇다고 해서 전적으로 무시하지도 않는다. 계약의 반만 이행했기 때문이다. 이번에는 반대의 경우를 생각해보자. 수업은 별로이지만, 언제나 학생들을 존중하고 관심과 애정으로 대하는 선생님을 생각해보라. 역시 완전한 복종도 하지 않고 무시도 하지 않는다. 그 역시 계약의 반만 이행했기 때문이다.

이번에는 현실에 잘 존재하지 않는 교사를 생각해보자. 더 이상 말하지 않아도 알 것이다. 두 가지 조건을 모두 갖춘 교사 말이다. 그런 교사가 존재한다면 어떨까? 대다수의 학생들이 그에게 자발적으로 복종하고, 학교에 가는 것을 즐거워할 것임은 명약관화하다. 학생들이 복종하지 않는, 다시 말해서 권위가 실추된 근본적인 원인은 학교와 교사에게 있다. 그것은 체벌을 통해 회복될 수 있는 것이 아니다. 부정적인 의미의 권위를 얻고자 하는 것이 아니라면 말이다.

사실 조선시대의 교사에게 체벌이 큰 문제가 되지 않았던 이유가 사회상에만 있었던 것은 아니다. 조선시대의 훈장은 그 마을에서 가장 학식이 높고 인격적으로 존경받던 사람이었다. 권위를 위해 체벌을 한 것이 아니라, 이미 권위를 가지고 있었던 사람이 체벌을 한 것일 뿐이다. 그 체벌이 스스로에게 복종하도록 하고자 한 것이 아님은 당연하다.

암묵적 계약을 완수하는 교사에게 그냥 반항하는 학생이 있으면 어떻게 하느냐는 반론이 제기될 법하다. 그러나 두 가지 측면에서 그런 경우에도 체벌은 불필요하다. 그렇게 무조건적으로 반항하는 학생이라면 체벌에 쉽게 복종하지도 않을 것이다. 오히려 심리 분석을 통해 치료 요법을 택하는 것이 바람직하리라고 생각된다. 또한 그런 학생이 있다 하더라도 대다수의 학생들이 교사를 존경하고 따르는 상황에서 그 학생은 이른바 '왕따'가 되어버릴 것이다. 교사의 역할을 잘 이행하면 학생들 스스로가 권위에 대한 수호자 역할을 해주는 것이다.

그렇다고 해서 체벌이 절대로 불필요하거나 불가함이 완벽하게 논증된 것은 아니다. 여러 가지 상황적인 요인이 있을 수 있다. 예를 들면, 우리나라의 경우 학급당 학생 수가 너무 많다거나 하는 등의 반론이 제기될 수 있다. 하지만 그런 반론을 제기하는 그 순간에도 앞에서 설명한 교사의 역할과 임무를 되새겨본다면 그리 쉽게 체벌을 옹호하지는 못할 것이다. 잘못을 저지른 제자에게 자신의 종아리를 치도록 했던 영화 속 이상적인 선생님의 행위는 연극이 아니었던 것이다.

20

남북관계와 통일문제에 대한 이해

다음 제시문을 읽고 물음에 답하시오.

제시문

[가] 유구한 역사와 전통에 빛나는 우리 대한국민은 3·1운동으로 건립된 대한민국 임시 정부의 법통과 불의에 항거한 4·19 민주 이념을 계승하고, 조국의 민주 개혁과 평화적 통일의 사명에 입각하여 정의·인도와 동포애로써 민족의 단결을 공고히 하고, 모든 사회적 폐습과 불의를 타파하며, 자율과 조화를 바탕으로 자유 민주적 기본 질서를 더욱 확고히 하여 정치·경제·사회·문화의 모든 영역에 있어서 각인의 기회를 균등히 하고, 능력을 최고도로 발휘하게 하며, 자유와 권리에 따르는 책임과 의무를 완수하게 하여, 안으로는 국민 생활의 균등한 향상을 기하고 밖으로는 항구적인 세계 평화와 인류 공영에 이바지함으로써 우리들과 우리들의 자손의 안전과 자유와 행복을 영원히 확보할 것을 다짐하면서 1948년 7월 12일에 제정되고 8차에 걸쳐 개정된 헌법을 이제 국회의 의결을 거쳐 국민투표에 의하여 개정한다.

제1조

① 대한민국은 민주공화국이다.

② 대한민국의 주권은 국민에게 있고, 모든 권력은 국민으로부터 나온다.

제2조

① 대한민국의 국민이 되는 요건은 법률로 정한다.

② 국가는 법률이 정하는 바에 의하여 재외 국민을 보호할 의무를 진다.

제3조 대한민국의 영토는 한반도와 그 부속 도서로 한다.

제4조 대한민국은 통일을 지향하며, 자유 민주적 기본 질서에 입각한 평화적 통일 정책을 수립하고 이를 추진한다.

제5조

① 대한민국은 국제평화의 유지에 노력하고 침략적 전쟁을 부인한다.

② 국군은 국가의 안전보장과 국토방위의 신성한 의무를 수행함을 사명으로 하며, 그 정치적 중립성은 준수된다.

[나] 조국의 평화적 통일을 염원하는 온 겨레의 숭고한 뜻에 따라 대한민국 김대중 대통령과 조선민주주의인민공화국 김정일 국방위원장은 2000년 6월 13일부터 6월 14일까지 평양에서 역사적인 상봉을 하였으며 정상 회담을 가졌다. 남북 정상들은 분단 역사상 처음으로 열린 이번 상봉과 회담이 서로 이해를 증진시키고 남북 관계를 발전시키며 평화 통일을 실현하는 데 중대한 의의를 가진다고 평가하고 다음과 같이 선언한다.

1. 남과 북은 나라의 통일 문제를 그 주인인 우리 민족끼리 서로 힘을 합쳐 자주적으로 해결해 나가기로 하였다.

2. 남과 북은 나라의 통일을 위한 남측의 연합 제안과 북측의 낮은 단계의 연방제 안이 서로 공통성이 있다고 인

정하고 앞으로 이 방향에서 통일을 지향시켜나가기로 하였다.

3. 남과 북은 올해 8·15에 즈음하여 흩어진 가족, 친척 방문단을 교환하여 비전향 장기수 문제를 해결하는 등 인도적 문제를 조속히 풀어나가기로 하였다.

4. 남과 북은 경제 협력을 통하여 민족 경제를 균형적으로 발전시키고 사회·문화·체육·보건·환경 등 제반 분야의 협력과 교류를 활성화하여 서로의 신뢰를 다져나가기로 하였다.

5. 남과 북은 이상과 같은 합의 사항을 조속히 실천에 옮기기 위하여 빠른 시일 안에 당국 사이의 대화를 개최하기로 하였다.

6. 김대중 대통령은 김정일 국방위원장이 서울을 방문하도록 정중히 초청하였으며 김정일 국방위원장은 앞으로 적절한 시기에 서울을 방문하기로 하였다.

[다]　7세기 동아시아 국제 정세가 소용돌이에 휩싸이는 직접적인 계기는 당의 고구려 원정과 백제의 신라에 대한 공격에서 비롯되었다. 당 태종과 고종의 요동 공략은 연개소문의 대당 강경책에 의해 좌절될 수밖에 없었으나, 의자왕이 추진한 신라의 서쪽 변경에 대한 파상적 공세는 신라를 존망의 위기에 빠뜨렸다. 이에 김춘추는 백제만이라도 통합할 목적으로 당에 건너가 적극적인 청병외교(請兵外交)를 펼쳤고, 당도 요동 공략의 실패로 말미암아 평양을 직접 공격하기 위한 전략 거점의 확보가 절실했던 시점이었다. 쌍방의 이해 관계가 일치한 가운데 나당 연합이 결성되었다.

　나당 연합군은 백제를 멸망시켰을 뿐만 아니라, (일본의) 대화 정권(야마모토 정권)이 백제 구원의 명분으로 자위적 차원에서 파견한 왜군을 백강 전투에서 패배시켰다. 당은 백제의 옛 땅을 신라에 귀속시키기로 한 본래의 약속을 저버린 채 그곳에 기미주(羈縻州)인 웅진독도부를 설치했다. 이를 근거로 당은 고구려의 수도 평양성을 직접 공격했지만 역시 대패하고 말았다. 요동 공략과 평양 직공 두 전략이 모두 실패한 다음, 당은 연개소문 사후에 아들들 사이의 내분을 틈탄 마지막 원정에서 비로소 평양성을 함락시킴으로써 안동도호부를 설치할 수 있었다. 이 원정에는 백제에 대한 당의 관심을 고구려로 돌리려는 신라의 외교적 책략이 작용한 측면도 없지 않다.

　고구려가 멸망한 이후, 신라는 고구려 유민의 반당 운동을 지원하는 한편 웅진도독부를 상대로 싸우는 양동 작전을 구사하여 실질적인 백제 통합을 이룰 수 있었다. 그러나 당은 고구려 유민의 반당 운동을 진압하고, 신라와의 본격적인 나당 전쟁에 돌입하였다. 이 전쟁은 두 나라가 백제 통합과 고구려 점령이라는 서로의 기본 전략을 관철시키는 과정에 지나지 않았다. 나당 전쟁에서 이긴 신라는 마침내 백제의 옛 땅을 완전히 확보하였고, 당의 안동도호부가 요동의 고성으로부터 물러남으로써 고구려의 옛 땅에서는 그 계승을 표방한 발해가 건국되었다(김영하, 『통일신라가 아니라 남북국이다』).

[라] 역사 계승 의식의 측면에서 지적되는 것은 신라의 통일이 삼국에 선행하는 어떤 하나의 역사적 정체를 깔고 있지 않았다는 점이다. 삼국은 제각기 독자적인 건국 신화를 가지고 성립, 발전한 국가로서 각기 구분된 역사적 정체를 설정하고 있다. 이것은 곧 이들이 하나의 역사적 정체를 공유하지 않았음을 의미한다.

물론 삼국 사이에는 완만하지만 일정한 동질 의식이 있었던 것도 사실이다. 백제의 건국 신화가 고구려에서 출발하는 것이나 고구려와 백제의 유민이 신라의 대당 전쟁에서 협조한 것 등이 그 예가 될 것이다. 중국과 대비할 때 삼국은 종족이나 언어 등의 측면에서 친연성을 띠고 있었음에 틀림없다. 이 친연성이 삼국 통일의 명분을 제공하고 그 중요한 기반이 되었다고 이해할 수 있다.

그러나 이러한 친연성이 각각의 독자적인 역사 계승 의식을 극복할 수 있는 수준의 것은 아니었다. 신라의 통일과 함께 단일한 국가 체제 아래에서 단일한 문화를 발전시키게 되었다고 평가되기도 하지만, 그 기저에는 여전히 삼국의 분립된 역사 의식이 살아 있었다.

그것은 우선 신라 집권층의 역사 의식에서 드러난다. 경주의 사로국에서 출발한 신라는 주변의 소국을 통합하면서 영역 국가로 발전하였지만, 경주의 집권층에게 신라란 왕경인 경주 지역에 국한되는 것이었다. 모든 권력과 고급 문화는 왕경으로 집중되었고 지방 사회는 그로부터 정치적·문화적으로 소외되어 있었다.

이러한 사정은 통일 후에도 본질적으로 변하지 않았다. 백제의 영토 전부와 고구려의 영토 일부를 통합하였지만, 집권층의 역사 의식에서 신라는 삼국을 망라한 영역이 아니라 여전히 왕경에 국한되어 있었다. 이것은 현실적인 측면에서 보면 지방 사회에 대한 정치적 차별로 표현되었다. 신라의 권력은 구래의 진골 귀족들이 차지하고 있었으며, 지방 사회의 정치 참여는 사실상 차단되어 있었다. 이와 함께 중앙과 지방 사회 사이의 문화적인 교류도 매우 미약했던 것으로 지적되고 있다. 소경 지역을 제외하면, 지방에서 저명한 학자나 승려가 거의 배출되지 못한 점에서 중앙과 지방의 문화적 격차를 짐작할 수 있다. 단일 국가 체제 안에서도 중앙과 지방 사회는 상당한 이질성을 띠고 있었고, 이것은 구신라 지역보다 구백제 및 구고구려 지역에서 더욱 심하였을 것임은 물론이다. 신라의 중앙 정계에 참여하지 못하고 중심 문화에서도 소외된 지방 사회에는 결과적으로 삼국 시기 이래의 전통 문화가 온존하고 있었다. 고려 초기까지 백제 고토 지역에 건립된 탑의 양식이 백제 탑의 양식을 강하게 계승하고 있었던 것이 그 예라 할 수 있다. …(중략)…

이 상태에서 실제 지방 사회를 신라라는 국가로 묶어두는 통제력이 약화된다면, 지방 사회는 신라를 거부하고 자신의 정체로서 과거의 고구려와 백제를 기억해낼 것이다. 어느 왕조든 체제가 혼란해지면 지방 사회에서 반란과 분열이 발생하기 마련이지만, 서로 다른 역사 계승 의식은 그것을 더욱 가속시키고 지역에 따라 새로운 국가의 수립을 더욱 용이하게 만든다. 신라 말에 중앙 정계의 혼란과 함께 빠른 속도로 크고 작은 호족 세력이 분립하고, 다시 이것이 후삼국의 형태로 정리되어나간 것은 이러한 기반에서 이루어진 것이다(윤경진, 『후삼국의 통일과 역사 계승의 의식의 전환』).

[질문 1] 제시문 [가]는 대한민국 헌법 전문의 일부다. 제시문 [가]에서는 대한민국에서 추구하는 이상적인 통일상이 제시되고 있다. 그러나 동일한 제시문 안에 그러한 이상적인 통일상과 모순되는 내용이 포함되어 있다. 이 두 가지 내용에 대해 500자 내외로 설명해보시오.

[질문 2] 제시문 [나]는 6 · 15 공동선언문 전문이다. 이 제시문에서는 바람직한 통일의 방법으로 어떠한 방식을 설정하고 있으며, 이 제시문에서 지향하는 입장은 제시문 [가]의 입장과 어떻게 다른지 설명해보시오.

[질문 3] 통일 문제와 관련해서 제시문 [다]에서 얻을 수 있는 교훈은 무엇인가? 제시문 [다]에 등장하는 구체적인 사례를 들어 250자 내외로 설명해보시오.

[질문 4] 제시문 [라]의 내용을 요약하고, 그로부터 얻을 수 있는 교훈이 무엇인가를 300자 내외로 서술해보시오.

[질문 5] 바람직한 통일 방안에 대한 자신의 생각을 밝히는 한 편의 글을 완성하되, 위의 질문에 대한 답변들이 모두 포함되도록 하시오.

〈유의사항〉
1. 반드시 검은색 볼펜이나 만년필을 사용할 것(연필 사용시는 0점 처리함).
2. 제목은 쓰지 말고 본문부터 쓰도록 할 것.
3. 답안 분량에는 제한을 두지 않음. 단 시간은 150분으로 제한함.
4. 제시문의 내용들이 모두 반영되도록 할 것.

주제강의 – 남북 관계와 통일 문제에 대한 이해

1. 남북 관계의 특수성

1) 국제 관계와 국내 관계

남북 관계를 이해하는 데 선결되어야 할 문제는 남북 관계가 국제 관계인가 아니면 국가 내부의 관계인가 하는 점이다. 국내법은 권력 기관을 통해 강력하게 관철되고 있다. 국내법의 효력은 모든 국민에게 예외 없이 미치고 있으며, 이를 위반할 경우에 대한 제재 수단도 효과적으로 잘 정비되어 있다. 하지만 국제법은 국내법에 비해서 그 효력이 매우 약하고 상대적이다. 국제법은 크게 조약 및 일반적으로 승인된 국제 법규, 두 가지로 이루어져 있다.

일반적으로 승인된 국제 법규란 다수 국가에 의해 그 규범성이 인정된 것을 말한다. 이에 대해서는 각국이 이를 승인하거나 비준할 필요 없이 그 효력이 인정된다. 이는 성문의 국제 법규나 불문의 국제 관습법, 기타 국제 조약 중 일반적으로 승인된 것들로 이루어져 있다. 포로의 지위에 관한 제네바 협정, 인종 학살 금지 협정, 조약은 지켜져야 한다는 원칙, 외교 사절의 법적 지위에 관한 관행 등이 이에 해당한다.

하지만 국제법의 대부분을 차지하고 있는 것은 조약(條約)이다. 조약이란 국가 또는 국제 기구 사이에서 성립된 구속력 있는 약속을 말한다. 이러한 조약은 양자 간 또는 다자 간에 맺어질 수 있지만 가입(혹은 체결이나 비준)하지 않은 이상 그에 구속받지 않는다. 이러한 상대성으로 인해 국제 사회의 구성원인 국가들이 국제법에 구속받는 내용이나 강도는 달라지게 된다.

또한 특정 국가에게 일정한 국제법적 의무가 존재하는 것이 명백한 경우에도, 이를 확실하게 강제할 수 있는 수단이 불확실하다. 국내법에서의 국가 권력과 같은 존재가 없기 때문이다. 따라서 국제 관계는 사회계약론자들이 '자연 상태'라고 불렀던 상황과 흡사하다. 이 때문에 국제 사회는 인류 공동체로서 어느 정도의 공감대나 보편적 가치에 수긍하는 것처럼 보이다가도, 막상 자국의 이해 관계에 직접적으로 연관되면 태도가 돌변하는 이중성을 보이게 되는 것이다.

2) 남북 관계의 모호함

그렇다면 남한과 북한의 관계는 국내 관계인가 아니면 국제 관계인가? 이런 질문을 받으면 많은 사람들은 적잖이 당황해 한다. 그리고 나서 다시 국내 관계인지 국제 관계인지 그것도 아니면 어느 하나로 말할 수 없는 '특수한 관계'인지를 물으면, 모두들 '특수한 관계'라고 대답한다. 그러나 중요한 점은 그 의미가 무엇인지, 그리고 왜 그런 관계로 이해해야 하는지에 대하여 정확한 이해가 필요하다는 사실이다.

남한과 북한의 관계를 국내 관계로 본다는 것은 한반도에 하나의 국가만이 존재함을 전제한다.

대한민국 헌법 제3조에서는 '대한민국의 영토는 한반도와 그 부속 도서로 한다'고 규정하고 있다. 이 조문을 글자 그대로 해석하면 한반도에는 대한민국만이 존재한다는 뜻이 된다. 이 경우 '북한은 어떤 존재이고, 남한은 북한을 어떻게 대하는 것이 마땅한가?'라는 문제가 심각하게 제기된다.

헌법의 조문을 받아들인다면 북한은 대한민국의 북부 지역을 무단으로 점거하고 있는 괴뢰 정권이 된다. 남의 땅을 힘으로 강탈하여 점거하고 있는 무뢰한과 같은 존재인 것이다. 땅 주인은 먼저 경찰에 신고하여 그 무뢰한을 처벌하고자 할 것이다. 그러나 헌법상으로 남북 관계는 국내 관계가 분명한데도 휴전선 이북 지역에 대한 북한의 불법적 점유 행위를 제재할 방법은 없다. 한마디로 그곳은 무법 지대인 것이다.

이러한 시각에서 바라보면, 북한은 힘을 길러 몰아내야 하는 대상일 뿐, 대화와 타협의 상대방은 아니다. 그러나 헌법 제4조에서는 '대한민국은 통일을 지향하며, 자유 민주적 기본 질서에 입각한 평화적 통일 정책을 수립하고 이를 추진한다'고 규정되어 있으며, 제5조는 '대한민국은 국제 평화의 유지에 노력하고 침략적 전쟁을 부인한다'고 되어 있다. 침략적 전쟁을 부인하고 평화적으로 통일이라는 과업을 완수하기 위한 방법은 오직 대화와 타협밖에 없다. 그러나 암묵적이기는 하지만 헌법 제3조에서는 이미 이러한 방법을 배제하고 있는 것이다.

그렇다면 남북 관계를 국제 관계로 보아야 할까? 남북한의 UN 동시 가입이나 남북 간 교류와 협정 등을 살펴보면 남북 관계는 실질적으로 국제 관계와 흡사하다. 그렇지만 남북 간에는 다른 나라와 다른 특수한 사정이 있다. 그것은 바로 '통일'이라는 과제다. 반드시 평화적인 방법으로 통일을 이루어야만 한다면, 남북 간에 여러 가지 교류, 협력 및 지원 등이 행해져야 한다. 하지만 남북 관계를 국제 관계로 바라본다면 많은 난관에 부딪히게 된다. 국제 질서에서는 특정 국가에 대한 우대하는 것을 인정하지 않으며, 그러한 행동에 대해서는 국제 사회의 제재가 있게 될 것이기 때문이나. 그렇게 되면 통일을 위한 노력은 현실적으로 불가능해진다.

'특수한 관계'를 주장한 것은 우리가 처음이 아니다. 통일 이전에 서독은 동독과의 관계에 대해 국제 사회의 비판이 있자, 서독과 동독은 통일을 이루어야 할 특수한 관계로서 일반적인 국제 관계와는 다르다고 주장했었다. 통일 이전 동서독이 처했던 상황과 문제 의식은 현재 남북의 그것과 매우 유사하다. '특수한 관계'를 주장하는 근거가 통일이라면, 통일을 이루어야 하는 이유가 무엇보다 중요해진다.

2. 통일의 당위성

보통 우리는 '통일'에 대해 막연하게만 의식하고 있으며 그 당위성이 무엇인지 별로 생각하지 않는다. 왜 남북 관계를 특수한 관계로 이해해야만 하는지, 그리고 '특수한 관계'가 무엇을 의미하는지에 대해 이해가 부족한 이유도 통일의 당위성에 대한 이해가 부족하기 때문이다. 사실 전쟁을 겪지 않은 세대들은 통일의 당위성을 부인하는 경우도 적지 않다. 통일의 당위성을 인정하는 경우에도, 그 이유를 물으면 "남한의 기술력과 북한의 자원 및 값싼 노동력을 이용해서…"와 같은 대답을 하기 일쑤다. 왜 통일을 해야만 하는 것일까?

무엇보다도 명백하고 중요한 이유는 남북이 한 민족이라는 사실이다. 북한과 미국이 축구 경기를 한다고 생각해보자. 남한 사람들은 누구를 응원할까? 인간의 가장 중요한 특징인 문화의 핵심 요소가 언어라는 점을 상기할 필요가 있다. 남북은 같은 언어를 사용한다. 남북한은 서로가 동일한 역사와 문화를 공유하고 있다는 사실을 인정한다. 남북이 통일을 해야 하는 첫 번째 이유는 헤어진 가족이 만나야 하는 이유와 같은 것이다. 그 대표적인 사례가 바로 이산 가족 상봉 문제다.

남북이 한 민족임을 부인하는 사람은 거의 없다. 그리고 최소한 남북 간의 인종적, 민족적 친연성이 세계 어느 나라보다 강하다는 점에 대해서는 누구도 부인할 수 없다. 그럼에도 불구하고 신세대 중 상당수가 통일의 당위성을 부인하는 것은 통일에 필요한 막대한 비용이 자신을 포함한 남한 측에 전가될 것을 두려워해서다. 이들은 한 가족이라도 헤어져 사는 편이 더 이득이 된다면 그렇게 하는 편이 낫다고 주장할 것이다.

이들에게 통일의 당위성을 실감나는 이해시키고자 한다면, 역으로 통일을 하지 않을 경우의 불이익을 깨우쳐주는 편이 더 쉬울 것이다. 이와 관련해서 거론해야 하는 가장 중요한 문제는 전쟁의 위협 및 긴장 완화와 해소다. 남북한은 이미 한 차례의 내전을 겪은 바 있으며, 자의에 의해서든 타의에 의해서든 전쟁이 발발할 가능성이 매우 높은 지역 가운데 한 곳으로 꼽힌다. 북한의 핵 개발 위협은 이러한 우려를 더욱 가중시키고 있다.

전쟁의 참혹함은 상상을 초월한다. 비근한 예로 미국과 전쟁을 하기 이전 이라크의 1인당 국민 소득은 2만 달러를 넘어서고 있었다. 그런데 미국과 한 차례의 전쟁을 치른 뒤에는 국민 소득이 1,000달러 선으로 떨어졌으며, 현재는 어느 정도인지 집계조차도 힘들다. 현대전이 얼마나 무서운 것인가를 잘 보여주는 대목이다.

지난 1994년에 미국은 북한의 핵 개발 사실이 의심되자 영변에 대한 폭격을 계획한 적이 있다. 일촉즉발의 상황에서 카터 전 대통령의 외교 노력이 결실을 거두어 다행히 전쟁은 일어나지 않았다. 만약 전쟁이 벌어졌다면 어찌 되었을까? 미국이 북한을 폭격할 경우 북한이 그에 대응하여 미국 본토를 공격하는 것은 불가능하다(사실 미국이 쉽게 전쟁을 할 수 있는 가장 중요한 이유 가운데 하나가 바로 이것이다. 미국이 수행한 전쟁 가운데 본토에서 전투가 벌어진 전쟁은 단 한 차례도 없었다). 결국 북한으로서는 남한을 공격하는 대안을 택할 수밖에 없다.

이러한 결과를 예측하지 못했을 리 없다. 전쟁을 결정할 때 미국은 언제나 주변국에게 어느 정도의 희생을 강요하고 있는 셈이다. 미국측 시나리오에 따르면, 영변에 대해 폭격을 감행하고 북한이 응전하는 형태의 국지전을 치를 경우 100만 이상의 사상자에 1조 달러 이상의 재산 피해가 예상되었다고 한다. 그야말로 천문학적인 숫자가 아닐 수 없다. 만에 하나 전면전이라도 벌어진다면, 그 결과는 상상하기조차 끔찍할 정도다.

너무나 거대한 규모라 피부에 와닿지 않을 수도 있다. 이라크의 사례를 그대로 산술적으로 적용시켜보면, 우리나라의 1인당 국민 소득을 1만 달러로 가정할 경우 전쟁 이후에는 500달러가 된다는 결론이 나온다. 4인 가족을 기준으로 연간 4,000만 원의 소득을 올리던 가정이 200만 원 미만의 소득만 올릴 수 있게 된다. 한 달에 20만 원도 안 되는 돈으로 4인 가족이 생계를 이어나가야 하는 것이다.

한반도는 중동과 더불어 세계에서 가장 위험한 화약고로 알려져 있다. 더구나 전쟁이란 남북 당사자 간의 문제에서만 비롯되는 것이 아니라는 점에서 더욱 위험하다. 과거의 한국전쟁도 결국은 한반도에서 미국과 소련의 대리 전쟁을 치른 꼴이었다. 현재에도 전쟁이 일어난다면, 남북 당사자 간의 문제보다는 외부적인 요인에 의한 것일 가능성이 더욱 높다.

전쟁의 위험을 없애는 것이 얼마나 중요한가는 더 이상 설명이 필요 없으며, 그 최선의 방책이 통일임도 또한 명백하다. 통일을 위해서는 거대한 통일 비용이 필요하겠지만, 분단 상태를 방치한 채 전쟁을 방지하기 위해서도 그 이상의 비용이 든다. 설사 전쟁이 일어났을 경우의 피해가 통일 비용보다 적게 든다 하더라도, 민족의 생존을 담보로 도박을 하는 것은 너무나도 어리석은 짓이 아닐 수 없다.

"이산가족 문제는 통일의 필요성을 느끼게 해주는 일차적인 사례이지만, 세대가 지날수록 통일의 당위성에 대한 보다 논리적인 설명이 절실하게 필요해진다."

3. 통일의 조건

1) 자본주의와 사회주의

통일의 당위성에 대해 동의가 이루어졌다면 그 다음으로 해결해야 할 문제는 바람직한 통일의 방향이다. 통일을 원하는 사람이라도 "공산주의로 통일이 되어도 좋은가?"라고 물으면 대다수는 절대로 불가하다고 대답할 것이다. 그렇다면 역으로 북한 주민들의 경우는 어떠할까? 남한 국민들은 북한 국민들도 자본주의 사회를 선호할 것이라고 확신한다. 그리고 그 증거로 탈북자들을 거론한다. 하지만 남한 국민들의 예상은 빗나갈 가능성이 높다. 이 문제에 접근하기 위해서는 자본주의와 공산주의에 대한 이해가 필요하다.

자본주의 사회에서 살고 있는 사람들은 대체로 자본주의를 통해서만 행복이 가능하다고 생각한다. 자본주의는 풍요로움의 상징처럼 보이기 때문이다. 그렇다면 사회주의 사회에서는 자본주의를 어떻게 바라볼까? 사회주의에서 자기 체제의 우월성을 내세울 때 사용되는 대표적인 사례가 빈부 격차, 마약, 매춘이다. 사회주의에는 그러한 암적인 요소가 존재하지 않으며, 그것이 풍요로움보다 인간의 행복에 더 본질적이라고 믿고 있는 것이다.

자본주의 사회에 살고 있는 사람들은 그러한 주장에 납득이 잘 가지 않을 것이다. 하지만 이러한 문제를 한번 생각해보자. 행복은 전체 욕구 가운데 어느 정도의 욕구가 충족되는가에 의해 결정된다. 자신이 원하는 것이 10가지인데 그 모두가 충족되었다고 생각해보라. 그 사람이 불행하다고 말한다면 우리는 그 사람이 정상적이라고 생각하기 힘들 것이다. 이러한 점을 고려해보면, 행복 지수는 욕구의 충족과 정비례하는 듯하다. 그러나 문제는 그리 단순하지 않다. 우리가 주목해야 하는 중요한 사실은 전체 욕구가 상수가 아니라 변수라는 점이다.

에티오피아 주민들은 핸드폰에 대한 욕구를 가지고 있을까? 홈 오토메이션 시스템에 대해서는 어떠할까? 그들 가운데 이러한 것들에 대해 욕구를 가지고 있는 사람은 많지 않을 것이다. 그것을 보지 못했기 때문이다. 욕구는 새로운 대상이 출현함에 따라 끊임없이 늘어난다. 불과 10여 년 전만 해도 남한 주민들에게도 위에서 말한 것들에 대한 욕구는 없었다. 그것을 가지지 못한다고 해도 행복 지수는 큰 영향을 받지 않았던 것이다.

그러나 산업 기술의 발달로 그러한 상품들이 대중화되고, 많은 사람들이 그것을 사용하는 것을 볼 수 있게 되면 상황은 달라진다. 이전에는 전체 욕구에 포함되지 않았던 항목이 새로 전체 욕구에 들어가게 됨으로써 행복 지수는 낮아지게 된다. 이전의 행복 지수를 유지하기 위해서는 새로운 욕구를 끊임없이 충족시켜야 한다. 자본주의 사회란 끊임없이 새로운 상품과 욕구를 만들어내고, 그 구성원들로 하여금 그에 대한 욕구를 충족시키기 위해 더 많은 노동에 종사하도록 만드는 사회인 것이다.

그렇다면 전체 욕구는 어떻게 결정될까? 최상위층의 생활은 잘 목격할 수 없기 때문에 욕구의 대상에서 제외된다. 하위 계층의 생활을 전체 욕구 결정의 기준으로 삼는다는 것은 납득하기 힘들다. 대체로 전체 욕구는 그 사회 상위층의 생활에 의해 결정되는 것이다.

이상과 같은 내용에 비추어보면 행복은 단순히 욕구의 충족에 의해 이루어지는 것이 아님을 알 수 있다. 그리고 빈부 격차가 국민들의 행복 지수에 얼마나 핵심적인지도 알 수 있다. 물론 이러한 행복 지수는 생존에 필요한 최소한의 여건이 갖추어진 이후의 문제다. 북한 주민들의 탈북 사태도 이러한 관점에서 이해할 수 있다.

그렇다면 다시 이러한 점이 자본주의의 우월성을 말해주는 것이 아닌가 하고 반문해볼 수 있다. 그러나 구소련의 붕괴로 사회주의 사회들이 자본주의 사회들에 의해 끊임없이 압박을 받아온 상황, 게다가 북한의 경우에는 미국의 주요 표적이 됨으로써 경제적으로 극심한 제재를 받아온 점을 고려해본다면 그리 쉽게 말할 수 있는 문제는 아니다. 이 문제는 본질에서 벗어날 우려가 있으므로 이쯤 해두기로 하자.

사회주의에 대한 또 한 가지 오해는 대다수의 사회주의에서 폐쇄적인 운영을 하고 있음에 기인한다. 사회주의 사회에서는 인간의 기본적인 자유를 구속하고 있다는 것이다. 이는 두 가지 측면에서 이해할 수 있다. 먼저 자유에 대한 이해 방식이 서로 다르기 때문이다. 자본주의 사회에서의 자유란 '구속이 없는 자유'를 의미한다. 이는 소극적인 자유 개념이다. 그러나 사회주의에서 추구하는 자유는 '원하는 것을 이룰 수 있는 자유', 다시 말해서 적극적인 자유다.

한 가지 예를 들어보자. 돈이 없는 사람에게 "누구도 당신을 구속하지 않는다. 다시 말해서 당신은 자유롭다. 그런데 당신은 원하면서도 왜 세계 일주 여행을 떠나지 않는가?"라는 질문은 소극적 자유만을 염두에 둔다면 유의미한 것일지 모르지만, 적극적 자유까지 고려한다면 질문 자체가 성립하지 않는 것이다.

두 번째는 이른바 '일국 사회주의'의 문제 때문이다. 사회주의에서 폐쇄 정책을 펼 수밖에 없는 이유는 자본주의 사회가 존재하기 때문인 것이다. 두 체제가 공존하는 가운데 사회주의 사회에서 개방 정책을 편다고 해보자. 사회주의 사회의 주 계층은 노동자며, 의사나 엔지니어 등과 같은 사람들은 자본주의 사회와 비교해볼 때 훨씬 열등한 대우를 받는다. 그들이 자본주의 사회로 옮겨갈 것임은 명약관화하다. 당원들과 노동자들만 남은 사회가 적절하게 운영될 리가 없다.

물론 전 세계의 국가들이 사회주의를 채택한다면 이러한 문제점은 없어진다. 그러나 두 체제가 공존한다면 이러한 문제는 불가피하다. 문제는 여기에서 그치지 않는다. 노동자들의 행복 지수도 크게 줄어들게 된다. 위에서 말한 내용을 이해했다면 그 이유는 더 이상 설명이 필요 없을 것이다. 전체 욕구가 갑자기 커지기 때문이다.

이제 자본주의 사회에서는 개방 정책을 추구하고 유화적인 태도를 취하는 반면, 사회주의 사회에서는 자본주의 사회에 대해 폐쇄 정책을 추구하고 적대적인 태도를 취하는 이유를 알 수 있다. 자본주의의 존재 그 자체가 사회주의 사회에서는 위협이 되는 것이다. 사회주의 체제가 자본주의보다 우월하다고 말할 수는 없지만, 남북 관계에 대한 올바른 이해를 위해서는 최소한 상대방의 체제에 대한 오해를 버리는 것이 그 출발점이 될 것이다.

2) 전쟁의 가능성

사회주의에 대한 오해가 어느 정도 사라졌다면, 그 다음으로는 북한에 대한 오해를 푸는 것이 중요하다. 남북의 교류가 활발해지기 이전에는 많은 사람들이 북한 사람들을 악마나 도깨비 정도로 생각했으며, 여기에서 큰 역할을 한 것은 반공 이데올로기 주입 교육이었다. 북한에서 독재 정치를 하는 것은 분명 잘못이다. 그러나 북한에 대한 두려움은 대개 무지에서 나오는 경우가 많다. 합리적이고 논리적인 사고를 통해 두려움을 없애고 대화와 교류에 한 걸음 다가설 수 있다.

가장 큰 두려움은 북한이 언제든 남침을 감행할 수 있다는 생각이다. 그러나 합리적으로 생각해보면 남북한의 의지에 의해 한반도에 전쟁이 발발할 가능성의 거의 없다. 전쟁은 어떤 상황에서 발생할 수 있는지 살펴보는 것은 전쟁 방지책을 마련하기 위해 필수적인 과정이다. 원인을 알아야 해결책도 찾아낼 수 있을 것이기 때문이다. 한반도에 전쟁이 일어날 가능성은 크게 다음과 같이 몇 가지로 나누어 생각해볼 수 있다.

첫째는 과거에 많은 남한 사람들이 생각했던 것처럼 북한은 악마이자 불합리한 존재여서 사악하고 변덕스러운 마음으로 전쟁을 일으키는 것이다. 물론 이 가능성은 거의 없다. 그러한 전제가 참이라면 지난 50년간 전쟁이 없었을 리가 없다. 북한이 전쟁을 일으키지 않은 것은 힘이 부족해서라거나, 미군이 있었기 때문이라고 말하고 싶은 사람도 있을 것이다. 그러나 전제를 다시 한 번 생각해보라. 그렇게 계산한다면, 설사 악마라 하더라도 북한을 합리적인 존재라고 가정해야 한다.

그렇다면 북한이 악마이기는 하지만 합리적인 존재라고 생각해보자. 합리적인 악마라면 철저한 계산에 의해 자신이 이길 가능성이 높을 때만 싸움을 한다. 자신이 질 것이 분명하다면 싸움을 피하기 마련이다. 이 경우 북한이 전쟁을 일으킬 가능성은 남북의 현실적인 군사력에 의해 결정된다.

여기에서 자세히 논할 수는 없지만, 남북의 군사력은 유사한 수준이다. 북한이 압도적인 군사력을 가지고 있다고 생각하기에는 무리가 있다. 경제력과 인구수의 격차를 고려해본다면, 백 보 양보해도 북한이 근소한 우위를 점하고 있거나 양자가 대등하다고 보는 것이 합리적이다. 만약 그렇다면 우리의 경제력이나 인구에 급작스런 변화가 있지 않은 한 북한에 의해 전쟁이 일어날 가능성은 역시 거의 없다.

이제부터는 가능성이 좀더 높은 쪽을 살펴볼 차례다. 먼저 고려해야 할 것은 우발적으로 전쟁이 일어나는 것이다. "전쟁은 소총 한 발에서 시작한다"는 말이 있다. 상호 대치 상황에서는 영화 〈공동경비구역JSA〉에서처럼 우발적인 사격과 응사가 전쟁으로 이어질 가능성이 있다. 서해 교전도 유사한 사례 가운데 하나라고 볼 수 있다. 민족의 생존이 우발적인 사건에 의해 위협받는 상황을 피할 수 있는 최선의 방법이 통일임은 두말할 나위 없다.

다음으로는 민심의 이반으로 북한 정권의 유지가 극도로 힘들어지는 경우다. 인류 역사를 살펴보면 독재 국가에서 정권 유지가 힘들어지는 경우, 애국심을 고취시키고 국민의 관심을 다른 곳으로 돌리기 위해 전쟁을 일으키는 경우가 비일비재하다. 미국은 북한에서 민란이나 봉기가 일어나 김정일 정권이 무너지는 것을 바라지만, 우리는 그러한 상황이 우리에게 얼마나 위험한 것인가를 생각하여 통일의 방향을 정하지 않으면 안 된다.

무엇보다 전쟁의 가능성이 높은 것은 미국의 선제 공격에 의한 전쟁이다. 미국은 지금까지 수십 차례 북한을 공격할 수 있음을 공언해왔다. 미국은 북한을 세계 최고의 불량 국가이자 이른바 '악의 축'이라고 공언해왔다. 공격은 미국의 판단에 의해 이루어지지만, 피해는 고스란히 우리 민족이 보게 된다. 이러한 상황을 어떻게 이해해야 하는지 판단하기 위해서는 북한과 미국을 바라보는 눈을 제대로 가질 필요가 있다.

"분단은 민족의 생존을 위협하고 있으며, 그 위험의 원인이 외적인 것임을 고려하면 통일이 얼마나 중요하고 급박한지를 알 수 있다."

3) 북한과 미국

북한에 대한 오해는 많은 부분 무지에서 비롯됨을 밝힌 바 있다. 많은 오해를 불러일으키는 것

중 하나가 북한은 남한에게 많은 지원을 받으면서도 남한이 아닌 미국과 대화를 시도한다는 사실이다. 인간 관계로 비유해보면 파렴치한처럼 보이기 십상이다.

그러나 북한의 이러한 태도는 남한과 미국의 특수한 관계에 기인한다. 한국전쟁 당시 남한 정부는 전시 군사통제권을 주한 미군 사령관에게 넘겨준다. 당시로서는 군사 작전의 효율성을 위한 조치였지만, 현재는 그것이 남북 간 직접 대화의 걸림돌이 되고 있는 것이다.

남한과 북한은 현재도 공식적으로는 평화가 아닌 휴전 상태에 불과하다. 전쟁의 위협에서 벗어나기 위해서는 먼저 휴전 협정을 평화 협정 혹은 상호 불가침 조약으로 전환할 필요가 있다. 그러나 북한의 입장에서 보면 남한과 불가침 조약을 맺어도 별반 소용이 없다. 미국의 폭격과 같은 사태로 인해 전쟁이 벌어지면, 남한의 군대는 주한미군 사령관의 지휘 아래 놓이게 되기 때문이다.

북한의 입장에서 보면 남한과 경제 협력이나 관광 등에 관한 조약을 맺는 것은 유효하지만, 군사적인 측면에서의 문제는 미국과 의논하지 않으면 안 된다. 설사 평화 협정이 아니더라도 힘의 균형에 의해 유지될 수 있는 평화가 주한 미군이라는 특수 존재에 의해 힘의 균형이 무너짐으로써 깨질 수도 있다는 생각을 할 수도 있는 것이다.

흔히 미국은 우리의 우방으로 우리를 도와 평화를 추구하는 세력이고, 북한은 불량 정권으로 전쟁을 추구하는 세력이라고 생각하기 쉽다. 그러나 최근 북미 간의 대화에서 서로가 요구하는 것이 무엇인가를 살펴보면, 이런 생각에 대해 심각하게 다시 고려해보지 않을 수 없다.

북한이 미국측에 요구하는 것은 북미 불가침 조약과 체제 보장, 두 가지다. 이 두 가지가 보장된다면 북한이 개발중인 핵을 검증 가능한 방식으로 폐기하겠다는 것이다. 반면 미국은 북한에 무조건적인 핵 폐기와 사찰을 요구한다. 자신들은 어느 나라와도 상호 불가침 조약을 맺은 적이 없다고 한다. 무조건 핵을 폐기하면 북한의 요구 조건은 그 다음에 검토해보겠다는 것이다.

미국에 편향된 시각을 가지고 본다면 진상이 달라보일 수 있다. 그러나 비유를 들어보면 어느 쪽의 요구가 합리적인지 알 수 있다. A와 B라는, 아주 힘이 세고 싸움을 잘하는 아이 둘이 있었다. 각각은 a와 b라는 힘이 약한 두 아이와 친해서, 보호자 역할을 하고 있었다. 힘센 아이들의 감정 싸움이 심해지자, 힘 약한 아이들도 그에 휘말려서 격한 감정을 이기지 못하고 오히려 힘 약한 아이들끼리 싸움을 하게 되었다.

힘센 아이들은 뒤에서 원조와 응원을 해주었다. 힘의 균형이 이루어져 싸움은 승패를 가리지 못하고 끝났다. 화해는 못한 채 오랜 시간이 흘렀다. 여전히 양측의 사이는 매우 좋지 못했지만, 상황에 커다란 변화가 생겼다. 힘이 센 두 아이 중 B가 마음이 바뀌어 전처럼 힘이 약한 아이 b와 같은 편이 되어주지 않는 것이다.

힘이 약한 아이 b는 혼자가 되었음에도 상대편의 두 아이와 여전히 대치 상태에 있다. 그에게 a보다 더 신경이 쓰이는 것은 A다. 그래서 그는 전 재산을 투자하여 A에 대항할 수 있는 무기를 구입했다. A도 위협을 느낀다. b를 제압할 수는 있겠지만, 자신도 적지 않은 피해를 입거나 최악의 경우 공멸에 이를 수도 있다고 생각하기 때문이다.

A는 주변의 많은 사람들과 더불어 b에게 그 무기를 포기하라고 강요한다. 그 무기를 가지고 있

는 b는 불량한 인간이며, 그 무기를 통해 많은 사람들을 위험에 빠뜨릴 수 있다는 것이다. b는 좋은 기회를 잡은 셈이라고 생각하고, A가 자신을 적대시하지 않고 서로 먼저 싸움을 걸지 않을 것을 공식적으로 약속한다면 그 무기를 포기하겠다고 말한다.

A는 그럴 수 없다고 말한다. 자신은 어느 누구와도 서로 싸우지 말자는 약속을 해본 적이 없다는 것이다. 그 대신 그 무기를 무조건 포기한다면, 그 다음에 다시 생각해보겠다고 한다. 여러분이 b라면 그 무기를 포기하겠는가? 포기한다면 바보일 것이다.

핵을 둘러싼 미국과 북한의 대화는 이와 같다. 우리가 원하는 것이 북한의 완전한 굴복이 아니라 평화와 공존이라면, 북한의 입장에서도 생각해볼 필요가 있다. 상호주의를 포기하고 얻을 수 있는 결론은 대치와 반복 상태에서 상대방이 완전히 포기할 때까지 기다리거나, 아니면 힘으로 상대방을 완전히 제압하는 것뿐이다. 첫 번째 경우에는 언제 우발적인 사고가 터질지 알 수 없는 위험을 감수해야 한다. 두 번째의 경우를 택한다면 공멸에 이를 뿐이다.

4. 바람직한 통일 방안은?

앞에서 살펴보았듯이, 평화적으로 통일을 이루고자 한다면 그동안의 일방주의적인 사고에서 벗어나 상호주의적인 관점으로의 전환을 이루어야만 한다. 남한이 북한을 두려워하듯이, 북한도 남한을 두려워한다. 게다가 세계 최강대국인 미국이 남한에 군대를 주둔시키고 있다. 정기적으로 대규모 합동 군사 훈련도 감행한다. 북한에게는 방어 훈련이라고 말하지만, 북한의 입장에서 볼 때 그 말을 믿는 것은 어리석은 짓이다.

북한은 전쟁광이 아니다. 남한과 달리 사회주의라는 체제를 선택해서 나름의 이상을 성취하고자 한 집단일 뿐이다. 자신의 안녕을 도모하기 위해 주변국과 어떤 관계가 필요한지에 대해서도 언제나 고려하고 있다. 다만 자신에게 최선의 이익이 되는 방향을 택할 뿐이며, 우리도 그 점에서는 북한과 다르지 않다.

비유적으로 표현하자면 남북한은 오랜 기간 같이 살다가 가정 운영 방식에 대한 관점 차이로 심한 싸움을 겪고 별거하고 있는 부부와 같다. 이 부부가 다시 합치기로 결정을 했다면, 어떤 과정을 거치는 것이 바람직할까? 과거에 싸움이 생겼던 근본적인 이유를 성급하게 건드리는 것은 화합에 도움이 되지 못한다. 그동안 어떻게 지냈는지, 요즈음은 어떤 음식을 좋아하는지와 같은 신변잡기에서 출발하는 것이 바람직하다.

하지만 먼저 무엇보다 중요한 것은 자신의 입장만 고수해서는 안 된다는 점이다. 그리고 오랜 별거 기간으로 인해 생활 방식에 많은 차이가 생겼을 것이므로, 갑작스럽게 합치기보다는 시간을 두고 자주 만나면서 대화를 통해 그동안 서로에게 생겼던 일들을 알고 이해하는 과정이 필요할 것이다.

실질적인 통일 문제에서는 훨씬 어려운 난관이 많을 수밖에 없다. 다만 다음과 같은 몇 가지는 분명하다. 먼저, 자신의 입장만 고집해서는 통일을 이룰 수 없다. 무엇보다 중요한 것은 체제를 고수하는 것보다 통일이 중요하다는 데 대한 합의다. 이러한 합의가 이루어지지 않는다면 가능한 통일 방안은 무력을 사용하여 상대방을 완벽하게 제압하는 방법밖에 없을 것이다. 이러한 방안은 바람직하지도, 가능하지도 않아보인다.

이와 관련해서 짚고 넘어가야 할 사안이 있다. 남한의 많은 사람들은 북에 지원을 하는 대가로 북측에서 군비를 축소해야 한다고 주장한다. 그러나 상호주의의 정신에 입각해서 상대방의 입장에서 생각해본다면 그렇게 쉽게 말해버릴 수는 없다. 남한 사람들은 전쟁의 위협을 느낀다. 그들은 남한이 먼저 북한을 침략할 리는 없으며, 전쟁의 위협은 전적으로 북한에서 기인하는 것이라고 생각한다. 따라서 우리가 경제적인 지원을 해주면 북측에서도 당연히 그 대가로 무언가를 해야 하며, 그것은 우리에 대한 침략 위협을 늦추는 것이어야 한다는 것이다. 그러나 이는 자기 입장에서만 생각한 내용에 지나지 않는다.

앞에서 말한 것처럼 당연히 북측도 침략 위협을 느낄 것이다. 지난 50여 년간 남북은 적대 관계였으며, 경쟁적으로 군비를 확산해왔다. 남한이 절대로 선제 공격을 하지 않겠다고 약속한다고 해서 북측에서 그 말을 믿을 리 없다. 군비 축소가 필요하다면 그것은 양측이 동시에 행해야 하는 문제다. 지원의 대가는 다른 곳에서 찾아야 한다.

"상호주의에 입각한 통일 방안만이 민족의 공존을 도모할 수 있는 바람직한 대안이며, 6·15 공동선언은 이를 가장 잘 실현해 낸 역사적인 사건이다."

북한이 남한의 지원을 받아들이면서 그 대가로 내주는 것은 바로 개방과 교류다. 그것이 무슨 대가냐고 반문할 수 있겠지만, 사회주의 사회의 속성상 자본주의 사회와의 교류는 위험을 내포하고 있을 수밖에 없다. 북한의 입장에서 생각해보면 경제적인 위기가 매우 심각하지만 않다면 그러한 조건을 받아들여서는 안 되는 것이다. 결국 남측은 지원의 대가로 최대한을 얻어내고 있는 셈이며, 앞으로도 그 규모를 늘리는 것이 최선의 대가가 될 것이다.

둘째, 주변 강대국에 의지한다면 통일을 이루기 힘들 뿐만 아니라, 설사 통일이 이루어진다 하더라도 커다란 희생을 감수할 수밖에 없다. 통일이란 전보다 강력한 국가의 탄생을 의미하며, 주변국이 반길 수 있는 상황은 아니다. 주변국들은 언제나 어느 쪽이 자신의 국익에 도움이 될 것인가를 따질 것이다. 자신들에게 커다란 이익이 보장되지 않으면 통일을 지지하거나 지원하지 않을 것이다. 당나라의 힘에 의지해서 통일을 이룬 신라가 고구려 영토 대다수를 잃은 것은 좋은 선례다. 민족의 자결에 의거할 때만 민족의 이익을 위한 완전한 통일이 가능하다.

셋째, 성급하게 통일을 이루고자 하기보다는 긴 시간을 두고 서로를 알아가는 것이 중요하다.

남북이 비록 심리적으로 하나라는 느낌을 가지고 있기는 하지만, 서로 분리되어 살아온 기간이 60년 가까이 된다. 강산이 여섯 번이나 변했을 기간이다. 성급하게 통일을 이루고자 한다면 열정만 가지고 결혼한 부부와 같이 이후에 많은 문제를 겪을 수밖에 없을 것이다. 그리고 통일 이후에도 오랜 기간 동안 서로를 이해하고자 노력하는 기간이 필요함은 물론이다.

통일 독일에서 뿐만 아니라 신라에 의한 삼국 통일에서도 알 수 있는 것처럼, 통일을 주도한 측이 그렇지 못한 측에 대해 차별을 가한다면 반대측에 속한 사람들은 통일된 현실보다 과거를 그리워하게 될 수 있다. 국가적 일체감이 이루어지지 못한다면, 차별 받는 측에서는 언제라도 자신들의 권리를 내세울 기회를 찾고자 할 것이며, 이는 재분열로 이어질 가능성을 잉태하게 되는 것이다.

마지막으로 통일 자체를 의제로 삼아 노력해나가기보다는 먼저 경제, 문화 등의 방면에서 교류를 쌓고, 또 그 교류의 폭을 넓혀나가는 것이 중요하다. 싸움을 한 부부의 사례에서 쉽게 알 수 있을 것이므로 이에 대해서는 긴 설명이 필요 없을 것이다.

이러한 내용들이 6·15 공동 선언의 내용을 구성하고 있다. 그러나 그 선언은 커다란 틀에서 통일을 위한 방향을 제시한 것일 뿐, 실질적인 통일을 위해서는 좀더 다방면에서의 연구와 노력이 필요하다. 어떤 노력이 필요할지에 대해서는 학생들 각자가 생각해보아야 할 것이다.

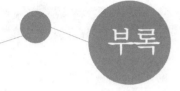

부록

예시답안

연습 문제 1

[**질문 1**] 양괄식; 서양에서 동양보다 풍경화의 등장이 늦은 것은 사상적 차이 때문이다.

[**질문 2**] 신비적 직관에 의거한 통합적이고 종합적인 세계의 전체상을 지향; 현상과 실체, 정신과 물질의 이분법을 근원적으로 허용하지 않고 있음.

[**질문 3**] 동양에서는 인간을 자연과 한 몸이라고 생각하였기 때문에, 자연 풍경에 대한 애착심을 가지는 것은 당연하였다. 자연을 그리는 것은 곧 인간을 그리는 것이기도 하였기 때문이다.

[**질문 4**] 서양에서는 일원론적 사유가 결여되었으며, 현상과 실체, 정신과 물질, 자연성과 신성을 대비시키는 이원론을 가지고 있었다.

[**질문 5**] 낭만주의; 과거에는 합리적인 것에만 관심을 가졌던 데 반기를 들고, 비합리적이고 신비적인 것에 대해서도 관심을 기울이려는 사조.

[**질문 6**] 일원론이란 세상의 모든 요소가 궁극적으로 하나로 환원될 수 있다는 주장이다. 제시문에 나오는 불교의 '색심불이'나 유학의 '천인합일' 같은 주장이 그 대표적인 사례다. 이원론에서는 세계를 구성하고 있는 요소들을 아무리 환원해보더라도 궁극적으로 두 가지 이상으로는 환원되지 않는다고 주장한다. 대표적인 것으로는 정신과 물질(혹은 육체)를 둘로 나누어, 물질 세계를 지배하는 규칙은 정신 세계에는 적용되지 않는다고 주장하는 심신이원론을 들 수 있다.

[**질문 7**] 동양—다시점(사람이 풍경을 대상화시켜 바라보는 것이 아니라, 풍경 속에 사람이 들어가 있는 형태다. 따라서 하나의 풍경에 대해서도 다양한 관점에서 그리는 것이 가능하다).
　서양—정지된 주관성(자연을 여전히 주관 혹은 자아와 대립된 것으로 대상화해서 바라보기 때문에, 한 시점에 의해 대상화된 풍경만 강조될 수밖에 없다).

[**질문 8**] 동양보다 서양에서 풍경화의 출현이 늦은 것은 근본적으로 사상의 차이에서 유래한다. 동양에서는 근본적으로 자연과 인간을 이분법적으로 바라보지 않고 통합적으로 바라보았기 때문에 자연에 애착을 가질 수밖에 없었고, 풍경을 그린다는 것은 곧 자신을 그리는 것으로 간주되었다. 또한 풍경화를 그리는 시각에서도 자신이 풍경 속에 일체가 되어 시선을 이곳저곳으로 움

직여나아는 다시점의 특성을 보이고 있다. 이에 반해 서양에서는 정신과 물질의 이분법이 곧바로 자연과 인간의 이분법으로 이어진다. 따라서 합리적인 것만 추구하는 이성주의에 반기를 든 낭만주의가 등장하기까지 자연이나 풍경은 주목받지 못하였다. 그리고 풍경화가 등장하게 된 후에도 주객의 분리를 강조하는 사상적 풍조는 여전히 정지된 주관성을 강조하는 풍경화의 양식 속에 그대로 드러나고 있다.

연습 문제 2

[질문 1]

① 이렇게 영혼의 세계가 사라져버림으로써 서구는 정신적 위기에 빠지게 되었으며, 우리는 그 여파 때문에 아직도 고통을 겪고 있다.

② 어떤 의미에서 보면, 우리는 실리콘 칩을 통해 형이상학적 통로로 들어서게 된다.

[질문 2]

[가] 중세에는 유한한 물질계와 그 밖에 존재하는 정신계가 서로 다른 영역임을 인정하는 이원론을 받아들이고 있었다. 그러나 근대 과학의 발달로 과학은 신학을 대신하여 지식의 중심이 되었고, 철저한 물리주의가 득세하면서 물리적 공간이 '무한'까지 확대되어 정신적 영역은 설자리를 잃게 되었다. 현대의 물리적 우주론을 통해 인류는 매우 많은 것을 성취했지만, 정신 세계를 잃어버림으로 인해 정신적 위기와 고통을 겪게 되었다.

[나] 현대에 들어 기하급수적으로 그 영역을 확대해가고 있는 사이버 공간은 중세의 '영혼'의 세계와 마찬가지로 물리적 세계의 '너머'에 있다. 그 세계는 물리학적인 법칙에 의해 제한을 받지 않는 새로운 공간이다. 사이버 공간의 존재 근거는 물리학이지만, 그 공간 자체는 물리학의 영역을 넘어서 있다. 사이버 공간은 정신의 영역을 박탈당한 현대인들에게 상상력과 같은 비물질적 측면을 경험할 수 있게 해주는 새로운 공간이 되었다.

제 3 강

[질문 1] 근대 과학을 통해 중세의 아리스토텔레스적 자연관이 극복되고, 과학이 지고의 지위를 차지하게 되었다.

[질문 2] 우주는 천상-지상-신, 인간-교회-신, 왕-교황-신, 평민-귀족-왕 등의 3분 구조로

이루어져 있으며, 모든 존재는 그 속에서 고유의 위치와 운동 방식을 가진다.

[질문 3] 중세 사회 구조의 붕괴, 종교 개혁.

[질문 4] 교회의 절대적인 권위를 부정하고, 개인이 사제의 중재 없이 신과 직접 교류할 수 있다고 주장하였다. → 모두가 신과 직접 교류할 수 있다면 평민, 귀족, 왕, 사제 등으로 이루어진 신분 질서가 결정적인 타격을 입게 된다. 모두가 신 앞에서 평등한 개인이기 때문이다. 따라서 중세의 수직적이고 권위적인 질서는 붕괴될 수밖에 없다.

[질문 5] 형이상학적/목적론적 자연관.

[질문 6] 기계적 철학.

[질문 7] 중세의 지식과 권위가 해체됨에 따라 그것을 대체할 수 있는 새로운 과학과 연구 방법론을 모색하여, 모든 것이 혼란스러운 상황에서 위기를 극복하고자 하였다.

[질문 8] 중세를 지배하던 아리스토텔레스의 자연관에서는 우주와 인간 사회를 동일한 3분 구조로 파악하여, 모든 존재에 나름의 위치와 운동 방식이 주어진 것으로 생각하였다. 그러나 14세기 이후 농민 반란과 수공업의 발달 등으로 인해 중세적 사회 구조가 붕괴되기 시작했으며, 종교 개혁은 중세적 지식과 권위가 해체되는 결정적인 계기를 제공하였다. 기존의 체제가 붕괴된 혼란의 시기에 근대 과학은 새로운 연구 방법론을 통해 안정된 지식을 제공함으로써 성공적으로 위기를 극복할 수 있게 해 주었다. 이를 통해 근대 과학은 모든 학문의 판단 근거가 되는 지고의 위치를 차지하게 되었다.

[질문 9] 과학 이론은 과학자들이 가지고 있는 이론(패러다임)에 의해 좌우되므로 어느 이론이 더 객관적이라고 말할 수는 없다.

[질문 10] 끈에 매달린 돌이 흔들리다가 멈추는 동일한 사건을 낙하 운동으로 본 아리스토텔레스와 진자 운동으로 본 갈릴레오의 사례를 들고 있다.

[질문 11]
[다-1] 과학적 견해의 차이는 방법의 차이에서 기인하며, 그 방법들은 동일한 표준으로 비교할수 없을 뿐, 어느 것도 열등한 비과학적인 것이라고 할 수는 없다.
[다-2] '정상 과학'이란 과학자들이 스스로가 헌신하는 익숙한 지식 체계를 가리키며, 대가를

치르더라도 이를 옹호하려 하기 때문에 정상 과학을 위협할 새로운 것을 억제하는 경향이 있다.

[질문 12] 예시 답안 생략.

제 4 강

연습 문제 1

[질문 1]
① 인간은 본능을 통해 어떤 것을 음식으로 먹어야 하고, 또 어떤 것은 먹지 말아야 하는지를 알 수 있게 되었다.
② 인간은 이성을 통해 본능과는 다른 감각기관을 이용함으로써 본능의 한계를 넘어서까지 음식물에 대한 지식을 확장했다.

[질문 2] 이성.

[질문 3] 인간은 이성을 통해 본능을 초월한 자유를 획득하고 인권을 인식하게 되었다.

[질문 4]
① 인간은 이성을 통해 본능에 구속되지 않을 수 있게 되었다.
② 인간은 이성의 상상력을 통해 충동을 지배할 수 있게 되었다.
③ 인간은 이성을 통해 미래에 대한 의식적 기대를 가지게 되었다.
④ 인간은 이성을 통해 천부인권을 깨달았으며, 도덕적인 존재가 될 수 있었다.

[질문 5]
① 본능을 따르는 동물의 경우에는 한 가지 방식의 삶만 가능하지만, 이성을 가진 인간은 스스로 선택할 수 있다(자비의 원칙에 따른 사례: 동물은 배가 고플 때 눈앞에 음식이 있다면 다른 강압적인 요소가 없는 한 반드시 그것을 먹게 되지만, 인간은 그것을 먹는 것이 정당한 것인가를 생각하고, 두 가지 가운데 하나를 선택할 수 있다).
② 인간은 상상력을 통해 충동을 지속, 확산시킬 수 있게 되었으며, 이렇게 이성을 통해 충동을 지배함으로써 정신적이고 미적인 측면을 발전시킬 수 있게 되었다(자비의 원칙에 따른 사례:인간은 연애 소설을 읽으면 간접 경험을 통해 실제로 자신이 연애를 하고 있는 것과 같은 쾌감을

느끼는데, 이러한 측면이 세련화된 것이 문학이다. 이러한 사례는 미술, 음악 등 모든 분야에서 찾아볼 수 있다).

③ 이성은 미래를 현재화하는 능력을 가지고 있으며, 인간은 이를 통해 순간적 삶에 만족하지 않고 미래를 계획하는 존재가 되었다.

④ 인간은 이성을 통해 스스로가 자연의 목적임을 깨닫게 되었으며, 다른 동물을 수단/도구로 간주하게 되었다. 이러한 인권 의식은 그것이 모든 인간에게 적용된다는 믿음을 포함하며, 따라서 의지를 도덕적으로 제한할 필요성이 생겨나 도덕적 존재가 될 수 있게 된다.

[질문 6] 인간은 이성을 통해 동물과 달리 본능의 구속을 벗어날 수 있는 존재가 되었다. 인간에게는 다양한 방식의 삶이 가능해진 것이다. 또한 이성의 기능인 상상력을 통해 본능적인 충동을 확산, 지속시키는 등 본능을 지배할 수 있게 되었을 뿐만 아니라, 미래를 현재화함으로써 순간적인 삶보다는 미래를 계획하는 존재가 될 수 있었다. 이성을 통해 이루어낸 가장 중요한 진보는 인간만이 자연의 목적이며, 나머지 모든 존재는 자신이 마음대로 사용할 수 있는 수단이나 도구임을 깨닫게 되었다는 점이다. 인간다운 사회를 건설하기 위한 필수 조건인 도덕성은 이렇게 갖추어지게 된다. 모든 인간을 목적으로 대해야 한다는 점을 의식적으로 인식함으로써 인간은 자신의 의지를 통제할 줄 아는 도덕적인 존재가 될 수 있었던 것이다.

[질문 7] 제시문에서는 인간에게 '이성'이 있고 동물은 그렇지 않음을 당연시하고 있다. 이는 단순히 전통적인 견해를 수용하고 있는 것뿐이다. 동물들에게는 이성이 없다는 전제를 받아들이지 않는다면 논증 자체가 실패하게 된다. 이성의 여러 가지 기능을 예시한 것은 좋아보인다. 글쓴이가 이성의 범위를 어떻게 생각하고 있는지 보여주기 때문이다. 이성을 통해 천부인권을 깨달았다는 것은 문제가 있다. 천부인권을 마치 객관적 존재처럼 간주하고 있기 때문이다. '권리'란 존재하는 것이 아니라 누군가에 의해 부여되는 가치다. 천부인권이라는 생각은 기독교적인 사고를 전제로 한다. 하늘이 인간에게 이성을 부여하면서 인권을 주었다는 것인데, 여기에서 신의 존재가 입증되지 않으면 논변이 무효화된다. 또한 이성을 갖추지 못한 인간의 경우에는 천부인권이 없다고 보아도 되는 것인지에 대해 대답하기도 쉽지 않을 듯하다.

연습 문제 2

[질문 1]
① 이 모든 것들로 인해 우리 각자가 경험하고 있는 삶의 질에 차이가 생겨나게 된다.
② 인간은 이성을 통해 동물에게도 동일한 본래적 가치와 존중받을 권리가 있다는 사실을 받아들여야 함을 알게 되었다.

[질문 2] 동물의 권리.

[질문 3] 동물에게도 인간과 동일한 권리를 부여해야 한다.

[질문 4]
① 권리 부여의 기준은 차이가 아니라 유사성이어야 한다.
② 동물도 인간처럼 삶의 경험적 주체로서 고유한 본래적 가치를 지닌다.
③ 인간에게만 권리를 부여하는 것은 종차별주의다.
④ 동물 권리 운동은 소수자나 소외받는 자를 위한 인권 운동의 일부다.

[질문 5]
① 능력에서 차이가 나더라도 인간에게는 권리를 부여한다.
② 동물도 욕구와 좌절, 회상과 기대 등을 가진다. 이로 인해 삶의 질에 차이가 생긴다.
③ 자비의 원칙에 의거해 근거를 추측해보면 다음과 같다: 자율성이나 이성을 결여한 인간에 대해서는 권리를 부여하면서도 동물에 대해서는 그렇지 않은 것이 현실이다. 그렇다면 동물은 차별하는 이유는 단순히 "동물이니까"가 된다. 그렇게 말하면 모든 차별이 가능해진다. 예를 들어 여성을 차별하는 이유를 물으면 그냥 "여성이니까"라고 대답하면 될 것이기 때문이다. 도덕의 대원칙 가운데 하나는 "차별할 만한 정당한 이유를 제시하지 못하는 한 동등한 가치를 지닌 것으로 간주해야 한다"는 것이다. 따라서 종차별주의는 잘못이다.
④ 자비의 원칙에 의거해 근거를 추측해보면 다음과 같다: 인간과 크게 차이가 나는 동물의 권리를 존중하고자 배려하면서 동일한 류에 속하는 인간의 권리에 대해 배려하지 않는다면 그것은 합리적이지 않을 듯하다. 따라서 동물의 권리 운동에는 필연적으로 소수자에 대한 인권 운동이 내포될 수밖에 없다.

[질문 6] 동물에게도 인간과 같은 권리를 부여해야 한다. 이성적 능력의 유무를 권리 부여의 근거로 삼는 것은 합리적이지 않다. 그러한 능력을 결여한 인간에게는 권리를 부여하고 있기 때문이다. 권리 부여의 적절한 근거는 동물과 인간이 가진 유사성으로, 그것은 양자 모두가 삶의 경험적 주체라는 사실이다. 기쁨, 고통, 욕구, 희망, 좌절 등을 가진 존재는 고유한 가치를 가지는 것으로 보아야 한다. 합리적인 이유 없이 인간에게만 권리를 부여하고자 하는 것은 명백히 종차별주의다. 나아가 동물의 권리에 합리적 근거를 마련해주는 운동은 여성, 노동자 등 소외 받는 소수자 권리 확보 운동의 한 부분이기도 하다.

[질문 7] 이성적 능력 유무를 권리 부여의 근거로 삼는 것이 불합리하다는 주장은 타당하다. 부인하기 힘든 반례를 들고 있기 때문이다. 권리 부여의 근거가 '삶의 경험적 주체'라는 주장은

문제가 있다. 먼저 그 개념 자체가 애매하다. 자기 주장 속에 등장하는 핵심어를 자신이 정의해 버린다면 자신의 모든 주장을 정당화할 수 있다. 예를 들면, '여성을 차별하는 것은 정의로운 행위다. 정의란 여성에 대한 차별을 의미하기 때문이다'와 같은 황당한 주장조차도 성립 가능한 것이다. 합리적 근거 없이 인간에게만 권리를 부여하는 것이 종차별주의라는 주장도 타당하다. 왜 인간에게만 권리를 부여하는가라는 질문에 대해 "인간이니까"라고 대답한다면 아무 대답도 안한 셈이기 때문이다. 동물의 권리 운동이 소수자 권리 확보 운동의 일부라는 주장도 역시 타당하다(5번 질문의 답안을 보라). 네 가지 주장 가운데 세 가지가 논리적 타당성을 지닌 강력한 것임에도 불구하고, 동물에게 권리를 부여해야 한다고 주장하는 가장 적극적인 내용이 타당성을 잃음으로써 전체적으로 설득력이 강하지 못한 주장이 되어버렸다. 동물에게 인간과 같은 권리를 주자는 주장을 하는 사람은 당연히 육식을 포기해야 한다. 육식 포기를 기꺼이 받아들이더라도 이렇게 물을 수 있다. "왜 권리 부여의 근거가 '생명'이어서는 안 되는가?" 중요한 것은 '권리'가 사실에 관한 개념이 아니라 가치에 관한 개념임을 받아들이는 것이다.

[질문 8] 전통적인 견해에 따르면, 인간은 본능적으로만 행동하는 동물과 달리 이성을 가진 존재다. 동물은 본능에 따라 오직 한 가지 방식으로만 행동하는 데 반해, 인간은 이성을 통해 다양한 삶의 방식을 선택할 수 있게 되었다. 뿐만 아니라, 이성의 기능 가운데 하나인 상상력을 통해 본능을 통제하고 미래를 현재화할 수 있는 능력 또한 가질 수 있었다. 미래를 위해 저축한다거나, 상상력을 통해 충동을 강화 내지 지속시키는 모습을 다른 동물에게서 찾아볼 수는 없다. 이로부터 오직 인간만이 천부인권을 가졌다고 주장한다. 다른 모든 동물들은 수단이나 도구적인 존재에 불과하며, 인간만이 궁극적 목적으로 대우받아 마땅하다는 것이다.

　그러나 이성을 권리 부여의 근거로 보아 동물을 차별하는 것은 타당하지 못하다는 주장이 제기되기 시작했다. 이성을 결여한 것으로 보이는 인간들도 많지만, 그들이 인간으로서의 권리를 가지고 있음은 부인할 수 없기 때문이다. 이성이 권리 부여의 근거가 아님을 인정할 경우, 동물을 차별해도 좋은 이유를 제시하기는 쉽지 않다. 동물 권리 옹호론자들은 이성의 유무와 같은 차이가 아니라 유사성에 근거해서 동물에게도 동일한 권리를 부여해야 한다고 주장한다. 인간과 마찬가지로 동물도 욕구를 가지고, 고통을 느끼며, 미래에 대한 의식적 기대를 가지는 '삶의 경험적 주체'라는 것이다.

　동물 권리 운동은 특정 집단이나 종을 이유 없이 차별해서는 안 된다는 사실을 일깨워주며, 소수자 인권 운동에 기여하는 등의 긍정적인 측면을 가지고 있음이 분명하다. 그러나 그들이 주장하는 것처럼 권리란 '본래적'으로 존재하는 것이 아니다. 권리는 사실이 아닌 당위의 영역에 속하는 문제다. 문제는 동물에게 권리가 존재하는가가 아니라, 동물에게 어느 정도의 권리를 인정하는 것이 타당한가다. 동물의 권리 문제는 인간의 무분별함으로 인한 생태계의 교란이 다시 인간을 위협하게 될 부메랑 효과를 우려해서 제기된 것이다. 그 배경을 무시하고 인간과 동물에게 동등한 권리가 있다는 극단적인 주장을 하는 것은 무리가 있다. 인간도 역시 먹이 사슬에 속한 생태계의 일원일 뿐이다. 생태계를 파괴하여 스스로를 위협하는 우를 범해서도 안 되지만, 인간들 간의 합의 사항인 권리 문제를 동물에게까지 지나치게 적용하는 것 또한 현명한 처사는 아닐 것이다.

제 5 강

예시 답안 생략.

제 6 강

예시 답안 생략.

제 7 강

제 1부

예시 답안 생략.

제 2부

[질문 1] 우리 인간들은 동굴 속에서 사물의 그림자를 실제 사물로 오해하면서 살아가는 죄수와 같다. 설사 인간들 가운데 선각자 한 사람이 굴레에서 벗어나 온갖 고통을 감내하고 세계의 실상을 깨달아 우리에게 알려주고자 하더라도, 우리는 그 사람의 말을 믿지 못한 채 그를 죽이고자 할 수밖에 없다.

[질문 2] 제시문 [가]에서는 기본적으로 절대적인 진리가 존재하며, 그 진리는 한 사람 혹은 극소수의 선각자만 알 수 있다고 주장하고 있다. 그는 자신의 편견이라는 굴레에서 벗어나 객관적 입장에서 세계를 바라본 것이다. 그러나 제시문 [나]에서는 그러한 객관적 입장 자체가 불가능

함을 말하고 있다. 까치와 사마귀, 매미의 먹이 사슬을 객관적 입장에서 바라보고 있다고 생각한 장자 자신도 결국은 그 사슬 속에 있었던 것이다.

[질문 3] 모든 존재는 자신의 입장에서 바라볼 수밖에 없으며, 그것을 올바른 것이라고 생각하기 마련이다.

[질문 4] 상대주의자들은 모든 존재가 자신의 입장에서 벗어날 수 없고, 따라서 객관적 진리란 성립할 수 없으며, 모든 주장은 상대적일 수밖에 없다고 말한다. 그러나 그렇게 말하는 사람이 다른 사람에게 자신의 주장을 제시하는 경우, 그 사람은 상대방으로 하여금 자신의 주장을 받아들이라고 요구할 수 없다. 그런 요구를 할 경우 상대방의 주장보다 자신의 주장이 더 높은 가치를 가진다고 생각하는 것이기 때문이다. 그러나 상대주의의 주장에 따르면 서로 다른 두 주장의 우열을 가릴 수 있는 정답, 다시 말해서 객관적 진리란 성립 불가능하다. 따라서 그 사람은 모순적인 주장을 하고 있는 셈이다. 간단히 말해서 상대주의자의 주장이 성립하기 위해서는 상대주의자 자신의 주장만은 상대주의적이 아니어야 하는 것이다.

[질문 5] 예시 답안 생략.

제 8 강

[질문 1] 죄를 지은 사람에게 책임질 기회를 주지 않고 교도소에 가두어버리는 것은 죄인을 어린 아이로 취급하는 것이다. 그러나 수형 생활을 마친 죄수에게 사회에 적응할 기회나 조건은 제공되지 않고 스스로 알아서 할 것이 요구된다. 이런 의미에서 보면 죄인을 성인으로 취급하기도 하는 것이다.

[질문 2]
브리지트 바르도: 삶의 방식, 즉 문화에서 절대로 범해서는 안 되는 기준이 존재한다.
손석희: 삶의 방식이란 주어지는 조건에 따라 달라진다.

[질문 3]
[나] ;문화인류학의 발달로 원시와 야만의 구분이 사라지고 문화에 나름의 고유성이 있다는 주장이 일반화되었다.
[다] ;식인 풍습이나 인디언의 처벌 제도 그리고 에스키모의 고려장 등에도 나름의 합리적인 이유가 존재한다.

[라] ;문화보편주의가 막을 내린 상대주의의 시대에 미국의 이익을 옹호하기 위해 힘의 우위를 확보해야 한다.

[마] ;싱가포르의 태형 제도에 대해 인권 침해라는 주장과 고유의 문화라는 주장이 상충한 바 있다.

[질문 4] 제시문 [가]는 [나]의 사례다. [나]에서는 문화보편주의와 상대주의에 대해 설명하고 있는데, [가]에서는 그것을 옹호하는 인물들의 대화를 보여주기 때문이다. 제시문 [라]는 [다]의 입장이 극단화된 형태다. [다]는 각각의 개별 문화가 나름대로의 맥락과 고유성을 가지고 있다고 말하는 반면, [라]는 그러한 생각을 극단화시켜 소통의 가능성을 부인하고 그로부터 생겨나는 전쟁에 대비해야 한다고 주장하기 때문이다. 제시문 [마]는 [다] 입장의 응용 사례이자 문제 제기의 역할을 하고 있다. 나름의 제도를 [다]의 입장에서 정당화하면서 보편, 절대주의자의 입장에 맞서고 있기 때문이다.

[질문 5] 과거 문화 간의 교류가 힘들던 시기에 주류 문화권에 속한 사람들은 인류가 보편적으로 추구해야 할 합리적인 문화가 존재한다고 생각하였다. 이는 다양한 문화 가운데 더 발달한 문명화된 문화를 가진 집단이 덜 발달한 야만적인 문화를 가진 집단을 지도하고 이끌어줄 필요가 있음을 함축한다. 근대 이후 서구인들은 이러한 절대주의적 사고에 기반하여 타대륙에 대한 제국주의적 지배를 정당화했다. 서구적인 생활 방식이 더욱 발달된 과학 기술을 통해 자연을 지배할 수 있음을 근거로, 문화의 탄생한 배경과 맥락을 고려하지 않은 채 자신들이 영위하는 모든 삶의 방식을 받아들일 것을 강요했다. 프랑스의 배우 브리지트 바르도나 영국의 축구 선수 오언이 우리나라의 개고기 문화를 야만적인 것으로 비판한 것도 동일한 맥락에서 이해할 수 있다.

20세기 들어 문화인류학의 발달로 세계의 다양한 문화는 나름의 맥락을 가지고 있어서 획일적인 잣대로 평가할 수 없다는 생각이 제기되었다. 식인 풍습은 야만의 증거가 아니라 그들이 서구인들과 달리 육체와 영혼을 일원적으로 바라보고 있다는 증거일 뿐이다. 노인을 눈밭에 방치하여 곰의 먹이가 되게 하는 에스키모 식 고려장도 우리에게 친숙한 매장 문화와 마찬가지로 자연으로 돌아가 다시 후손을 통해 영원한 삶을 살고자 하는 의지의 표현이다. 서로 다른 문화권 간에는 우열을 가릴 수 없으며, 이는 과학, 예술, 관습, 제도 등 모든 측면에 해당한다는 생각이 지배적이 되었다. 문화상대주의는 거부할 수 없는 조류인 듯했다.

그러나 상대주의는 결코 관용을 통한 평화와 화해를 보장해주지 못한다. 이를 잘 보여주는 사례가 헌팅턴의 『문명의 충돌』이다. 그는 모든 문화가 나름의 맥락을 가지고 있기 때문에 서구의 가치관을 보편적으로 받아들여야 한다는 주장은 오직 힘에 의해서만 관철된다고 주장한다. 보편주의는 제국주의로 귀결될 수밖에 없다는 것이다. 그러나 그가 이러한 상대주의적인 주장에서 도출해내는 결론은 미국이 서구 문명을 수호하기 위해서는 이슬람과 일본 등 타문화권의 성장을 견제하고 유럽 및 라틴아메리카와의 결속을 통해 힘의 우위를 확보해야 한다는 것이다. 이는 절대주의와 마찬가지로 대화와 소통의 가능성을 차단하고 있는 상대주의의 필연적 결론이다.

각 문화의 생성 배경과 맥락을 이해하려는 노력은 언제나 필요하다. 그러나 문화는 조건의 산물이다. 주어진 조건에서 가장 바람직한 대안은 무엇인가를 묻는 것은 언제나 유효하다. 일부일처제가 생겨날 당시에는 바람직한 근거를 가지고 있었다 하더라도, 그것이 현재의 조건에서도 인정되어야 하는가는 별개의 문제다. 관건은 어느 쪽이 더 설득력 있는 대안을 제시할 수 있는가에 있다. 문화의 폐지를 요구하는 쪽은 언제나 더 많은 사람이 납득할 수 있는 이유를 제시해야 한다. 싱가포르에 현재까지 남아 있는 태형도, 양자 모두가 납득할 수 있게 이유를 설명하지 못하는 한, 그 폐지를 강요해서는 안 된다.

[질문 6]
[서론]: 현대 세계의 화두는 문화며, 문화와 관련해서 인구에 가장 많이 회자되는 개념은 '문화상대주의'다. 상대주의가 대개 그렇듯이, 문화상대주의도 절대주의의 독단적이고 폭력적인 모습을 경계하기 위해 제시된 개념이다. 그러나 절대주의와 상대주의는 동전의 양면이다. 상대주의도 또 다른 폭력의 원동력일 수 있는 것이다. 문화 간의 진정한 평화와 공존을 위해서는 문화상대주의에 대한 정확한 이해를 통해 절대주의와 상대주의의 이분법을 넘어서는 또 다른 대안을 제시할 필요가 있다.
[결론]: 절대주의의 시대는 갔다. 하지만 대화와 소통의 가능성을 부인하는 상대주의도 결국 힘의 논리로 귀결될 뿐이다. 다원성의 인정이 모든 것을 무화시키는 상대적인 것은 아니다. 문화 간에도 중요한 것은 민주적인 과정이다. 자신의 한계를 인정하고 대화와 소통을 통해 바람직한 근거를 따지는 반성적인 노력을 멈추어서는 안 된다. 더 바람직한 대안을 제시하지 못하는 한 잠정적으로 서로를 인정하는 태도, 그리고 설득력 있는 근거에 대해서는 솔직하게 수긍하는 태도가 평화와 공존의 지름길일 것이다.

[질문 7] 예시 답안 생략.

제 9 강

[질문 1] 역사가는 사실에 기반해 역사의 왜곡과 남용을 비판할 책임이 있다.

[질문 2] 소설가들이 줄거리를 만들어내지 않고 역사를 소재로 삼는 것과, 포스트모더니즘의 유행.

[질문 3] 실증주의적 역사관.

[질문 4] 역사는 어떤 학문 못지않게 선택적인 학문이다.

[질문 5] 비판적인 태도를 취하고 있다. 실증주의에서는 역사가가 있는 사실만 보여주는 수동적인 역할에 만족해야 한다고 주장하지만, 모든 사실이 역사적 사실이 되는 것은 아니다. 무수히 많은 사람이 루비콘 강을 건넜지만 시저가 건넌 사건만 기록된 것처럼, 역사가가 중요하다고 인정하는 사건만 발언을 할 수 있는 것이다.

[질문 6] 역사 연구 자체가 무의미해질 수 있다. 게다가 상대주의의 역설에서 볼 수 있는 것처럼 자체로 모순된 주장이다.

[질문 7] 사료와 역사가의 상호 작용을 통해 상대적 진리를 비판하고 축적함으로써 바람직한 역사에 접근할 수 있다.

[질문 8] 개인과 사회를 예로 들 수 있다. 사회 없는 개인은 존재할 수 없지만, 사회가 전적으로 개인을 지배하는 것도 아니다. 개인은 사회 속에서 학습을 통해 인간이 되지만, 개인의 창조적인 노력이 없다면 사회의 진보 또한 불가능하다. 여기에서 전체란 역사가의 사관을 의미하고, 부분이란 사료를 의미한다. 사료는 역사가의 사관에 의해 선택을 받지만, 그렇다고 해서 역사가의 사관이 전적으로 사료를 지배하는 것도 아니다. 사관은 사료를 통해 형성되고 변화하는 것이기 때문이다.

[질문 9] 예시 답안 생략.

제 10 강

[질문 1] 토론.

[질문 2] 진리는 공개적인 토론을 통해 가장 잘 발견되므로, 허가나 금지가 있어서는 안 된다.

[질문 3] 단순한 공개 토론을 통해서는 여론이 잘 수렴되지도 않고, 설사 수렴된다 해도 그것이 올바른 여론이기 힘들다.

[질문 4] 여러 가지 사례를 제시하는 귀납법을 사용하고 있다.

[질문 5] 여러 사례를 제시하면서 그로부터 도출된 자신의 결론이 '필연적'임을 주장했다면 '성급한 일반화의 오류'를 범한 것이겠지만, '여론이 항상 수렴되는 것은 아니다', '올바른 결론에

도달하는 경우는 드물다'와 같이 개연성을 강조하는 표현을 사용하였으므로 그런 오류를 범하고 있지는 않다. 이 경우 단순히 한 가지 반례만 제시하는 것만으로는 저자의 주장을 반박할 수 없다. 저자가 제기한 사례보다 더 많은 반례를 보여주어야만 반박이 가능한 것이다.

[질문 6] 제시문 [가]는 민주주의의 이상적인 모습을 보여주며, 제시문 [다]는 현실적인 문제점을 보여준다. 이상과 현실의 관계라고 말할 수 있다.

[질문 7] 다양한 전문가들이 참가하는 회의를 통해 그 사안에 대한 참가자들의 궁금증을 해결해 주었다.

[질문 8] 여론이 수렴되었음은 제시문에서 보여주는 여론 조사의 결과를 통해 알 수 있다. 그것이 올바른 것인가 하는 점에 대해서는 민주주의의 원칙에 대한 이해가 필요하다. 필요한 모든 정보가 주어진 상태에서 그 사회의 구성원들이 자발적으로 선택한 방법은 잠정적으로나마 최선의 것으로 간주되어야 하는 것이다.

[질문 9] 예시 답안 생략.

제 11 강

[질문 1] 일반 의지.

[질문 2] 국민 전체가 지속적으로 가지게 되는 의지가 일반 의지다. 단순한 '전체의 의지'에는 지속성이 결여되어 있다.

[질문 3] 그 법이 자기 자신의 견해와 합치하는가를 따질 것이 아니라 일반 의지와 합치하는가를 고려해야 한다.

[질문 4] 입법자 자신이 일반 의지라고 생각한 것을 일반 의지에 대한 다른 사람의 생각과 비교하여 다수결로 결정하는 것.

[질문 5] 백인들에게 좋지 못한 대접을 받을까봐.

[질문 6] 법을 만들 수 있는 특권을 가진 다수가 법을 어길 특권마저 가지게 되는 상황.

[**질문 7**] 중론이 아닌 공론에 따라 국가를 운영해야 한다.

[**질문 8**] 통치자 혼자서 모든 것을 보고 들을 수는 없다.

[**질문 9**] 공론—일반 의지.

[**질문 10**] 여론 조사 결과는 조사 기관, 목적, 대상, 방법 등에 따라 차이가 날 수 있다.

[**질문 11**] 여론; 저울이 무게를 재는 척도인 것처럼 여론은 정책 결정의 척도이기 때문.

[**질문 12**] 정책 결정의 척도인 여론에 대해서도 계속해서 저울질해볼 필요가 있다.

[**질문 13**] 예시 답안 생략.

제 12 강

예시 답안 생략.

제 13 강

[**질문 1**] 신분에 상관없이 인재를 등용해 써야 한다.

[**질문 2**] 인재의 재능은 신분과 무관하다; 우리나라에서는 인재가 부족한데도 인재 등용에서 신분에 의한 제약이 심했다.

[**질문 3**] 악순환.

[**질문 4**] 여러 가지 사례를 거론하는 귀납법을 사용하고 있다; 반론은 반례를 찾아서 제시하면 된다.

[**질문 5**] 차별 수정 조치는 일시적인 수단이어야 하지만, 아직 그것을 없앨 때는 되지 않았다.

[질문 6] 차별 받아오던 계층 혹은 집단에게 차별에 대한 보상 장치로서 입학이나 입사, 승진 등에서 특혜를 부여하는 것.

[질문 7] 역차별.

[질문 8] 대학에서 성적만으로 입학 자격을 부여하는 것은 아니기 때문에 역차별이라는 반론은 근거가 없다; 여전히 심각한 차별이 존재하기 때문에 아직은 차별 수정 조치가 필요하다.

[질문 9] 평등이란 획일적인 동등한 대우가 아니다.

[질문 10] 현대에는 환경에 의해 개인차를 설명하는 것이 유행이지만, 동일한 환경에서 양육되어도 개인은 같아지지 않는다. '평등'이란 이상의 표현이며, 개인차를 무시하고 모든 사람을 똑같이 대하는 것은 불평등일 것이므로, 진정으로 평등한 대우는 차이에 따라 다르게 대접하는 것이다.

[질문 11] 이번 17대 국회에서는 40명의 여성이 당선되었다. 이전 최고 수치가 16명이었음을 생각하면 여성의 지위가 크게 신장된 듯하다. 하지만 여성 의원 비율이 아시아 평균인 13%에도 못미칠 뿐만 아니라, 여성 의원 가운데 30명이 이른바 할당제에 의해 전국구 의원으로 당선되었음을 감안하면 양성 평등은 아직 요원한 이상이다. 각종 차별법의 철폐로 기회의 평등은 상당 부분 이루어졌지만, 뿌리깊은 차별을 없애기 위해서는 좀더 적극적인 조치가 필요한 상황이다. 이러한 요구는 여성 할당제와 같이 차별 받던 집단에게 사회 활동에서 특혜를 주는 조치로 현실화되었다. 따라서 '차별 수정 조치'는 차별 문제의 원인과 현실 그리고 해결책을 관통하는 핵심적인 개념이라고 할 수 있다.

평등은 획일적 대우를 의미하는 것이 아니다. 사람들 사이에 현실적인 차이가 존재하는데도 그들을 동일하게 대한다면 결국 그것은 실질적인 불평등으로 이어질 것이기 때문이다. 평등이란 결국 정의와 마찬가지로 각자에게 타당한 몫을 주는 것을 의미한다. 이러한 측면에서 보면 여성과 흑인, 지방의 학생들이 불이익을 받는 것도 당연한 듯하다. 그들은 현실적으로 남성이나 백인, 서울 학생들보다 열등한 능력을 가지고 있기 때문이다. 평등권에 대한 요구가 사회적으로 인정되면서 차별 받던 소수자들에게 입학이나 고용, 승진 등에서 특혜를 주는 제도인 차별 수정 조치에 대해 기득권층이 역차별이라고 반발하는 것도 무리라고만 할 수는 없다. 능력의 차이에 따라 다르게 대우하는 것이 평등이자 정의이므로, 기회의 평등이 보장된 상태에서 또 다른 특혜를 부여해서는 안 된다는 것이다.

그러나 이러한 주장은 두 가지 핵심적인 내용을 고려하지 못한 결과다. 먼저 대학이나 기업에서 학생이나 신입 직원을 선발하거나 승진시키는 기준은 획일적이지 않다. 설립 혹은 운영 이념에 따라 선발이나 승진 기준은 달라질 수밖에 없다. 피아노과에서는 성적이 아닌 피아노 실력을 기준으로 선발하고 채점한다. 교육이 사회의 요구를 반영하며 차별로 인한 문제 해결이 사회적인 요구임을 인정한다면, 차별 해소를 위한 조치를 기준으로 삼는 것도 부당하다고 할 수 없다.

더욱 중요한 것은 기득권자들의 주장과 달리 능력에 따라 정의롭게 대우받을 수 있는 기회의 평등이 아직까지 이루어지지 않았다는 사실이다. 차별은 오랜 역사를 가지고 있다. 그리고 과거의 차별은 악순환을 거듭하여 스스로를 재생산한다. 예를 들면, 여성에 대한 차별이 여성의 능력에 대한 편견을 낳고, 그 편견으로 인해 여성들은 스스로를 비하하여 다시 낮은 보수의 직업을 찾게 되는 것이다. 게다가 직접적인 피해를 가하지 않았다 할지라도 기득권층은 암묵적 가해자다. 부당한 차별이 행해지는 사회에서 기득권자는 부당한 우대를 받을 수밖에 없기 때문이다. 문제는 가해자 자신도 인식하지 못할 정도로 차별이 은미하게 행해진다는 사실이다.

한시적이나마 차별 수정 조치는 지속되어야 한다. 획일적인 대우가 평등은 아니지만, 과거의 차별 구조를 없애는 것만으로 기회의 평등을 제공했다고 말해서도 안 된다. 적절한 역할 모델을 제공하는 데 이르기까지는 과거의 피해에 대한 적절한 보상이 이루어져야만 비로소 실질적인 기회의 평등이 이루어졌다고 할 수 있다. 사람의 능력이 빈부귀천에 따라 정해지는 것은 아니다. 여성이나 흑인과 같이 차별의 피해를 받아온 계층의 능력이 제도의 변화를 통해 신장되고 있다. 동일한 출발선상에 서서 능력을 평가받을 수 있는 기회가 주어지는 순간까지는 과거에 대한 보상이 여전히 필요하다.

제 14 강

예시 답안 생략.

제 15 강

[질문 1]

[가]: 사람의 행위만으로 도덕성이나 인성을 판단해서는 안된다. 더운 여름의 교도소에서는 옆 사람에 대해 이유 없는 증오를 품지만, 겨울에는 그 증오가 원시적인 우정으로 바뀐다. 이성의 인식작용이 상황에 의해 제약을 받는 것이다.

[나]: 사람을 대하는 기준은 그 사람의 행위이다. 칸트는 이러한 응보론을 통해 사형제도를 찬성하는 주장을 내세웠다. 처벌은 범죄와 동일해야 한다는 주장은 상식 및 전통과 합치하는 매력적인 견해로서, 적절한 처벌의 척도를 제공해준다.

[다]: 인간은 정신적이고 윤리적인 존재라는 점에서 동물과 다르다. 동물은 오직 본능에 따라 자동적으로 행동하지만, 인간은 반성을 통해 자신을 제어한다. 육체적인 측면에서는 인간도 동물

과 다를 바 없지만, 인간만이 의식적으로 가치를 추구하는 것이다.

[라]; 유전공학의 발달로 인간의 유전자 조작을 통해 원하는 인간상을 만들어낼 수 있으리라는 전망이 가능해졌다. 한편으로는 끔찍한 질병들에 대한 치료가 가능하겠지만, 다른 한편으로는 이른바 '멋진 신세계'가 도래할 수도 있다.

[질문 2] [가]와 [라], [나]와 [다]는 각각 유사 관계며, [가][라])와 [나][다]는 상반 관계다. [나]에서는 행위의 책임을 전적으로 개인에게 물어야 한다고 주장하고 [다]에서는 그 이론적 근거를 제시해주는 반면, [가]와 [라]에서는 인간의 행위가 환경적인 요인에 의해 결정되기 때문에 개인에게 책임을 물을 수 없음을 암시한다. [다]는 [나]의 이론적 근거다. 우리가 책임을 져야 하는 것은 동물과 달리 본능적으로 행동하지 않고, 스스로 가치를 추구하는 존재이기 때문이다. [라]는 [가]가 극단화된 모습이다. 인간의 행위가 전적으로 환경적인 요인에 의해 결정된다면 마치 기계를 만들듯이 원하는 인간상을 만들어낼 수도 있을 것이다.

[질문 3] 예시 답안 생략.

제 16 강

예시 답안 생략.

제 17 강

제 1부

[질문 1] 법적으로 낙태가 금지되어 있음에도 전통적인 남아 선호 사상으로 태아 성감별 및 낙태가 공공연히 이루어지고 있다.

[질문 2] 보수주의자는 태아가 인권을 가진 사람이기 때문에 수태시부터 함부로 낙태를 해서는 안 된다고 주장한다. 반면 자유주의자는 태아에게는 합리성과 같은 인간의 특징이 없기 때문에 태아는 사람이 아니며 여성의 권리가 중요하다고 주장한다. 중도론자는 수태와 출산한 사이의 어느 지점에서 사람이 되는 것으로 보아야 하며, 구체적인 사례에 따라 낙태의 타당성을 결정해야 한다고 믿는다.

[질문 3] 보수주의자는 모든 경우에 낙태를 허용해서는 안 된다고 생각할 것이다. 다만 ⓐ의 경우가 문제가 될 수는 있다. 태아도 생명권을 가진 사람이고 산모도 그러하기 때문이다. 산모의 입장에서 보면 일종의 정당 방위라고 할 수도 있기 때문이다. 자유주의자들은 모든 경우에 낙태를 허용해도 좋다고 생각할 것이다. 태아란 인간이 아닌 하나의 생명체에 불과하다. 우리는 행복을 위해 동물을 죽여서 육식을 한다. 태아가 단지 그러한 존재에 불과하다면 행복을 위해 죽이지 못할 이유가 없다. 중도론자들의 입장에서는 사람과 사람이 아닌 존재의 경계선을 다양한 지점에서 그을 수 있을 것이다. 그리고 그 경계선을 긋는 기준은 [나]와 같은 낙태의 이유가 아니라 태아가 사람인가 아닌가 여부이므로 그 경계선을 지난 경우에는 어떤 경우에도 낙태를 허용할 수 없겠지만, 그렇지 않다면 낙태를 허용하지 못할 이유는 없다.

[질문 4] 예시 답안 생략.

[질문 5] 예시 답안 생략.

제 2부

[질문 1] 적극적 안락사는 독극물 주사를 주입하는 것과 같이 적극적인 행위를 취함으로써 환자를 죽음에 이르게 하는 것이며, 소극적 안락사는 고통받고 있는 말기 암 환자에게 더 이상의 치료를 제공하지 않는 것과 같이 행위 자체를 중지함으로써 환자를 죽음에 이르도록 하는 것이다.

[질문 2] 생명은 신이 부여했으므로 인간이 좌지우지할 수 없다는 주장은 현대와 같이 종교가 보편적 영향력을 갖지 못하는 시대에는 설득력이 없다. 인간의 존엄성을 근거로 반대하는 것도 극도의 고통을 감내하면서 생명을 유지하도록 하는 것이 과연 존엄성을 보장하는 것인가라는 측면에서 볼 때 설득력이 없다.

[질문 3] 안락사를 허용하기로 결정한 이상 적극적 안락사가 소극적 안락사보다 낫다.

[질문 4] 안락사는 고통을 줄여주고자 하는 것인데, 단순히 치료를 중단하기만 해버린다면 죽음에 이르는데 더 오랜 시간이 걸릴 것이고, 따라서 환자가 더 많은 고통을 겪게 된다. 이는 안락사를 허용하고자 하는 애초의 의도와 반하는 것이다.

[질문 5] 예시 답안 생략.

제 18 강

예시 답안 생략.

제 19 강

예시 답안 생략.

제 20 강

예시 답안 생략.

논술수험생의 필독서 **논술교과서**

초판 1쇄 인쇄 / 2006년 3월 15일
초판 1쇄 발행 / 2006년 3월 20일

지은이 / 김 민 철
펴낸이 / 전 춘 호
펴낸곳 / 철학과현실사

서울특별시 서초구 양재동 338의 10호
전화 579—5908~9

등록일자 / 1987년 12월 15일
등록번호 / 제1—583호

ISBN 89-7775-578-6 03170

값 16,000원

*잘못된 책은 바꾸어 드립니다.